紫金社会学教程

人口学

INTRODUCTION TO DEMOGRAPHY

郭 未 ● 著

社会科学文献出版社
SOCIAL SCIENCES ACADEMIC PRESS (CHINA)

紫金教程编委会

主　　任：周晓虹　成伯清

编委会成员（以姓氏拼音为序）：

总　序

　　2012 年，南京大学成立 110 周年的那一年，南京大学社会学院与社会科学文献出版社合作，出版了十卷本的《孙本文文集》，以及各一卷本的《柯象峰文集》和《乔启明文选》，用以接续南京大学之前身——中央大学和金陵大学 80 余年的社会学传统；同时与中国社会科学出版社合作，出版了十五卷本的《紫金社会学论丛》，汇聚了自 1980 年代社会学学科重建以来，南京大学的 15 位教授在各自领域内的代表性作品。我们在《紫金社会学论丛》的"序言"中写道："从更为深刻和广远的动因上说，编辑这样一套丛书其实不仅为了体现改革开放暨社会学重建 30 年来南京大学社会学学术共同体的锻造与学术思想的积累，也为了反映自 1928 年起南京大学社会学系之前身原中央大学社会学系和金陵大学社会学系的精神传承与学术脉络的延续。"

　　众所周知，《紫金社会学论丛》的"紫金"取意南京大学仙林校区所毗邻的紫金山麓，钟灵毓秀的中山陵和明孝陵静卧其间，是古都南京的标志与象征。在此之后，我们依旧以"紫金"为名，又编辑出版了《紫金社会学文库》，以期汇集南京大学社会学教授、年轻教师和优秀博士研究生撰写的学术专著。这些著作或论丛的出版，提升了南京大学社会学的学术品格和学科声望，但是我们同时也深知，仅此还不够，或者说还很不够，除了体现本学科的教授或教师的学术水准，一门学科的切实推进或者说真实体现，还在相当的程度上有赖于它如何能够通过一整套完善的学术传承机制，将学术思想传授给一代代莘莘学子，以保证学术思想的薪火传承以及新的增进。

　　早在 1980 年代，在社会学学科在中国大陆获得新的生命、开启重建之门时，费孝通教授就提出对这门学科的重建最为重要的是需要有"五脏六腑"："五脏"是指支撑这门学科的五大学术建制，包括学会、研究所、学系、图书资料和刊物；"六腑"则指的是社会学概论、社会学理论、社会调查研究方法、社会心理学、城乡社会学和比较社会学（文化人类学）六门课程。经过近 40 年的发展，社会学学科获得了长足的进步，包括南京大学在内的社会学系科教授的课程已经远远不止六门，但课程的建设及其主要的标志——教材的编撰，依旧落后于学科和学生的需要。尤其是近年以来，因为强调所谓"国际接轨"，学校里重视学术论文如 CSSCI 甚至 SSCI 或 SCI 的发表，教师们撰写学术著作的动机已经大减，更不要说撰写似乎学术含量不高的教材。大多数教师上课是没有教材的，他们讲授的内容主要是各领域新近发表的学术论文及其观点，这样做尽管能够比较快地反映一门学科的进展，但系统性和完备性则不免大打折扣。从这样的意义上说，编撰一套相对完整的教程对社会学学科以及本院另一个虽然新建但同样有着悠久历史的学科——心理学来说，就自然具有了无论怎样都不算高估的价值。

认定了编辑出版社会学与心理学两门一级学科的教材对学科建设的意义之后，社会学院组成了由所有教授参加的编辑委员会，并决定按本院的三个本科专业规划出版三个系列的教材，即《紫金社会学教程》《紫金心理学教程》和《紫金社会工作教程》（以下简称《教程》），配合南京大学三三制教学体系的建设工作，进一步推动和完善社会学院的教学体系，扩大南京大学社会学和心理学学科在高水平复合型人才培养方面的学术影响。

《教程》有着明确的入选标准：（1）凡南京大学社会学和心理学一级学科的教师都有资格申请本项出版计划，但要经 2/3 以上的编辑委员投票通过，同时作者本人应该接受编辑委员会提出的包括修改、编辑在内的各项建议，并按照《教程》的统一体例进行编辑；（2）申请《教程》出版计划的教材必须是作者个人在本院或者本校开设的课程（含专业课和通识课），字数在 30 万字左右；（3）为保证收入《教程》的教材的体例完整、质量上乘，《教程》明确不收入两人以上编辑撰写的教材。

方向确定之后，社会学院组成了由所有系科的教授组成的编辑委员会，并开始由以吴愈晓教授为首的教学委员会落实教材的申报和编撰。按照上述入选标准和基本程序，首先确定了以下 8 种教材作为第一批出版物并与社会科学文献出版社签订了出版协议，具体包括（1）《人口学》（郭未）、（2）《社会问题》（朱力）、（3）《社会统计学》（闵学勤）、（4）《中国社会学史》（陆远）、（5）《家庭社会学》（朱安新）、（6）《人类行为与社会环境》（徐愫）、（7）《医务社会工作》（沈晖）、（8）《心理学研究方法》（张洪）。在这 8 种教材完成并出版之后，其他诸种三个系列的教材也将陆续不断地纳入《教程》之中，使我们的教材建设日臻完善。

我们相信，《教程》的出版，不仅会促进南京大学社会学院各系科的教学改革与进步，而且将带动南京大学社会学院的学术研究，并最终推动南京大学社会学院各系科尤其是社会学学科的一流学科建设。在未来不太长的时间里，当我们在全体教师的共同努力下完成这一设想之时，将会看到今日起步之举成为未来发展之基。

周晓虹　成伯清

2017 年 10 月 10 日

前　言

　　遵循这次南京大学社会学院紫金社会学教材系列整体规划——社会学二级学科的教材直接使用学科名称，本书作为人口学学科的入门书籍，中文名称使用"人口学"，而英文名称则继续使用 *Introduction to Demography*。鉴于本书是为有意进入人口学界的学子系统学习人口学的第一门课程而设计，因此本书在内容安排上秉承 1959 年美国著名人口学家菲利普·豪瑟（Philip M. Hauser，1909 – 1994）教授和奥蒂斯·邓肯（Otis D. Duncan，1921 – 2004）教授在《人口研究》（*The Study of Population*）一书中关于人口学的经典定义所涵盖的内容，即"对人口规模、地域分布、人口构成和人口变迁以及这些变迁的要素，如生育、死亡、迁移和社会流动的研究"。本书将这些内容整合并划分为四个部分，第一部分用一章的篇幅来帮助读者理解本学科同时也是当下最时兴的统计学学科的共同"创始人"——17世纪的英国著名学者约翰·格兰特（John Graunt，1620 – 1674）所创建的人口学学科的历史发展脉络与现实命运；同时用一章的篇幅对作为一门以技术为主学科的人口学的最重要的资源——人口学及相关数据资料获取的通道进行系统介绍。按照学科逻辑，应先讲授人口的生育、死亡及由其而来的人口再生产，然后介绍以人口再生产与人口迁移作为两大基本因素而导致的人口的各种静态结构，但是考虑到内容的难易程度，本书做了适当的调整。在第二部分首先聚焦于人口静态结构的解析，包括人口自然属性的人口"性别年龄结构"、社会属性的人口"地域结构"和"社会结构"。接着在第三部分系统介绍人口动态过程的解析方法，包括规范人口学范畴侧重的人口的"生"（生育分析）、"死"（死亡分析）、"迁"（迁移流动）及"人口再生产"的内容。本书最后一部分则为"人口预测与人口政策"，这里有意打破规范人口学"生、死、迁、测"的完整性，将其中的"测"（人口预测）与人口政策放在一起作为一部分，这是因为人口学学科曾经的辉煌，尤其是在中国的辉煌是来自政界、学界对于人口问题的现实关注，并在一定程度上是基于人口预测而行的与人口问题核心相连的饱受争议的"人口政策"（尤其是该政策体系中的人口生育政策）这一词语，为此本书将这两章内容合并成为全书最后一个部分。

毋庸置疑，人口学最必要与最核心的要素是技术（Technique），因此，学习人口学就不能简单地依照社会科学领域里其他学科的思路，仅仅关注于理论、概念与数据，除此以外还要关注对于这些理论、概念的操作化（比如人口变化内部机制揭示，就需要对于人口规模和结构的变量的作用进行分解）及其广义领域内的现实社会问题的数量分析[1]所需要的初阶的、中阶的、高阶的人口学分析方法和技术。本书作为人口学的学科入门教材，对一些方法的介绍只能是引介性的，因此读者如果想要了解一些方法的更细致的内容，或想要学习更为高阶的人口学分析方法，就需要阅读更多高阶的人口学方法教材／专著或是参加人口学的高阶课程。

人口学由于其交叉学科特点，不断地吸收其他学科的知识（Say no to "pure demography"）从而使得研究视野广泛化，与社会学、遗传学、生态学、地理学、心理学、历史学、经济学等学科频频互动，并借用和整合这些学科的概念和方法。正如美国纽约州立大学奥本尼分校教授梁在所言："……人口学的发展一直随着世界历史的翻天覆地的变化而迅速地向全新的方向拓展着……人口学已经成为一个交叉学科，并吸取着许多其他相关学科的优势。举个例子来说，随着关于个体、家庭户以及各种社区的地理数据越来越多，人口学的研究正在把地理信息融入传统的人口信息中，使其更加具体。与之类似的是，人口学者近年来也尝试着利用基因学和分子生物学的研究成果来解释人口行为的生物学基础。"因此，人口学的知识和技术体系势必越来越发达，为此，本书在最后附录部分以"人口学学科部分经典著作索引"为名，单独梳理出关于人口学学科中较为重要的中、英文教材／专著，感兴趣的读者只需根据所列书目，到图书馆借阅或购买相关书籍进行学习即可。

---

[1] 比如人口变化导致的一些社会问题发生的外部机制，即这些人口学变量如何与其他的社会变量产生互相作用。

最后，本书是笔者进入学界以来的第一本著作，势必会有诸多不足甚至错误之处，恳请学界前辈及各位读者批评指正，也烦请将相关意见和反馈发送至我的信箱 weiguo@ nju. edu. cn，我必在本书再版时予以修正。

郭　未

2015 年 1 月 21 日星期三

于南京大学仙林校区　河仁楼

目　录

CONTENTS

第三部分　人口动态过程

第四部分　人口预测与人口政策

第一部分

导　论

第一章 人口学学科的形成与发展

本章作为全书引介性的内容，首先阐释了人口学这门学科最初的雏形——人口统计学的萌芽、形成及其发展的历史基础，以及其后来演变、扩充为系统的人口学学科的发展历程；其次，回到中国语境之下，对人口学在中国的曲折发展及其背后的原因进行了一个脉络层面的梳理和初步的分析，以方便读者明了在中国学界如此"小众"的人口学何以具备巨大的发展潜力；再次，对人口学的学科体系进行了总体层面上的介绍，让读者知道人口学之所能为；最后，考虑到人口学作为一门"小"学科，其发展的历程可以从特定时期的标志性著作一探究竟，为此本章最后一节以较为清晰的表格形式将从 1662 年约翰·格兰特[①]创作的人口学奠基之作《关于死亡表的自然的和政治的观察》（*Natural and Political Observations Made upon the Bills of Mortality*）开始至 1986 年美国科学院人口增长与经济发展研究组编著的《人口增长与经济发展：政策问题》一书为止所有对人口学学科发展有重大影响的著作做了一个客观展示，同时以精简的话语对这些著作的主要内容或其在人口学学科发展中的学术地位进行了点评。

第一节 从人口统计学到人口学

一 从人口统计学到人口学发展关系概述

人口统计学，是人口学学科体系中最重要的一部分，但是很长一段时

---

① 约翰·格兰特（John Graunt，1620–1674）16 岁随父经商，主营妇女缝纫用的小商品，但其自学成才，该书的出版促使其成为早期英国皇家学会的一名会员。关于格兰特本人及其学术作品更多的信息，请参见美国西华盛顿大学（Western Washington University）人口学家 E. D. Stephan 教授为其搭建的专门网站：http://www.edstephan.org/Graunt/graunt.html。

间里，困扰国内人口学界和社会科学界的是大众，甚至是部分学者都将人口统计学等同于人口学。按照国内人口学界德高望重的邬沧萍教授的分析，产生这一误解的原因是在中国有较大影响的《汉英大辞典》中，译者将 Demography 翻译为人口统计学，而实际上，人口学（Demography）作为学名，最先是由比利时统计学家阿契尔·基莱德（Achille Guillard，1799－1876）于 1855 年在其发表的学术专著——《人类统计或比较人口学大纲》（*Éléments de Statistique Humaine*，*ou Démographie Comparée/Elements of Human Statistics or Comparative Demography*）一书中使用的（Borrie，1973：75；Rowland，2003：16）。书中的 Demography 一词的词根实际上来自希腊语，由 Demos-population（原意为人口）和 Graphy（Graphia）（description/writing，原意为描述、写）组成，其字面意思为对人口的描述。正如同样来自希腊语的学科名词 Geography（地理学）一样，后者由 Geo（原意为大地）和 Graphy（Graphia）（原意为描述、写）组成，其字面意思为对大地的描述，学术化的翻译应该是"地理学"，那么 Demography 的学术化翻译理应是"人口学"了。

上述提及的国内大众甚至部分学界人士受《汉英大辞典》翻译的影响，他们将"人口学"与"人口统计学"混同，由此导致他们对人口学的理解停留在研究数量关系、不再升华为理论假设和做出更多实证研究的高度，并由此在客观上把人口学贬低到一个分支学科的地位。如邬沧萍教授所言，上述误解对人口学发展产生的影响，尤其是负面影响极大，比如，20 世纪 80 年代，中国的人口学界仍旧将人口学分为三大组成部分——人口理论、人口统计学和分支学科，这里就可看出当时的学界在谈及人口学学科组成上依旧受到翻译的影响，没有将人口统计学划分为一个分支学科。而按照联合国人口委员会（the Population Commission of the United Nations）和国际人口科学研究联盟（the International Union for the Scientific Study of Population, IUSSP）联合编著的学界最权威的《多国语言人口学词典》（*Demografía*）[①] 的定义，人口学（Demography）是对人口进行科学研究的一门学科，主要是对其规模、结构（Structure）和发展等各方面进行研究，并

---

① 《多国语言人口学词典》（*Demografía*）在线版本的网址为：http://zh-ii. demopaedia. org/wiki。

注重人口特征的数量研究，而人口统计学（英文应称作 Population Statistics 或 Demographic Statistics）是人口学的一个分支学科。所以，本书在开篇特别澄清人口学和人口统计学的关系。①

当然，鉴于人口统计学早于人口学出现，并且人口学与人口统计学有着深厚的"血缘"关系——前者是在后者的基础之上发展而来这样一个事实，本节先谈人口统计学的产生与形成，然后再谈人口学的产生与发展。

二 人口统计学的产生与形成

在定义和讨论人口学学科之前，本书先讨论人口统计学（人口学学科的重要来源）的产生与形成。从定义上讲，人口统计学是阐明搜集、整理、分析人口现象数量资料的方法论的科学（刘铮、邬沧萍、查瑞传，1981）。可见人口统计学出现的前提是要有人口数据。而缘于人口数据资料作为统治阶级治理与管理国家或地区的基础性资料这一重要属性，纵观人类历史可以发现，进入阶级社会后，统治阶级为了巩固自己的统治地位，势必加强对被统治阶级的管理，于是他们就开始搜集人口信息，掌握人口基本状况，那么，这相应就为人口统计学的产生铺垫好了基础。

1. 人口统计学的萌芽阶段

据史料记载，中国是世界上最早进行人口统计的国家之一，也是唯一有长期不间断人口资料记录的国家，当时人口统计主要用作征兵、征发劳役和赋税的一种依据。据《后汉书》记载，在夏禹时期（约前 2200 年）就有了关于人口和土地数字的统计：大禹曾经"平水土、分九州、数万民"。据《后汉书》记载，当时"人口数为一千三百五十五万九千二百二十三人，土地为二千四百三十万八千二十四顷，定垦者九百二十万八千二十四顷，不垦者一千五百万二千顷"（张敏如，1982）。据《周礼》记载，殷商时期也有人口数的统计，之后的周代则开始建立较为严密的户籍管理制度，城乡设掌管居民之官，"乡管城市、遂管农村"，到周成王时（前 1060 年），约

① 国际著名人口学家、澳大利亚国立大学国家流行病学与人口健康研究中心（National Centre for Epidemiology and Population Health, The Australian National University）创始者之一的考尔德韦尔（Caldwell, J. C.）教授于 1996 年在由伦敦政治经济学院（LSE）主编的权威人口学期刊《人口研究》（*Population Studies-A Journal of Demography*）专门撰文《人口学与社会科学》（*Demography and Social Science*）对人口学学科及其与社会科学的关系进行了系统论述。

有人口 1370 万人。《史记·秦始皇本纪》显示秦始皇统一中国后，设置地方田亩和户口图籍，并在始皇十六年（前 231 年）"令男子书年"（登记年龄），这也是中国记载的首次分性别年龄的人口登记。西汉时期人口数目较为完整，且有全国和分地区的人口数字。《唐会要·籍帐》的记载显示，唐代实行了记载人口年龄、土地面积和财产的"手实法"（也称"首实法"，即令民户自报田亩数，据以征收赋税）。宋代开始则实行严格的人口登记与管理的保甲法制度，并一直延续到民国时期。在阶级社会里，人口统计的目的在于课税、征役，因而漏报现象较为严重，比如，清朝康熙年间为了查明人口的实际情况，当时的朝廷在康熙五十二年（1713 年）下令，以康熙五十年（1711 年）为常额，此后增丁不复加赋。

在华夏之外，前 4500 年，古巴比伦国王就举办了全国性地籍、（按族登记）人口、农具、牲畜等项调查，而前 3800 年，为了征兵、征税进行过户口调查。在前 3150 年前后，古埃及法老为建造金字塔而对全国人口和财富进行调查，到前 14 世纪，古埃及就有了较好的人口登记报告制度（邬沧萍，2006a）。古希腊则有雅典城市公民的系统记录。古罗马帝国则在前 453 年，提出了每五年定期进行各户人口、土地、牲畜和家奴数量的调查，这也是人口统计史上最早提出的人口定期调查制度，并且这一制度对后来各国奉行的定期人口调查制度产生了很大影响。

综上可见，在古时候，世界范围之内的统治阶级为了管理的需要就开始进行了不定期的人口统计，不过当时的统计仅是对人口数字的简单登记与汇总，是一项公共事务的活动而已，统计工作这一实践活动的存在并不能出现人口统计学，但是，上述实践活动的确已经具备人口统计的特征。如前文所言，这些早期史料记载的统计工作实践活动时期仍可以看作后来的人口统计学产生的萌芽阶段。

2. 人口统计学的形成与发展

人口统计学的形成与发展是从欧洲开始的。据史料记载，14 世纪鼠疫流行病［当时称为黑死病（Black Death）］的盛行使欧洲深受重创，到了 16～17 世纪英国又连续遭遇了几次黑死病，而当时的伦敦教会要求牧师统计死亡名单（Bill of Mortality）。彼时，伦敦已经发展为世界最大城市，人口超过 50 万人，为了管理伦敦人口，政府通过专门的死亡率法案，规定每周都登记并公布出生与死亡人数。也是因为这样一些积累下来的、来自教会及相应机构的统计数据（人口出生和死亡资料），帮助了人口统计学界乃至现代统计学界最为经典的第一篇文献诞生，这就是由学界公认的第一代最杰出的人口学家、人口统计学创始人、17 世纪英国著名学者约翰·格兰特（John Graunt，1620 – 1674）于 1662 年出版的仅 85 页、名为《关于死亡表的自然的和政治的观察》一书。约翰·格兰特对英国教区自 1538 年起的死亡记录数据加以分析，以了解死亡的原因、数量及趋势。他将该书分为十二章：死亡的开始与进程（of the Bills of Mortality，their beginning，and progress）、死因的一般观察（General Observations upon the Casualties）、特殊死因（of Particular Casualties）、瘟疫（of the Plague）、瘟疫与死因的其他观察（other Observations upon the Plague，and Casualties）、多病、健康及多生育季节（of the Sickliness，Healthfulness，and Fruitfulness of Seasons）、葬礼与洗礼的差数（of the difference between Burials，and Christnings）、男女人数之差（of the difference between the numbers of Males，and Females）、城市的发展（of the growth of the City）、教区不平等（of the Inequality of Parishes）、各教区居民数（of the number of Inhabitants）① 和国家法案（of the Country Bills）。

在这十二章内容中，约翰·格兰特具有技巧地分析并指出了把一些庞杂、令人糊涂的数据（主要是以当时伦敦教会每周一次发表的"死亡公报"为研究资料）化简为几个说明问题的表格的价值。他注意到在非瘟疫时期，一个大城市每年死亡数有统计规律，他根据教堂记录数据发现了出生男婴数多于女婴数，出生儿的性别比约为 1.08，即每生 13 个女孩就有 14 个男孩出生（这为后来人口学界的出生性别比研究奠定了基础）；大城市的死亡率比农村地区要高；在考虑了已知原因的死亡及不知死亡年龄的情况下，约翰·格兰特估计出了 6 岁之前儿童的死亡率，并相当合理地估计出了母亲的死亡率为 1.5%。

据此，他从杂乱无章的材料中得出了重要的结论。他还发现了大数定律，更为重要的是，他根据每百名出生婴儿陆续死亡的年龄，编制了人类历史上第一张反映生存和死亡规律的死亡表，这是现代生命表的雏形（Kotz et al.，1988）。从表 1 – 1 这一当代人口学生命表的雏形中，我们可以推算

---

① 格兰特在第十一章中谈论伦敦居民数量时谈及存活率问题，并提出下列命题，"我们发现，100 个胎儿有 36 个在满 6 岁时死去，可能只有 1 人活到 76 岁……由此我们推出此表"。

出死亡率、存活率和寿命估计等统计量，当今众多人口统计学的发展仍然没有离开格兰特所关心的主要课题，如风险模型（Hazard rate models）的应用和生存分析（Survival analysis）均离不开表1-1所含的死亡率和存活率这些核心概念（梁在，2012：319）。由于约翰·格兰特既是死亡表的创始人，也是利用人口统计资料对人口现象进行分析的第一位人口学者，他被奉为人口统计学、也是后来的人口学的开拓者。在此，也能看到当今学界提到人口统计学——通常认为把统计学用于人口学研究中的出处了，实际上统计学和人口学就是源于一处的。20 世纪以前，社会经济统计还不发达，人口统计学既是人口学的先驱，也是统计学的重要组成部分。

表1-1　格兰特编制的生命表

年龄组（岁）	年龄段中死亡人数（人）	年龄段截止时存活人数（人）
0~6	36	64
6~16	24	40
16~26	15	25
26~36	9	16
36~46	6	10
46~56	4	6
56~66	3	3
66~76	2	1
76~86	1	0

资料来源：转引自梁在，2012：319。

谈到人口统计学的形成，还不得不提约翰·格兰特的好友、被马克思评价为"政治经济学之父，在某种程度上也是统计学的创始人"的 17 世纪著名英国学者威廉·配第[①]，他将约翰·格兰特的开创性著作《关于死亡表的自然的和政治的观察》纳入其最为著名的作品，即他于 1672 年将数量方

---

① 威廉·配第爵士（Sir William Petty, 1623 - 1687），英国古典政治经济学创始人，也是英国著名的学术团体皇家学会（The Royal Society）的创始人之一。现代统计学是在以配第为代表的"政治算术派"基础上发展的。威廉·配第最重要著作——《政治算术》（*Political Arithmetick*）的全文可以在全球著名哲学书库（http://www.marxists.org/reference/subject/economics/petty/index.htm）免费阅读。

法（即"算数"）用于研究社会问题（即"政治"）的著作《政治算术》（*Political Arithmetick*）中。在该著作中他指出"用数字、重量和尺度来表达自己想说的问题"并率先采用量化的方法来客观描述和分析事物现象，将统计学从只重视统计调查所得的数据、忽视收集数据和分析数据的亚里士多德时代（学界认为关于统计学的学理研究起始于距今 2000 多年的亚里士多德时代，而具有现代意义的统计学发展至今只有 300 多年历史）领入了收集数据和分析数据的新时代，而且他在分析过程中还纳入了比较研究的视角，比如他从总人口数、神职人口数、海员人口数和工匠人口数等数据层面来比较英国和法国，发现虽然法国人口总量和土地面积超过英国，但是神职人员过多、海员和工匠人员低于英国，即生产力人口少，因而英国国力超过法国。威廉·配第在人口统计学领域还有一个重要的学术贡献，那就是他对于人口统计学重要性的再强调，他认为需要建立中央统计部来利用人口统计学的知识，由行政区利用列出记录年龄、性别、婚姻状况等细节的表格来收集数据，要有出生、死亡、婚姻、收入、教育和商业等方面的统计数据。[①]

进入 18 世纪，人口统计派在政治算术派中占主导地位，其研究的中心课题则是人口推算。德国著名牧师、统计学家、人口学家约翰·苏斯米尔希（Johann P. Süssmilch，1707－1767）在 1741 年出版了被学界认为是人口统计学乃至人口学的开创性著作《由人类之出生、死亡及繁殖证明人类变动中所存在的神的秩序》（*Die göttliche Ordnung in den Veränderungen des menschlichen Geschlechts，aus der Geburt，Tod und Fortpflanzung desselben*，英文书名为：*The Divine Order in the Circumstances of The Human Sex，Birth，Death and Reproduction*）一书，进一步发展了约翰·格兰特的人口研究，并发现了各种人口数量之间的内在联系。约翰·苏斯米尔希是大量观察的倡导者，并为如何将概率论应用于人类生活提供了一个样本。而英国的数学家、物理学家、天文学家埃德蒙·哈雷（Edmond Halley，1656－1742）根据 1687～1691 年布勒斯劳市（the City of Breslaw）的出生、死亡统计资料编制

---

① 当时在研究诸如死亡等时间序列时，格兰特注意到了随机的起伏，但他仅以机械的术语加以描述以把它与钟表运动的忽动忽停相联系。实际上，这种不规则的变化也影响赌博和天文学。因此，其后进一步导致"随机误差"的误差分布概念出现。

了有名的哈雷生命表①。法国数学家和天文学家皮埃尔 - 西蒙·拉普拉斯（Pierre-Simon, marquisde Laplace, 1749 - 1827）则把概率论应用于人口研究，使人口统计学向前推进了一步。他于 1781 年发表在正式的科学院院刊上的第一篇名为《论概率》（"Mémoire sur les Probabilités"）的文章是拉普拉斯概率理论发展中的一个重要的转折点（这篇文章标志着拉普拉斯完成了从"机会的理论"到概率论的转变），也是拉普拉斯开始关注人口统计学的重要起点。他尝试利用现时数据，用数学技术求出像生男孩和生女孩这样将来事件发生的概率落在一定范围内的概率（这里包含着概率的频率思想的萌芽）。拉普拉斯在 1786 年发表了文章《关于巴黎的出生、结婚和死亡问题》（"Sur les Naissances, les Mariages et les Morts à Paris"），在这篇文章中，拉普拉斯开始直接把人口统计作为一个学科来阐述，提出依据法国特定地方的出生率来推算全部人口的问题。而比利时数理学派创始人、人口数理统计学的奠基者 L. A. 凯特莱（Lambert Adolphe Quételet, 1796 - 1874）是将统计学引入社会科学的引领者，他把概率论引入人口统计学之中，揭示了表面上杂乱无章的、带偶然性的人口现象存在着内在的必然性，肯定了大数定律在人口现象的数量规律性中的作用，并在 1827 年和 1832 年分别根据荷兰人口出生、死亡、婚姻、性别比例、体重等人口统计资料、犯罪统计资料和比利时人口死亡等资料进行了两国的人口学研究。

从上述内容可看出，约翰·格兰特、威廉·配第等早期的欧洲学者为人口统计学的发展做出了开创性的重大贡献。而人类认识客观事物的规律，必须经过实践—认识—再实践—再认识的多次反复的长期过程（邬沧萍，2006a）。当人类社会进入资本主义社会以后，一方面，生产力有了空前的发展，随着资本主义商品生产及销售的竞争，简单的统计人口总量已经无济于事，社会对人口统计也提出了更多的要求，不仅需要人口总量的统计，

---

① 参见 1693 年发表在 *Philosophical Transactions of the Royal Society of London* 的文章 *An estimate of the degrees of mortality of mankind, drawn from the curious tables of births andfunerals in the City of Breslaw; with an attempt to ascertain the price of annuities upon lives*。而对于该生命表的深度解读可以参考加拿大西安大略大学统计与精算学系（Department of Statistical and Actuarial Sciences, University of Western Ontario）大卫·贝尔豪斯（David R. Bellhouse）2011 年的最新文章《重新审读哈雷生命表》（*A new look at Halley's life table*）。

还需要人口年龄结构、文化构成、职业分布等人口静态统计，以及人口变动趋势（比如出生、死亡、迁移）等动态统计；另一方面，统治阶级在政治上要推行资产阶级民主，就要相应地按人口数分配议员名额，同样在军事上推行义务兵役制、在经济上要确保税收并完善市场竞争，也对人口统计提出了新要求。此外，资本主义的文明也要求建立人口生命登记、迁移及其他变动登记，因此就需要组建专门的统计机构。比如，美国在 1790 年 3 月 1 日就进行了全国第一次人口普查，并自此之后开始进行常规化的人口普查。美国分别于 1862 年成立收入统计部门（Statistics of Income Division）、1867 年成立国家教育统计中心（National Center for Education Statistics）、1884 年成立劳工统计局（Bureau of Labor Statistics）、1903 年成立人口普查局（Bureau of the Census），这些专门统计机构的成立，加之一些历史长河之中不断发生的与人口有关的事件尤其是与人口健康有关的事件，并随着社会的发展及社会实践的需要，不断对人口统计学提出更高、更多的要求，而人口统计学也逐步超越了研究总体（population）、变差（variation）和简化数据（reduction of data）这样一个范畴，相应地作为一门学科率先在北美及欧洲大地逐步发展并壮大起来。

三 人口学学科的形成与发展

在人口统计学发展及在这一期间人口理论出现的基础之上，人口学作为一门学科才得以逐步形成。而关于人口理论的出现，就要回望到 18 世纪的英国：彼时，工业革命促使经济增长进而导致人口革命，发达国家开始出现人口转变过程中的人口增长（Transitional Growth）。同样是在英国，其人口出生率大大高于人口死亡率，人口增加，加之自 15 世纪就开始的"圈地运动"以及到 18 世纪发展成果已经很显著的工业革命，使得农民被剥夺土地、手工业者破产、工人大批失业，如此，农民被"圈地"后流入城市成为城市贫民，这样的相对过剩人口引发了人们从理论上探讨人口学的热潮。而 1788 年，被称为"第一位剑桥经济学家"、被其学生亲切地称呼为"人口马尔萨斯"的著名政治经济学教授（或许是世界第一位）马尔萨斯（Thomas R. Malthus，1766－1834）匿名发表的《人口论》（*An Essay on the*

Principle of Population，该书于 1803 年正式发表)① 成为人口理论的开篇之作（该书在马尔萨斯去世之前总共六次出版。第三版出版于 1806 年，第四版出版于 1807 年，第五版出版于 1815 年，最后一版出版于 1826 年。第一版和第二版之间的差异稍大，其他各版之间虽然多少有些不同，但就其基本思想来说和第一版无根本不同，即第二版虽然同第一版相比，它由一本小册子变成四倍于原篇幅的巨著、由匿名著作变成署著者真实姓名和头衔的著作，但是二者真正的不同之处在于：第一版认为只有增加人口的死亡率才能抑制人口增长，第二版则主张通过降低人口出生率来控制人口增长，不过二者的主体思想并无二致。事实上，马尔萨斯的《人口论》能够广泛传播的原因之一，是他的第一版写得通俗，简单明了），此后由马尔萨斯主义引发了人口理论更持续的发展（更多关于人口理论的内容请见相关专门书籍）。

实际上，人口学（Demography）作为学科名，最先是由比利时统计学家阿契尔·基莱德（Achille Guillard，1799－1876）于 1855 年在其出版的《人类统计或比较人口学大纲》（*Éléments de Statistique Humaine，ou Démographie Comparée/ Elements of Human Statistics or Comparative Demography*）一书中使用的（邬沧萍，2002；Schweber，2006）。但人口学被国际公认为一门学科却是在 27 年之后的 1882 年，当时在日内瓦召开了国际卫生学和人口学大会，此次大会正式确认人口学为一个学科部门。

然而长久以来，在学术界人口学只是承担一种其他学科支持者的角色，甚至几度发生存在性的危机。正如法国人口学家阿尔弗雷德·索维②在《人口通论》（*General Theory of Population*）前言中所做的生动、贴切的描述："人口学长期以来始终是一门有气无力的科学，不是没有教师就是没有学

---

① 关于马尔萨斯及其学术作品《人口论》更多信息，请见美国西华盛顿大学（Western Washington University）人口学家 E. D. Stephan 教授为其搭建的专门网站：http:// www. edstephan. org/malthus/malthus. 0. html。

② 阿尔弗雷德·索维（Alfred Sauvy，1898－1990），法兰西学院教授，曾长期担任法国国立人口研究所（Institut National d'études Démographiques ＜INED＞，Paris）所长，并曾担任联合国统计和人口委员（the commission of Statistics and Population of the United Nations）会主席。《人口通论》是其主要著作，该书 1952 年由法兰西大学出版社出版，1956 年再版，1966 年经修订补充发行第三版。中译本由中国人民大学人口理论研究所查瑞传教授、邬沧萍教授组织翻译，并由中国人民大学出版社于 1983 年出版。

生，而目前正慢慢得到重视。但是，处在云层当中的一颗水珠不可能想象出云层的形状。同样，人们对于本身的人口问题也仍然是可悲地茫然无知的。"（邬沧萍，2002）从 20 世纪中叶开始，诸多西方学者为了人口学学科的存在与发展奔走疾呼。1959 年，美国著名人口学家和社会学家菲利普·豪瑟（Philip M. Hauser，1909 – 1994）[1] 和奥蒂斯·邓肯（Otis D. Duncan，1921 –2004）[2] 在《人口学研究》（The Study of Population）一书的总结中强调"人口学是一门科学"并分析了其地位。他们认为人口学在学术上处于边缘地位，要求提高人口学研究的学术性，强调要和过于实际的政策导向研究拉开一定距离。他们也注意到人口学缺乏坚实的理论框架这个问题，鼓励其他学者做更多的研究弥补这个缺陷。也是在这本书中，两位教授给出了后来被人们广为接受的人口学定义，即"对人口规模、地域分布、人口构成和人口变迁以及这些变迁的要素，如生育、死亡、迁移和社会流动的研究"。这一经典定义基本上涵盖了人口学者所研究的各个方面。

但是，正如当今美国著名华裔人口学家、美国纽约州立大学奥本尼分校社会学系梁在教授所言："毕竟这一定义是菲利普·豪瑟和奥蒂斯·邓肯早在 20 世纪 50 年代提出来的，而人口学的发展一直随着世界历史的翻天覆地的变化而迅速地向全新的方向拓展着。例如，人口的国际迁移无论是从人口学发展还是对社会的影响而言，都已经成为人口学的重要课题。甚至在 2010 年的中国人口普查中，中国国家统计局也增加了关于居住在中国的外籍人口的问题。这样的变化即使在 30 年前都是无法想象的。不仅如此，

---

[1] 菲利普·豪瑟（Philip M. Hauser, 1909 – 1994），美国芝加哥大学人口学、社会学教授，曾创办芝加哥大学人口研究中心并担任其主任长达 30 年，菲利普·豪瑟教授也曾任美国人口调查局执行主任，还先后担任美国社会学会、统计学会、人口学会会长职务。更多信息请参见芝加哥大学编年史：http://chronicle.uchicago.edu/950105/hauser.shtml。

[2] 奥蒂斯·邓肯（Otis D. Duncan, 1921 –2004），美国威斯康辛大学 – 麦迪逊分校人口学、社会学教授，是计量分析方法体系中的路径分析和结构模型研究的奠基人，被学界称为"20 世纪后半叶最重要的计量社会学家"。奥蒂斯·邓肯在其 1984 年出版的著作《关于社会测量的注释：从历史和批判的角度》（Notes on Social Measurement, Historical and Critical）中有一句最著名的言论："社会学不像物理学。唯独物理学才像物理学，因为一切近似于物理学家对世界的理解都将最终成为物理学的一部分。"（Duncan, 1984：169）关于奥蒂斯·邓肯教授的更多介绍，请参见谢宇教授个人网站的专题页面：http://personal.psc.isr.umich.edu/~yuxie/FTP/duncan.htm。

中国的人口现状已经发生了根本性的变化。目前重要的课题已经从控制新生人口数量转变为估算流动人口数量。人口学已经成为一个交叉学科，并吸取着许多其他相关学科的优势。举个例子来说，随着关于个体、家庭户以及各种社区的地理数据越来越多，人口学的研究正在把地理信息融入传统的人口信息中，使其更加具体。与之类似的是，人口学者近年来也尝试着利用基因学和分子生物学的研究成果来解释人口行为的生物学基础。"（梁在，2012）。人口学家谢宇对人口学的定义则更加宽泛："几乎所有社会科学学科与大多数自然科学学科都直接或间接地研究与人类相关的问题，而人口学的基本概念（比如生育率、死亡率、迁移率等）和分析方法（比如生命表分析技术）也可应用于其他生物（比如昆虫、动物、植物等）和非生物（比如企业、汽车等），因而可以说，人口学为其他相关学科对人类、动物和非生物的科学研究奠定了经验基础。"（Xie，2000；曾毅等，2011：2）

第二节 人口学学科在中国的发展

一 中国人口学学科发展的黄金十五年

人口学学科在中国的发展经历了起步（20 世纪 20 ~ 30 年代）、发展（20 世纪 50 ~ 60 年代初）、膨胀（20 世纪 70 ~ 90 年代中期）、调整（1996年以后）四个阶段。而其中人口学学科在中国发展的膨胀阶段即其与中国人口问题相伴随发展的辉煌阶段，为此，本节对这一阶段进行一个客观展现。20 世纪 70 年代中期，人口问题的紧迫性促使中国的人口学研究得以复兴。1974 年，当时全国第一个正式的专门从事于人口学研究的科研机构——中国人民大学人口研究所成立，标志着人口学在中国作为一门独立的人文社会科学学科的起步，其中中国人民大学（自 1981 年开始）和复旦大学（自 1984 年开始）率先在全国招收人口学本科专业（翟振武等，2003）。这之后，在政府有关部门和联合国人口基金的资助和扶持下，国内的人口科研机构纷纷建立，研究单位数量急剧增多，它们在承担科研工作的同时，积极开展从本科到博士的人口学专业人才的培养。同时，举世瞩目的中国第三次全国人口普查以其高质量的数据解开了所谓"中国人口数量与结构之谜"（由于种种历史原因，这之前的近代中国人口数据相对其他许多国家较为贫乏），随后全国百分之一人口抽样调查、全国千分之二生育节育抽样调查、七省二市深入生育调查等全国或地方性调查提供了大量内容丰富的人口数据，促进了人口学学科的发展（曾毅等，2011：1）。

这里有必要提及，自 1980 年开始，联合国人口基金①展开了对中国人口学研究及人口学学科发展的长达 15 年的全方位、多层面的援助，其当时仅在中国的高校系统就选取了 22 个人口科研机构作为受援单位。② 为了支持这些研究机构更好地开展人口学的教学与科研工作，UNFPA 推出了诸多扶持计划，通过资助国内中青年人口学专业教师或者通过提供出国留学攻读人口学硕士/博士学位、以专家出国考察访问机会的形式，使他们开始直接触摸到国际人口学发展的脉搏，及时了解到国际人口学界的最新学术动态，并在人口学发展较早的发达国家或地区系统地学习和掌握现代人口学理论和方法，遗憾的是出国攻读学位而学成回国的学者并不多。③ 此外，UNFPA 还资助这些中国大学的人口科研机构开展人口学教学、研究与培训。④ 这些措施不仅进一步推动了中国国内的人口科研活动，使人口学迅速

---

① 1966 年，联合国大会通过决议促请联合国相关组织在人口方面提供技术援助。1967 年联合国秘书长设立人口活动信托基金，1969 年定名为联合国人口活动基金（United Nations Fund for Population Activities，UNFPA）并于 1979 年成为联大附属机构。1987 年大会决定将其改名为联合国人口基金（United Nations Population Fund），英文缩写保留为 UNFPA，总部设在纽约。该基金宗旨是在人口活动中增进知识和能力，以适应国家、区域和世界在人口活动和计划生育方面的需要；在计划和规划工作方面进行协调，促使各国根据各自计划寻找解决人口问题的可行办法；向发展中国家提供资金援助、资金来源于各国政府和私人的捐款。

② 除此之外，国内的社会科学院系统、党校系统、计划生育管理系统及其他有关部门也先后建立了一批不同形式的人口科学研究单位。据不完全统计，到 2000 年，中国专门的人口学科研机构数就有近 60 个。此外，中国还有 9 个全国性或省级的人口信息研究机构，它们大多隶属于原国家人口与计生委的计划生育管理系统。这些机构和单位，在国内构成了一个覆盖面广、涉及领域宽、研究方向全的人口学科学研究的完整网络。这既是中国人口学发展、成熟的重要标志，也是中国人口学继续成长、进步的主要载体。

③ 归国学者中包括北京大学光华管理学院市场营销系涂平教授，他在 1989 年取得美国加州大学伯克利分校人口学博士学位；北京大学人口研究所李涌平教授，他在 1990 年取得美国加州大学伯克利分校人口学博士学位；上海复旦大学社会发展与公共政策学院彭希哲教授，他在 1988 年取得伦敦政治经济学院人口学博士学位；南京师范大学社会发展与公共政策学院黄润龙教授，1992 年取得英国伦敦大学公共卫生和热带医学院人口学硕士学位；等等。

④ 比如，1985 年资助华东师范大学人口研究所等单位成为"中国大学人口学研究与培训"项目单位；1992 年在北京大学人口研究所建立了向外国学生授予人口学硕士学位的培训中心（这也是亚洲仅有的三个此类国际中心之一）；等等。

成长并取得了重大进展，而且及时打开了中国人口学界通向世界的大门，使中国的人口科学研究加快了追赶学科前沿的步伐，并在 20 世纪的整个 80 年代和 90 年代初形成了一个人口学学科在中国兴旺发展的高潮时期，人口学甚至在全世界都是发展最快的学科（邬沧萍，2006a）。

在此，本书回到教育学视角下的学科定义，重新审视中国人口学学科的黄金十五年。美国教育学学者伯顿·克拉克在《高等教育新论》中认为，学科包括两种含义：一是作为一门知识的"学科"；二是围绕这些"学科"而建立起来的组织。国内的教育学学者，从传递知识、教育教学及学问研究的角度将学科的含义界定为：学科是"学界的组织"或"学术的组织"，是由一群学者以及学者们依赖于一定物质基础围绕知识进行的创造、传递、融合与应用的活动所组成的组织系统，是一个实在存在的具有组织形态的学术组织系统，即从事教学和研究的机构（宣勇，2002；郭石明，2004）。而学科要发展就必须进行持续的建设，这包括学科知识、学科活动和学科组织的建设三个方面。学科的建设，无论是学科知识的建设还是学科活动的建设，都是靠学科中的人的组织形态实现的。学科的发展，在知识形态上来说，最终要以有组织的形式表现出来；在组织形态上来说，最终要形成学科队伍，并以学科发展的组织形式体现出来（孙绵涛、朱晓黎，2007）。因此，学科建设的水平最终要反映在人才培养的质量、科学研究成果的水平和服务社会的效能上。学科水平或学科建设水平具有层次性。高层次的人才培养依赖高层次的学科水平和学科建设水平，但又反过来也促进学科水平或学科建设水平的提高。这也就是说，学科水平的层次和人才培养的层次是相互作用的（陆军、宋筱平、陆叔云，2004）。教育学视角下一般学科定义的基本理论框架见表 1-2。

表 1-2 教育学视角下一般学科定义的基本理论框架

核心知识形态	基础活动形态	表现组织形态
有一定逻辑联系的知识范畴所组成的知识体系	科学研究活动、学科教材的编撰活动、教师的教学活动和学生的学习活动，以及在师生教学过程中所进行的创造知识的活动	学科知识的组织体系，以及以知识的研究、传授和创造为基础所形成的学科队伍，诸如院、系、所等学术组织

当这种实践社群发展到一定阶段时，学科的组成要素初步成型，学术水平已经积累到一定程度，学科功能上初步具有教学、研究、社会服务三个方面，学科临界规模形成，也标志着学科组织正式形成（宣勇、张金福，2007）。从上述关于学科的标准教育学视角下的定义及人口学学科在20世纪80年代初到90年代中期这15年在教学、研究及社会服务方面的突出贡献来看，那个时期无疑是中国人口科学发展的黄金时期。

二 中国人口学学科的萎缩

反观中国的人口学研究，可以清晰地看到社会构建的迹象。20世纪80年代，中国人口学和其他一些社会科学学科相比是相当受重视的。联合国人口基金给予了很多资助，政府也给予了一定的研究经费。一些政府部门、中国社会科学院和大学都设有人口研究机构或系科。那时人口学在中国比较受重视是因为它能够给政府人口控制政策提供决策咨询，意识形态上也不会偏离方向。不过90年代中期后，政府的支持力度似乎有些减小，联合国人口基金迫于某些方面的压力也大大减少了对中国人口研究机构的支持力度。1995年，联合国人口基金结束了对中国高等教育领域内人口学培训与研究项目的援助，这给大学的人口学教学、研究与培训项目造成了很大的影响（翟振武等，2003），使得中国的人口学科发展遇到了巨大的困难，一些学校的人口研究部门也因此而萎缩。

同时，20世纪90年代中后期，中国市场经济快速发展使得人才的需求发生变化，为企业服务、为经济服务和市场需求量大的学科，如金融、贸易、法律、工商管理等，在充足资金的推动下，蓬勃发展起来。但是，为社会服务、为政府服务和与"钱"关系比较远的很多学科，如历史、文学、哲学等，包括人口学，其生存和发展都成了问题。人口学领域研究课题和经费大幅萎缩，不少人口研究机构"无米下锅"，被迫撤销。很多专业研究人员因此"下海"和转行进而流失（翟振武，2000）。但也是自20世纪90年代末期人口学学科开始萎缩以来，中国学者们对于人口学科的重新发展建言颇多，有影响力的人口学者基本都发声于关注人口学科发展，并著成专论文章或是专著（郝虹生、陈功，1998；郑晓瑛，2005；翟振武，2000；田雪原，2002；吴忠观、刘家强，2002；翟振武，2007；叶文振、石红梅、陆洋，2009；邬沧萍，2002、2006a）。

学界有种观点是人口学将会消融到一些实用科学领域中去，在那里，一些有能力并对人口学抱实用取向的学者，将在各领域内与该领域专家发展针对该领域的人口学方法，这种情况与 20 世纪以前很多学科，比如统计学的发展情况相似（翟振武，2007）。在当时，发展统计学方法的人都不以为自己是统计学家，他们对自己领域中出现的数据分析问题很有兴趣，并常以结合自己专业领域的方式去研究它，高尔登、威尔登和卡尔·皮尔逊等都是典型的例子。而中国人口学界代表性人物之一的田雪原教授（2002）则认为正规的人口学必须获得进一步的巩固和发展，如果人口学本身不能获得相应的巩固和发展，一味强调它的边缘和交叉性质，就有可能被"边缘化"——被其他学科吸纳和归并，失去人口学的本来意义。

三　中国人口学学科的再发展

受到政府的影响，中国的人口学极为关注人口政策研究，目的就是给政府部门提供决策依据。总的来看，中国人口学的发展受政府的影响非常之大。可以说，中国的人口学者是在政府的指导之下来构建人口学这门学科的。中国的人口学研究在理论和方法上受美国的影响也较大，目前学术界非常看重量化的实证研究，但是对美国人口学 20 世纪 90 年代以来的最新发展，尤其是理论上的发展似乎还没有太多关注。这种过于强调人口研究的社会应用价值，缺少坚实理论基础的现象在今后可能会受到一些人的批判。不过目前在没有最新外来影响的情况下，这种状况已经成为学科特色（吴凯、陈友华，2009）。

人口学的核心问题是人口规模和结构的变化以及这些变化与社会的其他方面如何相互影响。研究人口与社会其他方面相互影响的过程被看作提高人口学地位的一个重要途径，定性研究方法被当作人口学研究的一个重要工具。由此，人口学研究得到了一定程度的发展。人口学的发展首先表现为研究范围的扩展。要提高人口学的地位，首先要跳出传统人口学的研究范围，不能只是研究一些人口现象本身，还要研究社会因素对人口内在变化的决定作用，以及人口内在运动对社会的影响。尽管一些学科在研究自己的问题时也会涉及一些具体的人口现象，目前还没有哪个学科在以人口现象为中心的同时，对这种人口与社会的互动关系做深入系统的研究。

正是这种研究使人口学具有自己的独立性和学科地位。

目前在中国，人口学作为社会学的二级学科，与社会学、人类学、民俗学（含中国民间文学）一起成为社会学的四大组成部分（国务院学位委员会，1997）。人口学研究课题多和社会学、社会管理、社区工作、地理学、公共管理等密切相关。截至 2016 年，全国有 36 所高校、研究机构（比如中国社会科学院、广东社会科学院）招收人口学硕士研究生，其中 32 所含博士学位点，24 所为"211"及以上重点大学（含 14 所"985"高校）。① 人口学是一门相对具备发展潜力的社会学科，有着不断革新的相对前沿的社会研究方法，注重定性研究的同时注重定量研究，注重当前人口数量而且注重过去及未来人口数量，既注重中国人口发展状态又注重国外人口发展的经验和教训，研究难度大，社会需求量大。这说明社会管理、社区经济发展迫切需要人口学的合作，和谐社会的建设、人文环境的改善都离不开对人的数量和素质的研究。如果对人、对劳动力的数量和素质的变化心中无数，就无法进行社会管理和社会研究。人口学学科的发展，不单需要建立具体的知识架构，还要那些从事该专业的人能够以发展的眼光把这些知识连缀成一个有机的、清晰的图景，获得一种历史的厚重感。世界著名人口学大师、美国科学院院士内森·凯菲茨（Nathan Key-fitz）教授 1993 年 11 月在奥地利发表演讲强调，人口科学研究要联系实际，要多学科交叉，成果应易为政策制定与执行者及社会公众所读懂（张纯元，1996）。

我们也能看到人口学学科体系的发展，比如，基于人口学发展出了人口资源环境经济学——1997 年，国务院学位委员会在调整研究生专业目录时，将原来的人口经济学扩展为人口资源环境经济学，它不仅是人口经济学、资源经济学、生态环境经济学的学科整合，也是反映中国现代化建设需要的与时俱进，得到学术界的广泛响应。② 另一个基于人口学发展出的专业就是老年学，其标志是老年学博士点的建立——在中国人口老龄化迅速发展的背景下，老年学人才的需求越来越旺盛。经过多年的呼吁，教育部

---

① 信息来自中国研究生招生信息网：http://yz.chsi.com.cn/zsml/zyfx_search.jsp。

② 人口资源环境经济学博士点在 2000 年初仅有 4 个（人大、南开、复旦、武大），2014 年已经达到 27 个，包括吉林大学、新疆大学、青岛大学、福建师大、山东师大等，硕士点更是高达 84 个。

学位办终于批准，中国人民大学于 2003 年率先建立了全国第一个正式的老年学博士点，开始了老年学正规教育的时期。随后，许多学校也陆续在博士或硕士层次上开设了老年学专业方向的教学内容。在中国这样一个人口大国中，地域差距极大，人口状况千差万别，人口问题更是复杂多样。实践呼唤理论，实践呼唤人口科学的发展。正是这种复杂的人口国情，为中国人口科学的发展提供了得天独厚的土壤。因此，有学者认为中国的人口学没有理由不出经典巨著，没有理由不出大师级人物，没有理由不站在国际人口学学术前沿（翟振武，2007）。

西方人口学学科体系的多元化是指人口科学的发展从人口学作为独立学科的一元化逐渐向人口经济学、社会人口学等交叉学科的多元化方向发展。20 世纪 50 年代到 80 年代初，随着世界人口的迅速增长，人口学科体系的研究成为西方学术界和日本学术界最活跃的学科研究之一。其中，人口经济学作为人口学分支学科最引人注目。日本学者大渊宽等人在 1977 年发表了《人口经济论》，随后大渊宽和森冈仁于 1981 年又出版了《经济人口学》，这两部学术专著在确立经济人口学的独立研究对象和方法、建立完整体系方面做出了一定的贡献。与此同时，社会人口学、历史人口学等人口学分支学科也迅速发展起来。而中国除了人口学、历史人口学和人口统计学等学科已接近西方发达国家的研究水平外，人口经济学、社会人口学、数理人口学和人口地理学等学科与日趋成熟的西方相应学科的理论体系相比尚有差距，而地域人口学、生物人口学、生态人口学、政治人口学和家庭人口学等人口学分支学科的研究还处于初创阶段，中国学者应大胆借鉴西方某些学科的现代研究方法和研究成果，既善于吸收西方发达国家在人口发展方面的实际经验和先进的理论研究，又敢于对西方人口学理论提出质疑，提出自己的理论创见，扩大人口学科体系的研究领域（李仲生，2006）。可喜的是，目前人口学学科在中国的发展已经初步显现出一些特色。①科研与教学相结合。中国的一些重点高校或研究机构，将人口学前沿的科研与当下的教学进行了有机结合和相关拓展，比如，作为国家重要智囊机构的中国社会科学院人口与劳动经济研究所除了承担国家重点科研项目，为国家的建设和发展做出重大贡献外，还立足于人口学学科体系积极培训人才，面向国内外招收、培养人口学、劳动经济学、人口资源环境经济学专业硕士及博士研究生。中国人民大学社会与人口研究学院立足于人口学学科平台，在博士层面设有人口学、人口资源环境经济学、老年学博士学位点，在本科教学层面则专门设立人口与社会管理方向的公共事业管理本科专业。②科研与社会服务相结合、基础研究与应用研究相结合。各人口研究和教学机构有许多教员兼任国家相关部委和国际机构的专家委员会专家和学术顾问。如北京大学人口研究所所长郑晓瑛教授受聘出任国家科技部"中国出生缺陷综合干预工程"首席科学家和国家重点基础研究发展规划项目"中国人口出生缺陷的遗传与环境可控性研究"首席科学家。③开展人口研究，既注重基础理论的研究，又注重其在重大社会问题上的应用研究。实现本系统上下联动与各部门单位之间互相联动相结合；国内与国际相结合；专业人员与兼职人员相结合——参与人口课题研究的人员有专家，也有相关部门和基层的实际工作者。

第三节　人口学学科体系

一　人口学的分类

学界最权威的《多国语言人口学词典》对人口学的学科体系有着较为经典的描述。人口学中的某些分支学科具有专有名称，以反映其研究对象或方法论：历史人口学（Historical Demography）研究有文字记载的过去人口状况；古代人口学（Paleodemography）研究没有文字记载的古代人口；叙述人口学（Descriptive Demography）是用人口统计学（Population Statistics 或 Demographic Statistics）来阐述人口的数量、地理分布、结构和变化；理论人口学（Theoretical Demography）或纯粹人口学（Pure Demography）探讨人口现象间的量的关系以及它们与其他现象间的抽象关系，因为它应用了各种数学方法，在实际中又被视为数理人口学（Mathematical Demography）；人口研究（Demographic Study 或 Population Analysis）指对某一实际人口进行的研究。上述各学科都着重于现象的数量方面，因此当这些学科只涉及人口的规模和结构时就被称为正式人口学（Formal Demography）。相反，人口研究（Population Studies）这一更广义的术语还包括人口现象与社会、经济或其他现象之间关系的探讨（见表1-3）。

表 1-3　人口学一般分类

正规人口学 Formal Demography		社会人口学 Social Demography		应用人口学 Applied Demography	
解释变量	响应变量	解释变量	响应变量	解释变量	响应变量
人口变量	人口变量	非人口变量	人口变量	人口变量	非人口变量
年龄结构	出生率	不同阶层	死亡率	年龄结构	消费行为
迁移	年龄性别结构	婚育观念	生育数量	迁移	社会变迁
死亡率	老年人口	收入机会	迁移	出生率	教育设施
		年降雨量	人口密度		

　　在对人口学的研究内容进行阐释前，我们需要知道三个相互承接的概念。首先是人，所谓人就是能制造工具并使用工具进行劳动的高等动物；其次是人类，即人的总称；而人口则是一定地域、一定时点生活的总人数。人口学明确的研究对象就是人口，具体的研究内容为：在静态方面，包括人口的规模、结构、分布；在动态方面，则可以概述为"生""死""迁""测"四个字，这四个字从生育、死亡、迁移等方面阐释了人口的发展变化，包括自然变动、迁移变动，还有社会变动。在研究上述内容时，人口学有着自己独特的方法，包括指标体系、标准化方法、率的分解法、生命表技术、模拟与预测方法等。在我们所生活的世界，许多决策都涉及人，尤其是人群；当问题涉及有多少人，这些人居住和工作在何处以及这些人群的喜好时，人口学就成为决策过程的一部分。比如，政治学领域可涉及国会议员席位的分配与重新分配——在美国，人口普查的宪法基础就是为众议院（the House of Representatives）的席位分配提供数据；选举区的投票支持——选民的特征直接决定参政纲领；立法分析——社会政策、人口变化与财富分配方式相辅相成。教育学领域可涉及入学人数预测、教育资源分配等。在健康服务领域，可涉及医疗卫生机构、人员的配备与设址等。在公共安全领域涉及社区的社会人口环境与犯罪率、警力配备等。

　　笔者在此将作为人口学学科入门内容的"人口学概论"的内容整合为四个部分，共计十一章内容（见图 1-1）。

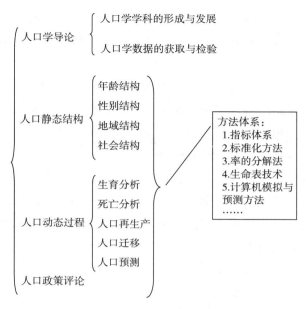

图 1 - 1　本书核心知识体系

二　人口学的基本范畴

前面已经提到，人口学的研究对象既包括人口现象的特征及各种现象之间关系的静态研究，也包括人口变动过程及其模式的动态研究，以及人口未来发展趋势的预测等内容。

1. 人口现象的特征及关系

分析人口现象，首先要掌握人口现象的数量特征及数量特征之间的关系两方面内容。人口现象的数量特征及各特征之间的关系是人口统计学研究的基本内容。人口学的数量特征分析就是描述人口现象的数量特征，如人口总数、男/女性人口数、出生人口数、死亡人口数、迁入人口数、迁出人口数、各年龄人口数等数量特征的描述。

在描述数量特征后，需要揭示各人口现象之间的数量关系。例如，男性/女性人口与总性人口相结合可以分析性别结构；各年龄人口数与总人口相结合可以分析人口年龄结构；出生人口与总人口相结合可以分析出生水平；而与育龄妇女人口数相结合又可以分析生育水平；等等。

2. 人口变动过程及模式

除从静态角度分析人口现象的数量特征及其关系外，人口统计学也从动态角度分析人口变动过程及人口变动模式。人口变动模式包括由出生、死亡构成的人口自然变动，即人口再生产变动，以及人口迁移带来的机械变动。人口出生与死亡构成人口再生产，出生人口与死亡人口数量规模的关系构成人口再生产过程及模式：出生人口与死亡人口同时多时，人口增长缓慢，称为原始型人口再生产类型；出生人口多、死亡人口少时，人口增长较快，称为传统型人口再生产；出生人口和死亡人口都很少时，人口增长缓慢，称为现代型人口再生产。

人口迁移流动是人口变量的另一个主要方面，即人口机械变动。人口统计中，不仅统计迁入人口数、迁出人口数，根据人口迁移方向及原因，可以将人口迁移分为多种不同的类型，例如根据城市与农村之间的人口迁移方向可以分为农村到农村的人口迁移、农村到城市的人口迁移、城市到城市的人口迁移及城市到农村的人口迁移四类。

3. 人口未来发展趋势

人口是不断发展变化的，现在的人口是由过去的人口发展而来的，且将发展为未来的人口。未来人口的规模与结构将是国家制定社会经济发展政策的重要依据。因而在人口学中，还需要根据现在的人口发展趋势及特征预测未来人口发展。

4. 从学科交叉角度拓展人口研究

人口研究的发展一直是以人口学的系统研究方法为核心技术体系来对人口及其衍生的一系列新问题进行研究，但是人口学本身却在其发展过程中吸收社会学、政治学、地理学、生物学、经济学、人类学、管理学等多门学科的精华（见图1-2）。实际上，菲利普·豪瑟（Philip M. Hauser）和奥蒂斯·邓肯（Otis D. Duncan）于1959年在其人口学经典著作《人口学研究》（*The Study of Population*）中就如此行文：社会学与人口学、经济学与人口学、基因学与人口学、人类学与人口学、地理学与人口学、生态学与人口学等（Hauser & Duncan，1959；曾毅等，2011：3）。

目前世界上人口学系以独立院系存在的很少，比如在北美有名的有美国加州大学伯克利分校的人口学系[1]、加拿大蒙特利尔大学人口学系[2]是以

---

[1] Department of Demography@ UC Berkeley；http://www.demog.berkeley.edu/。

[2] Département de démographie@ Université de Montréal；http://demo.umontreal.ca。

图1-2 人口学作为交叉学科

独立院系的方式存在。更为通常的做法是成立多学科交叉、拥有各个领域优秀专家学者的人口研究所/院或人口研究中心，典型的例子是欧洲的"荷兰跨学科人口研究所"，它在自己的名称上直接使用了"跨学科"这样的字眼。当然其他的人口研究机构虽然没有在名称上直接体现出跨学科性质，但它们的实际运作方式却体现出其是各个相关学科优秀学者共同合作的研究平台，比如北卡罗来纳教堂山分校的北卡罗来纳人口中心等。

第四节 人口学学科开创性著作年表

自1662年学界公认的第一代最杰出的人口学家约翰·格兰特撰写出人口学界，乃至现代统计学界最为经典的第一篇文献《关于死亡表的自然的和政治的观察》后，一直到1985年，法国著名人口学家罗兰·普雷萨（Roland Pressat）编撰出版英文版《人口学辞典》（*The Dictionary of Demography*），其间人口学经典著作倍出，并且这些早期的经典著作基本上是在关键的节点上引导了人口学学科的深入发展。本书在此节，将就这些可以写入人口学学科发展史的开创性著作及其作者以年表的形式进行展示并进行简评，从中读者也可对人口学学科的发展有一个可把握的基本脉络（见表1-4）。

表1-4 人口学学科开创性著作年表

时间	人物	著作
1662	〔英〕约翰·格兰特 （John Graunt，1620–1674）	《关于死亡表的自然的和政治的观察》（*Natural and Political Observations Made upon the Bills of Mortality*） 注：编制了第一张反映生存和死亡规律的死亡表，是现代生命表的雏形

时间	人物	著作
1672	〔英〕威廉·配第 (William Petty, 1623 - 1687)	《政治算术》(*Political Arithmetick*) 注:指出"用数字、重量和尺度来表达自己想说的问题",唤起对人口统计学的重视
1741	〔德〕约翰·苏斯米尔希 (Johann P. Süssmilch, 1707 - 1767)	《由人类之出生、死亡及繁殖证明人类变动中所存在的神的秩序》(*Die göttliche Ordnung in den Veränderungen des menschlichen Geschlechts, aus der Geburt, Tod und Fortpflanzung desselben/The Divine Order in the Circumstances of The Human Sex, Birth, Death and Reproduction*) 注:被学界认为是人口统计学乃至人口学的开创性著作,该书进一步发展了约翰·格兰特的人口研究,并发现了各种人口数量之间的内在联系;约翰·苏斯米尔希是大量观察的倡导者,并为如何使概率论应用于人类生活提供了一个样本
1788	〔英〕托马斯·马尔萨斯 (Thomas R. Malthus, 1766 - 1834)	《人口论》(*An Essay on the Principle of Population*) 注:1788 年匿名发表,1803 年正式发表;人口理论的开篇之作
1827 1832	〔比〕L. A. 凯特莱 (Lambert Adolphe Quételet, 1796 - 1874)	*Recherches sur la population, les naissances, les décès, les prisons, les depots de mendicité, etc., dans le royaume des Pays-Bas.* *Recherches sur la reproduction et la mortalité de l'homme aux différens ages: et sur la population de la Belgique.* 注:这两本书是作者分别在 1827 根据荷兰人口出生、死亡、结婚、性比例、体重等人口统计资料和犯罪统计资料和在 1832 年根据比利时人口死亡等资料进行的关于两国的人口学研究;作者是比利时数理学派创始人、人口数理统计学的奠基人,是将统计学引入社会科学的引领者,他把概率论引入人口统计学之中,肯定了大数定律在人口现象的数量规律性中的作用
1855	〔比〕阿契尔·基莱德 (Achille Guillard, 1799 - 1876)	《人类统计或比较人口学大纲》(*éléments de Statistique Humaine, ou Démographie Comparée/Elements of Human Statistics or Comparative Demography*) 注:学界首次使用人口学(Demography)一词
1912	〔意〕科拉多·基尼 (Corrado Gini, 1884 - 1965)	《国家演变过程中的人口学因素》(*Demographic Factors in the Evolution of Nations*)
1922	〔英〕卡尔·桑德斯 (Carr Saunders, 1886 - 1966)	《人口问题》(*The Population Problems*) 注:该书使用新马尔萨斯理论和高尔顿的优生学作为理论框架对人口动态进行计量分析;认为工业生产而不是食物成为限制人口增长的主要因素

续表

时间	人物	著作
1933	〔美〕沃伦·汤普森 （Warren S. Thompson） 〔美〕帕斯卡·惠尔顿 （Pascal. K. Whelpton）	《美国的人口趋势》（*Population Trends in the United States*） 注：迈阿密大学沃伦·汤普森教授与密西根大学帕斯卡·惠尔顿教授受到斯克里波司人口问题研究基金会（Scripps Foundation for Research in Population Problems）资助，并在总统社会趋势研究委员会指导下进行的关于美国历史人口趋势的研究
1939	〔美〕雷蒙德·珀尔 （Raymond Pearl, 1879 – 1940）	《人口自然史》（*The Natural History of Population*） 注：约翰霍普金斯大学生物学家雷蒙德·珀尔，生物老年医学（Biogerontology）创始人，生物测定学（Biometry）发明者，国际人口科学研究联盟（IUSSP, 1947 年前称为 The Constituent Assembly of the International union for the Scientific Investigation of Population Problems）的创始人之一
1952	〔英〕阿尔弗雷德·索维 （Alfred Sauvy, 1898 – 1990）	《人口通论》（*General Theory of Population*） 注：指出人口学学科的存在性危机
1954	〔美〕阿莫斯·霍利 （Amos H. Hawley, 1910 – 2009）	《人口学与公共管理论文集》（*Papers in Demography and Public Administration*） 注：密西根大学社会学教授阿莫斯·霍利，研究在人口增长背景下的人口与环境的交互关系
1958	〔美〕安斯利·科尔 （Ansley J. Coale, 1917 – 2002） 〔美〕埃德加·胡佛 （Edgar M. Hoover, 1917 – 2002）	《低收入国家的人口增长与经济发展》（*Population Growth and Economic Development in Low-income Countries*） 注：利用资本/产出比例来估算印度不同人口规模的资本存量变化。提出与马寅初《新人口论》相近的观点：适度减缓人口增长可促进经济发展
1959	〔美〕菲利普·豪瑟 （Philip M. Hauser, 1909 – 1994） 〔美〕奥蒂斯·邓肯 （Otis D. Duncan, 1921 – 2004）	《人口学研究》（*The Study of Population*） 注：指出人口学学科的边缘性境遇，给出人口学的经典定义为"对人口规模、地域分布、人口构成和人口变迁以及这些变迁的要素，如生育、死亡、迁移和社会流动的研究"
1965	〔美〕拉夫·汤姆林森 （Ralph Thomlinson, 1925 – 2007）	《人口动态》（*Population Dynamics*） 注：本书分析了世界人口规模、特征与分布变化的原因与效应，在分析中尤其注重对于产生这些变化的关键人口变量生育、死亡与迁移的作用
1965	〔美〕埃丝特·博斯拉普 （Ester Boserup, 1910 – 1999）	《农业增长的条件：人口压力之下的农业经济》（*The conditions of agricultural growth: The economics of agriculture under population pressure*） 注：试图挑战马尔萨斯模型，她认为人口增长应该是自变量而非马尔萨斯模型的因变量，这样一来人口增长就成为推动技术进步的起因了

27

续表

时间	人物	著作
1969	〔美〕唐纳德·博格 （Donald J. Bogue, 1918 - 2014）	《人口学原理》（*Principles of Demography*） 注：唐纳德·博格是美国芝加哥大学人口学与社会学教授，曾任芝加哥大学人口研究中心（PRC）、国家民意研究中心（NORC）主任和美国人口学会（PAA）会长。该书对人口学概念有精辟的阐释
1971	〔美〕亨利·施赖奥克 （Henry S. Shryock） 〔美〕雅各伯·西格尔 （JacobS. Siegel）	《人口学的方法和素材（两卷本）》（*The Methods and Materials of Demography* < 2vols. > ） 注：亨利·施赖奥克是美国人口普查局人口学家，高级分析师，雅各伯·西格尔曾是美国人口普查局人口学家，高级分析师，乔治敦大学人口学系高级讲师，后来创立自己的咨询公司 J. Stuart Siegel Demographic Services；本书是北美人口学研究生必读教材，其系统讲解人口数据的采集、分类及其如何处理以反映人口特征与变化的各个方面
1977	〔加〕内森·凯菲茨 （Nathan Keyfitz, 1913 - 2010）	《应用数理人口学》（*Applied Mathematical Demography*） 注：内森·凯菲茨曾先后在多伦多大学、芝加哥大学、伯克利、哈佛大学社会学系、人口学系任教，著名的人口学家；本书被称为数理人口学的圣经，为人口学博士必读教材
1985	〔法〕罗兰·普雷萨 （Roland Pressat）	《人口学辞典》（*The Dictionary of Demography*） 注：法国国立人口研究所（Institut National d'Etudes Demographiques）著名人口学家；该辞典为人口学权威工具书
1986	美国科学院人口增长与经济发展研究组 （Working group on Population growth and economic development, NAS）	《人口增长与经济发展：政策问题》（*Population growth and economic development: policy questions*） 注：系统考察了人口增长放缓对经济发展各要素的影响

知识卡片：拉普拉斯与人口统计学

皮埃尔 - 西蒙·拉普拉斯（Pierre-Simon, marquisde Laplace, 1749 - 1827），法国数学家和天文学家，在 1781 年发表的《论概率》中涉及了在 18 世纪统计学界中方兴未艾的一个课题——人口统计学。拉普拉斯并没有提及在 18 世纪早期阿布兹诺特（Arbuthnot）和尼古拉·伯努利之间的一个著名的争论："男女婴出生的比例近乎相等是否证明了神圣设计者的设计？"

但他研究人口统计的内在动机在本质上与阿布兹诺特是一致的：这

个例子是概率论应用于证明"万能的智慧者"存在的一个典型例子，即存在一个关于人种生殖的基本规律，这一点被逆概率所证实。

相反，同样的方法能够用于查清错误，例如，在某个小城镇的报告中女婴的数目占优势，拉普拉斯就会否定这种违反恒定规律的反常情况。除了宗教的因素以外，人口统计学作为一门科学研究在很大程度上还归功于18世纪日益增长的公共管理的职业化倾向。在法国，出生、结婚和死亡的记录都系统地保存在各个教区的记事录中。1771年，法国财经大臣要求所有的地方行政长官了解当地的数字汇编，并且每年向巴黎递交报告，目的是让政府能够了解整个国家的人口信息。1774年，即蒂尔戈上任的第一年，科学院出版了一个巴黎市及其郊区的人口数字汇总，时间范围覆盖了从1745年到1770年。统计数表显示，这期间有251527个男婴和241945个女婴出生，男女婴出生的比率大约是105：101，这个比率每年几乎保持不变。他们也与伦敦的数据进行比较，在伦敦同样也是男孩的出生数大于女孩的出生数——尽管19：18的比率较巴黎的比率大一点。这些知识提供了一个将现实数量化的典型例子，拉普拉斯抓住了这个机会，他尝试用数学技术求出生男孩和生女孩这样将来事件发生的概率落在一定范围内的概率。这里包含着概率的频率思想的萌芽。

拉普拉斯在1786年发表的文章《关于巴黎的出生、结婚和死亡问题》中开始直接把人口统计作为一个学科来阐述，提出依据法国特定地方的出生率来推算全部人口的问题。文章开头的一句话显示出拉普拉斯研究这一类问题的意图，他宣称：人口是判断一个帝国繁荣的最可靠的方法之一，通过比较已发生的事件的背景分析，人口的变化会提供物质和道德对于人类幸福影响的最精确的测量。他意识到信息可以为那些负责公共政策的人提供一个向导，所以他急切地呼吁政府发起一系列的统计活动。当时的巴黎科学院也已意识到这方面的重要性，所以决定在每年出版的论文集中插入整个国家出生、结婚和死亡人数的数目汇总，其目的是为国家政府和地方政府的信息和指导建立一个资料库。拉普拉斯的意图是让其论文成为分析实际收集的信息的一个向导。论文的主题包含了巴黎从1771年到1784年的生命统计的研究，还有对从1781年到

1782 年两年时间巴黎的总人口的估计。拉普拉斯的人口问题研究的核心主要是将人口问题抽象成从过去的观察来预测将来事件的法则的应用。尽管不可能直接点数人口，但是可以把人口统计问题看作一类能够由预测可能的误差和计算需要将观察延伸到何种程度以把它的范围限制在特定的极限之间的技术问题。在这里已明显体现出了现代数理统计中样本调查的思想。

第二章　人口学数据的获取与检验

人口学家相比他们在其他社会科学领域的同仁是幸运的，因为人口学家很多时候无须自己采集数据而是更多使用二手数据，抑或是对一些历史的或现成的数据进行加工。比如李中清教授主持的清代辽宁多代人口数据库（CMGPD-LN），构建数据库的原始资料就源于保存在辽宁档案馆的盛京内务府约3600册的三年记录一次的人口登记户口册；清代双城多代人口数据库（China Multi-Generational Panel Dataset-Shuangcheng）的原始资料则是清代吉林将军双城堡旗人户口册，该户口册详细追踪记录了京旗、屯丁和浮丁三类旗人的人口和家户土地持有数量信息。但是随着人口学学科的多元发展，一些人口学家依然需要自己采集数据，比如一些人口学家会在研究中纳入人类学的视角抑或从事民族志研究（Riley & McCarthy, 2003），一些人口学家关注于特定的研究问题，而这些问题是不能从常见的二手数据中获取的，比如笔者曾在人口健康研究领域研究中国青少年生殖健康问题，其数据就来自与世界卫生组织（WHO）合作的专门调查。为此，本章在对人口学家常使用的人口经常性登记、人口普查与人口抽样调查等二手数据进行介绍的基础上，加入了国内国外重要综合或专项社会调查数据库的基本情况介绍，并在第三节中特别介绍了人口普查数据在人口学研究领域得以使用的视角和具体范畴，常见的人口资料检验方法也在最后一节进行了介绍。

第一节　人口资料获取途径概述

人口学是一门侧重计量方法的学科，作为其分支学科的人口统计学更是如此。由于有着丰富的数据资源以及人口事件的某些自然规律，人口学相对其他社会科学领域的学科而言是一门相对更"准确"的学科（Xie，2000；曾毅等，2011：3）。那么，对于人口学而言，搜集、获取并分析合适的数据就尤为重要。一般说来，在人口资料获取这一部分，有四个互相衔接、互相联系的重要组成部分（见图 2－1）。

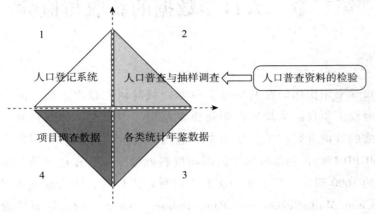

图 2－1 人口数据常见来源

　　首先是人口数据资料的搜集方法，这包括人口普查、人口经常性统计、人口抽样调查和典型调查以及其他搜集人口数据资料的方法。这些方法共同组成搜集人口数据资料的完整体系，而它们之间既是互相独立又是互相联系的。比如，在第二次世界大战（以下简称"二战"）后，各国和地区的人口普查与人口经常性统计、人口普查与抽样调查、人口经常性统计与抽样调查都是互相结合使用的。其次是人口数据资料的质量评估，人口学相比于其他计量社会学科的一大优势就是人口学家会不遗余力地评估人口数据质量（Preston，1993），具体的一些评估技术将在本章后面部分讲述。再次是人口数据资料的汇总与整理，汇总的方法有手工汇总和机器汇总两大类。这里需要提及人口学的技术体系里有规定汇总、整理的原则和方法，对人口数据资料确定按性质和数量关系建立分类和分组体系，如城市人口分组、出生率死亡率分组、职业分类等。最后就是人口分析方法/技术，一般可认为人口分析方法/技术是统计分析方法和人口现象结合的产物，它涵盖广泛的内容。从方法的层面上讲，常见的有综合指标法、平均数法、相对数法、方差分析法、相关与回归分析法、图表法、人口数学模型法等；从人口现象的层面讲，有人口增长率和趋势分析，人口分析和人口构成

（自然构成、经济构成、社会构成）分析，人口再生产过程（生育、死亡、迁移）分析，人口预测和目标分析，人口与经济、社会分析等。这些分析实质上包罗了人口现象的各个方面，其中在当下发展较为迅速并突出的是人口增长战略分析、人口老化分析、生育率分析、死亡率和寿命分析、人口迁移流动与城镇化分析、家庭与婚姻分析、人口劳动就业分析、人口职业和文化分析、人口统计资料评估及其分析等内容。此外，在数理人口学维度下，人口数学模型、人口微观模拟和人口间接估算法等也是发展较快的一些分支技术。

第二节　人口经常性登记

一　民事登记系统

民事登记是一个国家或地区对其属地国民的出生、死亡和婚姻状况等保持连续和完整记录的方式。这种系统是产生关于出生和死亡及死亡原因的人口统计数据的最佳方法。民事登记系统建立至今已有百年的历史，但是并非所有国家都建有民事登记系统，目前世界卫生组织（WHO）仅能从119个会员国获得死因统计数据。全球每年死亡的5700万人口中，有三分之二（约3800万）未进行登记，每年世界上有近一半的儿童未得到登记（世界卫生组织，2013）。世界卫生组织这样的卫生机构成员国的民事登记系统是最为可靠的出生、死亡和死因统计数据来源。相对而言，那些没有建立、完善民事登记系统的国家对其人口的数量、寿命和健康状况，往往只有一些粗略的概念。

民事登记带来多种好处，个人权利在人生两极都得到考虑，对社会融合等重要人权议题有着至关重要的影响。当出生的孩童未得到登记，那么他们受益于社会、政治、民事或经济方面基本人权的可能性就较小；在生命过程的另一端，由于死亡人数未得到统计，而且死亡原因未得到记录，政府就不能制定有效的卫生政策以衡量其影响或了解卫生预算是否使用得当。在没有保险或遗产的情况下，死亡登记和证明常常是丧葬、再婚或刑事案件裁决的必要依据。当然，民事登记也存在一些风险，其提供的信息也可用作歧视某些群体的工具，不过可以通过几种方式来设计系统，降低这些风险。

民事登记不仅提供了个人的法律身份，而且还可以帮助国家确定它们最为紧迫的卫生问题。为了确保卫生系统的有效运行，国家需要知道每年的出生和死亡人数以及他们主要的死亡原因。要掌握每个人的情况并且了解所有的出生和死亡数据，唯一的途径就是普及民事登记。按照年龄、性别和原因分类的出生和死亡信息，是制定公共卫生规划的基石。如果死亡数和死因没有得到记录和统计，政府就无法设计有效的公共卫生政策或评测其影响。民事登记是发达国家业已实施，发展中国家需要开展的一项工作。当前民事登记存在一些障碍，许多因素阻碍人们进行出生和死亡登记。例如，许多国家尚无必要的法律或基础设施确保出生和死亡注册得到强制实施。在一些国家，只有生活在城市里的人才有条件获得登记服务。

建立完善的民事登记系统需数年的时间，但国家可以使用临时措施来采集信息。虽然可以通过普查和调查来估算人口数量，但这无法提供死亡原因信息。在缺乏全员民事登记的情况下，可以采用跟踪一小部分人口的抽样登记的办法。中国和印度就采用了这种办法。学界建议使用世界卫生组织的死因推断标准来改善那些没有医学死亡证明的系统的死亡原因的可比性。民事登记系统在法国和英国这样的国家，从教堂登记发展到今天已有三百多年的历史。联合国有关机构为民事登记系统的建立制定了国际标准和指导方针，根据约旦、马来西亚、南非、斯里兰卡和泰国等国家的经验，世界上诸多欠发达国家完全可能在短短几十年内也建立一套职能系统。①

二　生命统计系统

生命统计是以人口生命事件为内容的统计活动。生命事件包括人口有关民事身份的变动，如出生、死亡、死产、流产、结婚、离婚、分居、领养、认领和终止领养等内容。从广义上说，生命统计活动可以概括为有关人口生命事件的原始登记、资料整理及统计和分析，而生命统计也正是起

---

① 在联合国内部没有一个单独的机构负责帮助各国建立和管理民事登记，但是，联合国统计司、联合国儿童基金会、联合国人口基金和联合国开发计划署与发展中国家共同协作，改善其人口统计中的欠缺方面。世界卫生组织及其合作伙伴——卫生计量系统网络则致力于改善卫生信息系统和增强国家了解重大死亡原因的能力。

源于生命登记。生命登记是一种动态与连续的登记，因此其数据用于研究的价值很高。在上一部分民事登记系统常见的内容之外，一些新的生命事件也正在进入更为广阔的生命统计系统。

比如在中国，近些年随着医药卫生体制改革的不断深入，加快医药卫生信息系统建设已成为今后一个时期卫生工作的重点。由原卫生部主导，为促进医药卫生信息系统整体建设，提高出生人口信息管理质量，为居民电子健康档案建设打好坚实的基础，全国各地的妇幼保健院于 2000 年开始在各地陆续开展"出生人口生命信息登记系统"的网络平台建设。该系统是在国家妇幼卫生信息系统标准化研究成果的基础上建立的纵向连接国、省、市三级，横向连接辖区内各医疗保健机构的数据共享网络平台。2013年 3 月 17 日，国家卫生和计划生育委员会（以下简称"国家卫计委"）正式挂牌，这一新组建的机构涵盖了原国家人口和计划生育委员会的计划生育管理和服务职能及原卫生部的所有职能。如此，国家卫计委势必更有效地整合卫生和人口的资源，也就必然方便并可加强对于出生人口生命信息登记系统平台的开发与应用。

三 户口登记系统

1. 户口登记类别

中国的户口登记一般包括出生登记、收养登记、死亡登记、暂住登记等内容。

（1）出生登记

新生儿出生 1 个月以内，新生儿父母或监护人凭"出生医学证明"、持"居民户口簿"到新生儿常住地户口登记机关申报出生登记。在中国计划生育政策及婚姻政策的背景之下，出生登记产生了两种特殊类型：一是超计划生育出生的婴儿户口申报，按照国家的规定，超计划生育的婴儿户口由当地计划生育部门对其父母按有关规定进行处罚后，婴儿可在其母常住户口所在地申报户口；二是对于非婚生婴儿户口申报，非婚生婴儿可以在其母常住户口所在地申报户口。在省级层面，一些妇女到外省婚配，由于种种原因虽未办理户口迁入和结婚登记手续但已成事实婚姻，对于她们按计划出生的婴儿，可作特殊情况处理，允许其在父亲户口所在地农村申报户口。

（2）收养登记

符合计划生育规定，或夫妻双方结婚多年没有子女，女方年龄在35岁以上，经市、地属以上医院证明确无生育能力的公民，收养被遗弃的婴儿，可持市地级以上医院出具的诊断证明和司法机关签发的公证书及单位证明，向女方常住户口所在地公安派出所申报户口。

（3）死亡登记

公民死亡后，由其家属或亲友、邻居持医院"死亡报告单"或有关部门、单位出具的死亡证明及死者户口簿、居民身份证，到死者常住户口所在地公安派出所办理死亡登记。

（4）暂住登记

年满16周岁拟在暂住地居住30日以上的下列人员，应到暂住地公安派出所登记，并申领暂住证：机关、团体、企事业单位雇用的临时工；外地企事业单位驻本地机构的人员；社会办学招收的学员；其他从事第一、第二、第三产业的人员；国家和各个省区市规定的需要申领暂住证的其他人员。

拟在暂住地居住3日以上30日以下及未满16周岁的人员由暂住地居（村）民委员会负责办理暂住登记，报公安派出所备案。探亲、访友、旅游、就医、出差等暂住人员按《中华人民共和国户口登记条例》的规定管理，不申领暂住证。单位招聘的农民合同制工人或大中专学校招收的未迁移户口的自费生、委培生，由所在单位进行暂住登记，报公安派出所备案。申报暂住登记，在暂住地应当有固定居所，并出示暂住人员的居民身份证或其他合法有效的身份证件。育龄妇女应同时提供经可供查验的"流动人口计划生育证明"。

目前，中国大陆像是北京等城市已经陆续将暂住证升级为居住证，一般来说在某城市居住6个月以上的且符合在所在城市有合法稳定就业、合法稳定住所、连续就读条件之一的非该市籍市民，将可以申请领取居住证，这意味着中国大陆诸多城市对非该城市户籍的常住人口从"管理"转为多方位服务。

2. 户口登记的内容

户口登记分为两种形式，一种是"常住人口登记簿"，户口登记机关留存备用，是整个户口登记管理最基本的数据文档；另一种是"居民户口簿"，由户口登记机关加盖"户口专用章"，户口个人页加盖"户口登记章"

之后颁发所登记的住户居民自己保存备用。①

（1）常住人口登记表的填写

① 户别——分"家庭户"和"集体户"。以家庭关系为主的公民居住一处共同生活的或单身居住独立生活的填"家庭户"；相互之间不存在家庭关系的居住在机关、团体、企业、事业、寺庙等单位集体宿舍的公民，填"集体户"。

② 户主姓名——填写户口登记立户的户主姓名。户主应由具有完全民事行为能力的人担任。

③ 与户主关系——本人是户主的，填写"户主"。户内其他人员按本人与户主的血亲或姻亲关系等写明具体称谓。具体排列顺序为：户主，户主的配偶，户主的子女，户主的孙子/女，户主的父母。此外还有户主的祖父母、外祖父母，户主的兄弟、姊妹，户主的旁系亲属和其他亲属等。

④ 姓名——填写本人姓名的全称。少数民族和被批准入籍的公民，可依照本民族或原籍国家的习惯取名，但应填写用汉字译写的姓名。如本人要求填写本民族文字和外文姓名的，可同时在本栏中填写。弃婴可由收养人或收养机构按照上述原则为其取名。

⑤ 性别——填写"男"或"女"。

⑥ 曾用名——填写本人过去正式使用过的姓名。

⑦ 民族——用国家认定的民族的名称填写全称。本人是什么民族就填写什么民族。新生婴儿填写父母的民族，如父母不是同一民族的，其民族成分由父母商定，选填其中一方的民族。弃婴，民族成分不能确定的，应按照收养人的民族成分填写或由收养机构确定一个民族。外国人加入中华人民共和国国籍的，如本人的民族成分与中国某一民族相同，就填写某一民族，如"朝鲜族"；没有相同民族的，本人是什么民族就填写什么民族，但应在民族名称后加注"入籍"二字，如"乌克兰（入籍）"。

⑧ 出生日期——按照公历，用阿拉伯数字填写本人出生的具体时间，如"1992 年 6 月 27 日 8 时 20 分"。本人只记得农历日期的，须换算成公历后填写。弃婴，如果出生日期不详，应由本人或收养机构确定一个日期。

---

① 中华人民共和国财政部和中华人民共和国国家发展和改革委员会 2012 年 12 月 30 日联合下发通知：自 2013 年 1 月 1 日起，取消户口簿工本费。

⑨ 监护人——新生婴儿申报出生登记以及 16 周岁以下的公民补建常住人口登记表时，户口登记机关应为其填写或补填父亲、母亲等监护人的姓名。弃婴，应填写收养人姓名或收养机构名称。

⑩ 监护关系——按监护人与新生婴儿及 16 周岁以下公民的血亲关系或收养关系写明具体称谓，如"父亲""母亲"等。社会福利机构收养的弃婴，此栏不填。

⑪ 出生地——填写本人出生的实际地点，城市填至区或不设区的市，农村镇至乡、镇一级，但须冠以省、自治区、直辖市的名称或通用简称。如"四川省南充市顺庆区""江西省南昌市"。弃婴，如果出生地不详应以发现地或收养人、收养机构所在地作为其出生地。

⑫ 公民出生证签发日期——用阿拉伯数字填写公安机关签发公民出生证的具体日期。

⑬ 住址——填写本户常住户口所在地住所的详细地址。住址前须冠以省、自治区、直辖市的名称或通用简称，如"北京市朝阳区劲松二区 206 楼 2 单元 308 号"。集体户口须填住所的详细地址名称，不能写单位名称。如北京汽车制造厂某职工住该单位集体宿舍，其住址应为"北京市朝阳区延田西里 7 号楼 2 门 301 号"，不能写成"北京汽车制造厂宿舍 7 号楼 2 门 301 号"。对省会城市或自治区首府所辖范围的住址登记，可不在住址前冠以省、自治区的名称或通用简称。

⑭ 本市（县）其他住址——填写本人常住户口所在地以外的本市、县其他住所的详细地址。

⑮ 籍贯——填写本人祖父的居住地。城市填至区或不设区的市，农村填至县，但须冠以省、自治区、直辖市的名称或通用简称。弃婴，如果籍贯不详，应将收养人或收养机构所在地作为其籍贯。外国人经批准加入中华人民共和国国籍的，填写其入籍前所在国家的名称。

⑯ 宗教信仰——信仰什么宗教就填写什么宗教的名称，如佛教、道教、天主教等，不信仰宗教的不填。

⑰ 公民身份证件编号——填写户口登记机关为公民编定的个人身份证件编号。

⑱ 居民身份证签发日期——填写公安机关签发居民身份证的具体日期，如"1990.11.05"。

⑲ 文化程度——依据国家正式承认的学历等级，按本人现有学历根据学历证书填写。如"研究生""大学本科""大学专科""中专（中技）""高中""初中""小学"毕业（肄业）等。正在学校读书的学生填"上大学""上小学"等。12周岁或12周岁以上未受过学校教育但能认识字的，其中认识500字以下的填"不识字"，农村认识500~1500字、城市认识500~2000字的填写"识字很少"；已达到脱盲水平，或读完六年制四年级、五年制三年级的，应根据县级教育部门颁发的脱盲证填写"小学"。对有学位的人的文化程度，应按其获得学位前的文化程度填写，如在大学毕业后获得学士学位的，其文化程度应填"大学"。

⑳ 婚姻状况——根据本人的情况，已结婚的填"有配偶"、结婚后配偶死亡的填"丧偶"、结婚后离婚的填"离婚"、离婚后再婚的填"有配偶"、未婚的不填。

㉑ 兵役状况——按本人情况填写。系退出现役的，填"退出现役"；服预备役的，据情填"士兵预备役"或"军官预备役"；未服兵役的不填。

㉒ 身高——16周岁以上公民按国家法定计量单位填写本人登记时的身体高度，如"170厘米"。

㉓ 血型——根据本人的血液类型，分别填写O、A、B、AB或卫生部门规定的其他血液类型。

㉔ 职业——填写本人所做的具体工作。各类专业、技术人员，应填具体职务名称，如"中医师""记者"等；国家机关、党群组织，企事业单位的工作人员，如果是负责人，应注明具体职务名称，如"局长""处长""科长"，如果是一般工作人员，可填"科员""办事员"等；商业服务人员，可填"售货员""厨师"等；农林牧副渔劳动者，要填"粮农""棉农""菜农""渔民""牧民"等；生产工人、运输工人可填"钳工、汽车司机"等；个体劳动者，在所登记的职业前须冠以"个体"二字，如"个体修理皮鞋""个体卖菜"等；没有固定职业做临时工作的，在所登记的职业前须冠以"临时"二字，如"临时瓦工"；无业的人员，填写"无业"。

㉕ 服务处所——填写本人所在机关、团体、企业、事业等单位的具体名称，应写全称。经工商管理部门批准营业的个体劳动者，填写"个体户"。

㉖ 何时何因由何地迁来本市（县）——对由本市（县）以外地区迁入

的公民，填写其迁入落户的时间、原因和迁出地的详细地址。世居本市（县）的，填写"久居"。

㉗ 何时何因由何地迁来本址——填写本人迁来本户口管辖区之前在本市的常住户口所在地详细地址及迁入落户的时间、原因。世居本址的，填写"久居"。

㉘ 何时何因迁往何地——填写本人迁出户口管辖区的时间、原因和迁入地的详细地址。

㉙ 何时何因注销户口——据情填写注销户口的时间、原因，如"出国定居""应征入伍""死亡"等。

㉚ 申报人签章——申报人对常住人口登记表的登记项目确认无误后，应在本栏中签字或签章。

㉛ 承办人签章——户口登记机关具体承办人应在本栏中签字或签章。

㉜ 登记日期——填写户口登记机关建立常住人口登记表时的具体日期。

㉝ 登记事项变更和更正记载——除姓名的变更、更正需重新建立常住人口登记表外（原常住人口登记表应附在新建的常住人口登记表之后），其余登记项目内容发生变更、更正应在本栏填写变更、更正后的项目内容、时间，并由申报人和承办人签字或盖章。本栏填满后，应在原常住人口登记表后附一张空白常住人口登记表继续填写。

㉞ 记事——填写登记项目中需要说明的事项。常住人口登记表由承办人按规定填写完毕后，应加盖户口登记机关的户口专用章。

（2）居民户口簿的填写

① 居民户口簿首页套印省、自治区、直辖市公安厅、局户口专用章。承办人按规定填写完毕后，应签字或盖章，填写签发居民户口簿时的日期，并加盖户口登记机关的户口专用章。

② 户号——填写户口登记机关为其编定的该户在本户口管辖区内的顺序号。

③ 住址变动登记——填写该户在本户口管辖区内变动常住地后的住址名称、变动住址的日期，并由承办人签字或盖章。

④ 何时由何地迁来本市（县）——对由本市（县）以外地区迁入的公民，填写其迁入落户的时间和迁出地的详细地址。世居本市（县）的，填写"久居"。

⑤ 何时由何地过来本址——填写本人迁来本户口管辖区之前在本市的常住户口所在地详细地址及迁入落户的时间。世居本址，填写"久居"。

⑥ 登记日期——填写户口登记机关建立常住人口登记卡时的具体日期。

⑦ 登记事项变更和更正记——登记项目内容发生变更、更正，应在本栏填写变更，更正后的项目内容、时间并由承办人签字或签章。

⑧ 属集体户口的，"户主姓名"和"户主或与户主关系"两栏不填。居民户口簿内其余各项登记内容的填写均与常住人口登记表内有关各项的填写说明相同。常住人口登记表由承办人按规定填写完毕后，应加盖户口登记机关的户口专用章。

3. "农转非"手续

城镇人口增长应与经济发展相适应。按照国家有关规定，从农村迁往市镇、由农业户口转为非农业户口的要从严控制。对与市镇居民结婚的农村人口，确因长期病残和生活难以自理，农村又无亲属可依靠的；市镇居民在农村的父母确无亲属依靠，生活难以自理，必须迁来市镇投靠子女的；市镇职工寄养在农村 15 周岁以下的子女或原在农村无亲属照顾的 15 周岁以下的子女，必须来市镇投靠父母的；青藏高原地区工作的职工家属，不适应高原气候，需回市镇家中或将未成年子女寄养在市镇亲戚处抚养的；从事地质勘探野外流动性较大工作的女职工（包括内航、海运等国营企事业单位申报集体户口的女船员）生了小孩无法随身抚养，要求送回市镇家中抚养的等情况，均应向迁入地公安派出所提交书面申请和有关证明材料，填写"申请迁入户口呈批表"，逐级上报当地公安分局、市（地）公安局审批。经审核同意后，发给户口准迁证，当事人凭户口准迁证到迁出地公安派出所办理户口迁出手续，凭户口准迁证和户口迁移证前往迁入地公安派出所办理落户手续。

公民跨市县范围的户口迁移，应事先征得迁入地公安机关同意，由迁入地县市公安局签发户口准迁证，凭户口准迁证到迁出地公安派出所办理迁出手续，凭户口准迁证和户口迁移证到迁入地公安派出所办理落户手续。

凡涉及干部、工人调动、录用、招收、办理离退休等异地安置和博士后研究人员及其期满后分配工作时的随迁家属等，需办理户口迁移手续，应一律填写"调动人员情况登记表"；凭迁入地县级以上人事、劳动部门的有关批准通知和"调动人员情况登记表"向迁入地县市公安局申领户口准迁证，然后凭户口准迁证办理户口迁移手续。

4. 立户、分户和并户

中国户口登记的户，是按户内居住人员组成情况来划分的，由一个家庭的成员共居一处，或虽非家庭成员但共同生活居住在一起的，一般称为家庭户；机关、团体、企事业单位职工共同居住集体宿舍的户，称集体户。

立户标准总体应视具体情况而定。在日常工作中，一般按下列标准掌握：一个家庭的成员，居住生活在一起的立为一户；一个家庭的成员分居数处，不在一起生活的，应分别立户；居住在机关、团体、学校、企事业单位集体宿舍的干部和职工以同一单位共同住宿一处的立为一户；如果有的单位集体宿舍较多，分居几个户口管辖区的，可分别立户或协商选定一处立户；以船舶为家的公民，一家立为一户。

分户，主要是指家庭户的分户。一个家庭的子女结婚后，经济独立、生活分开并有居住条件的，应予分户。居住单位内部、登记集体户口的职工，因有家属或另行分配住房的，应给予分户。

因家庭和居住情况发生变化，原来的若干户实际已共同居住生活在一起的，即可并户。如一个家庭原分居两处，为了生活方便，与他人交换住房后，家庭成员又共同居住生活在一起的，就应当并户。

5. 户口变更、更正

户口变更登记，系指原来的户口登记项目并无差错，后来由于公民本人情况发生了变化，为使登记内容符合变化了的情况所进行的登记。更正登记，系指公民的户口登记项目在登记时出现了差错，而对差错进行更正的登记。

户口变更的总原则是：实事求是，有错必纠。在具体工作中，应根据实际情况，区别对待。如对于公民变更姓名，未满18周岁的人要将乳名改为学名，只要家长提出申请，户口登记机关核实情况后即准予变更；对年满18周岁以上的，一般不应轻易给予变更，即使理由正当，也应从严掌握，并需有关部门出具证明，经派出所所长批准后方能变更；依法被剥夺政治权利的人和正在受刑事处罚的人，不能变更姓名。又如公民申请职业、服务处所、文化程度以及结婚、离婚、复婚等登记事项的变更，由公民本人或者户主书面申报并提交有关证明文件，经调查核实后，方可进行变更登记。由于分户、并户、户主迁移或死亡等原因需要变更户主的，由户主或新户主提出申请，经户口登记机关核实后，给予办理户主变更。

第三节 人口普查与抽样调查

一 人口普查

1. 人口普查介绍

（1）人口普查的概念

人口普查是在统一的时间、按照同一的方法、根据统一的项目，对标准时点上的所有人口进行的全面调查与登记。[①] 人口普查是一个国家或地区在特定试点对所有居民进行的一次全面调查，是国家或地区全局性活动的重要部分，也是目前各国广泛采用的收集人口数据资料的方法。与前述的生命统计系统关注于人口的生命事件的登记从而使得其数据库成为动态并连续的数据库不同，人口普查数据是一个关于人口规模、结构和分布等的横截面的静态数据库。人口普查对一个国家或地区的社会经济发展起着重要作用。首先，人口普查为国家提供最全面、最权威、最准确的人口数据，是国家制定重要社会经济决策的重要依据；其次，人口普查为学者开展科学研究、分析人口发展特征及规律性提供重要信息，例如，婚姻家庭问题、老龄化问题、人口消费与市场问题等。人口普查是对所有人口进行的全面的调查与登记，因此，人口普查的对象是普查区域内的所有人口。1928 年，民国北洋政府内政部颁布了《户口调查统计报告规则》并进行人口调查，但由于当时的政府几乎没有进行任何组织和技术上的准备，普查最终失败了。此后在 1937 年、1938 年、1941 年和 1946 年又多次提出了人口普查的计划，由于抗日战争、政权更替等原因都被迫搁置。

人口普查是在统一的时间、对标准时点的所有人口进行的调查与登记，采用标准时间登记的办法将人口从动态变为静态，得到人口数量特征的确切概念。1990 年第四次人口普查之前，中国人口普查的标准时间为 7 月 1 日 0 时，因为这半个月工、农、学、商等类别人口流动量最小，而且处于年

[①] 人口普查必须调查同一时间的状况，否则会出现调查误差，比如，2012 年全国平均每天出生 4.47 万人，死亡 2.64 万人，人口普查时间若相差一天就可能造成约 1.83 万人的误差（水延凯、汪立华，2014：64~65）。

中，利于安排调查的系列工作（比如准备、培训、登记、统计与汇总等），但是几次普查后发现 7 月处于盛夏季节，高温、洪涝不利于普查工作的开展及资料的运送与保管，因此从 2010 年第六次人口普查开始将人口普查标准时点定为 11 月 1 日 0 时（水延凯、汪立华，2014：65）。中国 2010 年第六次人口普查的对象为"普查标准时点在中华人民共和国境内的自然人以及在中华人民共和国境外但未定居的中国公民，不包括在中华人民共和国境内短期停留的港澳台居民和外籍人员"（中华人民共和国国家统计局，2011）。根据登记口径不同，普查对象一般分为两类：一类是常住人口，即在一定时间和空间范围内经常居住的人，包括临时外出的人口，但不包括暂时居住的人口；另一类是现有人口，即在普查时点居住在普查小区的人，包括暂时外出的人，但是包括短暂居住的人口。当然，有的地方普查对象可能是三类，第三类是法定人口，在中国即指户籍人口（李永胜，2002）。

（2）人口普查的特点

与其他调查相比，人口普查具有诸多不可替代的重要特点，归纳如图 2－2 所示。

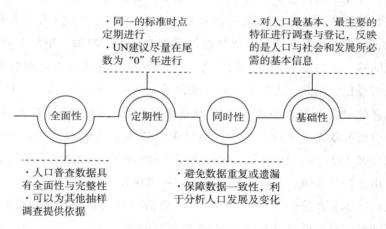

图 2－2　人口普查的特点

第一，全面性：人口普查是在统一时间、对特定范围内的所有人进行的全面的调查与登记，要求对普查对象不重不漏的调查与登记，因而，人口普查数据具有全面性与完整性，可以为其他抽样调查提供依据。第二，定期性：人口普查不是单独的一次性调查，而是在统一的标准时点定期进行的。将各次人口普查的时点数据连续起来，就能在反映人口现象特征的同时，较好地反映人口的变动及发展。[①] 第三，同时性：人口普查是在统一的时间同时开展的，这可以避免数据重复或遗漏，而且保障数据的一致性，更有利于分析人口发展及变化。第四，基础性：人口普查覆盖面广，通常是对人口最基本、最主要的特征进行调查与登记，反映的是人口与社会发展的基本信息。

但是，人口普查也具有一些局限性。人口普查涉及范围广、调查单位多，因而人口普查相对较为耗时、耗力，而且成本也很高。同时，人口普查多是十年进行一次，因而数据的时效性不够强，不能有效并及时地反映人口动态变化。因此人口学家进行的很多政策研究还必须立足于自主的专项调查。

2. 中国六次人口普查介绍

（1）第一次人口普查：1953 年

中国在 20 世纪 30 年代曾有一次不完整的人口调查，从那时起，"四万万"这个数字就成为中国人口的代名词。这种状况一直持续到 1949 年。新中国成立后为摸清人口数，中国在 1953 年开展第一次人口普查。第一次人口普查与选民登记同时进行，它不仅标志着中国具有现代意义的人口普查的开始，更意味着人民第一次拥有了当家做主的权利。

第一次人口普查的标准时间为 7 月 1 日 0 时。调查内容相对简单，包括本户地址、姓名、性别、年龄、民族、与户主关系 6 项内容。调查结果显示，截至 1953 年 7 月 1 日 0 时的全国人口总数为 601938035 人。其中：直接调查登记的人口为 574205940 人；用其他办法调查的人口为 27732095 人[②]。

（2）第二次人口普查：1964 年

两次人口普查间隔的 10 年间，中国经历了 1954 年的特大洪水和三年困

---

① 联合国曾建议尽量在尾数为"0"的年份进行人口普查，这样便于各国比较。大多数国家在以"0"为尾数的年份或相邻年份进行人口普查，但有些国家受经济发展水平、人文环境等影响未能做到。中国从第四次人口普查开始，就以每逢末尾数为"0"的年份进行人口普查。

② 这部分人包括：没有进行基层选举的和交通不便的边远地区 8397477 人（根据各地方政府的资料）；台湾省 7591298 人（根据 1951 年台湾公布的数字）；国外华侨和留学生等 11743320 人（根据华侨事务委员会等机关的资料）。

难时期，人口状况发生了很大变化，为了编制"三五"计划和长远规划，摸清人口底数特别是三年困难时期的人口变化状况，中共中央、国务院于1964年2月21日颁发《关于进行第二次人口普查工作的指示》。

第二次人口普查以1964年7月1日0时为人口调查标准时间，在第一次人口普查内容的基础上增加了本人成分、文化程度、职业3个调查项目。普查显示，1964年7月1日0时的全国人口总数为723070269人。

（3）第三次人口普查：1982年

第三次人口普查是改革开放后的第一次全国性普查工作，并且第一次使用电子计算机进行数据处理。第三次人口普查的标准时间为1982年7月1日0时，调查项目增加到19项，其中户的项目增加了户别、本户人数、1981年出生人数、1981年死亡人数、常住户口已外出一年以上人数5项；个人信息增加了常住人口的户口登记状况、行业、不在业人口状况、婚姻状况、生育子女数、1981年生育状况6项，去掉本人成分项。

（4）第四次人口普查：1990年

第四次人口普查以1990年7月1日0时为标准时间进行，登记的项目共21项，是历次人口普查调查项目最多的一次。与前三次人口普查采取的设立普查登记站的办法相比，这次人口普查主要采取普查员入户点查询问、当场填报的方式进行。

个人调查内容包括：姓名、与户主关系、性别、年龄、民族、户口状况和性质、1985年7月1日常住地状况、迁来本地的原因、文化程度、在业人口的行业、在业人口的职业、不在业人口状况、婚姻状况、妇女生育状况、存活子女数、1989年1月1日以来妇女的生育状况。

按户填报的项目有六项：本户编号、户别、本户人数、本户出生人数、本户死亡人数、本户户籍人口中离开本县（市）一年以上的人数。

（5）第五次人口普查：2000年

第五次中国人口普查在2000年举行，普查项目增加到49项，并首次采用光电录入技术，为中国经济社会进一步发展提供重要的人口依据。这次人口普查在中国普查史上添加了厚重的一笔，其主要的突破有如下几点。

第一，按人填报项目大增，增加了人口迁移内容，首次加进住房项目。满足市场经济条件下社会各界对普查需求的增长，这次人口普查，增加了一些普查项目，拓展了普查内容。比如，人口普查分为按户填报的项目和按人填报的项目，其中按人填报的有 26 项，按户填报的有 23 项，共计 49 项，比上一次人口普查增加了 28 项。按人填报的项目，增加了人口迁移的内容，比如出生地、何时从何地来本乡镇街道等，这里"何时从何地来本乡镇街道"不是指户口的迁移，而是人们实际居住地的变化，主要反映中国改革开放以来人口流动量增大的实际情况；增加了人口的经济活动的内容，比如上周是否在工作、未工作者的生活来源等，主要反映人们的就业和社会抚养状况。按户填报的项目，主要增加了住房的内容。由于人们的生活离不开住房，房屋相对于人而言也比较稳定，因此，要查准人的数量，应首先查准住房，然后再将每一所房屋居住的人查清楚。所以，在人口普查中了解人们的住房情况是顺理成章的，也是行之有效的，世界各国普遍采取了这种做法。

第二，本次人口普查设计了两种普查表，短表所有人都填报，长表一部分人填报。所谓短表、长表，是在人口普查中设计两种普查表，一种普查项目较少，由所有的人填报，这种表称作短表，也叫普查；另一种普查项目较多，由一部分人填报，这种表称作长表，也可以称为抽样调查。其实，短表长表技术就是在普查中结合抽样调查的一种技术。世界各国的人口普查大都采用这一做法。这次人口普查按国家规定的抽样方法，抽选出 10% 的户填报长表，其他 90% 的户填报短表。填报短表、长表的户一经被抽中，不能随意调换或增减，否则将影响长表资料的代表性，使人口普查的准确性出现偏差。这次设计的长表，前一部分包含了短表的内容，填报长表的户只需回答所有的问题，不必再另填一张短表。短表按人填报的普查项目有 9 项，按户填报的 10 项；长表按人填报的 26 项，按户填报的 23 项。

第三，常住人口的时间标准和空间标准不同了，首次增加了附表——《暂住人口调查表》。过去进行的四次人口普查，都是按常住人口的原则进行登记，常住人口的时间标准为一年，空间标准为县市。这次常住人口的时间标准缩短为半年，空间标准缩小到乡镇街道。即只要一个人在某个乡镇街道居住了半年以上，普查时就是该乡镇街道的常住人口，就必须在该乡镇街道进行登记。

第四，普查的标准时间定在 11 月 1 日。人口普查必须有一个标准时间，作为登记每个人以及人口各种特征的统一时点。由于人口的数量在不断地随时间变化，比如出生、死亡、迁出、迁入等，人口的各种特征也在变化，比如年龄、受教育程度、婚姻状况、就业情况等。如果没有统一的普查标准时间，人口数就有可能重登或漏登，各种特征的分布也不会准确。以往中国进行的四次人口普查都是以7月1日0时为普查登记的标准时间，即普查反映的是7月1日0时人口状况。这次人口普查改为11月1日0时。

（6）第六次人口普查：2010年

第六次人口普查的时间与第五次人口普查时点一致，为2010年11月1日0时。人口普查对象为普查标准时点在中华人民共和国境内的自然人以及在中华人民共和国境外但未定居的中国公民，不包括在中华人民共和国境内短期停留的境外人员。本次普查登记原则有以下几点。①人口普查采用按现住地登记的原则。每个人必须在现住地进行登记。普查对象不在户口登记地居住的，户口登记地要登记相应信息。②人口普查以户为单位进行登记，户分为家庭户和集体户。以家庭成员关系为主、居住一处共同生活的人口，作为一个家庭户，单身居住独自生活的也作为一个家庭户；相互之间没有家庭成员关系、集体居住共同生活的人口，作为集体户。

第六次人口普查个人信息包含出生、民族、户口、迁移、教育、工作、养老、健康等28项内容（短表12项内容）。第六次人口普查表分为《普查表短表》、《普查表长表》、《死亡人口调查表》和《境外人员普查表》四类。与第五次人口普查相比，第六次人口普查增加了《境外人员普查表》登记，同时减少了《暂住人口登记表》登记。第六次人口普查内容也有较大变化。短表和长表中增加"普查时点居住地"；对于流动时间的询问从第五次人口普查的"何时来本乡镇居住"改为"离开户口登记地时间"，从而得到第一次流动的信息；在长表中增加对老年人"身体健康状况"的询问，这为掌握老年人口现状、制定老年政策等提供重要的数据依据，尤其是在老龄化程度日益严重的今天显得尤为重要。

第六次人口普查采用"见人就登"的方式，按照"现住地"和"户籍地"原则进行登记，这是首次采用"现住地"登记原则。每个人必须在现住地进行登记，普查对象不在户口登记地居住的，户口登记地要登记相应信息（国家统计局、国务院第六次全国人口普查领导小组办公室，2010）。

这样，流动人口在流入地和流出地均需要登记。同时，港澳台及外籍人员登记《境外人员普查表》。

最后，关于中国六次人口普查的更多信息，可以参见国家统计局网站的专门网页或者是中国网：http://www.china.com.cn/renkou/6thrkpc/node_7098772.htm。

3. 美国的人口普查介绍

（1）美国人口普查历史

1790年，美国第一次人口普查由特警骑马入户进行访问，所统计的人口总数为390万，之后每隔10年（在尾数为0的年份）进行一次人口普查；1880年，专业统计员取代美国特警成为人口普查员；1940年，美国人口普查局首次使用人口普查长表实施统计抽样调查；1950年，首次使用电子计算机汇总普查结果；1960年，随着人口快速增长、多元化及流动性增强，普查表格第一次通过邮寄方式分发到城市地区的家庭（在比之前是以入户访问的形式完成的），数据采集自动化进程引入光学标记识别设备；1990年，人口普查引入地理信息系统，美国人口普查局开发电子数据收集方法，包括电脑辅助个人访问和电脑辅助电话访问作为邮寄调查的补充，帮助降低成本；2000年，人口普查局雇用86万名临时工进行普查，雇用一家私人公司进行全国性宣传运动，以扭转自1970年以来邮件答复率持续下降的趋势。截至2000年，人口普查数据显示美国人口总数已超过2.18亿。

（2）美国人口普查的目的和重要性

人口普查主要目的是统计美国的人口总数，此外还有其他重要用途：决定着联邦和州政府如何分摊3000亿美元的年度资金；用于分配美国各州议会代表席位；用于分配学校经费、就业服务、公路补助、住房建设、医疗服务、养老计划等方面的联邦资金；银行、保险公司、卫生保健机构以及零售业等企业都需要普查数据；几乎所有的商业机构都需要目标销售地区的消费者信息；让美国的领导者了解到国民概况和需求。

（3）普查对象

人口普查的对象包括全美50个州所有居民，不管是什么身份、什么族裔、什么年龄或什么信仰，只要住在美国境内，都是普查的对象。

（4）普查内容

在过去的人口普查中，所有家庭都收到短表的调查问卷，1/6的家庭会收到长表的调查问卷。在 2010 年的人口普查中，问卷已经采用短表形式，而长表被美国社区调查问卷取代，这样极大简化了调查的操作程序，使 2010 年人口普查以统计人口为重点。

在 2010 年的普查问卷中，每户家庭只需填写 7 个问题的短表，包括姓名、年龄、性别、族裔、与户主的关系、住所是否租赁等。人口普查局对统计资料绝对保密，相关信息要保存 72 年才能解密，其他信息则通过美国社区调查收集。美国社区调查（American Community Survey，ACS）是从 2003 年开始美国人口普查局为收集社区信息新开发的调查，提供人口超过 65000 人以上的州、城市、郡等地区重要的经济、社会、人口以及家庭信息，包括：①社会特征，婚姻状况、生育情况、照顾祖父母情况、出生地点、入学时间、家里所用语言、所受教育、1 年前居住地、兵役情况；②经济特点，收入、食品福利、劳动状况、行业职业和工作分类、工作地点、1 年前工作的公司、使用车辆情况、医疗保险；③房屋特点，建筑物楼龄、房屋内的单元、居住在该房屋的时间、屋内（客厅、卧室、卫浴、厨房）设施、房屋取暖、所用电话服务、房屋价值、租住成本、按揭月供情况。关于美国人口普查及美国社区调查 ACS 的更多内容可以参见美国人口调查局官方网站：www. census. gov。

二　人口抽样调查

1. 人口抽样调查介绍

（1）人口抽样调查的概念

人口普查耗时耗力，每十年举行一次，缺乏时效性，而且只能获取基本信息。人口抽样调查是按照某种原则从总体中抽取一部分个体作为样本进行调查，并根据样本调查结果对总人口的相应参数进行估计与推断的一种调查方法。1987 年的《统计法实施细则》规定在两次人口普查中间年份进行一次 1% 人口抽样调查，即中国在尾数为"0"的年份进行人口普查，在尾数为"5"的年份进行 1% 人口抽样调查，也称为"人口小普查"。此外，政府机构、高校、科研机构也经常针对某些专题进行人口抽样调查。例如，生殖健康调查、生育调查、迁移流动调查、老年人口状况调查等。

人口抽样调查可以分为不同的类别。根据调查涉及主题多少，可以分为单主题调查与多个主题调查；根据是否重复调查，可以分为一次性调查与连续性调查；根据调查是否分期开展，可以分为单阶段调查、多阶段调查及固定样本调查。然而，人口抽样调查的划分方式并不是不可融合的，例如一次性调查可以是单主题调查也可以是多主题调查。

（2）人口抽样调查的特点

经济性：人口抽样调查涉及的调查单位相对较少，调查登记及相关的资料录入与整理的工作量少，可以大大缩减调查费用及调查人员的人力、物力；时效性：人口抽样调查涉及范围小，费用低，相应调查时间也会缩短，可以迅速、及时地获取所需信息，也可以较频繁地开展，收集具有时效性的信息；准确性：一般来说，调查时涉及范围越大，抽样误差也就越大，而人口抽样调查涉及范围小，工作人员少，工作中误差相对就减小，准确性高；适用性：人口抽样调查可以适用于多个领域的调查，例如生育状况调查、迁移流动调查、婚姻调查等，而且相比人口普查，人口抽样调查涉及的问题可以更为深入。此外，人口抽样调查还可以作为人口普查质量检查的一种方式，人口普查事后质量抽查就是一种人口抽查方式。

2. 人口抽样调查的特殊方法

抽样调查中常用的简单随机抽样、系统抽样、分层抽样、整群抽样都是人口抽样调查中常用的组织方式。有时候是将各种方法相结合运用，以实现复杂的需要及简化调查。例如，在分层抽样中，确定好层级后，一般采用简单随机抽样或系统抽样的方式在每层中进行抽取子样本。与一般抽样调查相比，人口抽样调查经常采用一些特殊的方法进行，这样可以获得更详细的数据资料。

（1）普查中的长短表结合方法

在人口普查中采用长表短表相结合的方式也在人口抽样调查中成为一种特殊方法。2000年第五次人口普查开始采用长短表结合的方式，短表对所有人口进行基本状况调查，而长表则抽取10%的户填报，进行更深入、更详细的调查，例如职业状况、育龄妇女的生育状况、老年人口健康状况、人口迁移流动状况等。之后的人口抽样调查中也开始使用了这种方法。

（2）回顾性调查方法

回顾性调查也是人口抽样调查中常用的一种方式。通过回顾性调查，可以更深入地了解分析人口事件的发生历史、动态变化趋势以及变动特征等，并且可以依据人口的特征及变动对未来的人口发展做出相应的判断。

（3）追踪调查方法

追踪调查是严格地对同一个样本进行连续性的调查，它是人口抽样调查中较为特殊的一种方法。追踪调查可以避免记忆误差及对参考时期的误解，同时可以减少错报、漏报（尤其是死亡与迁出的漏报），而且分子、分母完全一致，不惜借助人口模型分析人口特征的水平及结构。但是，追踪调查需要足够大的规模，以保证有足够的出生、死亡人口数。而且，追踪调查涉及时间长，一般不低于两年时间。在追踪调查的最后一次调查中可以增加一个回顾性调查，与前几次调查结果进行比较，核实调查结果。

3. 主要人口抽样调查介绍

在人口普查的时间间隔中，国家统计局会举行一次 1% 人口抽样调查，第一次是 1987 年，随后 1995 年、2005 年各有举办一次，即尾数为 5 的年份举行 1% 人口抽样调查。国家统计局网站在 2014 年 7 月 7 日发布了《国务院办公厅关于开展 2015 年全国 1% 人口抽样调查的通知》，决定于 2015 年开展全国 1% 人口抽样调查以了解 2010 年以来中国人口在数量、素质、结构、分布以及居住等方面的变化情况，为制定国民经济和社会发展规划提供科学准确的统计信息支持。这次调查在中国境内抽取约 6 万个小区，调查对象为小区内的全部人口（不包括港澳台居民和外国人），共约 1400 万人。调查内容为人口和住户的基本情况，主要包括姓名、性别、年龄、民族、受教育程度、行业、职业、迁移流动、社会保障、婚姻、生育、死亡、住房情况等。调查时点为 2015 年 11 月 1 日 0 时。此外，在不举行人口普查和人口抽样调查的年份，国家统计局每年进行一次 1‰ 人口抽样调查。国家人口和计划生育委员会（现国家卫生和计划生育委员会）举办的生育抽样调查、流动人口调查也是人口研究中重要的数据来源。

三 人口普查资料的常见分析视角与内容

1. 分析视角

在社会科学领域最为关注的因果分析的视角下，利用普查资料可进行的分析包括：人口变量对人口变量的影响；人口变量对其他变量的影响；其他变量对人口变量的影响（例如不同经济发展水平对生育水平的影响）。

在横向比较的视角下，我们可以使用特定年份的普查或者 1% 人口抽样调查的数据资料进行分析：比如，同一内容、同一时点、不同区域/类别的比较。相比之下，纵向比较的视角下，我们可以利用多次普查或者 1% 人口抽样调查的数据资料进行分析：同一内容、不同时点、同一区域/类别的比较。

2. 分析内容

这也正是人口学研究，尤其是正规人口学研究的主要分析内容，常见的研究与分析内容包括以下几个部分。

人口规模与分布：城镇与农村规模与分布、东中西区域规模与分布、各省市人口规模与分布、各民族人口规模与分布等。比如利用 2000 年人口普查抽样数据，对中国留守儿童的规模、结构、分布、家庭类型和受教育状况等基本情况进行了研究（段成荣、周福林，2005）。

人口结构：自然结构，如性别、年龄结构；社会结构，如受教育水平、职业与行业。比如根据第四次人口普查数据及有关数据，对中国不同人口变量、社会经济以及民族特征妇女的出生婴儿性别比做了具体分析（高凌，1995），或是据全国第五次人口普查资料，研究中国空巢老人年龄、性别、户口、婚姻及地区构成，探索空巢老人家庭产生的问题和形成的原因，提出空巢老人家庭生活照料对策和建议（黄润龙，2005）。

婚育分析：婚姻状况、生育水平。比如利用第四次人口普查资料，对北京、上海市的独生子女率及其对未来婚姻结构的影响进行分析（刘鸿雁、柳玉芝，1996）。

死亡分析：死亡水平及死亡模式。比如利用 1982～2000 年人口普查和抽样调查死亡数据及 1989 年、1995 年和 2000 年卫生登记死亡数据，用人口因素分解方法研究了中国 20 世纪 80 年代初以来死亡水平性别差异的变化趋势、年龄别死亡率性别差异对男女出生期望寿命差异的影响及其发展趋势，比较了各种年龄—死因别死亡率的性别差异对出生期望寿命性别差异的影响（任强、郑晓瑛、曹桂英，2005）。

人口流动分析：人口流动规模、特征及模式。比如通过深入挖掘 1982 年以来历次全国人口普查和 1% 人口抽样调查数据资料，总结得出了改革开放 30 年来中国流动人口变动的九大趋势：流动人口的普遍化、流动原因的经济化、流动时间的长期化、流入地分布的沿海集中化、年龄结构的成年化、性别构成的均衡化、女性人口流动的自主化、流动方式的家庭化和学业构成的"知识化"（段成荣等，2008）。

人口寿命与健康：健康状况是第六次人口普查新增加的内容，因此我国学者可以借用以后相关的普查或者 1% 人口抽样调查的数据资料进行人口寿命与健康方面的分析。

住房状况：第五次人口普查和第六次人口普查的内容。比如根据中国 2000 年人口普查资料建立住房状况的综合评价体系，对中国农村家庭住房状况的省际差异进行研究（易成栋，2007）。通过对中国第五次人口普查数据中的城市住户的分析，可以了解不同职业阶层在住房产权、房屋面积和房屋质量等方面的情况（边燕杰、刘勇利，2005）。学者也利用人口普查数据对人口结构转变和中国住房需求的关系进行实证研究，经验观察表明，"婴儿潮"很可能是 2004 年以来中国住房价格快速上涨的重要原因，基于微观家户数据的实证研究发现，中国居民住房需求与年龄高度相关：个人在 20 岁以后住房需求快速上升，50 岁以后开始逐步下降（陈斌开、徐帆、谭力，2012）。

第四节　人口数据其他获取途径

一　可公开获取的国内常用数据

1. 统计年鉴数据

（1）《中国统计年鉴》

在由国家统计局调查并出版的"统计年鉴"系列中，人口资料都是专门的一部分。而要获取这些资料也非常容易，从国家统计局网站（http://www.stats.gov.cn/tjsj/ndsj/）即可轻松获取这些年鉴数据。

《中国统计年鉴》主要包括 25 部分内容，具体内容可参见上述网站。其中的第三部分涉及人口的资料内容如下：人口数及构成；人口出生率、死亡率和自然增长率；流动人口数；人口年龄结构和抚养比；分地区年末人口数；分地区年末城镇人口比重；分地区人口的城乡构成和出生率、死亡率、自然增长率（××××年）；最新一次的全国人口普查基本情况；分地区人口平均预期寿命；按年龄和性别分人口数（××××年）；分地区户数、人口数、性别比和户规模（××××年）；分地区、分性别户口登记状况的人口；分地区人口年龄构成和抚养比（××××年）；分地区按性别和婚姻状况分的人口（××××年）；分地区按性别和受教育程度分的人口（××××年）；分地区按性别分的 15 岁及以上文盲人口（××××年）；

分地区按家庭户规模分的户数（××××年）；育龄妇女分年龄、孩次的生育状况（以 2013 年年鉴为例，其时期为 2011 年 11 月 1 日至 2012 年 10 月 31 日）；主要统计指标解释等 18 项内容。

（2）《中国人口和就业统计年鉴》

起初为《中国人口统计年鉴》，后来与就业年鉴合并一起，成为《中国人口和就业统计年鉴》，依旧由国家统计局调查并出版。与《中国统计年鉴》会在国家统计局官网提供光盘版数据不同，此年鉴数据的获取必须通过购买附带光盘版的出版物才可获取。

该年鉴是一部以全面反映中国人口和就业状况为主的资料性年刊，收集了全国和各省、自治区、直辖市人口就业统计的主要数据，同时收录了世界部分国家和地区的相关数据。该年鉴内容分为八个部分：综合数据、最近一次全国人口普查有关人口的主要数据、最近一次全国人口普查有关劳动力的主要数据、出版前一年（比如 2011 年年鉴，其数据是 2010 年）城镇单位就业人员统计数据、出版前一年全国户籍统计人口数据、出版前一年全国计划生育统计人口数据、世界部分国家及地区人口和就业统计数据、最近一次全国人口普查的普查表的填写说明及主要统计指标解释。

（3）《中国人口和计划生育年鉴》和《人口与计划生育常用数据手册》

原《中国计划生育年鉴》，自 2004 卷起更名为《中国人口和计划生育年鉴》，由国家卫生和计划生育委员会主管，中国人口与发展研究中心（http://www.cpdrc.org.cn/）主办，全国人口计生（卫生计生）系统 300 多人共同编纂，中国人口和计划生育年鉴社编辑出版。《中国人口和计划生育年鉴》2013 年卷已于 2013 年 12 月 30 日出版。该卷是 1986 年创刊以来的第 28 卷，共 128 万字，分 15 大类（篇）、80 多个栏目，配有彩色和黑白图片 250 余幅，全面、系统、准确地反映了 2012 年全国人口计生事业发展面貌。

为了及时给计划生育部门及有关方面提供人口统计信息，更好地发挥统计在人口与计划生育全局工作中的信息引导、辅助决策作用，中国人口与发展研究中心也每年收集、整理一批最新、最常用的国内外权威统计数据，编辑出《人口与计划生育常用数据手册》。其主要内容包括自然、社会、经济（比如全国行政区划数、全国国民经济和社会发展主要指标、全国各地区人类发展指数等约 32 项）；人民生活（全国城乡居民家庭人均收入和恩格尔系数、全国城乡居民消费价格指数和商品零售价格指数、未来

20 年社会服务发展主要指标预期值等约 48 项）；人口基本情况（全国各地区分年龄段人口数、全国各地区人口抚养比、全国育龄妇女分年龄与孩次的生育状况、全国各地区残疾人调查样本基本情况等约 65 项）；妇女、婚姻与家庭（县级及以上领导干部性别构成、全国 15 岁及以上人口分年龄的婚姻状况、全国分城乡家庭户人口年龄别户主率等约 16 项）；计划生育（全国各地区出生政策符合率、全国各地区已婚育龄妇女采取各种避孕措施构成、全国各地区计划生育人均经费投入情况等约 15 项）；文化、教育、卫生（全国各地区 6 岁及以上人口的受教育状况、各级学校在校学生数和性别构成、全国 6 岁及以上流动人口受教育程度构成和平均受教育年限等约 42 项）；城市人口、经济、社会、环境主要指标（省会城市和计划单列市单位从业人员就业结构、省会城市和计划单列市的土地资源情况、全国各地区主要城市空气质量指标等约 7 项）；世界人口、社会与经济指标（监测国际人口与发展会议目标的主要指标、国家或地区医疗支出占国内生产总值比重及人均医疗支出、部分国家或地区国际贫困线和贫困人口比重等约 32 项）；港澳台主要人口、社会与经济指标（香港特别行政区主要人口数据、澳门特别行政区主要人口数据、台湾省主要人口、社会与经济指标等约 6 项）；人口预测［联合国关于中国人口的预测（中方案），联合国关于世界人口的预测（中方案），联合国关于部分国家或地区总和生育率的预测，联合国关于部分国家或地区预期寿命的预测等约 4 项］等 10 部分内容。

（4）其他年鉴数据

关于年鉴，其实国家统计局、其他相关部委还有很多，比如教育统计数据、卫生统计数据、社会保险与退休金项目、住房登记等。感兴趣的读者可以查阅相关网站。

2. 中国流动人口发展及监测报告

大规模的人口流动迁移是中国工业化、城镇化进程中最显著的人口现象。自 2010 年起，原国家人口计生委开展全国范围的流动人口动态监测调查。

监测方式和范围。①“一大”调查。全年开展一次，按照随机原则在全国 31 个省份（不含港澳台）和新疆生产建设兵团抽取样本点，使调查结果对全国和各省有较好代表性。②“几专”调查。拟根据流动人口现状和发展趋势确定 2~3 个题目，在“一大”监测点中选择部分地区开展，“几专”监测调查方案另行制定。

调查对象和调查内容。①为满足计划生育调查需要，调查对象的范围定为在流入地居住一个月以上，非本区（县、市）户口的 15～59 周岁流动人口。②抽样调查采取个人问卷和社区问卷进行。个人问卷分为基本情况、就业居住和医保、婚育情况与计划生育服务、生活与感受等 4 部分；社区问卷分为人口基本状况、社区管理与服务 2 部分。

抽样方法和样本量信息。①抽样方法。以 31 个省份（不含港、澳、台）和新疆生产建设兵团 2011 年全员流动人口年报数据为基本抽样框，采取分层、多阶段、与规模成比例的 PPS 方法进行抽样。②样本量分配。省级样本量分 6 类，样本量分别为 15000 人、12000 人、10000 人，8000 人、6000 和 4000 人，全国"一大"调查的总样本量为 15.9 万人，预计涉及流动人口约 40 万人。各类专题调查总样本量约 8 万人。

该调查会组织多方专家结合相关数据进行分析，每年发布年度流动人口发展报告。比如《中国流动人口发展报告 2013》基于近年来全国流动人口动态监测调查数据，分析了人口流动迁移的趋势及新生代流动人口的发展特征，提出了以新生代流动人口为重点人群、推进人口城镇化的政策建议，同时该报告还分专题对人口流动迁移和城镇化、流动人口的就业收入、社会融合、生育状况等热点问题进行了分析，探讨了相关的政策。

更多的信息可参见流动人口动态监测管理系统网站（http://www.ldrk.net.cn/front/index.html）。

3. 国内学术单位的主要调查数据

（1）北京大学"中国健康与养老追踪调查"

中国健康与养老追踪调查（China Health and Retirement Longitudinal Survey，CHARLS）旨在收集一套代表中国 45 岁及以上中老年人家庭和个人的高质量微观数据，用以分析中国人口老龄化问题，推动老龄化问题的跨学科研究。CHALRS 全国基线调查于 2011 年开展，覆盖 150 个县级单位，450 个村级单位，约 1 万户家庭中的 1.7 万人。这些样本以后每 2 年追踪一次，调查结束一年后，数据将对学术界免费公开。CHARLS 采用了多阶段抽样，在县/区和村居抽样阶段均采取 PPS 抽样方法。CHARLS 首创了电子绘图软件（CHALRS-GIS）技术，用地图法制作村级抽样框。CHALRS 的问卷设计参考了国际经验，包括美国健康与退休调查（HRS），英国老年追踪调查（ELSA）以及欧洲的健康、老年与退休调查（SHARE）等。CHARLS 于

2008 年在甘肃和浙江两省进行了预调查，共得到 1570 个家庭中的 2658 份个体样本，应答率达到 85%，数据在学术界得到了广泛的应用和认可。CHARLS 问卷内容包括个人基本信息，家庭结构和经济支持，健康状况，体格测量，医疗服务利用和医疗保险，工作、退休和养老金、收入、消费、资产以及社区基本情况等。

具体内容可以参见该项数据的网站：http://charls.ccer.edu.cn/zh-CN。

（2）北京大学"中国家庭追踪调查"

中国家庭追踪调查（China Family Panel Studies，CFPS）旨在通过跟踪收集个体、家庭、社区三个层次的数据，反映中国社会、经济、人口、教育和健康的变迁，为学术研究和公共政策分析提供数据基础。CFPS 重点关注中国居民的经济与非经济福利，此外还有包括经济活动、教育成果、家庭关系与家庭动态、人口迁移、健康等在内的诸多研究主题，是一项全国性、大规模、多学科的社会跟踪调查项目。CFPS 样本覆盖 25 个省（自治区、直辖市），目标样本规模为 16000 户，调查对象包含样本家户中的全部家庭成员。CFPS 在 2008 年、2009 年在北京、上海、广东三地分别开展了初访与追访的测试调查，并于 2010 年正式开展访问。经 2010 年基线调查界定出来的所有基线家庭成员及其今后的血缘/领养子女将作为 CFPS 的基因成员成为永久追踪对象。CFPS 调查问卷共有社区问卷、家庭问卷、成人问卷和少儿问卷四种主体问卷类型，并在此基础上不断发展出针对不同性质家庭成员的长问卷、短问卷、代答问卷、电访问卷等多种问卷类型。

CFPS 由北京大学中国社会科学调查中心（ISSS）实施。项目采用计算机辅助调查技术开展访问，以满足多样化的设计需求，提高访问效率，保证数据质量。项目资助来自北京大学 985 工程。

具体内容可以参见该项数据的网站：http://www.isss.edu.cn/cfps/。

（3）中国人民大学"中国综合社会调查"

中国综合社会调查（China General Social Survey，CGSS）是中国第一个全国性、综合性、连续性的大型社会调查项目。从 2003 年开始每年一次，对全国 125 个县（区）、500 个街道（乡、镇）、1000 个居（村）委会、10000 户家庭中的个人进行调查。通过定期、系统地收集中国人与社会各个方面的数据，总结社会变迁的长期趋势，探讨具有重大理论和现实意义的社会议题，推动国内社会科学研究的开放性与共享性，为国际比较研究提供数据资料。至 2008 年止，CGSS 一共进行了五次年度调查，完成了项目的第一期。自 2010 年起，CGSS 开始了项目的第二期，计划从 2010 年开始到 2019 年为止，每两年进行一次调查，共进行五次调查。

具体内容可以参见该项数据的网站：http://www.chinagss.org/。

（4）复旦大学"长三角地区社会变迁调查"

复旦大学的长三角地区社会变迁调查（Yangtze River Delta Social Transformation Survey）是以跟踪 1980 ~ 1989 年（简称"80 后"）出生的一代人为主体，以长三角地区为调查区域，深度了解调查对象和所处社区的过去 30 年以及未来的发展变化情况的一次大型综合调查。研究的范围包括这一代人的家庭、婚姻、就业、迁移、住房、生育、子女教育、父母养老等各个方面。这一研究对分析和了解中国社会在产业（后）工业化、生活城市化、经济全球化、人口老龄化的全方位变迁具有极为重要的意义。①

具体内容可以参见该项数据的网站：http://fisr.fudan.edu.cn。

（5）中山大学"中国劳动力动态调查"

中山大学的"中国劳动力动态调查"（China Labor Force Dynamics Survey，CLDS）目的是通过对中国城乡以村/居为追踪范围的家庭、劳动力个体开展每两年一次的动态追踪调查，系统地监测村/居社区的社会结构和家庭、劳动力个体的变化与相互影响，建立劳动力、家庭和社区三个层次上的追踪数据库，从而为进行实证导向的高质量的理论研究和政策研究提供基础数据。CLDS 聚焦于中国劳动力的现状与变迁，内容涵盖教育、工作、迁移、健康、社会参与、经济活动、基层组织等众多研究议题，是一项跨学科的大型追踪调查。CLDS 样本覆盖中国 29 个省份（除港澳台、西藏、海南），调查对象为样本家庭户中的全部劳动力（年龄 15 ~ 64 岁的家庭成员）。②

具体内容可以参见该项数据的网站：http://css.sysu.edu.cn/Data/Main。

4. 国内综合数据平台

（1）中国人口信息网

中国人口与发展研究中心的前身是联合国人口基金资助、于 1980 年成立的中国人口情报资料中心，是国家人口和计划生育委员会的智囊机构，

---

① 摘编自复旦大学社会科学数据研究中心网站：http://fisr.fudan.edu.cn。
② 摘编自中山大学社会科学调查中心网站：http://css.sysu.edu.cn/Data/Main。

主要从事人口与发展领域的政策和对策研究，以及提供人口与发展信息的收集、整理、分析和咨询服务。中心设有人口研究部、调查评估数据部、信息网络管理部等 10 个部门，职工 98 人，其中博士、硕士等专业技术人员占 2/3；高级专业技术职称占 1/4，中级职称占 1/4，涉及人口学、社会学、经济学、统计学、公共卫生、外语、信息技术等多门学科。

具体内容可以参见该项数据的网站：http：//www. cpdrc. org. cn/。

（2）中国社会调查开放数据库

中国社会调查开放数据库（Chinese Social Survey Open Database，CS-SOD）是由中国人民大学社会学系负责开发、运作和维护，用以存储和发布在中国范围内执行的社会调查数据、资料以及信息的在线数据库平台。在最全面地收集和整理国内社会调查项目信息和数据的基础上，中国社会调查开放数据库（CSSOD）将按密歇根大学 ICPSR 中心提出的"数据文件倡议"（Data Documentation Initiative，DDI）对全部数据进行标准化，以实现与国际上类似数据库之间的跨数据库无缝连接，进一步推动在线统计和数据挖掘功能的实现。

具体内容可以参见该项数据的网站：http：//www. cssod. org/。

二 可公开获取的国外常用数据

1. 国际组织数据公告

主流的国际组织都会定期发布数据公告，比如联合国统计司（United Nations Statistics Division，http：//unstats. un. org/unsd/default. htm），其发布的数据包括经济统计（Economic Statistics）、人口社会统计（Demographic and Social Statistics）、环境和能源统计（Environment and Energy Statistics）、性别统计（Gender Statistics）、联合国千年发展目标指标（Millennium Development Goals）、全球地理空间信息（Global Geospatial Information）等。

联合国粮农组织（Food and Agriculture Organization of the United Nations，http：//www. fao. org），粮农组织制定粮食和农业统计的方法和标准，为全球监测工作提供技术援助服务和传播数据。粮农组织的统计活动包括数据收集、验证、处理和分析方法及标准的制定和实施。粮农组织的重要作用还表现在对全球粮食和农业统计数据的编辑、处理和传播，还有帮助成员国提高基本的统计能力。粮农组织有一个分散型统计系统，统计活动涵盖农业、林业、渔业、土地和水资源利用、气候、环境、人口、性别、营养、贫困、农村发展、教育和卫生等诸多领域。

世界卫生组织（World Health Organization, http://www. who. int），世界卫生组织一年一度的《世界卫生统计》报告，提供了世界卫生组织 194 个会员国的最新卫生统计数据。其主办的全球卫生观察站是关于世界各地卫生相关统计数据的网站，为获取国家数据和统计信息（重点为对照性估计数）以及世界卫生组织为监测全球、区域和国家情况与趋势做出的分析提供方便。后者涵盖全球卫生重点，例如与卫生相关的千年发展目标、疾病死亡率和负担、卫生系统、环境卫生、非传染病、传染病、卫生公平性以及暴力和伤害。

另外一些会发布重要数据的国际机构还包括经济合作发展组织（OECD）、联合国开发计划署（UNDP）、世界银行（WB）、欧盟统计局（EUROSTAT）、亚洲开发银行（ADB）、联合国亚洲及太平洋经济社会委员会（ESCAP）、国际货币基金组织（IMF）、欧洲中央银行（ECB）、世界贸易组织（WTO）、联合国贸易和发展会议（UNCTAD）、联合国环境署（UNEP）和联合国儿童基金会（UNICEF）等。

2. 美国人口咨询局

美国人口咨询局（PRB：Population Reference Bureau, http://www. prb. org/）是一家专门搜集全球人口统计数据的非营利机构，每年发布的"世界人口数据"（World Population Data）在其网站大致的划分如下：老龄（Aging）、儿童/青年（Children/Youth）、教育（Education）、环境（Environment）、计划生育（Family Planning）、性别（Gender）、艾滋病与性传播疾病（HIV/ AIDS/ STIs）、移民（Immigration/ Migration）、劳动力（Labor Force）、婚姻家庭（Marriage/ Family）、非传染性疾病（Noncommunicable Diseases）、营养（Nutrition）、人口动态（Population Dynamics）、贫穷（Poverty）、种族/民族（Race/ Ethnicity）、生殖健康（Reproductive Health）、美国人口普查数据（U. S. Census）等。

3. 中国健康与营养调查

中国健康与营养调查（CHNS：China Health and Nutrition Survey）是中国疾病预防控制中心营养与食品安全所（原中国预防医学科学院营养与食品卫生研究所）与美国北卡罗来纳大学教堂山分校人口中心合作的追踪调查项目，其目的在于探讨中国社会的经济转型和计划生育政策的开展对国民健康和营养状况的影响。该调查始于 1989 年，到 2016 年为止共进行了 9 次（1989 年、1991 年、1993 年、1997 年、2000 年、2004 年、2006 年、2009 年、2011 年），范围覆盖了 9 个省的城市和农村地区，内容涉及人口特征，经济发展、公共资源和健康指标。除此之外，还有详细的社区数据，包括食品市场、医疗机构和其他社会服务设施的信息。

具体内容可以参见该项数据的网站：http://www.cpc.unc.edu/projects/china。

4. 世界价值观调查

世界价值观调查（WVS：World Values Survey）由瑞典的非营利组织"世界价值观研究协会"（World Values Survey Association，WVSA）主持进行，是一项描述世界社会文化和政治变迁等问题的调查研究。WVS 的调查对象是全球范围内具有代表性国家或地区的普通民众。目前，该调查项目已发展到 6 大洲 97 个社会群体中，覆盖了 88% 的世界人口。

世界价值观研究协会从 20 世纪 80 年代起以 4~5 年为一个周期开展价值观普查，通过委派组织成员进行调查督导，委托当地研究机构以随机抽样访谈的方式来完成数据采集的工作。例如，2001 年的中国公众价值观调查工作是由北京大学中国国情研究中心承担的，该工作组对全国 24 个省（区市）的 40 个县（市）1385 名被访者进行了面对面入户访谈。WVS 以访谈问卷为实际调研的基准来调查受访者关于宗教、性别定位、职业激励、民主、社会资本、善治、政治参与、环境保护以及主观幸福感等方面的价值观及其转变的情况，并将调查数据和分析结果向社会科学研究者及社会大众公开。由于 WVS 在全球采用了统一标准的调查量表，因此它不仅为具体社会问题的研究提供了系统的数据，同时还能够支持人们考量不同社会群体之间经济、政治、文化的差异性以及它们随时间变化的过程（张宇、王冰，2012）。

具体内容可以参见该项数据的网站：http://www.worldvaluessurvey.org。

第五节　人口资料的检验

一　人口资料检验的必要性及检验视角

性别与年龄是人口的两大自然属性，与之相应，性别与年龄结构成为人口的两大自然结构。人口学视角下,大多数人口问题实际上是一个人口性别、年龄结构问题或由人口性别、年龄结构所引发或者说产生的问题(陈友华、米勒·乌尔里希,2001)。而人口性别、年龄结构及其变化既是以往人口自身及社会经济变化的反映,也是决定未来人口发展趋势和社会经济发展的重要制约因素。人口未来生育水平、国民收入、产出结构和消费结构等都不同程度地受到这二者决定的人口基本结构的影响(崔红艳、徐岚、李睿,2013)。因而建立在人口性别、年龄维度下的正确人口数据就显得价值非凡:它不但有助于我们正确把握和理解人口问题的发生和发展过程,而且对国家的社会经济生活的规划起着基础性作用。

然而,从世界诸多国家或地区的历次人口普查实践中,我们发现人们受差异化的计数习惯、传统习俗、年龄优惠政策的诱导和其他因素等影响,不能如实呈报其实际年龄(查瑞传,1991),因而年龄的误报也成为人口普查及相关调查[①]中最令人沮丧的问题之一(Ewbank,1981)。不过,可喜的是,多年来世界各国的人口学者们一直在致力于发展出一些人口普查资料的检验指标,尤其是检验人口性别与年龄结构的指标,通过将其应用于现实和历史数据,帮助提高人口普查或相关调查的质量。比如,国内自 20 世纪 90 年代开始,就有诸多学者利用不同指数对中国的历次人口普查数据的质量进行评估(乔晓春,1992;查瑞传、乔晓春,1993;王洪春、王金营,1994;王广州,2004;郭琳、车士义,2008)。

二 年龄偏好指数

年龄偏好指数(Index of Age Preference)是较为简单、灵活的一个指标,它可以对任何年龄的堆积现象进行检验,但是在使用年龄偏好指数进行相应计算时有一个前提假设条件,即"年龄分布必须是均匀的",各年龄之间没有明显的波动。在这种情况下,年龄偏好指数的计算公式为:

$$IPAa = \frac{P_a}{\frac{1}{5}(P_{a-2} + P_{a-1} + P_a + P_{a+1} + P_{a+2}) \times 100} \tag{2-1}$$

或者

---

① 比如中国每五年一次的 1% 人口抽样调查。

$$IPAa = \frac{P_a}{\frac{1}{3}(P_{a-1} + P_a + P_{a+1}) \times 100}$$

这里为需要检验的 a 岁人口数。越接近100，说明数据质量越好，大于110说明堆积现象存在，大得越多说明堆积现象越严重；小于100说明堆积现象没有发生在该年龄，而是发生在该年龄以外的其他年龄，或者说对该年龄存在回避现象。

三　年龄准确性指数

我们知道，出生人数的不同会引起各年龄人口数量存在一定的差异，如果将几个年龄合为一个年龄组，就会在一定程度上消除年龄结构上的差异。年龄准确性指数（Age-Accuracy Index），确切地说，它是对5岁一组的年龄进行检验，是给定的年龄组除以该组以及其相邻的两个年龄组人数之和的1/3，再乘以100：

$$AR = \frac{{}_5P_a}{\frac{1}{3}({}_5P_{a-5} + {}_5P_a + {}_5P_{a+5})} \times 100 \qquad (2-2)$$

这里是以年龄 a 为下限，以5个年龄为一组的人口。假定年龄组人口分布是线性的，那么符合假定条件的情况下，AR 的值应该等于100。

年龄准确性指数使用方便，可以对任意的年龄组进行检验，通过将几个年龄合并为一个年龄组在一定程度上消除了年龄结构的差异。对整个年龄分布准确性的检验，将通过计算各个年龄比与100的平均差得到。以中国2010年人口普查资料为例，其年龄准确性指数的计算步骤如下：第一步，计算并列出5岁一组的分性别人口数，采用的年龄区间为0～84岁，得到表2－1中的A、B列；第二步，分别计算各年龄组分男女的年龄比，得到表2－1中的C、E列；第三步，计算各年龄比与100的绝对离差，得到表2－1中的D、F列；第四步，计算跟年龄组离差之和；第五步，求平均离差（用合计值除以组数，则男性为99.76/15 = 6.65，女性为88.43/15 = 5.90）。

年龄准确性指数的值越小，说明资料的质量越高。其具体的评价标准则是：年龄准确性指数小于3为误差较小，在3～7为可以接受，大于7为不可接受。此处通过相应计算得到的中国 2010 年人口普查中，男性的年龄准确性指数为 6.65，女性为 5.90，可见在此视角下，这次人口普查资料的质量在可以接受的范围之内。

表 2 – 1　中国 2010 年人口普查年龄准确性指数的计算

年龄组（岁）	人口数（人）		男性		女性	
	男（A）	女（B）	年龄比（C）	与 100 的绝对离差（D）	年龄比（E）	与 100 的绝对离差（F）
0 ~ 4	41062566	34470044	—	—	—	—
5 ~ 9	38464665	32416884	96.33	3.67	95.79	4.21
10 ~ 14	40267277	34641185	92.47	7.53	90.34	9.66
15 ~ 19	51904830	47984284	99.70	0.30	98.58	1.42
20 ~ 24	64008573	63403945	115.16	15.16	117.73	17.73
25 ~ 29	50837038	50176814	92.79	7.21	93.38	6.62
30 ~ 34	49521822	47616381	92.42	7.58	91.91	8.09
35 ~ 39	60391104	57634855	104.41	4.41	103.91	3.91
40 ~ 44	63608678	61145286	107.34	7.34	107.53	7.53
45 ~ 49	53776418	51818135	102.27	2.27	102.71	2.71
50 ~ 54	40363234	38389937	89.55	10.45	88.29	11.71
55 ~ 59	41082938	40229536	110.75	10.75	112.32	12.32
60 ~ 64	29834426	28832856	97.64	2.36	96.73	3.27
65 ~ 69	20748471	20364811	92.92	7.08	92.90	7.10
70 ~ 74	16403453	16568944	101.61	1.61	100.40	0.40
75 ~ 79	11278859	12573274	100.70	0.70	103.07	3.07
80 ~ 84	5917502	7455696	—	—	—	—
合计	—	—	—	88.43	—	99.76
平均值				5.90		6.65

资料来源：《中国 2010 年人口普查资料》。

四　惠普尔指数

惠普尔指数（Whipple's Index）则是对整体年龄结构在尾数为 0 或 5 的年龄上是否存在偏好进行综合检验的指数。惠普尔指数对总体年龄结构的检验一般限定在中青年人的范围内，这是因为一般来说，少年儿童对年龄的概念并不清楚、老年人由于记忆不好容易将年龄记错，所以少年儿童和老年人申报年龄的不准确在逻辑层面是不能认为其是有意的或者习惯性的偏好所致，从而惠普尔指数对这两个年龄段的检验意义不大。惠普尔指数检验时年龄范围的选定可以由分析者自己决定，但通常选择的是在 23～62 岁这一区间。

年龄堆积最容易出现在以 0 和 5 为尾数的年龄，如果要检验以 0 和 5 为尾数的年龄是否存在堆积，则用惠普尔指数：

$$WI = \frac{P_{25} + P_{30} + \cdots + P_{55} + P_{60}}{\frac{1}{5}(P_{23} + P_{24} + P_{25} + P_{26} + \cdots + P_{60} + P_{61} + P_{62})} \times 100 \qquad (2-3)$$

正常情况下，WI 值的变化范围为 100～500。如果计算出来 WI = 100，说明年龄分布均匀，普查数据在年龄层面不存在堆积现象；如果 100 < WI < 110，可以认为无明显偏好，普查数据在年龄这个视角下质量较好；如果 110 < WI < 130，说明存在年龄偏好，但仍然处于可以接受范畴；如果 WI ≥ 130，则说明年龄偏好比较严重，普查数据在年龄这个视角下是不可接受的；如果 WI = 500，说明各年龄人口都集中在以 0 和 5 为尾数的年龄上。当然，有时也会出现 WI < 100 的情况，这就说明对 0 和 5 存在偏好的假定有问题，这往往也是表明以 0 和 5 为尾数的年龄上不存在堆积，甚至可能存在有意回避申报以 0 和 5 为尾数年龄的情况。

以《2010 年中国第六次人口普查资料》为例，本书计算了相应的惠普尔指数。计算结果显示，中国的男性人口的惠普尔指数为 98.91，女性为 98.77（见表 2-2）。这样的计算结果说明 2010 年人口普查资料在 0 和 5 为尾数的年龄上不存在堆积。

表 2-2 2010 年人口普查全国人口惠普尔指数

年龄（岁）	男性（人）	女性（人）	年龄（岁）	男性（人）	女性（人）
23	12876542	12819413	25	9969984	9963699
24	11292037	11366731	30	9604727	9323642
25～29	50837038	50176814	35	10817432	10369084

年龄（岁）	男性（人）	女性（人）	年龄（岁）	男性（人）	女性（人）
30～34	49521822	47616381	40	13993123	13404096
35～39	60391104	57634855	45	12252515	11710059
40～44	63608678	61145286	50	7205176	6891832
45～49	53776418	51818135	55	8973192	8637336
50～54	40363234	38389937	60	6917026	6701178
55～59	41082938	40229536	合计	79733175	77000926
60	6917026	6701178	$WI_男$		
61	6690003	6339122	79733175 ÷（1/5 ×403076020）×100 = 98.91		
62	5719180	5557673	$WI_女$		
合计	403076020	389795061	77000926 ÷（1/5 ×389795061）×100 = 98.77		

资料来源：《中国2010年人口普查资料》。

实际上，惠普尔指数的应用相对较多。比如，王洪春和王金营（1994）根据惠普尔指数对河北省第四次人口普查数据质量进行分析并发现河北省第四次人口普查质量相对较高，但女性年龄数据质量较男性的略差。此外，很多学者在检验年龄准确性时也用到惠普尔指数（乔晓春，1992；于新民、董世和，1994；郭琳、车士义，2008），感兴趣的读者可以在国家哲学社会科学学术期刊数据库（www. nssd. org）免费获取相关文章进行阅读。

尽管惠普尔指数的应用相对广泛，其检验依然有着苛刻的前提要求，那就是该指数的计算要求人口年龄呈线性分布，而且该指数容易掩盖以0和5为尾数的年龄堆积的差异，甚至出现两者效应相互抵消的现象（巫锡炜、甘雪芹，2013）。

五 迈耶斯指数

前文谈及的年龄偏好指数只能检验某一特定年龄人口堆积现象，而惠普尔指数克服了这一缺陷，可以从总体上检验年龄在某一特定结尾数字上的堆积。从年龄结构的总体来看，如果存在0或5年龄上的多报，则必然造成以某些数字结尾的年龄上的少报，而且很难消除在其他年龄上也存在多报或者少报的现象。这样，年龄申报的不准确，反映在年龄结构上会出现比较有规律的某一年龄的人多，而其他年龄的人则很少的现象，从而导致人口年龄结构的异常。这种总体上的年龄结构异常，用惠普尔指数是难以进行判断的。对此，罗伯特·迈耶斯于1940年提出了一种检验年龄偏好的迈耶斯指数（Myer's Index）。

迈耶斯指数的原理为：将具有同一位数的各年龄人口相加，由于有10个尾数从而得到相应的10组数据，每一组数据的值大体为总人口的1/10，这里假定当每组数据的值正好等于0.1时，年龄结构是规范的，不存在年龄偏好。与1/10的偏移程度越大，说明年龄偏好越严重，资料的质量越差。以2010年人口普查数据为例，迈耶斯指数具体计算步骤则为：第一步，在给定年龄区间（10～89岁和20～89岁）将具有统一位数（0，1，2，3，…，9）的年龄相加，得到表2-3中的A、B列；第二步，将A、B列分别乘以相应的权数（C、D列的数值），将乘积相加得到混合人口，即E列，并计算各值之和得到混合人口合计值；第三步，计算各具有相同尾数年龄的混合人口的百分比分布，即E列中各值分别除以混合人口合计值，得到F列；第四步，将F列的数字减去10.00，并取其绝对值，得到G列，求G列中各值之和；第五步，将合计值除以2，即迈耶斯指数的值。

表2-3　2010年第六次人口普查中国人口迈耶斯指数的计算

尾数（a）	尾数为 a 的人口数之和		给定的权数		混合人口		与10%的差的绝对值
	10～89岁（万人）	20～89岁（万人）	第（1）列	第（2）列	绝对数 AC＋BD（万人）	百分比分布（%）	
	A	B	C	D	E	F	G
0	12765	11319	1	9	114640	10.25	0.25
1	12027	10633	2	8	109117	9.76	0.24
2	12393	10853	3	7	113147	10.12	0.12
3	11818	10296	4	6	109046	9.75	0.25
4	11845	10206	5	5	110259	9.86	0.14
5	11879	9905	6	4	110894	9.91	0.09
6	11874	9887	7	3	112782	10.08	0.08
7	12214	10063	8	2	117839	10.53	0.53
8	11739	9615	9	1	115263	10.30	0.30
9	10558	8185	10	0	105578	9.44	0.56

尾数（a）	尾数为 a 的人口数之和		给定的权数		混合人口		与10%的差的绝对值
	10~89岁（万人）	20~89岁（万人）	第（1）列	第（2）列	绝对数 AC+BD（万人）	百分比分布（%）	
	A	B	C	D	E	F	G
合计					1118566	100.00	2.57

迈耶斯指数 MI = 2.57/2 = 1.285

资料来源：《中国 2010 年人口普查资料》。

迈耶斯指数的变动区间为 0~90，它的值越接近 0，说明年龄堆积的程度越小，人口普查资料的质量越好。一般来说，迈耶斯指数小于 5，可以认为人口普查资料质量较好；在 5~10，认为人口普查资料质量可以接受；大于 10 则认为人口普查资料质量不可以接受。

迈耶斯指数的特点是：不直接计算每一数据占总量的百分比，而是通过构造混合和的方法计算各组的百分比分布。混合和是根据不直接受年龄误报影响的生命表的静止人口（Lx）构造的。如果不适用混合和，起始年龄的选取会在很大程度上影响指数的计算结果，而且在死亡率的影响下人口分布随年龄的增长而不断下降，使人口分布不均匀。通过构造混合和，各组的人口分布基本相等，这样才可以作为检验年龄正常与否的标准。

迈耶斯指数以规则的静止人口年龄结构作为判定标准。但是由于人口年龄结构是由出生、死亡和迁移决定的，特别是各年出生人数的不同，导致人口年龄结构出现不同程度的波动。年龄结构的不均衡可能是由申报中的数字偏好，也可能是由真实的年龄波动引起的，因此精确地判定人口的年龄偏好是不可能的，尤其对那些人口年龄结构原本就很不规则的国家，使用检验年龄偏好的方法时更要注意。

六　联合国综合指数

1. 传统的联合国综合指数

联合国综合指数（United Nations Age-Sex Accuracy Index）对年龄使用分组数据，从 0 岁到 74 岁分为 15 个组，包含性别比分析和年龄比分析这样两部分。

在性别比分析中，首先计算性别比率，即

$$_5SR_a = \frac{_5P_a^M}{_5P_a^F} \times 100 \qquad (2-4)$$

$_5SR_a$ 表示以年龄 a 为下限的 5 岁组人口数的性别比，即（a，a+5）岁组人口的性别比；$_5P_a^M$ 表示（a，a+5）岁组男性人口数。$_5P_a^F$ 表示（a，a+5）岁组女性人口数。

然后计算相邻组性别比率离差的绝对值，进行加总平均后得到性别比指数：

$$SRIndex = \frac{\sum (_5SR_{a+5} - {_5SR_a})}{14} \qquad (2-5)$$

需要指出的是，在计算性别比指数时，对相邻两组性别比率进行相减，因而第一组（即0~4岁组）没有该值，故最后是 14 个年龄组的加总平均。

在年龄比分析中，分性别进行。以男性为例，首先计算年龄比：

$$_5AR_a = \frac{3 \times {_5P_a^M}}{_5P_{a-5}^M + {_5P_a^M} + {_5P_{a+5}^M}} \times 100 \qquad (2-6)$$

然后计算各年龄组年龄比与 100 离差的绝对值，最后进行加总平均得到男性年龄比指数：

$$ARIndex = \frac{\sum (_5P_a^M - 100)}{13} \qquad (2-7)$$

同样，在计算年龄比指数时，由于分母中包含相邻两个组的数值，因而第一组（0~4岁组）和最后一组（70~74岁组）无法计算该值，最后只有 13 个年龄组的加总平均。

在计算出性别比指数和年龄比指数后，联合国综合指数的计算公式则为

$$联合国综合指数 = 3 \times SRIndex + ARIndex(Mace) + ARIndex(Female) \qquad (2-8)$$

这里以 2010 年第六次全国人口普查汇总数据为例，介绍联合国综合指数的计算过程（见表 2-4）。

当联合国综合指数小于 20 时，则说明人口普查资料的质量非常好；在 20~40 时，说明人口普查资料的质量可以接受，但是不够准确；如果结果大于 40，那么人口普查资料的质量非常不准确，不能接受（Yang et al.，2005）。根据第六次人口普查汇总数据计算的联合国综合指数为 21.15（见

表 2 - 4），表明 2010 年的人口普查资料的质量资料结果是相对较好，可以接受。这个结果与学者们使用其他方法检验的结果是一致的，比如，巫锡炜和甘雪芹（2013）利用惠普尔修正指数对年龄准确性的检验同样发现第六次人口普查年龄数据的质量具有较强的有效性。

表 2 - 4　2010 年第六次人口普查中国人口联合国综合指数的计算

| 年龄组（岁） | 人口数（人） | | 性别比分析 | | 年龄比分析 | | | |
| | | | | | 男性 | | 女性 | |
	男性	女性	比率	相邻组离差绝对值	比率	与 100 之差的绝对值	比率	与 100 之差的绝对值
0 ~ 4	41062566	34470044	119. 13	—	—	—	—	—
5 ~ 9	38464665	32416884	118. 66	0. 47	96. 33	3. 67	95. 79	4. 21
10 ~ 14	40267277	34641185	116. 24	2. 42	92. 47	7. 53	90. 34	9. 66
15 ~ 19	51904830	47984284	108. 17	8. 07	99. 70	0. 30	98. 58	1. 42
20 ~ 24	64008573	63403945	100. 95	7. 22	115. 16	15. 16	117. 73	17. 73
25 ~ 29	50837038	50176814	101. 32	0. 36	92. 79	7. 21	93. 38	6. 62
30 ~ 34	49521822	47616381	104. 00	2. 69	92. 42	7. 58	91. 91	8. 09
35 ~ 39	60391104	57634855	104. 78	0. 78	104. 41	4. 41	103. 91	3. 91
40 ~ 44	63608678	61145286	104. 03	0. 75	107. 34	7. 34	107. 53	7. 53
45 ~ 49	53776418	51818135	103. 78	0. 25	102. 27	2. 27	102. 71	2. 71
50 ~ 54	40363234	38389937	105. 14	1. 36	89. 55	10. 45	88. 29	11. 71
55 ~ 59	41082938	40229536	102. 12	3. 02	110. 75	10. 75	112. 32	12. 32
60 ~ 64	29834426	28832856	103. 47	1. 35	97. 64	2. 36	96. 73	3. 27
65 ~ 69	20748471	20364811	101. 88	1. 59	92. 92	7. 08	92. 90	7. 10
70 ~ 74	16403453	16568944	99. 00	2. 88	—	—	—	—
合计				33. 21		86. 11		96. 29
平均值				2. 37		6. 62		7. 41
指数	$3 \times 2.37 + 6.62 + 7.41 = 21.15$							

资料来源：《中国 2010 年人口普查资料》。

2. 传统的联合国综合指数的不足

（1）5 岁组"扩大"联合国综合指数结果

从前面的介绍中我们知道，联合国综合指数是在按年龄比指数基础上

纳入性别视角，并以 5 岁组为单位计算。年龄比指数采用 5 岁组的初衷是
"在一定程度上消除出生人数不同带来的年龄结构上的差异"（查瑞传，
1991），而实际上以 5 岁组计算却无意之中"扩大"了年龄比指数。以第六
次人口普查全国 0～14 岁男性人口为例，按单岁组计算，0～14 岁年龄比指
数的均值为 2.29，而按 5 岁组计算则为 5.60，后者是前者的两倍之多。同
样，对性别指数的计算也有相似的发现。由此可见，根据 5 岁组计算出的偏
高的联合国综合指数，并不能充分说明数据的真实质量。

（2）流动人口"扭曲"联合国综合指数

前文对联合国综合指数进行了介绍，并利用其对第六次人口普查时人
口性别、年龄结构进行检验，结果与学者们用其他方法得到的结果是一致
的。那么在对分省数据中性别年龄结构的检验如何呢？

表 2-5 和图 2-5 为本书根据 2000 年和 2010 年人口普查数据计算的各
省（自治区、直辖市）联合国综合指数。从图 2-5 中我们可以清晰地看
到，尽管各省份 2000 年和 2010 年普查人口年龄性别数据质量均在可接受范
围之内，但不可掩盖的是很多省份计算出的联合国综合指数偏高，中西部
欠发达地区和东部发达地区均是如此。例如，流动人口集中的京津冀、长
三角的上海以及珠三角的广东，又如劳动输出较多的安徽、河南、湖南、
重庆等中西部地区。

表 2-5　2000 年、2010 年基于各省份人口普查数据的联合国综合指数（不含港澳台）

	2000 年	2010 年		2000 年	2010 年
全国	22.82	21.15	河南	34.48	32.56
北京	29.14	32.29	湖北	23.30	28.75
天津	19.05	30.57	湖南	33.06	31.01
河北	27.73	23.70	广东	32.58	24.71
山西	19.63	18.16	广西	24.51	17.61
内蒙古	19.31	17.83	海南	27.23	27.70
辽宁	15.81	17.90	重庆	36.34	32.86
吉林	19.37	21.67	四川	32.06	27.88
黑龙江	20.98	20.51	贵州	25.19	25.99
上海	27.37	30.33	云南	19.02	17.85

续表

	2000 年	2010 年		2000 年	2010 年
江苏	28.94	27.25	西藏	18.22	18.10
浙江	21.35	18.76	陕西	20.24	22.77
安徽	38.32	34.85	甘肃	24.87	26.29
福建	26.78	26.35	青海	20.00	18.79
江西	27.47	24.13	宁夏	19.60	18.23
山东	32.24	26.91	新疆	28.46	22.43

资料来源:《中国 2000 年人口普查资料》《中国 2010 年人口普查资料》。

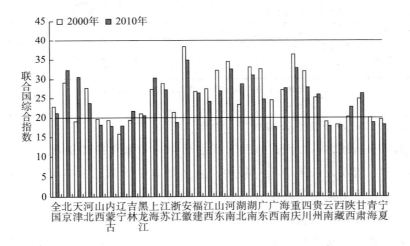

图 2-3　基于各省人口普查数据的联合国综合指数：2000 年、2010 年（不含港澳台）

资料来源:《中国 2000 年人口普查资料》《中国 2010 年人口普查资料》。

根据对全国数据和分省数据计算的联合国综合指数可以判断，分省数据计算的联合国综合指数偏高的结果不仅仅是数据本身的问题，也受人口的性别、年龄结构的影响。这不由让我们想到，人口流动对流入地和流出地性别、年龄结构的影响。我们知道，中国的人口国际迁移相对较少，而国内人口流动却势不可当，尤其是青壮年劳动力人口的流出，对流入地和流出地人口的年龄结构都会带来较大的影响，同时不同产业结构对不同性别人员的不同需求也会影响性别结构。因而从全国层面而言，人口的迁移流动对各地区的年龄性别结构不会有太大的影响，而各省则会受很大的影响。

为进一步分析人口流动对联合国综合指数的影响，本书选择联合国综合指数较高且跨省流入人口规模较大的北京、天津和上海三个直辖市进行计算①。计算发现，常住人口减去跨省流入人口后计算的联合国综合指数低于常住人口的联合国综合指数，北京、天津、上海的联合国综合指数分别下降 16.25%、24.38% 和 13.18%。可见，人口流动对其联合国综合指数有较大的影响（见表 2-6）。

表 2-6　人口流动对联合国综合指数的影响（2010）

	北京	天津	上海
常住人口的联合国综合指数	32.29	30.57	30.33
（常住人口 - 跨省流入人口）的联合国综合指数	27.04	23.12	26.33
人口流动的影响（%）	16.25	24.38	13.18

资料来源：根据北京、天津、上海 2010 年第六次人口普查资料计算。

3. 修正的联合国综合指数

如前文所述，一方面，按照 5 岁组计算会带来年龄比指数的"扩大"；另一方面，流动人口年龄相对集中，主要是集中于劳动力年龄段的几个年龄组，这就带来按照年龄组计算年龄比指数不准确的问题存在。而联合国综合指数的计算正是按照分组年龄数据计算的年龄指数。相比而言，尽管流动人口集中于某几个年龄组，但流动人口的单岁组年龄结构中相邻年龄组之间的差异相对平缓，因而以单岁组计算年龄指数的差异也相对平缓。同时，单岁组计算时分母相应增多，也稀释了流动人口集中带来的影响。

对此，笔者曾在《中国人口科学》发表专门文章提出了修正的联合国综合指数的计算方法，即以单岁组来计算年龄比。具体而言，其计算方法和过程与之前联合国综合指数的计算是一致的，只是均以单岁组为单位进行分析计算。同样，这里选择年龄段为 0~74 岁的人口②。需要指出的是，性别比指

---

① 需要指出的是，后文的分析中除这三个直辖市外还选取了跨省流出人口规模较大的安徽、河南和湖南三省，但由于第六次人口普查资料中无法获取各省分年龄、分性别的跨省流出人口数据，因而此处只对北京、天津、上海进行分析。

② 选择年龄段为 0~74 岁，一方面是为了与之前联合国综合指数的比较保持年龄的一致，另一方面是考虑到高龄组人口数量相对少，分布不均。

数的计算中分母相应地变为74，而年龄比指数的计算中分母变为73。

相应地，性别比指数变为：

$$SRIndex' = \frac{\sum (SR_{a+1} - SR_a)}{74} \qquad (2-9)$$

年龄比指数变为：

$$ARIndex(Male)' = \frac{\sum (P_a^M + 100)}{73} \qquad (2-10)$$

$$ARIndex(Female)' = \frac{\sum (P_a^F + 100)}{73} \qquad (2-11)$$

根据前文的思路，首先计算全国数据的修正联合国指数并与联合国指数进行比较，分析5岁组带来的年龄比指数的"扩大"对联合国综合指数的影响。接下来，选择人口流动相对明显的地区作为分析单位进行分析，通过对其户籍人口与常住人口计算传统联合国综合指数与修正联合国综合指数。如此，通过这两种口径下人口的两个指数的比较来对比传统的与修正的联合国综合指数，以对修正联合国综合指数的效果进行检验。

（1）应用全国数据检验修正联合国综合指数

在2010年全国数据计算修正联合国综合指数（见表2-7）中我们发现，根据单岁组计算的修正联合国综合指数低于按5岁组计算的联合国综合指数，各级地方均是如此。

具体而言，按单岁组计算的性别比指数和年龄比指数均低于按5岁组计算的结果。尽管目前无法给出使用修正联合国综合指数判断数据质量的值域范围，但是从二者的比较中可以验证前文指出的5岁组计算扩大了联合国综合指数的事实。

表2-7　基于全国数据计算的修正联合国综合指数（2010）

		性别比指数	男性年龄比指数	女性年龄比指数	指数值
全国	联合国综合指数	2.37	6.62	7.41	21.15
	修正联合国综合指数	1.13	4.11	3.91	11.42
城市	联合国综合指数	2.72	7.89	8.08	24.14
	修正联合国综合指数	1.06	4.24	4.17	11.60

续表

		性别比指数	男性年龄比指数	女性年龄比指数	指数值
镇	联合国综合指数	2.68	7.02	7.52	22.57
	修正联合国综合指数	1.30	4.26	4.06	12.22
乡村	联合国综合指数	3.17	6.51	7.81	23.85
	修正联合国综合指数	1.51	4.15	3.90	12.59

资料来源：《中国 2010 年人口普查资料》。

（2）应用省级数据检验修正联合国综合指数

在检验修正联合国指数对消除流动人口影响时，需要以人口流动相对明显的经济发达省（自治区、直辖市）及人口流出较多省份为例。根据 2010 年第六次人口普查数据，跨省流入人口居于全国前七位的为广东、浙江、上海、江苏、北京、福建、天津，跨省流出人口居于全国前七位的分别为安徽、四川、河南、湖南、湖北、江西、广西，结合其联合国综合指数及数据的可得性，这里选择三个人口流入地（北京、天津、上海）和三个人口流出地（安徽、河南、湖南）为例验证修正联合国综合指数（见图 2 – 6）。

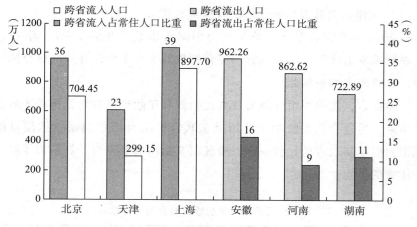

图 2 – 4　2010 年部分省/直辖市跨省流动人口规模及比重

资料来源：《中国 2010 年人口普查资料》。

在计算传统与修正联合国综合指数之前，这里先根据前面提到的年龄比指数公式来计算所选的人口流入较多的北京、天津和上海在第六次人口普查时流动人口较为集中的 20 ~ 40 岁年龄段常住人口以及常住人口减去跨省流入人口的年龄比指数。结果表明，不论是常住人口还是常住人口减去跨省流入人口的年龄比指数，均是以 5 岁组为单位计算出的年龄比指数高于以 1 岁组为单位计算的，由此可以判断，以 5 岁组为单位计算联合国综合指数会由于人口数的堆积而无形中扩大了年龄比指数。同时对常住人口及常住人口减去跨省流入人口的年龄比指数的比较发现，后者低于前者且前者的 5 岁组与 1 岁组年龄比差异值低于后者，这个差值即人口流动带来的绝对影响，与年龄分组的影响相比要小很多（见表 2－8）。这在一定程度上说明，笔者前面提出的修正联合国综合指数在分省数据尤其是流动人口较多的省级数据的应用会更为有效。

表 2－8　京津沪 20～40 岁年龄比指数及影响（2010）

		北京	天津	上海
常住人口	5 岁组计算年龄比指数	10.01	10.41	7.86
	1 岁组计算年龄比指数	3.37	4.05	3.52
	年龄分组的影响	6.64	6.35	4.35
常住人口－跨省流入人口	5 岁组计算年龄比指数	9.83	9.17	7.61
	1 岁组计算年龄比指数	3.45	4.27	3.86
	年龄分组的影响	6.39	4.90	3.74
人口流动的影响		0.25	1.46	0.60

资料来源：《中国 2010 年人口普查资料》。

接下来我们根据所选六个省（自治区、直辖市）第六次人口普查数据对联合国综合指数及修正联合国综合指数进行对比分析。前面的分析中已经得到这几个省（自治区、直辖市）的联合国综合指数均在 30～40，说明数据质量在可接受范围内，但相对较差。而随着社会经济的发展，人们年龄的偏好非常小，这正与前文提到的人口流动有很大的关联性。就此逻辑，接下来用前文提出的修正联合国指数进行下一步分析。

根据修正联合国指数计算得出，这六个省（自治区、直辖市）的常住人口修正联合国综合指数在 13～17，远低于联合国综合指数。可见，修正联合国综合指数在排除流动人口影响方面有很大的作用，这进一步说明修正联合国指数在人口流动加速的当今中国用于分析人口年龄、性别结构，相比于联合国指数有较大的质量提高（见图 2－5）。

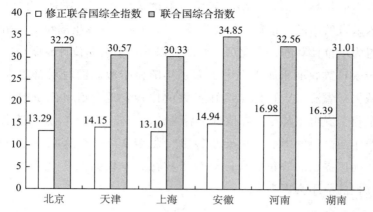

图 2 - 5　2010 年部分省份联合国综合指数及修正联合国综合指数

资料来源：根据各省（自治区、直辖市）2010 年第六次人口普查资料计算。

　　为了检验修正联合国综合指数对排除流动人口影响的作用，此处比较分析北京、天津、上海市常住人口及常住人口减去跨省流动人口后的联合国综合指数和修正联合国综合指数。结果发现，常住人口减去跨省流入人口后计算的修正联合国综合指数与常住人口的修正联合国综合指数很接近，三市分别为 13.05、13.38、13.22。其中，上海市常住人口减去跨省流入人口后计算的修正联合国综合指数反而低于常住人口的修正联合国综合指数（见表 2 - 9）。可见，人口流动对修正联合国综合指数的影响程度远低于联合国综合指数。这再次验证修正联合国综合指数排除人口流动影响的作用。

表 2 - 9　人口流动对联合国综合指数及修正联合国综合指数的影响

		北京	天津	上海
联合国综合指数	常住人口	32.29	30.57	30.33
	常住人口 - 跨省流入人口	27.04	23.12	26.33
	二者差异	5.25	7.45	4.00
	人口流动的影响（%）	16.26	24.37	13.19
修正联合国综合指数	常住人口	13.29	14.15	13.10
	常住人口 - 跨省流入人口	13.05	13.38	13.22
	二者差异	0.24	0.77	- 0.12
	人口流动的影响（%）	1.81	5.44	- 0.92

资料来源：根据各省（自治区、直辖市）2010 年第六次人口普查资料计算。

为更好地检验修正联合国指数，这里将根据这六个省（自治区、直辖市）常住人口年龄数计算的联合国综合指数和修正联合国综合指数与迈耶斯指数检验结果进行比较分析。通过计算，获得这六个省（自治区、直辖市）常住人口的迈耶斯指数均小于5，属于数据质量较好的范围之内。其中，上海为2.75，湖南为3.65，安徽为3.79，河南为4.03，天津为4.76，北京为4.82。修正联合国综合指数分析结果显示数据质量相对较好，也就是说，修正联合国综合指数的结果与迈耶斯指数的结果更为接近。

七 一般调查资料的检验

人口普查资料是人口学研究中最全面、最权威的数据，也是人口学者们经常使用的数据。除此之外，学者们也经常直接进行调查获得一手数据或者使用他人的二手数据进行分析，利用这些数据时也需要进行必要的处理，包括数据的审核和筛选等检验，在检验后再进行相应的分析使用。数据的整理是指使用数据之前对数据进行必要的处理，包括数据的审核、筛选和排序等。这样才可以保证数据的质量，并且选择符合研究要求的数据，为数据的使用与分析打下坚实并可靠的基础。

1. 数据的审核

数据审核是数据整理的第一步工作，通过审核检验数据质量，为进一步的数据整理和分析打下基础。数据的审核是指从数据的完整性、准确性、适用性及时效性等方面对数据进行检查，保障数据质量，为之后进一步的分析打下基础。

完整性主要是检查数据是否完整，即调查单位是否全面覆盖，调查项目是否全部回答等，做到"总体不漏人、个体不漏项"。比如一般的人口普查中，就需要指导员对每一份普查表进行详细核查以保证数据的完整性。准确性主要是检查数据是否真实、准确，即数据是否真实反映实际情况，数据是否有错误。具体来说，包括逻辑检查和计算检查两种方法，逻辑检查是检查数据是否符合逻辑、常理，前后是否自相矛盾，主要用于社会科学四种数据类型中的定类和定序数据的审核；计算检查是检查数据计算方法和结果是否准确，主要用于四种数据类型中的定距和定比数据的审核。例如，被调查者在前面回答是"男性"，后面则填写"第一次怀孕年龄"，显然前后矛盾。适用性是指审核数据的来源、口径、背景等是否符合研究需要，若不符合研究需要则不应该生搬硬套。时效性则是审核数据是否滞后，是否失去研究意义。在社会研究，尤其是政策研究中，一般应使用最新的数据，以保证研究具有时效性。例如，现在将 1990 年第四次人口普查数据作为流动人口的受教育程度进行分析显然该数据不具备时效性特点。

对于原始数据，只需从完整性和准确性两方面进行审核。而对于二手数据，由于其来源多种多样，并不是根据自己研究需要进行收集的，因而在使用时不仅需要进行完整性和准确性审核，还需要进行适用性和时效性的审核。

2. 数据的筛选

数据的审核是数据整理的第一步，审核过程中发现的有些错误可以及时纠正，而有些则无法弥补。同时，二手数据中有些数据并不符合自己研究的需要，这就要对数据进行筛选。数据筛选是指将不符合要求的数据或者有明显错误的数据剔除掉，或者将某些不符合研究需要的数据剔除掉，只留下符合需要的数据，使数据经过筛选后其结果符合研究需要，为以后研究打下良好基础。例如，某项调查对调查对象的界定为 "20 岁以上妇女"，而想要分析已完成生育过程的妇女的生育经历，就需要从中筛选出 "49 岁以上妇女"，将其他妇女剔除掉。数据的筛选可以通过常规的统计软件，比如 SPSS、Stata 等进行。

这里需要提醒的是，一般的抽样调查数据在年龄、性别等基础的人口学变量层面会具备代表性，所以当以这些变量进行数据筛选时，可以直接进行，但是当以其他一些变量为基础进行数据筛选时，就需要分析筛选后的数据是否还是一个随机样本，即可能存在选择性偏误（Selection Bias）的问题。[①]

3. 数据的排序

数据审核和筛选完之后，就可以将数据进行排序，以便更好地发现数据的某种趋势或特点，同时也更好地发现解决问题的方法。数据排序是指按照一定顺序对数据进行排列，为数据分组、数据分析提供方便。有时候数据排序本身就是分析的目的之一，例如将全国各省份按照平均预期寿命

---

① 具体可查阅诺贝尔经济学奖获得者 James Heckman 在相关领域的论文或者本书作者发表在 2014 年第 1 期《学海》上的文章《中国未婚青年首次性行为时的避孕选择——基于赫克曼选择模型的分析》，该文对其有系统阐释。

进行排序，这样各省份既可以看出自己的排序，又可以了解与其他省份在生活水平、医疗水平等方面的差异。不同数据的排序标准不同，对于分类数据，排序方式多种多样，可以按照字母顺序进行排序，例如，按姓氏首字母对姓名进行排序，同时也可以按照其姓氏笔画进行排序。而对于数值型数据，则只有递增和递减两种排序方式，例如，可以按照收入从高往低进行排序，也可以从低往高排序。

知识卡片：约翰·格兰特与生命统计

约翰·格兰特（John Graunt，1620 – 1674），被学界广泛认作人口学的创始人（Bogue，1969；Poston，2006）。他 1620 年出生于英国伦敦，16岁随父经商，主营妇女缝纫用的小商品，但其自学成才，后来因为出版了著名的《关于死亡表的自然的和政治的观察》（*Natural and Political Observations Made upon the Bills of Mortality*）一书，成为早期英国皇家学会的一名会员。

关于格兰特本人及其学术作品更多的信息，读者可以参见美国西华盛顿大学（Western Washington University）人口学家 E. D. Stephan 教授为其搭建的专门网站：http://www.edstephan.org/Graunt/graunt.html。

生命统计（Vital Statistics）是最基本的人口学与流行病学测量的形成基础（Freedman&Weed，2003），其源自民事登记系统的传统数据及其他实际发生并记录的生命事件。现代生命统计的起源可以追溯到 1532 年伦敦议会提出的有关死亡登记的议案。因为 14 世纪鼠疫流行病（当时称为黑死病，Black Death）的盛行使欧洲深受重创，到了 16 ~ 17 世纪英国又连续遭遇了几次黑死病，而当时的伦敦教会要求牧师统计死亡名单（Bill of Mortality），彼时，伦敦已经发展为世界最大城市，人口数超过50 万，为了管理伦敦人口数，政府通过了一条专门的死亡率法案，规定每周都登记并公布出生与死亡人数（Bryan，2004）。也是因为这样一些积累下来的来自教会及相关机构的统计数据（人口出生和死亡资料），约翰·格兰特于 1662 年出版了学界公认的人口学乃至现代统计学最为经典的一篇文献——《关于死亡表的自然的和政治的观察》。当今众多统计人口学的发展仍然没有离开格兰特关心的主要课题，如风险模型

（Hazard rate models）的应用和生存分析（Survival analysis）均离不开该著作中的死亡率和存活率这些核心概念（梁在，2012：319）。因此，生命统计具有深远的研究和政策意义。以美国为例，其在国家疾病预防与控制中心设立了国家生命统计系统来整合相关的国民生命历程数据，涵盖了出生、死亡、婚姻、离婚、胎儿死亡等关键信息，而人口学及其他社会科学和生命科学领域的学者可以利用这些数据开展具有积极政策价值的研究。

具体的信息可以参见美国国家生命统计系统网站：http://www.cdc.gov/nchs/surveys.htm。

第二部分

人口静态结构

第三章　人口性别年龄结构

毋庸置疑，在我们生活的社会中，性别与年龄是两个最基础也是最重要的特征，当碰到一个人，每个人都会在内心中形成一个判断：是男性还是女性？是儿童、少年、青年人、中年人或老人？而针对这两类特征所形成的个体或群体，会使用不同的话语体系等。媒体上读到关于某人，尤其是做出一定社会贡献的人的报道，也必然会从其名字或报道中所使用的代词首先读出这个人是男人还是女人，这个人的年龄或者其处于由年龄而导致的生命历程阶段，对于后者的关注，学者认为这是因为人们普遍带着一种自我时间预期的心态来对他人生命事件发生时间做一个自判断（Rowland，2003）。在学理层面，传统社会中的劳动分工正是基于这二者的各自特征或者交叉特征而进行的一个安排。事实上，在所有我们所能知道的人类社会中，我们都能探究到性别与年龄的差异对于社会的运作起着根本的作用（Murdock，1949）。而对于人口学家或者社会学家而言，探究特定或全人口的属性特征中的年龄与性别结构具有重要意义。在人口分析乃至广义的社会科学领域的定量研究中，年龄与性别正是被称为"人口学变量"（the Demographic Variables）的基础变量（Bogue，1969）。实际上，一个国家或者地区的人口的性别与年龄分布结构对于当地的社会经济与人口发展（Keyfitz，1965），以及劳动力参与和性别关系（South & Trent，1988）都具有重要含义。在本章后续的讨论中，可以看到性别与年龄及其二者交叉在人口结构上的特征体现对于社会中的婚姻与家庭、教育资源分配、产业布局、社会保障体系构建都有深远的影响。

第一节　人口性别结构

一　性别结构的含义与测量

1. 概念

性别结构是人口的自然属性，一般以性别比来衡量。性别结构亦称人口性别构成，指一个地区或国家的人口都是由男性和女性组成的，可能有些地区/国家的男性人口多，有些地区/国家的女性人口多；有些地区/国家的某些年龄的男性人口多，有些地区/国家的某些年龄的女性人口多，我们把属地的男性人口和女性人口的组成状况统称为人口的性别结构。

2. 衡量指标

（1）性比例

性比例（Sex Proportion）指某一时点的某特定人口中，男性人口与女性人口各占总人口的比重，一般用百分比表示。

$$男性性比例 = \frac{男性人口数}{总人口数} \times 100\% \qquad (3-1)$$

$$女性性比例 = \frac{女性人口数}{总人口数} \times 100\% \qquad (3-2)$$

例如，根据 2010 年第六次人口普查，中国总人口为 13328 万人，其中男性人口为 68232 万人，女性人口为 65048 万人，根据上述公式可计算得出，男性性比例为 51.19%，女性性比例为 48.81%。

作为一个基本的人口统计指标，性比例多用于反映某一人口总体中男女人口各占多大比例及他们之间的相互关系，一般性比例的变化范围不大。从表 3-1 中可以看出，历年来中国人口性比例的变动范围不大，其中男性性比例在 51% 左右波动，超过女性。

（2）性别比

性别比（Sex Ratio）指某一时点某特定人口中，男性对女性的比例，通常以每 100 个女性对应的男性数来表示。研究表明，随着年龄的增长，性别比会因男女性别死亡和迁移模式的不同而发生变化。其计算公式为

$$性别比 = \frac{男性人口数}{女性人口数} \times 100 \qquad (3-3)$$

性别比基本在 100 左右变动，100 是男性人口与女性人口相等的平衡点。当性别比大于 100 时，表明男性人口多于女性；小于 100 时，表明女性人口多于男性人口。从表 3-1 中可以看出，历年来中国人口性别比变动范围不大，在 104~108，男性人口均高于女人口。表 3-2 中还可以看出，各地区之间的差距不是很大，其中海南最高，2010 年海南省人口性别比高达 112.5，远远超过全国平均水平的 104.9。

性别比可以与性比例相互转换：

$$性别比 = \frac{男性性比例}{女性性比例} \times 100 \qquad (3-4)$$

或者

$$性别比 = \frac{男性性比例}{1 - 男性性比例} \times 100$$

又或者

$$性别比 = \frac{1 - 女性性比例}{女性性比例} \times 100$$

（3）总人口性别比

总人口性别比（General Sex Ratio）指某一时点人口总体中，男性人口与女性人口之比。用于反映男女人口在数量上的相对对比关系。其计算公式为：

$$总人口性别比 = \frac{男性总人口}{女性总人口} \times 100 \qquad (3-5)$$

例如，2010 年中国人口性别比为 104.9，表明总体上中国男性人口多于女性人口。通常总人口性别比在 95~105 范围内变动，它受人口年龄结构、出生婴儿性别比、分性别年龄人口死亡率的差异、流动人口性别比等因素的影响。

同时，也可以通过性比例进行转换求得性别比。例如，根据前文计算的 2010 年男性性比例为 51.19%，女性性比例为 48.81%，可以计算 2010 年中国总人口性别比：

$$总人口性别比 = \frac{51.19\%}{48.81\%} \times 100 = 104.9$$

人口学

或

$$总性别比 = \frac{51.19\%}{1 - 51.19\%} \times 100 = 104.9$$

或

$$总性别比 = \frac{1 - 48.81\%}{48.81\%} \times 100 = 104.9$$

表 3 - 1　中国部分年人口性别构成指标

| 年份 | 性比例（%） | | 总人口性别比 | 年份 | 性比例（%） | | 总人口性别比 | 年份 | 性比例（%） | | 总人口性别比 |
	男性	女性			男性	女性			男性	女性	
1949 年	51.96	48.04	108.16	1980 年	51.45	48.55	105.97	1996 年	50.82	49.18	103.33
1950 年	51.94	48.06	108.07	1981 年	51.48	48.52	106.11	1997 年	51.07	48.93	104.37
1951 年	51.92	48.08	107.99	1982 年	51.50	48.50	106.19	1998 年	51.25	48.75	105.13
1955 年	51.75	48.25	107.26	1983 年	51.60	48.40	106.61	1999 年	51.43	48.57	105.89
1960 年	51.78	48.22	107.39	1984 年	51.60	48.40	106.61	2000 年	51.63	48.37	106.74
1965 年	51.18	48.82	104.85	1985 年	51.70	48.30	107.04	2001 年	51.46	48.54	106.00
1970 年	51.43	48.57	105.90	1986 年	51.70	48.30	107.04	2002 年	51.47	48.53	106.06
1971 年	51.41	48.59	105.82	1987 年	51.50	48.50	106.19	2003 年	51.50	48.50	106.20
1972 年	51.40	48.60	105.78	1988 年	51.52	48.48	106.27	2004 年	51.52	48.48	106.29
1973 年	51.42	48.58	105.86	1989 年	51.55	48.45	106.40	2005 年	51.53	48.47	106.30
1974 年	51.43	48.57	105.88	1990 年	51.52	48.48	106.27	2006 年	51.52	48.48	106.27
1975 年	51.47	48.53	106.04	1991 年	51.34	48.66	105.51	2007 年	51.50	48.50	106.19
1976 年	51.49	48.51	106.15	1992 年	51.05	48.95	104.29	2008 年	51.47	48.53	106.06
1977 年	51.50	48.50	106.17	1993 年	51.02	48.98	104.16	2009 年	51.44	48.56	105.93
1978 年	51.49	48.51	106.16	1994 年	51.10	48.90	104.50	2010 年	51.19	48.81	104.90
1979 年	51.46	48.54	106.00	1995 年	51.03	48.97	104.21				

　　注：1.1981 年及以前数据为户籍统计数；1982 年、1990 年、2000 年、2010 年数据为当年人口普查数据推算数；其余年份数据为年度人口抽样调查推算数据（下相关表同）。2. 总人口和按性别分人口中包括现役军人，按城乡分人口中现役军人计入城镇人口。
　　资料来源：《中国统计年鉴》。

表 3 - 2　2010 年中国各地区人口的性比例与总人口性别比（不含港澳台）

| 地区 | 性比例（%） | | 总人口性别比 | 地区 | 性比例（%） | | 总人口性别比 |
	男性	女性			男性	女性	
全国	51.19	48.81	104.90	河南	50.51	49.49	102.05

续表

地区	性比例（%）		总人口性别比	地区	性比例（%）		总人口性别比
	男性	女性			男性	女性	
北京	51.63	48.37	106.75	湖北	51.35	48.65	105.55
天津	53.38	46.62	114.52	湖南	51.41	48.59	105.80
河北	50.70	49.30	102.84	广东	52.15	47.85	108.98
山西	51.35	48.65	105.56	广西	51.98	48.02	108.26
内蒙古	51.96	48.04	108.17	海南	52.96	47.04	112.58
辽宁	50.63	49.37	102.54	重庆	50.64	49.36	102.61
吉林	50.66	49.34	102.67	四川	50.77	49.23	103.13
黑龙江	50.70	49.30	102.85	贵州	51.53	48.47	106.31
上海	51.50	48.50	106.19	云南	51.90	48.10	107.90
江苏	50.38	49.62	101.52	西藏	51.38	48.62	105.70
浙江	51.38	48.62	105.69	陕西	51.67	48.33	106.92
安徽	50.83	49.17	103.39	甘肃	51.08	48.92	104.42
福建	51.45	48.55	105.96	青海	51.78	48.22	107.40
江西	51.61	48.39	106.67	宁夏	51.22	48.78	104.99
山东	50.57	49.43	102.33	新疆	51.66	48.34	106.87

注：本表数据与表 3 - 1 的数据来源不同，因而计算结果略有差异。

资料来源：根据 2010 年第六次人口普查数据计算得到。

（4）分年龄性别比

分年龄性别比（Age-Specified Sex Ratio）指某一年龄（或年龄组）某特定人口中，女性人口数为 100 时的男女人数之比，即同时表示该年龄（或年龄组）每 100 个女性相对于的男性数量。

其计算公式为：

$$X 岁人口性别比 = \frac{X 岁男性人口数}{X 岁女性人口数} \times 100 \qquad (3-6)$$

一般情况下，由于各年龄男性人口的死亡概率略高于女性人口的死亡概率，因而随着年龄的升高，分年龄人口的性别比是逐渐下降的。当然，社会、政治、战争等因素也会引起分年龄人口性别比偏离常态。

图 3 - 1 为 2010 年第六次人口普查数据显示的各年龄人口性别比，从中可以看出，随着年龄的增加，分年龄性别比总体呈现下降的趋势。具体而

言，在低龄人口中，人口性别比岁年龄的增加呈现增加的趋势，在约 24 岁人口时达到低龄人口中的最低水平，为 99.34，男性低于女性；随后出现略微的提升趋势，到高龄阶段，人口性别比开始降至低水平，也就是说，高龄老人中女性人口数远高于男性人数。这与人口预期寿命的性别差异一致（本书"死亡分析"一章，已经具体讲到预期寿命的性别差异，读者可参考相应内容）。

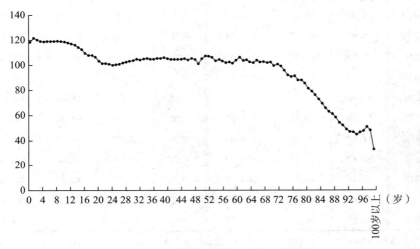

图 3 - 1　2010 年中国各年龄人口性别比

资料来源：《中国 2010 年第六次人口普查资料》。

（5）出生人口性别比

出生人口性别比（Sex Ratio at Birth）也称为第二性别比，具体指某一时期（通常是一年）出生婴儿中，男婴与女婴的人数之比。一般表示每活产①100 个女婴对应多少个活产男婴。计算公式为：

$$出生性别比 = \frac{活产男婴人数}{活产女婴人数} \times 100 \qquad (3-7)$$

在不受人为因素干扰时，出生性别比数值比较稳定，在大多数国家，出生性别比约为每 100 个女婴对应 105 个或 106 个男婴。17 世纪，英国统计学家约翰·格兰特（John Graunt）提出了男婴出生时略多于女婴的现象，这

---

① 这里的活产，即活产婴儿，意指胎儿脱离母体时（不管怀孕月数），有过呼吸或其他生命现象。

是一个没有猜疑的人类社会的自然秩序。18 世纪，德国神学家彼得·斯密尔希（Peter Sussmilch）证实了男女婴之比为 21:20，即今天的 105:100，但是他认为这是"上帝的秩序"。此后，波兰数学家 M. 费斯统计了 1927～1932 年波兰每年出生的男女婴儿，结果发现，男婴出生数比例在 51.7% 上下波动，女婴出生数比例在 48.3% 上下波动，即 105.3:100。较准确的出生性别比的计算需要大量的样本数据和连续多年的记录。根据 2010 年中国第六次人口普查数据可计算得出，普查前一年活产男婴人数为 652 万人，女性 538 万人，因此出生性别比为 121。

（6）死亡人口性别比

死亡人口性别比（Sex Ratio at Death）是指在一个死亡人口总体中，当女性死亡人口为 100 时，男性死亡人口与女性死亡人口之比。与一般人口性别比不同的是，死亡人口是时期数据，所以死亡人口性别比必须要规定时间的界限。

其计算公式为：

$$死亡人口性别比 = \frac{某一时期男性死亡人口数}{同一时期女性死亡人口数} \times 100 \tag{3-8}$$

例如，根据 2010 年第六次人口普查数据可计算得出，普查前一年男性死亡人数为 4293783 人，女性死亡人数 3128207 人，因此，死亡人口性别比为 137。

同时，我们也可以计算分年龄（或年龄组）死亡人口性别比，这样可以观察男女死亡人口随着年龄的变化及两者之间差异的变化。图 3-2 为根据 2010 年第六次人口普查数据计算的各年龄死亡人口性别比，从中可以清晰地看出，随着年龄的提升，死亡人口性别比呈现先增加而后减少的趋势。在此可以思考中国人口的分年龄（或年龄组）死亡人口性别比为什么会呈现这样一种规律以及这种规律在不同的国家或地区是否具有一致性。

3. 性别比的主要影响因素

尽管人口的性别是自然属性，但是其也受到社会经济等因素的影响，比如下列几种。

（1）战争对性别比的影响

查阅史料可发现，苏联在 1905～1945 年先后经历了日俄战争、第一次世

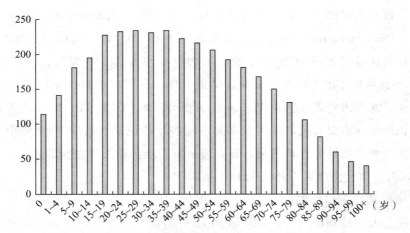

图 3 - 2　2010 年中国各年龄死亡人口性别比

资料来源:《中国 2010 年第六次人口普查资料》。

界大战、国内革命战争和第二次世界大战,人口性别比激剧下降,早在 1897 年苏联性别比为 99,而 1926 年下降到 93.4,1939 年则下降到 91.9。而且,这种影响会持续一段较长的时间,数据显示,苏联在 1951 年性别比仅为 78.5,在战后 14 年的 1959 年性别比有所回升,但仍旧很低,仅为 81.9。

(2) 经济布局不合理和经济开发导致移民的影响

一般采矿、冶金等重工业集中的地区,男性人口大量集中,性别比偏低,"纺织城"等女工集中的地方则性别比偏高。比如,1965 年中国开始建设攀枝花市,在 1971 年时人口的性别比为 332.3,即男性人口是女性的 3 倍之多。具体原因,读者可查阅相关资料或史料。

(3) 人口迁移流动的影响

比如,在深圳建特区之前,大量男性青年人口外迁,导致该地区性别比偏低,1978 年深圳性别比仅为 95.3。建特区后,电子产业、印纺工业等吸引了女青年的大量流入,进一步加重了性别比偏低的情况。读者可查阅深圳市历年《人口统计年鉴》并计算各种性别比的值,从历史的维度看深圳市具体的性别比变迁历程。

二　中国人口的出生性别比

性别比系列指标中,最为常用的是出生性别比。回到中国语境下来看这一指标,可以看到从 20 世纪 80 年代中期中国的出生性别比就开始偏离正常水平，不断升高并持续偏高。到 2000 年，中国的出生性别比已达 116.9，2005 年继续上升到 120.5。中国已成为出生性别比偏高时间最长、偏高程度最严重的国家，中国的性别失衡已构成社会发展中的一个重大挑战。

受传统文化、经济制度等多种因素的影响，在人口转变过程中，不同的文化背景国家出现了出生性别比变化的不同趋势。在"传宗接代""养儿防老"等传统思想和现实需求的影响下，中国人口出生性别比出现了升高、偏高趋势。与中国文化相似的韩国也出现了出生性别比严重偏高趋势。中国台湾、印度、越南等地区也出现了出生性别比升高趋势。相对而言，世界其他地区出生性别比的变化并没有呈现系统性的趋势。

1. 中国人口出生性别比的变动

中国出生性别比从 1984 年开始偏离正常水平，出现不断上升的趋势。1982 年中国出生性别比为 108.5，1987 年 1% 人口抽样调查结果显示为 110.9，1990 年达到 111.3，1995 年超过 115，2005 年超过 120。近 20 多年来，中国出生性别比不断攀升，偏高趋势表现得越来越明显，这在任何一个人口大国的发展历程中都是前所未有的。中国出生性别比升高、偏高趋势是伴随着生育率下降到接近更替水平并且持续走低而出现的。从历次人口普查数据看，中国总和生育率在 1982 年为 2.86，1987 年为 2.59，1990 年为 2.31。1992 年以来生育率降到更替水平以下，2010 年普查数据计算结果显示已抵达 1.6。相应的，出生性别比从 1982 年的 108.5 上升到 1990 年的 111.3，2000 年的 116.9 以及 2010 年的 121.2，大大超出正常范围的上限值（见图 3 - 3）。学界一般认为，中国出生性别比严重偏高的主要原因在于性别选择性流产和出生统计中的女婴漏报。

从中国各省份具体数据来看，中国出生性别比已经处于全面失衡的状态。从较早的 1982 年第三次人口普查数据显示结果来看，大部分省份的出生人口性别比还处于 103 ～ 107 的正常范围之内，但也有少数省份出现偏高状态，几个省份的出生性别比已经严重失衡，超过 110：安徽出生性别比达到 112.5，河南为 110.3，广东为 110.5，广西为 110.7。随着时间的推移，各省人口均持续增多。在 2010 年第六次人口普查时，只有西藏和新疆的出生性别比处于 103 ～ 107 的范围内，分别为 101.3 和 106.1，内蒙古的出生性别比为 108.9。其余所有省（自治区、直辖市）的出生性别比均超过 110，其中安徽最高，达 131.1，其次为海南，出生性别比为 129.4（见表 3 - 3）。

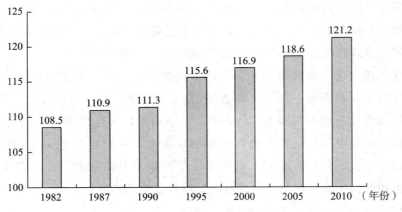

图 3 - 3　1982 ~ 2010 年中国出生性别比

资料来源：根据历次人口普查及 1% 人口抽样调查数据计算。

表 3 - 3　中国历次人口普查各省出生性别比（不含港澳台）

	1982 年	1990 年	2000 年	2010 年		1982 年	1990 年	2000 年	2010 年
全国	108.5	111.3	119.9	121.2	河南	110.3	115.6	130.3	127.6
北京	107.0	107.3	114.6	112.2	湖北	107.0	109.4	128.0	123.9
天津	107.7	110.1	113.0	114.6	湖南	107.6	110.2	126.9	125.8
河北	108.2	111.7	118.5	118.7	广东	110.5	111.6	137.8	129.5
山西	109.3	109.4	112.8	113.1	广西	110.7	116.3	128.8	122.0
内蒙古	106.8	108.5	108.5	108.9	海南	—	114.8	135.0	129.4
辽宁	107.1	110.1	112.2	112.9	重庆	—	—	115.8	113.8
吉林	107.8	108.5	109.9	115.7	四川	107.9	112.5	116.4	113.0
黑龙江	106.9	107.5	107.5	115.5	贵州	106.8	102.7	105.4	126.2
上海	105.4	104.6	115.5	111.5	云南	106.2	107.6	110.6	113.6
江苏	107.9	114.4	120.2	121.4	西藏	101.3	103.5	97.4	100.1
浙江	108.8	117.1	113.1	118.4	陕西	109.2	110.7	125.2	116.1
安徽	112.5	111.1	130.8	131.1	甘肃	106.5	109.6	119.4	124.8
福建	108.6	109.5	120.3	125.7	青海	106.2	104.1	103.5	112.7
江西	107.9	110.5	138.0	128.3	宁夏	106.2	106.8	108.0	114.4
山东	109.9	114.5	113.5	124.3	新疆	106.1	104.5	106.7	105.6

注：1982 年缺少海南省数据；1982 年和 1990 年时重庆市与海南省未做独立统计。

资料来源：第三次、第四次、第五次、第六次人口普查数据计。

从普查数据来看，中国城市、镇、农村出生人口性别比均处于失衡状态，而且随着时间的推移呈增加趋势。图3-4是根据2000年和2010年两次人口普查数据绘制的中国城乡出生人口性别比，从中可以看出，城市、镇、农村的出生人口性别比均处于失衡状况，在2000年时，农村出生人口性别比高于镇、镇高于城市，但2010年则是镇的出生人口性别比最高。与2000年相比，2010年出生人口性别比有不同程度的提高，其中城市提高幅度最大。

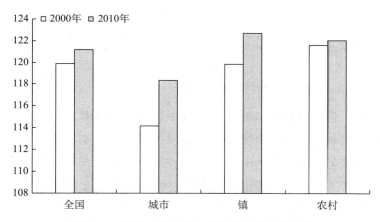

图3-4 2000～2010年中国分城乡出生性别比
资料来源：根据第五次、第六次人口普查数据计算。

随着计划生育政策的实施及性别选择技术的发展，不同胎次的出生性别比存在很大的差异。以往研究表明，胎次越高，出生性别比越高。图3-5为根据2010年第六次人口普查数据计算得出的中国普查前一年分孩次性别比，从中可以看出，高孩次出生人口性别比高于低孩次，其中三孩次的出生性别比最高。

2. 中国人口出生性别比失衡的原因

（1）文化因素

社会经济因素对人口出生性别比的影响主要是通过人们的生育观念实现的。在社会经济发展水平较低的条件下，受传统生育文化（主要是传宗接代、延续香火、多子多福、男尊女卑等）以及现实条件（如工作条件、生活水平、消费方式、养老模式等）等方面的影响，人们普遍存在男孩偏好，愿意生育男孩；而在社会经济发展水平较高的环境中，妇女地位的改

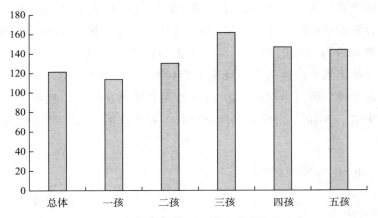

图 3 – 5　2010 年中国分孩次出生性别比

资料来源：根据第六次人口普查数据计算。

善可能缓解人们重男轻女的观念，生育中的男孩偏好趋于下降，有利于出生性别比的平衡。传统生育文化"是在以手工劳动为基础的农业生产方式下，为满足统治阶级需要的有限的一夫一妻制、早婚早育、多育密育、男尊女卑、男子为后、儿子养老、从夫居、大家庭等观念以及与之相应的规章制度、风俗习惯的总和"（张纯元、陈胜利，2004）。换言之，传统的生育文化包括了生育观念、生育制度和与生育惯俗等维度。

　　生育观在整个生育文化体系中处于核心地位（张纯元、陈胜利，2004），生育观的转变是传统社会向现代社会全面转变的一个有机组成部分（顾宝昌、罗伊，1996）。生育观的转变这也是一个多维的进程，包括生育数量、生育时间和生育性别（顾宝昌、罗伊，1996）。当前中国城乡居民生育观的变迁呈现内部失调性，即理想子女数变迁速度相对较快，而性别偏好变迁速度相对较慢，在农村地区更为明显（风笑天、张青松，2002）。学者研究发现父系联合家庭体系存在男孩偏好（Skinner，1997）。在中国的传统社会中，家庭体系正是以父系联合家庭为主导的。家庭是实现生育的单位，婚姻是实现生育的前提，家庭制度和婚姻制度是家庭体系的主要内容。家庭制度在人们的生育观念和生育行为选择上起着决定性和根本性作用（刘爽，2006），家庭结构与生育行为的关系反映了代与代之间的互动和影响，也反映了不同居住制度下妇女在家庭、家族中的地位和家庭权力结构关系（杨菊华、Susan，2007）。中国社会以父权、父系和从夫居为基础的家庭制度以及儒家文化中对男孩的重视和追求是产生男孩偏好的传统根源，对形成男孩偏好起到根本作用（李树茁，2008）。

（2）经济因素

经济因素（如发展程度、发展水平的不均）通过性别观念、家庭结构、社会保障、技术条件等中间因素，构成影响中国出生性别比水平的主要因素之一。虽然也有学者指出，农村男孩偏好的根本原因并不在于经济、制度等因素，从经济学等学科难以找到治理出生性别比失调的根本办法（吴业苗、黄润龙，2007），但经济的发展、现代化的进程终将作用于出生性别比。比如，经济发展水平的提高可以改善政府社会保障的经济实力，公共保障福利逐步取代传统的家庭养老与保障；家庭功能的部分丧失将减弱生养儿子的经济需求、削弱男孩偏好，从而有利于缩小两性之间的差距，有利于出生性别比偏高问题的解决。同时，教育的普及使得两性用于技术上的投资平等化，这也有利于女性地位的提高（Neil & Bennett，1983；Burgess，2002）。与中国同处东亚文化圈的韩国在治理出生性别比失衡方面的相关经验也表明，经济发展确实对提高妇女地位和促进妇女发展起到积极的推动作用且良好的社会福利制度，比如养老金也会弱化男孩偏好（韦艳、梁义成，2008）。再比如，对62个国家20世纪80~90年代出生人口性别比数据的横向比较分析（刘爽，2005）发现，就经济发展水平而言，发达国家的出生人口性别比更稳定、更趋于正常；相反，发展中国家随机波动较大，超出正常值范围的年份也较多，这可能有统计数据质量的问题，也可能是出生性别比在事实上就高。

（3）政策因素

计划生育政策的实施使得在只能生育一个孩子（狭义的"一孩政策"）的前提下，更多夫妇的男孩偏好观念更加严重。而限制性的生育政策是为了适应经济改革与发展的要求提出的，比如"一孩半政策"更是为了照顾农村地区部分群众的实际利益出台的。然而，客观现实有时并不以人的主观意志为转移。一方面，现行的生育政策以超前于经济发展、文化变迁的手段和步伐刚性地降低了人们的生育数量；另一方面，由于农村夫妻是否被允许生育二胎是基于第一胎的性别，故"一孩半政策"在一定程度上姑息、纵容甚至激化了男孩偏好，在农村地区推行后（尤其是在B超这样的技术普及后），加剧了出生性别比的失衡——虽然该问题并不完全是由生育政策造成的。

（4）技术因素

目前学术界基本认同的是，出生性别比升高有 B 超鉴定和性别选择性人工流产的作用（屈坚定、杜亚平，2007），但是二者对性别比偏高的贡献率各为多少目前尚无定论。早在 20 世纪 90 年代，学者认为性别选择有一定的影响，但不是重要原因；20 世纪 90 年代中期以后，越来越多的学者认为 B 超鉴定和性别选择性人工流产是造成出生性别比偏高的最主要原因（楚军红，2000）。这一转变反映了人们对该现象认识的加深。

此外，还有很多学者对 B 超鉴定和性别选择性流产对出生性别比升高的影响进行了深入研究。比如，李涌平（1993）用定量分析的方法推算出，如果对十分之一的头胎后的人流进行效率为 60% 的胎儿性别鉴定，就可以用胎儿性别鉴定后的选择性人流来全部解释中国 1990 年观察到的超常出生婴儿性别比偏高问题；李伯华（1994）利用华西医科大学出生缺陷检测中心 1986 年 10 月至 1987 年 10 月的数据对全国 29 个省级单位进行了深入分析，发现男孩偏好引起的性别选择性人工流产和偏向于到医院生育男孩是引起这一时期医院出生性别比升高及随着胎次升高而升高的主要原因；吴擢春等（2005）利用农村基层计划生育部门日常登记资料，用队列实证研究方法探讨出生性别比偏高的直接原因，结果表明，选择性人工流产是出生性别比升高的最主要原因，其次是女婴漏报，再次是变相溺婴，三者对出生后一周内出生性别比异常的贡献分别为 70%、20%、10% 左右；岩复等（1995）对湖北省出生性别比最高的天门市调查后发现，女婴漏报、溺弃女婴均不是当地出生性别比偏高的主要原因，B 超诊断仪的滥用才是导致当地出生性别比持续升高的主要原因；楚军红（2000）利用亲友网络法对中部某县进行调查，也认为该地区出生性别比的异常升高主要是利用 B 超进行胎儿性别鉴定后人工流产女胎所致。

（5）统计因素

历史资料显示，中国女婴漏报现象严重，很多家庭为了再生一个并不将生育的女孩上报，统计上的漏报造成统计结果显示的性别比严重失衡。一般来说，女婴漏报的情况大致有三种：一是将超生女婴送人或寄养而不申报；二是几年以后再以迁入者身份申报；三是女婴在亲友家或自家成长而长期不报（曾毅，1993）。20 世纪 90 年代中前期，人们普遍认为中国 20

世纪 80 年代中期以来出生婴儿性别比统计数字偏高的重要原因是瞒报、漏报出生女婴（乔晓春，1992；曾毅，1993；顾宝昌等，1994；高凌，1995），当然，性别选择性流产也有一定的影响（顾宝昌等，1994）。出生性别比升高是"真实的提高"和"虚假的提高"二者共同作用的结果（乔晓春，1992）。

忽视、遗弃、溺杀女婴都会导致女婴偏高的死亡水平，这是在婴儿出生后进行的性别选择。婴幼儿死亡性别比本来与出生性别比是两回事，但生不报出生、死不报死亡的现象（尤其是新生儿死亡）对出生性别比的数据也会产生影响（顾宝昌等，1994）。

3. 中国人口出生性别比失衡的影响

性别比失衡的行为载体是个人和家庭，它不仅影响个人、家庭，而且通过个人和家庭对社会产生影响。从个人层面看，性别比偏高将会对个体生命轨迹的正常演进产生影响，导致男女两性在人生发展的不同阶段遭遇不同的特殊问题，主要体现在婚姻、生活、就业以及健康等方面。出生性别比长期偏高，必然会导致婚龄期男性剩余人口数量的不断增多，他们无法正常缔结婚姻、组建家庭，从而产生大量的非意愿性的光棍汉。对于他们来说，没有家庭、没有妻子与孩子，生活就没有动力，工作没有干劲。其在老年阶段的生活受到的影响更为明显，他们将无法获得家庭对于个人老年生活的照料，从而影响其老年生活质量、健康状况。非意愿性独身导致个体情绪压抑，得不到正常宣泄，生理需求的无法满足也不利于个体寿命的延长和生活质量的改善，甚至还会导致非理性行为的发生。

从家庭层面看，性别比偏高将直接改变传统的家庭形式，削弱传统的家庭生育、抚育、养老等功能，威胁家庭的稳定与和谐。性别比偏高可能造成或增加多种非传统的家庭形式，包括非意愿性男性单身家庭、早婚家庭、"老夫少妻"家庭、"老妻少夫"家庭、残损家庭、"童养媳"家庭或"未婚母亲"家庭、同性恋家庭。这些家庭形式已完全不具备传统家庭的生育、养育、养老、规避风险的能力，给社会安定埋下了不稳定的因素。另外，婚龄期性别比的长期失调容易引发婚外恋、同性恋、拐卖妇女、强迫婚姻、买卖婚姻、重婚、嫖娼、强奸、性侵犯等社会现象，将会增大家庭不稳定的风险系数，不利于家庭的稳定与和谐发展。

性别失衡对个人及家庭的影响将会演化到对宏观社会经济发展的威胁。在男多女少的人口格局中，大批男性游离于正常的婚姻家庭之外，找不到合适的配偶，得不到和谐的家庭生活，由此可能导致各种社会问题。一方面，由于这些男性大都是社会竞争中的"失败者"，他们容易走入歧途，做出对抗社会的过激行为；另一方面，男性之间为争夺资源和利益，可能爆发社会冲突与暴力事件。这都将破坏社会正常的伦理秩序，威胁社会的治安，损害社会的和谐与稳定。与此相应，由于女性数量绝对不足，女性物化和商品化现象出现，童婚交换、买卖婚姻、拐卖妇女等丑恶婚姻现象将陈渣泛起，妇女和女童的权益将受到侵犯，对伦理道德的基本秩序、社会的和谐发展将造成巨大冲击；由于女性短缺，非婚性需求增加，卖淫嫖娼和性犯罪将愈加增多，艾滋病和性病的传播和扩散对家庭、社会的健康发展将形成严峻挑战。

由于家庭的基本功能可能遭遇削弱，部分传统的家庭功能（如养小、养老）将会转移给社会，使社会压力愈来愈大。单身男性老人无妻无子，日常生活无人照料，社会不得不完全承担起该责任。同时，他们与有家庭的老人相比，养老需求可能不同，需求更复杂。这势必对中国（尤其是农村地区）的社会养老体系、养老制度、公共支持系统提出严峻的挑战。

出生性别比长期偏高导致劳动年龄人口的性别失衡，从而造成劳动力市场失调，影响国民经济的有序发展。长期性别失衡还将导致社会需求、消费结构、产业结构的变化，造成经济活力的弱化。这种趋势在一些地区尤其是落后农村地区将更为严重。

4. 中国人口出生性别比偏高的治理政策实践

（1）大力宣传"男女平等"，改变群众观念

可以通过有效宣传的方式向群众传播新的思想，在宣传中，不论是宣传品的发放还是相关生育、健康、子女教育等讲座的举办，也应将流动妇女纳入宣传对象的范畴。在宣传稳定低生育水平、男女平等观念的同时，国家卫生和计划生育委员会更要关注群众思想的变化。随着社会经济的发展以及年轻人思想的转变，仅仅以传统内容为宣传要点是远远不够的，针对群众应更加注重孩子的成长等方面，在宣传中也要加入相应内容，例如子女教育方式、如何让独生子女更加健康快乐成长等内容，改变"独生子女不利于成长"的观念，并且宣传中加入生养女孩带来的独特的乐趣等，

让群众意识到养男养女都一样。生育观念影响生育行为，要从观念的改变做起，通过宣传推进稳定出生性别比工作的进展。在宣传方式上，对人口集中的厂房区可以采取深入工作场所的方式，由工厂负责妇女工作的人员组织她们集中进行相关的宣传、培训等，这样既能节约她们的工作时间，又能很好地组织在工厂工作的妇女。

（2）加强部门之间的合作，严厉打击"两非"行为

在防止非法生育、打击"两非"（非法胎儿鉴定和非法引产）等工作的开展中，计生部门既要保障当事人的权益，又要对非法生育者进行惩罚，这需要各部门联手协助人口计生委开展工作。例如，在打击"两非"工作中，尽管打击"两非"是条例中明文规定的，但个体医疗、门诊中的 B 超鉴定屡禁不止且很难取证，它们对出生性别比失调难辞其咎。打击"两非"是人口计生委的责任，但是没有被赋予相应的权力，这就需要公安、卫生部门、法院等配合，才能更好地把控出生性别比。

（3）制定有利于性别平等的制度

中国社会存在的"男孩偏好"是一种制度化的价值取向，具有特定的社会背景和制度基础。因此要纠正一些夫妇非法利用产前性别鉴定和性别选择性人工流产技术，就需要从制度建设和制度创新的角度出发，而这需要政府和社会以正式、公开的"显性"制度化方式来推进。即以政府或国家为主体，自上而下设立理性目标的一种规范做法。

在就业体制上，目前的就业体制和就业现状都表明在就业市场上女性比男性的竞争力要弱，在职位层级上男性占据高层职位的比例远远高于女性，人们的生育行为很容易被引导到生男孩的性别偏好上去。因此在税收政策上，应给女性以优惠；在退休年龄上，在平等的前提下，依据职业需要给女性较大的退休年龄弹性空间。

此外还应建立和发展有利于女性和计划生育女儿户的社会保障制度，制定有利于女孩及其家庭的社会政策，以利益作导向，解决后顾之忧。如建立养老保障制度，变单一的家庭养老为多方面的社会养老。传统的家庭养老模式也是人们潜移默化的"男孩偏好"的一个现实性因素，健全的社会保障制度可以弱化人们的"男孩偏好"观念。

就制度而言，人们违规生育行为之所以难以管理和控制，出生性别比之所以会失衡，在于在现有的制度下人们形成的一种性别偏好的共识。所

以要更好地解决出生性别比失衡的问题,不仅要改善管理体制,还要从社会制度的角度改变人们性别歧视的社会固定思维,尤其是对促进男女平等有负面作用的法律、法规、制度等予以修改。

(4)"关爱女孩行动"

20世纪80年代以来,中国出生人口性别比持续攀升,严重影响人口长期均衡发展。2003年启动的"关爱女孩行动",通过宣传倡导、利益导向、打击"两非"等措施,逐步消除人们的性别偏好,促进了出生人口性别的平衡。

开展"关爱女孩行动"是原国家人口计生委贯彻中国共产党的十六大精神和中央人口资源环境座谈会精神,确保中国人口安全,为全面建设小康社会创造良好人口环境而采取的重要举措,是"婚育新风进万家"活动的深化、提升和发展,是维护妇女合法权益、促进男女平等的重要举措,是从根本上治理出生人口性别比升高问题的治本之策。其目的在于通过宣传教育、政策推动,营造有利于女孩生活的环境,建立有利于女孩及其家庭发展的利益导向机制,向女孩和有生育女孩的计划生育家庭提供优质的宣传和服务,依法维护她们的合法权益,进而促进新型婚育观念的形成,促进妇女发展和男女平等,促进对人口问题的综合治理。

"关爱女孩行动"的内涵可以从三个方面理解。其一,"关爱女孩行动"的对象。从字面上理解,"关爱女孩行动"的对象应该是独生女和双女户。但从人口和计划生育工作的角度分析,"关爱女孩行动"的对象应该包括女孩家庭、父母和女孩本人。其二,"关爱女孩行动"的内容。如何关爱女孩,从哪些方面进行关爱是"关爱女孩行动"的关键。"关爱女孩行动"的内容概括起来就是"四有",即独女户和双女户家庭在政治上有荣誉、社会上有地位、经济上有实惠、生活上有保障。其三,"关爱女孩行动"的层次。"关爱女孩行动"是一项社会系统工程,需要在党委、政府统一领导下,全社会各界人士、各有关部门共同参与、齐抓共管。但由于各地经济发展水平存在差异,对全部独女户和双女户家庭进行全方位关爱有相当的难度,加之独女户和双女户家庭的具体情况也不一样,因而需要对"关爱女孩行动"进行关爱层次的划分。河南省各地工作开展中根据实际情况分为4类:计划生育户中的贫困户(尤其是独女户和双女户中的贫困户)、独女户和双女户、独男户、其他计划生育户(包括一女一男户和二男户,主要指再婚家庭以及非计划生育户)。各地根据实际情况在开展"关爱女孩行动"过程中对不同类型的家庭也采取了不同的对策和措施。

为倡导社会性别平等,促进出生人口性别结构平衡,2013 年,国家卫生计生委启动"圆梦女孩"志愿行动。此次启动的"圆梦女孩志愿行动"是其中的系列活动之一,主要针对农村贫困女孩进行公益性帮扶。"用一份关注,唤起一分力量,点燃贫困女孩心中的梦想,营造有利于女孩生存发展的舆论氛围和社会环境。"

第二节 人口年龄结构

一 年龄结构的含义与测量

1. 概念

(1)年龄

这一概念是指一个人从出生起到计算时止生存的时间长度,通常用"年岁"来表示。年龄是一种具有生物学基础的自然标志,一个人出生以后,随着时间的流逝,年龄也随之增长,这是不可抗拒的自然规律,人也随之逐渐变老。人口在进行自身再生产的同时,也进行着年龄的再生产,它总是由不同年代出生的不同年龄的个人组成。此外,各种人口现象,如结婚、生育、求学、就业、迁移、死亡等都与每个人的年龄密切相关。所以,正确计算年龄具有十分重要的社会政策意义。

(2)虚岁年龄

中国在习惯上常用的年龄计算方法是按出生后所经历的日历年头计算,即生下来就算 1 岁,以后每过一次新年便增加 1 岁,一般按农历新年算,也有按公历算的。例如,12 月末出生的婴儿,出生后就算 1 岁,过了 1 月 1 日或当地农历新年又算 1 岁,这样,婴儿出生才几天,已算虚岁 2 岁了。这种计算方法是不科学的。

(3)周岁年龄

周岁年龄又称实足年龄,指从出生到计算时为止,共经历的周年数或生日数。例如,1990 年 7 月 1 日 0 时进行人口普查登记,一个 1989 年 12 月

15 日出生的婴儿，按虚岁计算是 2 岁，实际刚刚 6 个多月，还未过一次生日，按周岁计算应为不满 1 周岁，即 0 岁。周岁年龄比虚岁年龄常常小 1 ~ 2 岁，它能正确反映人们的实际生存年岁，是人口统计中最常用的年龄计算方法。

（4）确切年龄

指从出生之日起到计算之日止所经历的天数。它能比周岁年龄更精确地反映人们实际生存的时间，但由于其统计汇总时较为烦琐，故人口统计中使用甚少。在实际生活中，人们除对不满 1 周岁的婴儿，特别是不满 1 个月的新生儿常常按日计算外，一般不按日计算确切年龄。

（5）年龄结构

年龄结构同性别结构一样是人口重要的自然属性。指的是一定地域一定时期内，不同年龄的人口占总人口的比重状况。

2. 衡量指标

（1）少年系数

少年系数又称少年儿童人口比重，指 14 岁及以下人口占总人口的百分比。其计算公式为：

$$少儿系数 = 14 岁及以下人口数 \div 总人口数 \times 100\% \qquad (3-9)$$

（2）老年系数

老年系数指 65 岁及以上老年人口占总人口的百分比。其计算公式为：

$$老年系数 = 65 岁及以上老年人口数 \div 总人口数 \times 100\% \qquad (3-10)$$

（3）老少比

老少比指 65 岁及以上老年人口数与 14 岁及以下少儿人口数之比。其计算公式为：

$$老少比 = 65 岁及以上老年人口数 \div 14 岁及以下人口数 \times 100\% \qquad (3-11)$$

（4）年龄中位数

年龄中位数又称中位年龄。是将全体人口按年龄大小排列，位于中点的那个人的年龄。年龄在这个人以上的人数和以下的人数相等，是反映人口状况的综合指标。

计算公式为：

$$M_d = L + \frac{\frac{N}{2} - S_{m-1}}{n} \times d \qquad (3-12)$$

其中，L：年龄中位数所在组的下限；N：总人口数；S_{m-1}：年龄中位数所在组以下各组的累计人数；n：年龄中位数所在组的频（次）数；d：年龄组的组距。

（5）年龄众数

年龄众数也称为众数年龄，指的是一个人口年龄分布上包含人数最大的那个年龄，用于反映人口年龄结构的特点。其计算公式按 1 岁年龄分组的数据，可以直接寻找年龄众数。

对于分组数据：

$$M_o = L + \frac{\triangle_1}{\triangle_1 + \triangle_2} \times d \qquad (3-13)$$

L 为众数所在年龄组的下限年龄只；$\triangle_1$ 为众数年龄组低一个年龄组的人数，$\triangle_2$ 为众数年龄组高一个年龄组的人数，d 为年龄组组距。

（6）人口平均年龄

人口平均年龄根据分年龄/分年龄组人口数计算得出，是反映人口总体年龄水平的综合指标。

3. 年龄划分

根据年龄的不同，在分析中习惯将人口划分为少儿人口、劳动年龄人口和老年人口。其中，少年儿童人口是指 0～14 岁人口；劳动年龄人口是指 15～64 岁人口；老年人口是指 60 岁及以上或者 65 岁及以上人口。少儿人口和老年人口合并后称为非劳动年龄人口。考虑到人口年龄结构对人口再生产的影响，也将 15～49 岁人口称为婚育年龄人口，其中 15～49 岁女性称为育龄妇女。

需要指出的是，有些地方也将劳动年龄人口定义为 15～59 岁人口。劳动年龄人口是社会保障领域计算负担系数的基础，对劳动年龄人口的划分标准不同也会导致不同的负担系数的计算（见图 3-6）。

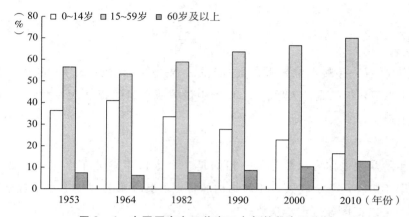

图 3 − 6　中国历次人口普查三大年龄段人口比例

资料来源：《中国 2000 年人口普查资料》《中国 2010 年人口普查资料》。

二　人口抚养比

1. 抚养比的系列概念

人口抚养比可以在年龄划分的基础上计算，分为少儿抚养比、老年抚养比和总抚养比。其中，少儿抚养比是 14 岁及以下少儿人口数占 15 ~ 64 岁人口的百分比：

$$少儿抚养比 = \frac{少儿人口（0 ~ 14 岁）}{劳动年龄人口（15 ~ 64 岁）} \times 100\% \qquad (3-14)$$

老年抚养比是 65 岁及以上老年人口数占 15 ~ 64 岁人口的百分比：

$$老年抚养比 = \frac{老年人口（65 岁以上）}{劳动年龄人口（15 ~ 64 岁）} \times 100\% \qquad (3-15)$$

总抚养比是少儿抚养比与老年抚养比之和，也称为社会负担系数：

$$总抚养比 = \frac{少儿人口（0 ~ 14 岁）+ 老年人口（65 岁以上）}{劳动年龄人口（15 ~ 64 岁）} \times 100\% \qquad (3-16)$$

这里需要指出的是，在计算负担系数时一般仅涉及年龄，而经济学计算负担系数时需要考虑实际参加经济活动的人口（或者说实际的就业人口）。

2. 从抚养比界定人口红利

人口红利这一理论的出现于 20 世纪 90 年代，一些美国经济学家在使用经济学模型试图解释"亚洲四小龙"和日本创造的"东亚奇迹"及经济史上以美国为代表的新大陆经济超过旧大陆的经济增长情况时，将人口年龄结构作为研究对象，得出劳动年龄人口的比率对经济增长做出了很大贡献的结论，在此常规生产要素贡献之外的经济增长资源，称为人口红利（Bloom & Williamson，1998）。总抚养比、老年抚养比被用作衡量人口红利存在与否的指标。具体来说，可以认为总人口的年龄结构金字塔图呈现橄榄状的形态，使得劳动力人口居多，社会活力较强，由此带来的经济增长称为人口红利。

从具体界定标准的视角来看，当抚养比超过一定标准时，处于人口负债期；当抚养比少于一定标准时，处于人口红利期；当总抚养比处于两个标准值内时，处于盈亏均衡期。根据国际惯例（陈友华，2006），一般将1957年瑞典人口生命表作为标准人口（该生命表人口中0~14岁、15~64岁及65岁及以上人口比例分别为20.2%、64.2%、15.6%），以少于或者超出该标准人口抚养比的3%作为界定人口红利期或人口负债期的判断准则（见表3-4）。

表3-4 1957年瑞典人口生命表的人口类型划分

单位：%

类型	总抚养比	少儿抚养比	老年抚养比	备注
人口红利	<53	<30	<23	—
	<44	<25.5	<18.5	人口暴利
	44~47	25.5~27	18.5~20	人口高利
	48~50	28~28.5	21~21.5	人口红利
	51~53	28.6~30	21.6~23	人口微利
盈亏平衡	54~59	31~33	24~26	—
	>59	>33	>26	—
人口负债	59~62	33~34.5	26~27.5	人口微债
	63~65	34.6~36	27.6~29	人口负债
	66~68	37~37.5	30~30.5	人口高债
	>68	>37.5	>30.5	人口暴债

国内外学术界对人口红利与经济增长的关系在不同层面上进行了研究，虽然他们的研究方法和结果有着不同程度的差异，但对于人口转变所带来的劳动力变动对经济发展的促进作用都持肯定的态度。中国在2012年人口抚养系数从下降阶段转为提高阶段，通常所指的人口红利将逐步消失。从

劳力市场供求变化趋势、人口年龄结构变化及普通劳动者工资上涨等方面可以做出刘易斯拐点即将到来的判定（蔡昉，2010）。

3. 中国的人口抚养比

人口抚养比是常用的分析指标，而且计算简单，根据分年龄（段）人口数据即可以计算某个社会的抚养比。一般根据人口普查数据计算相应的抚养比。从图 3-7 中可以看出，中国各地区的总人口抚养比存在一定的差异，其中贵州省人口抚养比最高。图 3-8 为历年来中国少儿抚养比和老年抚养比的变动，随着生育率的下降和人口老龄化的加速，少儿抚养比不断下降、老年抚养比不断上升。读者可以根据历届人口普查汇总资料进行相应的计算与分析。

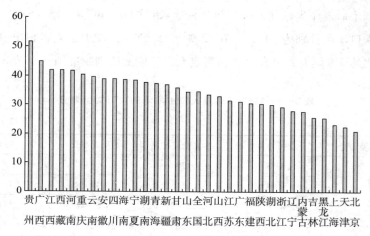

图 3-7　2010 年中国全国及各地区人口总抚养比（不含港澳台）

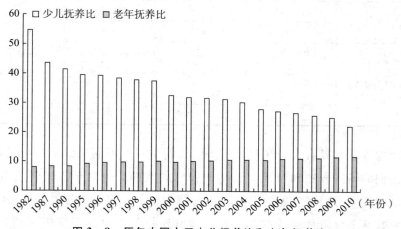

图 3-8　历年中国人口少儿抚养比和老年抚养比

图 3 - 9 和图 3 - 10 分别为根据第六次人口普查数据计算的中国各地区少儿抚养比和老年抚养比，可以看到各地区间差异较为明显。① 读者可以根据普查数据进行分析。

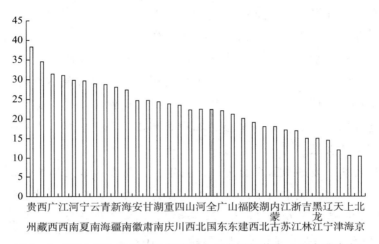

图 3 - 9　2010 年中国全国及各地区人口少儿抚养比（不含港澳台）

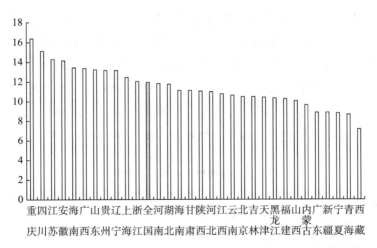

图 3 - 10　2010 年中国全国及各地区人口老年抚养比（不含港澳台）

---

① 关于中国人口抚养比、人口转变及人口红利的讨论，感兴趣的读者可以阅读中国社会科学院蔡昉教授的专著《刘易斯转折点：中国经济发展新阶段》及其系列学术论文。

三　人口年龄类型划分

1. 人口类型："年轻型"与"老年型"人口

有些人口相对年轻，也就是说人口中年轻人所占的比例较大。非洲一些国家就是很好的例子，这些国家出生率较高，青年和儿童的比例大。另外有些人口相对较老化，例如欧洲尤其是较为发达的北欧和西欧的一些国家。"年轻型"人口与"老年型"人口这两类人口有着截然不同的年龄构成，相应的，它们的劳动力人口和学龄人口的比例也不同，那么由其衍生而来的医疗需求、消费倾向甚至犯罪模式等都不同。显然，人口的年龄结构与生活方式关系密切。

一般说来，发展中国家的人口比较年轻，而大多数发达国家的人口相对老化。在许多发展中国家，有 40% 或者更多的人年龄在 15 岁以下，只有 4% 的人口在 65 岁及 65 岁以上。但一些发达国家正好相反，15 岁以下的人口少于 25%，而 65 岁及以上的人口超过了 10%。

2. 桑德巴的人口年龄结构"三分法"

对于考察人口年龄结构的类型来说，最常用的年龄分组是瑞典人口学家桑德巴（Sundbaerg）根据欧洲国家的大量人口统计资料的观察于 20 世纪初期提出的三分法（见表 3 - 5），即将各年龄组人口分为 0 ~ 14 岁、15 ~ 49 岁、50 岁三组，用以判别人口属于前进型（又称增加型、年轻型）、稳定型（又称中间型、静止型）还是退后型（又称减少型、年老型）。这种划分方法所需资料易取，分析方法简单，但是较为粗略（Chen，1947）。

表 3 - 5　桑德巴人口类型划分标准

单位：%

类型	0 ~ 14 岁	15 ~ 49 岁	50 岁及以上
前进型/增加型/年轻型	40	50	10
稳定型/中间型/静止型	33	50	17
退后型/减少型/年老型	20	50	30

资料来源：原载 G.C. 怀特《人口统计》（第 2 版），转引自《近代中国人口统计的一项实验》中译本第 37 页。

我国传统的人口年龄结构分组与桑德巴氏是非常接近的。尤其是少年儿童人口分组的年龄指标（14 周岁或虚岁 15 岁以下）实际上与桑德巴氏是完全一致的。但我们现在所能见到的分年龄别的传统人口统计资料要比分性别的少得多。就是这些不多的资料，也是只分大小口，即分为少年儿童与成年人两组，而未将老年人从成年人组中析出。因而只能从少年儿童占全体人口的比重这一个指标考察人口年龄结构的类型，比如，明洪武年间的人口统计中，仅永州府有大小人口的分计数，经计算，全府洪武十四年（1381 年），少年儿童人口占总人口的 37.0%（姜涛，1998：249）。陈达（1892～1975，中国较早研究现代人口问题的学者之一）根据桑德巴年龄结构三分法分析，1953 年普查时中国人口年龄结构应属于稳定型与前进型之间，因为中国的 0～14 岁的人口占总人口的 36.0%。

3. 联合国划分法

联合国结合前文讲到的老年系数、少儿系数、少儿比和年龄中位数将人口划分为年轻型、成年型和老年型三类（见表 3-6）。

表 3-6 联合国划分人口年龄结构的标准

	年轻型	成年型	老年型
老年系数	4% 以下	4%～7%	7% 以上
少儿系数	40% 以上	30%～40%	30% 以下
老少比	15% 以下	15%～30%	30% 以上
年龄中位数	20 岁以下	20～30 岁	30 岁以上

资料来源：转引自田雪原，2003：294。

表 3-7 是中国历次人口普查的老年系数、少儿系数、年龄中位数和老少比。将其与联合国人口类型的划分相比可以发现并不是每一条都符合，因而，读者在人口年龄结构的具体划分时也需要注意。

表 3-7 中国历次人口普查人口年龄结构变化

单位：%

年份	0～14 岁	65 岁及以上	年龄中位数	老少比	少儿抚养系数	老年抚养系数
1953 年	36.28	4.41	23	12.16	61.17	7.44
1964 年	40.70	3.56	20	8.76	73.02	6.93
1982 年	33.59	4.91	23	14.62	54.62	7.98
1990 年	27.70	5.58	25	20.96	41.52	8.37

年份	0~14岁	65岁及以上	年龄中位数	老少比	少儿抚养系数	老年抚养系数
2000年	22.90	7.10	30	31.02	32.71	10.15
2010年	16.60	8.90	35	53.61	22.30	11.90

资料来源：根据六次人口普查资料计算得到。

人口年龄构成决定着未来人口的发展趋势。一般说来，年轻人口型地区的未来育龄人群大，出生率高，死亡率低，人口增长速度快；相反，老年人口型地区的未来育龄组人群小，出生率较低，死亡率较高，未来人口增长速度缓慢。为了更加形象、直观地反映人口年龄构成现状并能更好地预测未来人口的发展趋势，可采用本书接下来会讲到的一种特殊的图表法——人口金字塔。

四　人口金字塔

1. 人口金字塔的概念

人口金字塔是形象地表示某一人口的年龄和性别构成的图形。人口金字塔的横向坐标表示各年龄组的男性和女性人口的人数或比例，纵向坐标表示各年龄组。金字塔中各个年龄性别组相加构成总人口（见图3-11）。人口金字塔可以用1岁年龄组的数据绘制，也可以用分年龄组的数据来绘制。人口金字塔直观地反映了社会经济变化对人口过程的影响，重大的社会经济事件都会留下烙印。

人口金字塔是反映人口分年龄、分性别组成的重要工具，历史对当前人口的影响也可以从人口金字塔中反映出来。人口金字塔使用的数据分为绝对数及相对数，常用相对数即不同性别中各年龄段人口占总人口的比例，如10~14岁组男性残疾人占残疾人样本总数的比例，即相对数。

2. 人口金字塔的类型

人口金字塔和人口年龄构成一样，基本上可被直观地划分为三种与人口年龄构成类型相对应的基本的人口金字塔形状。根据人口金字塔的形状可以将增长型、稳定型和缩减型做出区分。

增长型人口：年轻组人口比重大，塔形下宽上窄，呈锥形。图3-12（a）即增长型。属于此类年龄构成的国家或地区面临着青年人的抚养、教

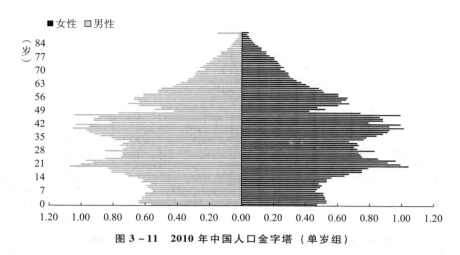

图 3 – 11　2010 年中国人口金字塔（单岁组）

育、就业和住宅等严重问题，未来人口增长速度快。

稳定型人口：除老年组外，其他年龄组人口比重差别不大，塔形呈桶形。图 3 – 12（b）即稳定型，是成年型人口年龄构成的形象表现，各年龄组人数差别不大，只是在高龄人口部分才有比较急剧的减少。

缩减型人口：中年人口比重较大，年轻人口较少，塔底收缩，下窄上宽。图 3 – 12（c）即缩减型。由于人口出生数量不断减少，年轻人越来越少，中年以上人口所占比重较大，塔形下窄上宽，类似于瓮坛。此类年龄构成面临着老年人的照顾、赡养、医疗等问题，年轻人负担重。未来老年人口比重不断增长，人口增长速度缓慢乃至停滞。①

图 3 – 13 为根据中国历次人口普查分性别、年龄人口数绘制的人口金字塔，从中可以看出，计划生育政策实施后中国人口金字塔呈现明显的转变。读者也可以根据各省市自治区的相关数据绘制其人口金字塔。

3. 人口金字塔的绘制列举

本书制作步骤利用"2006 年第二次全国残疾人抽样调查"（以下简称"二抽"）的数据进行制作。"二抽"调查对象包含残疾人和非残疾人，可由人口金字塔反映出来。人口金字塔是反映人口分年龄、分性别组成的重要工具，历史对当前人口的影响也可以从人口金字塔中反映出来，而且金字

---

① 此外，读者可以在以下网站中查看动态的人口金字塔，http://baike. so. com/doc/ 6539652. html。

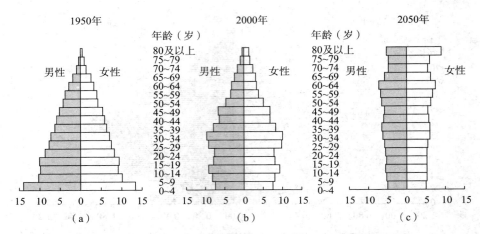

图 3－12　中国人口年龄金字塔：1950 年、2000 年、2050 年

数据来源：World Population Prospects：The 2004 Revision（2005）。

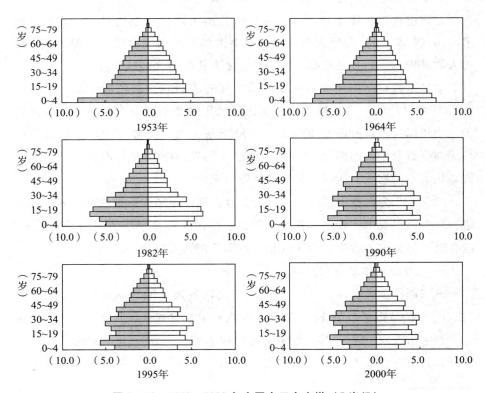

图 3－13　1953～2000 年中国人口金字塔（5 岁组）

塔也可以延伸到其他关于结构的分析中。

　　人口金字塔使用的数据分为绝对数及相对数，常用相对数，即不同性别中各年龄段人口占总人口的比例。如 10～14 岁组男性残疾人占残疾人样本总数的比例，即相对数。图 13－4 为根据"二抽"据绘制的残疾人和非残疾人的金字塔数据，其中图 13－4（a）使用绝对数（即规模）、图13－4（b）使用相对数（即比例）。

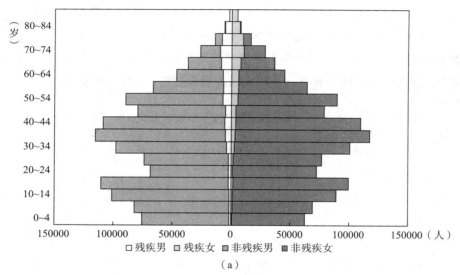

（a）

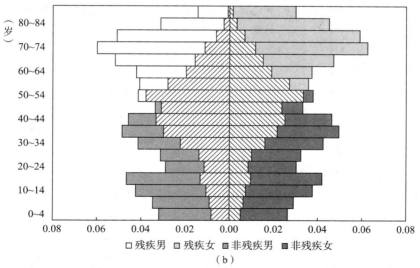

（b）

图 3－14　2006 年第二次全国残疾人抽样调查绝对数与相对数绘图示意

下面本书以人口金字塔为例，讲解如何利用 Excel 进行金字塔的绘制。在绘制金字塔时需要注意四个制作要点：选择条形图、选取数据、加宽横条、外移纵坐标。具体步骤如下。

（1）录入并整理数据

将获得的数据表录入/复制到 Excel 中（由于 Excel 制作出的图形较为美观，且是最常用的软件，因而本书选择 Excel 2010 版本进行讲解）。这里以"二抽"数据为例进行分析，"二抽"调查对象包含残疾人和非残疾人，可由人口金字塔反映出来。在数据整理到 Excel 中后，将人口数据按年龄段和性别分组，在分组时可以分为 1 岁组或者 5 岁组。表 3-8 为非残疾人口按 5 岁组整理好的 Excel 表数据。其中 a 组为规模数据、b 组为比重数据。

表 3-8　非残疾人口 5 岁组分性别人口规模

单位：人，%

a 组			b 组		
年龄组	男	女	年龄组	男	女
0~4 岁	75452	62423	0~4 岁	0.0319	0.0264
5~9 岁	81711	69257	5~9 岁	0.0346	0.0293
10~14 岁	100813	88992	10~14 岁	0.0427	0.0377
15~19 岁	109881	99171	15~19 岁	0.0465	0.042
20~24 岁	68478	72072	20~24 岁	0.029	0.0305
25~29 岁	73951	76399	25~29 岁	0.0313	0.0323
30~34 岁	97918	100706	30~34 岁	0.0414	0.0426
35~39 岁	114945	117118	35~39 岁	0.0486	0.0496
40~44 岁	108279	109740	40~44 岁	0.0458	0.0464
45~49 岁	78977	78913	45~49 岁	0.0334	0.0334
50~54 岁	89635	89722	50~54 岁	0.0379	0.038
55~59 岁	66020	63884	55~59 岁	0.0279	0.027
60~64 岁	46459	45087	60~64 岁	0.0197	0.0191
65~69 岁	36712	36190	65~69 岁	0.0155	0.0153
70~74 岁	26364	28101	70~74 岁	0.0112	0.0119
75~79 岁	14119	16381	75~79 岁	0.006	0.0069
80~84 岁	5758	7869	80~84 岁	0.0024	0.0033

续表

	a 组			b 组	
	男	女		男	女
85 岁及以上	1933	3616	85 岁及以上	0.0008	0.0015
合计	1197405	1165641	合计	0.5067	0.4933

（2）将男性人口变成负数

从前文绘制好的人口金字塔中可以看出，人口金字塔的 y 轴位于 x 轴的 0 位，也就是说，要将在图中显示在 y 轴左侧的数据变为负数——通常情况下是将男性人口变成负数。由于负数表示容易引起误解，可以通过数据格式的设定，将其转换为正数的表示方式。具体而言，选择"男性"一列，右击鼠标（见图 3 - 15），点击"设置单元格格式（F）…"，在"数字"下面的左侧"分类（C）"中选择"数值"，在右下方"负数（N）"下面选择用红色字体表示负数（当然，可以根据个人习惯选择其他形式）点击"确定"即可（见图 3 - 16），这时男性人口规模就变为红色字体的正数（见表 3 - 9）。

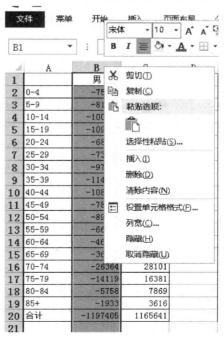

图 3 - 15 数据整理（1）

图 3 – 16　数据整理（2）

表 3 – 9　非残疾人口 5 岁组分性别人口规模（男性变为负数）

单位：人

年龄组	男	女	年龄组	男	女
0 ~ 4 岁	– 75452	62423	0 ~ 4 岁	75452	62423
5 ~ 9 岁	– 81711	69257	5 ~ 9 岁	81711	69257
10 ~ 14 岁	– 100813	88992	10 ~ 14 岁	100813	88992
15 ~ 19 岁	– 109881	99171	15 ~ 19 岁	109881	99171
20 ~ 24 岁	– 68478	72072	20 ~ 24 岁	68478	72072
25 ~ 29 岁	– 73951	76399	25 ~ 29 岁	73951	76399
30 ~ 34 岁	– 97918	100706	30 ~ 34 岁	97918	100706
35 ~ 39 岁	– 114945	117118	35 ~ 39 岁	114945	117118
40 ~ 44 岁	– 108279	109740	40 ~ 44 岁	108279	109740
45 ~ 49 岁	– 78977	78913	45 ~ 49 岁	78977	78913
50 ~ 54 岁	– 89635	89722	50 ~ 54 岁	89635	89722
55 ~ 59 岁	– 66020	63884	55 ~ 59 岁	66020	63884
60 ~ 64 岁	– 46459	45087	60 ~ 64 岁	46459	45087
65 ~ 69 岁	– 36712	36190	65 ~ 69 岁	36712	36190

续表

年龄组	男	女	年龄组	男	女
70～74 岁	– 26364	28101	70～74 岁	26364	28101
75～79 岁	– 14119	16381	75～79 岁	14119	16381
80～84 岁	– 5758	7869	80～84 岁	5758	7869
85 岁 +	– 1933	3616	85 岁 +	1933	3616
合计	– 1197405	1165641	合计	1197405	1165641

（3）插入条形图并挑选类型

数据整理完后开始绘制人口金字塔。首先选中数据，即表 3 – 9 中右侧表格的数据（注意：不能选中"合计"一行），然后在 Excel 的工具栏中插入条形图（见图 3 – 17）。

图 3 – 17　图表转换

在条形图的类别中选择簇状条形图，就出现最初的人口金字塔图形（见图 3 – 18）。

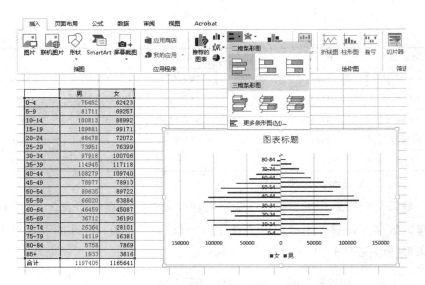

图 3 - 18　Excel 插入条形图后人口金字塔初始示意

（4）美化效果

首先是条形图形部分。右键点击条形图，选择"设置数据序列格式（F）…"（见图 3 - 19），随后在 Excel 右侧出现"设置数据系列格式"对话框（见图 3 - 20）。

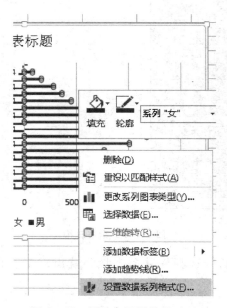

图 3 - 19　更改条形图效果（1）

图 3－20　更改条形图效果（2）

选择"系列重叠（O）"调到 100%，将"分类间距（W）"调至 0%，人口金字塔随之改变（见图 3－21）。

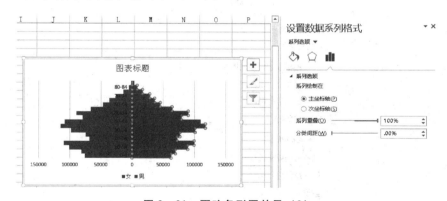

图 3－21　更改条形图效果（3）

其次调整纵坐标位置。选中纵坐标后右击，在出现的对话框中选择"设置坐标轴格式（F）"，此时 Excel 右侧出现"设置坐标轴格式"一栏（见图 3－22）。然后依图 3－23 进行操作。

点击"标签"，在出现的选项中将"标签位置"由原来的"轴旁"更改为"低"（见图 3－24）。最终效果如图 3－25。

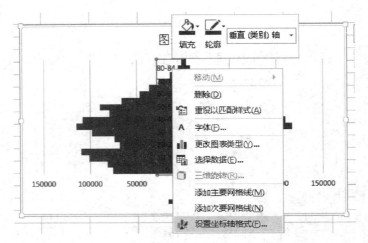

图 3 – 22　更改纵坐标轴效果（1）

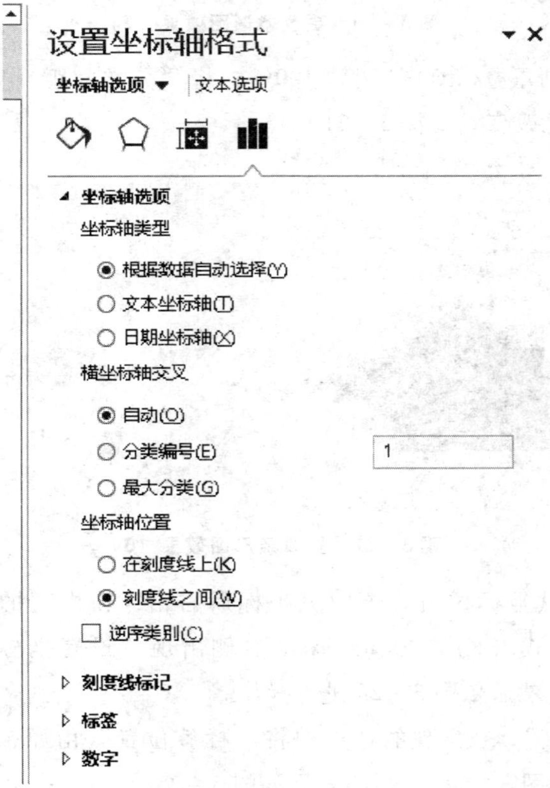

设置坐标轴格式

坐标轴选项 ▼　文本选项

▲ **坐标轴选项**

坐标轴类型

　◉ 根据数据自动选择(Y)

　○ 文本坐标轴(T)

　○ 日期坐标轴(X)

横坐标轴交叉

　◉ 自动(O)

　○ 分类编号(E)　　　　　　　　| 1 |

　○ 最大分类(G)

坐标轴位置

　○ 在刻度线上(K)

　◉ 刻度线之间(W)

　☐ 逆序类别(C)

▷ **刻度线标记**

▷ **标签**

▷ **数字**

图 3 – 23　更改纵坐标轴效果（2）

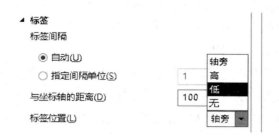

图 3 − 24　更改纵坐标轴效果（3）

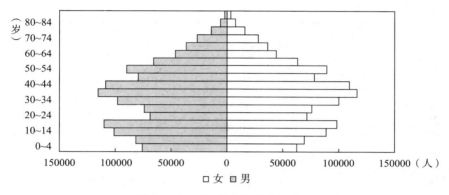

图 3 − 25　更改纵坐标轴效果（4）

此外，可以对坐标轴的颜色、条形图的边框等进行更改，与 Excel 其他图形的修改是一致的（见图 3 − 26）。

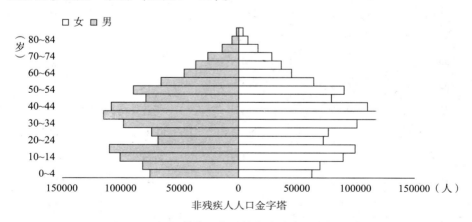

非残疾人人口金字塔

图 3 − 26　调整并美化后的非残疾人口人金字塔

经过相似的步骤，可以得到"残疾人口规模"的人口金字塔以及用相对数绘制的非残疾人口及残疾人的人口金字塔。

（5）叠加的人口金字塔

叠加的人口金字塔与前文的制作步骤相似，主要区别是"选择数据"的步骤：将残疾人口和非残疾人口数据放在一起同时选择，经过相似的步骤之后，就可以得到叠加的人口金字塔（见表3－10、图3－27）。

表3－10　5岁组分性别的残疾及非残疾人口规模

单位：人

年龄组	女（非残疾）	男（非残疾）	女（残疾）	男（残疾）
0～4 岁	62423	75452	850	1331
5～9 岁	69257	81711	1015	1503
10～14 岁	88992	100813	1200	1709
15～19 岁	99171	109881	1587	2172
20～24 岁	72072	68478	1397	1856
25～29 岁	76399	73951	1618	2269
30～34 岁	100706	97918	2612	3605
35～39 岁	117118	114945	3543	4859
40～44 岁	109740	108279	4122	5411
45～49 岁	78913	78977	3859	5040
50～54 岁	89722	89635	5488	6747
55～59 岁	63884	66020	5840	6650
60～64 岁	45087	46459	6096	6915
65～69 岁	36190	36712	7719	8465
70～74 岁	28101	26364	10189	9772
75～79 岁	16381	14119	9631	8315
80～84 岁	7869	5758	7348	5116
85 岁 +	3616	1933	4903	2349
合计	1165641	1197405	79017	84084

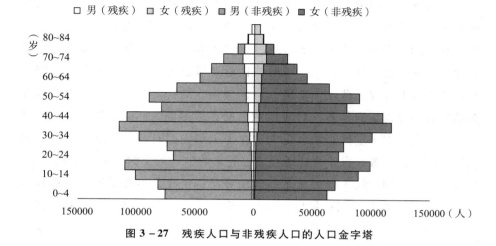

图 3-27 残疾人口与非残疾人口的人口金字塔

五 人口年龄结构的主要影响因素

1. 死亡率

一般来说，婴儿死亡率下降对人口年龄结构的作用和老年死亡率的下降相反：婴儿死亡率的下降带来人口年龄结构年轻化而老年死亡率的下降带来人口年龄结构老化。当二者死亡率同时下降时，下降的幅度差决定人口年龄结构的变化方向：婴儿死亡率下降幅度大，人口年龄结构年轻化；老年死亡率下降幅度大，人口年龄结构老化。成年段人口由于死亡率的变化较小，对人口年龄结构的影响相对较弱。

2. 生育率

一般来说，生育率对人口年龄结构的影响要超过死亡率。具有相同死亡率、不同生育率的稳定人口年龄结构之间的差异大于具有相同生育率、不同死亡率的稳定人口年龄结构之间的差异。另外，生育率的高低直接影响出生人数的多少，如果生育率上升导致低龄人口的增多，人口年龄结构年轻化；如果生育率下降，则年龄金字塔底部收缩，年龄中位数上移，人口年龄结构老化。

六 人口年龄结构失衡的影响

年龄结构对人口再生产有一定的影响，同出生率一样，年龄结构也是人口增长或减少的原因。在许多发展中国家，年轻人占很大的比例，这样即便生育率下降，甚至降到了"更替水平"，人口总量仍会持续增长。而且，在年龄结构老龄化的国家或地区，由于老年人口比例的不断增大，通常粗死亡率也会上升。而且，年龄结构对经济发展也有一定的影响。将人口作为创造者研究，劳动力年龄人口的规模、结构等非常重要；将人口作为消费者研究，不同年龄人口对消费品的需求不同。此外，年龄构成对社会生产和服务有一定的影响。首先，在国家层面，对征兵、选举等有一定的影响；其次，教育事业的规划发展也受年龄结构的影响，例如学校规模、招生人数、不同层级学校的比重、学校分布；再次，年龄结构也是医疗卫生工作发展规划的重点；最后，住宅、少年宫、老年活动中心、养老机构等的建设与分布也需要考虑年龄结构的影响。下面以人口老龄化为例来看人口年龄结构失衡带来的影响。

1. 人口老龄化的概念

在人口老龄化相关议题中需要区分两个概念：人口老龄化与老年型社会。其中，人口老龄化是指某地区某段时间内总人口中老年人口比例增长的动态过程；老年型社会则是一种状态，按照联合国划分标准，一个地区60岁及以上人口比重超过10%或者65岁及以上人口比重超过7%，就认为是进入老年型社会。

2. 中国人口老龄化的发展趋势

中国的人口老龄化趋势可以大致划分为三大阶段。第一阶段为低速老龄化阶段，时间为1990~2010年。20世纪80年代以来中国老年人口比重上升，但很缓慢，90年代有所加速。2000年第五次人口普查结果显示，60岁及以上老年人口比例达到10%，按照联合国划分标准，2000年中国人口成为老年型人口，中国已进入了老龄社会。2010年第六次人口普查结果显示，中国老龄化程度进一步加深，60岁及以上人口达到1.8亿人，约占总人口的13.3%，比2000年增长了3个百分点。

第二阶段为高速老龄化阶段，时间跨度为2010~2050年。随着新中国成立以来的生育高峰人口逐步进入老龄，中国人口老龄化将会进入长达40年的高速老龄化阶段。在这一阶段，老年人口比重上升幅度之大、速度之快是以往经历过老龄化过程的世界各国所罕见的。根据预测，在维持现行生育政策条件下，2050年，60岁及以上老年人口比重将快速上升36.59%，是 2010 年（13.29%）的 2.75 倍。60 岁及以上老年人口规模在 2013 年突破 2 亿，将在 2026 年突破 3 亿，2037 年突破 4 亿，2050 年达到 4.4 亿。

第三阶段为 2050~2100 年，中国老龄化将呈现高位低速发展趋势。根据预测（United Nations，2013），如果保持目前的生育水平不变，中国 60 岁及以上老年人口比重将由 2055 年的 36% 缓慢上升到 2100 年的 39%。

3. 中国老龄化现状与特点

（1）老年人口规模大、老龄化速度快

老年人口规模庞大、老龄化急速推进是中国老龄化的最大特点。2010 年，中国 60 岁及以上和 65 岁及以上老年人口数量都已经超过整个欧洲的老年人口数（欧洲 60 岁及以上和 65 岁及以上老年人口数量分别为 1.58 亿和 1.18 亿），占世界老年人口数量的比例分别达到 22.1% 和 21.4%。庞大的老年人口规模一方面来自中国人口基数大，另一方面来自增长速度快。20 世纪 80 年代以来，中国老年人口（尤其是高龄老人）一直以高于总人口的速度增长，老年人口规模迅速扩大，老龄化程度不断加深。60 岁及以上老年人口年均增长率维持在 3%，80 岁及以上高龄老人的年均增长率超过 5%，而人口总量年均增长率仅 1%，2012 年人口总量增长率甚至只有 0.49%。总人口增长趋势不断衰减，而老年人口保持强劲的增长势头。

（2）未富先老

"未富先老"是中国老龄化的另一个重要特点。中国还没达到足够富裕水平便已经进入老龄化社会，而且正在进入加速老龄化时期。尽管改革开放以来，中国的经济取得了飞速发展，经济总量已位居世界第二，但是人均经济指标还远远落后于发达国家。2012 年中国按购买力平价计算的国民总收入为 7640 美元，而欧洲的平均值高达 27080 美元。中国将在 2025 年前后达到与目前发达国家相同的老龄化程度，但即便那时，中国的人均经济指标和社会富裕程度仍将与目前的发达国家相差甚远。

（3）地区、城乡差异明显

与欧洲、日本、韩国等发达国家和地区的老龄化不同，中国在全面走向老龄化的过程中，地区差异和城乡差异都十分巨大。老龄化程度最严重的既有东部发达省份，也有西部较为落后省份。2010 年，上海和江苏的 60 岁及以上老年人口比例分别为 15.07% 和 15.99%，而四川和重庆的这一比例分别高达 16.30% 和 17.42%。老龄化程度最轻的也有东部发达省份，但主要都在西部地区：2010 年，广东、青海、宁夏、新疆和西藏的 60 岁及以上老年人口比例都在 10% 以下。同时，老龄化在城乡出现倒置，甚至在过去 30 年里表现出农村人口老龄化程度日益高于城镇的趋势：2010 年中国城镇地区 60 岁及以上老年人口比例为 11.7%，而农村地区高达 15.0%。中国不断增长的流动人口在很大程度上抵消了发达地区、城市地区低生育水平对老龄化的影响。

（4）空巢老年家庭比重迅速增大

宏观层面的生育率下降和老龄化过程导致微观的家庭层面子女数下降、老少比上升。这种庭结构的老化，再加上改革开放以来人口流动性的增强，使得空巢老年家庭的数量和比重不断提高：2010 年中国老年空巢家庭达到 32.6%，城市老年人空巢家庭（包括独居）的比例已达 35.8%。今后，随着老龄化和城市化进程，空巢老年家庭比例会持续上升。

（5）劳动力数量缩减与劳动力严重老化并行

20 世纪 80 年代以来，得益于 20 世纪 50 年代和 60 年代的出生高峰，中国劳动年龄人口数量和比重明显上升，进入"人口红利"期，为改革开放后的经济飞速发展提供了充裕的劳动力源泉。2010 年，中国 15~59 岁劳动年龄人口约有 9.3 亿人，比重高达 70%，但由于生育率下降和持续的低生育水平，2012 年劳动力数量长期增长的轨迹出现拐点，由增长转为持续下降，预计 2050 年将下降到 6.5 亿人以下，比重降到 52%，平均每年减少 757 万人。

在劳动力数量缩减的同时，劳动力人口本身的老化也不断加重：2000 年中国劳动力中位年龄为 33 岁，2010 年提高到 36 岁，2025 年将进一步提高到 39 岁。2010 年，劳动力人口中 15~24 岁（低龄）劳动力占 23.78%，未来将逐年递减，2050 年将减少至 16.05%；25~44 岁（中龄）劳动力比重未来 40 年将由 47.57% 减少至 44.72%；而 45~59 岁（高龄）劳动力比重则将持续上升，从 2010 年的 28.65%，增长至 2050 年的 39.23%。也就是说，到 2050 年每 10 个劳动力人口中就有 4 个是 45 岁以上的高龄劳动力。

知识卡片：人口年龄结构失衡到老龄研究的兴起

　　人口年龄结构失衡带来的一个最重要的社会学议题，即老龄社会问题。联合国于 1982 年在维也纳举行第一次老龄问题世界大会并通过《老龄问题维也纳国际行动计划》，在接下来的 20 年，在各项重大政策和倡议不断演变的过程中一直主导关于老龄问题的思考和行动方向。1988 年 4 月 15 日，联合国与马耳他政府签订协议，在该国成立了联合国框架内的专门的老龄研究机构——联合国老龄问题研究所（http：//www. inia. org. mt/）该研究机构每年会向全球的制定老龄相关政策及研究机构人员推出老龄研究领域的前沿课程和工作坊，比如 2015 年就推出了《社会老年学》（*Social Gerontology*），《健康促进、生命质量与福祉》（*Helath Promotion，Quality of Life and Well-Bein*）等培训课程。1991 年，联合国在制定《联合国老年人原则》时讨论了老年人的人权问题，该原则在独立、参与、照顾、自我实现和尊严等方面提供指导。2002 年，联合国在马德里召开第二次老龄问题世界大会并通过《2002 年马德里老龄问题国际行动计划》，呼吁各部门改变态度、政策和做法，从而可发挥 21 世纪老龄化的巨大潜力。更多内容，读者可以参见联合国老龄化议题：http：//www. un. org/chinese/esa/ageing/。

　　同时，联合国之外的诸多国际组织和研究机构，比如由超过 50 个国家的 5500 多名会员组成的美国老年学学会（The Gerontological Society of America，GSA；https：//www. geron. org/index. php）每年在美国不同城市召开年会，聚集全球老年学学者交流最新研究成果，同时 GSA 还定期出版发行三份著名的老年学学术期刊：*The Journals of Gerontology，Series A：Biological Sciences and Medical Sciences*；*The Journals of Gerontology，Series B：Psychological Sciences and Social Sciences* 以及 *The Gerontologist*，发表从生物科学、医学科学、心理科学和社会科学等角度开展的老年学领域的前沿研究成果；另外，国际老年学学会（International Association of Gerontology and Geriatrics，IAGG；http：//www. iagg. info/）也在协调全世界各地的老年学研究团体，协同一致关注于全球老龄研究。

　　老龄研究在每一个具体的研究方向上都可称为典型的交叉学科研究。以老龄问题理论方面的研究为例，早在 1988 年，Birren 和 Bengtson

（1988）就指出，老龄研究存在着数据丰富、理论贫乏的情况，未来老龄理论研究不能被学科的界限所限制，需要社会学、行为学、生物学等学科的交叉研究。

在中国，自2004年起，中国人民大学开始招收老年学专业的硕士和博士研究生。

第四章 人口地域结构

人口的空间分布一直以来都是人口调查的中心议题（Fossett，2005：479）。在地域的视角下，可以看到人口的分布结构处于一种不均衡的状态，这种不均衡在洲际之间、国家之间、国家内部的区域之间均存在。比如美国与中国虽然国土面积接近，但是中国人口数位居世界第一，约13.7亿，美国人口数约3.2亿，同时两国人口的居住意愿——比如说是愿意居住在城市还是乡村存在差异，因此其人口分布就一定处于不同状态（Poston & Bouvier，2010：301）。本章聚焦于中国，而鉴于中国是一个内部经济社会发展不平衡的发展中国家这一客观事实，我们可以清晰地看到中国在城乡等区域之间存在的方方面面的差异。为此，本章从中国独特的城乡二元体制开始，介绍中国人口在城乡之间的分布及其变动情况，随后对中国的区域划分进行阐释，并对人口在区域中间的分布及其影响因素进行介绍，最后特别引入了一些人口学学科体系中对于人口分布的常用测量指标进行分析。

第一节 人口城乡分布

一 人口城乡结构

1. 城乡划分标准及其变迁

新中国成立以来，中国在设置市镇的标准以及统计市镇人口时虽然有几次大的变动，但是随着经济的迅速发展，如何界定城市与乡村的界限已经是日益困难的工作了。

早在1955年，《国务院关于城乡划分标准的规定》就明确指出，常住人口在 2000 人以上，而且其中非农业人口超过 75% 的地区，可以设置镇的建制。1963 年，新中国刚刚经历了三年困难时期，为了减轻市镇建制过多、城镇人口增加过快对国家财政的压力，政府采取了调整市镇建制和缩小城市郊区的措施，在《中共中央、国务院关于调整市镇建制、缩小城市郊区的指示》中，对设置镇的标准进行了修正。它要求聚居人口在 3000 人以上，其中非农业人口占 70% 以上或者聚居人口在 2500 人以上但不足 3000 人，其中非农业人口占 85% 以上的地区，可以设置镇的建制。在这一时期，中国市镇的郊区都比较小，市镇的行政范围与实体范围基本一致，划分城乡比较容易。

进入 20 世纪 80 年代以后，改革开放带来了城乡经济繁荣发展，中国经济社会已经发生巨大变化。1984 年，国务院根据经济发展的新形势，放宽了市镇建制标准。在国务院批转的民政部《关于调整建制镇标准的报告》中规定了设置镇建制的几条标准：①县级地方国家机关所在地；②总人口在 2 万人以下的乡、乡政府驻地非农业人口超过 2000 人的，或总人口在 2 万人以上的乡、乡政府驻地非农业人口占全乡人口 10% 以上的；③少数民族地区、人口稀少的边远地区、山区和小型工矿区、小港口、风景旅游区、边境口岸等地，非农业人口虽不足 2000 人，确有必要，都可建镇。同时，凡是具备建镇条件的乡，撤乡建镇后实行镇管村的体制，也促进了建制镇的发展。城镇人口的统计口径为市镇辖区的全部常住人口。1986 年，国务院推行市带县的行政体制，放松了对现行标准中非农人口比重和人口规模的条件，强调了其行政体制并规定了一些经济标准。

1982 年中国进行第三次人口普查时，城镇人口的统计口径改为市镇辖区内的常住人口，其中包括农业人口，同时国家统计局还对以往各年公布的城镇人口按新的统计口径进行了修正。1984 年由于放宽了市、镇建制，市镇人口出现了超常的增长。鉴于此，在 1990 年进行第四次人口普查时，国家将城镇人口的统计设计为两种口径：一种是以市镇辖区内的全部人口为城镇人口，这与第三次人口普查的口径是一致的；另一种是以设区的市的所辖的区的人口和不设区所辖的街道人口为市人口，不设区的市所辖镇的居委会人口和县辖的镇的居委会人口为镇人口。2000 年第五次人口普查时，对城乡的界定采用的是 1999 年国家统计局制定的《关于统计上划分城乡的规定（试行）》（以下简称《试行规定》）。《试行规定》中将城区范围确定为：①人口密度在 1500 人/平方公里及以上的市辖区行政区域；②人口密度不足 1500 人/平方公里的市辖区政府驻地，区辖其他街道办事处地域以及城区建设已经延伸到的周边建制镇（乡）的全部行政区域；③不设区市政府驻地和市辖其他街道办事处地域以及城区建设已经延伸到的周边建制镇（乡）的全部行政区域。同时，《试行规定》中将镇区范围规定为：镇政府驻地和镇辖的其他居委会地域以及城区建设已经延伸到的周边村委会地域。《试行规定》在一定程度上解决了城乡划分标准混乱的问题，就全国来说，根据《试行规定》计算，2000 年人口城镇化水平为 36.67%，这得到了有关部门和专家的认可。

2010 年第六次人口普查时，对城乡的界定采用的是 2008 年的划分标准。2008 年 7 月，国务院批复了国家统计局与民政部、住房和城乡建设部、公安部、财政部、国土资源部、农业部共同制定的《统计上划分城乡的规定》（以下简称《规定》），本《规定》以中国的行政区划为基础，以民政部门确认的居民委员会和村民委员会辖区为划分对象，以实际建设①为划分依据，将中国的地域划分为城镇和乡村。在《规定》中，城镇包括城区和镇区：①城区是指在市辖区和不设区的市，区、市政府驻地的实际建设连接到的居民委员会和其他区域；②镇区是指在城区以外的县人民政府驻地和其他镇政府驻地的实际建设连接到的居民委员会和其他区域，与政府驻地的实际建设不连接，且常住人口在 3000 人以上的独立的工矿区、开发区、科研单位、大专院校等特殊区域及农场、林场的场部驻地视为镇区；③乡村是指本规定划定的城镇以外的区域。

2. 中国历年人口城乡结构状况

新中国成立以来，中国城镇与农村人口以不同的速度增长，但是农村地区人口的增长速度却长期高于城镇地区的人口，2011 年城镇人口第一次超越农村人口，占总人口的比重达 51.27%，超过农村地区 2.54 个百分点（见表 4-1、图 4-1、图 4-2）。

---

① 实际建设是指已建成或在建的公共设施、居住设施和其他设施。

表 4 - 1　中国历年城乡结构

年份	总人口（万人）	城镇		乡村		年份	总人口（万人）	城镇		乡村	
		人口数（万人）	比重（％）	人口数（万人）	比重（％）			人口数（万人）	比重（％）	人口数（万人）	比重（％）
1949 年	54167	5765	10.64	48402	89.36	1989 年	112704	29540	26.21	83164	73.79
1950 年	55196	6169	11.18	49027	88.82	1990 年	114333	30195	26.41	84138	73.59
1951 年	56300	6632	11.78	49668	88.22	1991 年	115823	31203	26.94	84620	73.06
1955 年	61465	8285	13.48	53180	86.52	1992 年	117171	32175	27.46	84996	72.54
1960 年	66207	13073	19.75	53134	80.25	1993 年	118517	33173	27.99	85344	72.01
1965 年	72538	13045	17.98	59493	82.02	1994 年	119850	34169	28.51	85681	71.49
1970 年	82992	14424	17.38	68568	82.62	1995 年	121121	35174	29.04	85947	70.96
1971 年	85229	14711	17.26	70518	82.74	1996 年	122389	37304	30.48	85085	69.52
1972 年	87177	14935	17.13	72242	82.87	1997 年	123626	39449	31.91	84177	68.09
1973 年	89211	15345	17.20	73866	82.80	1998 年	124761	41608	33.35	83153	66.65
1974 年	90859	15595	17.16	75264	82.84	1999 年	125786	43748	34.78	82038	65.22
1975 年	92420	16030	17.34	76390	82.66	2000 年	126743	45906	36.22	80837	63.78
1976 年	93717	16341	17.44	77376	82.56	2001 年	127627	48064	37.66	79563	62.34
1977 年	94974	16669	17.55	78305	82.45	2002 年	128453	50212	39.09	78241	60.91
1978 年	96259	17245	17.92	79014	82.08	2003 年	129227	52376	40.53	76851	59.47
1979 年	97542	18495	18.96	79047	81.04	2004 年	129988	54283	41.76	75705	58.24
1980 年	98705	19140	19.39	79565	80.61	2005 年	130756	56212	42.99	74544	57.01
1981 年	100072	20171	20.16	79901	79.84	2006 年	131448	58288	44.34	73160	55.66
1982 年	101654	21480	21.13	80174	78.87	2007 年	132129	60633	45.89	71496	54.11
1983 年	103008	22274	21.62	80734	78.38	2008 年	132802	62403	46.99	70399	53.01
1984 年	104357	24017	23.01	80340	76.99	2009 年	133450	64512	48.34	68938	51.66
1985 年	105851	25094	23.71	80757	76.29	2010 年	134091	66978	49.95	67113	50.05
1986 年	107507	26366	24.52	81141	75.48	2011 年	134735	69079	51.27	65656	48.73
1987 年	109300	27674	25.32	81626	74.68	2012 年	135404	71182	52.57	64222	47.43
1988 年	111026	28661	25.81	82365	74.19						

　　资料来源：《中国统计年鉴（2013）》，国家统计局网站，http://www.stats.gov.cn/tjsj/ndsj/2013/indexch.htm。

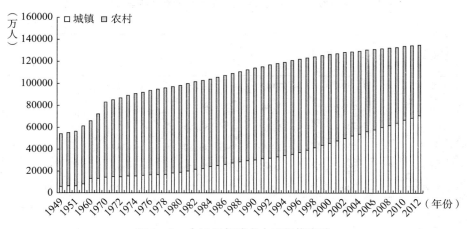

图 4 - 1 中国历年城乡人口规模变动

资料来源:《中国统计年鉴 (2013)》。

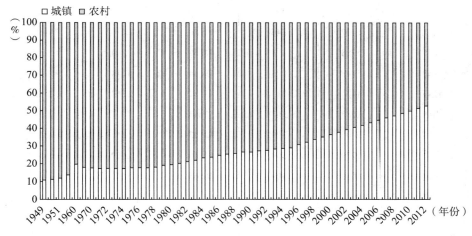

图 4 - 2 中国历年城乡人口比重变动

资料来源:《中国统计年鉴 (2013)》。

　　表 4 - 2 为 2012 年各省人口的城乡结构,从中可以看出,各省之间人口城乡结构差异较大。其中,上海市城镇人口比重最高,为 89.30%;其次为北京市,为 86.20%;天津排第三位,为 81.55%。同年,西藏地区城镇人口比重仅为 22.75%,相当于 20 世纪 80 年代初期的全国平均水平。

表 4 - 2 2012 年全国及地区人口城乡结构（不含港澳台）

单位：万人，%

地区	总人口（年末）	城镇人口		乡村人口	
		人口数	比重	人口数	比重
全国	135404	71182	52.57	64222	47.43
北京	2069	1784	86.20	286	13.80
天津	1413	1152	81.55	261	18.45
河北	7288	3411	46.80	3877	53.20
山西	3611	1851	51.26	1760	48.74
内蒙古	2490	1438	57.74	1052	42.26
辽宁	4389	2881	65.65	1508	34.35
吉林	2750	1477	53.70	1273	46.30
黑龙江	3834	2182	56.90	1652	43.10
上海	2380	2126	89.30	255	10.70
江苏	7920	4990	63.00	2930	37.00
浙江	5477	3461	63.20	2016	36.80
安徽	5988	2784	46.50	3204	53.50
福建	3748	2234	59.60	1514	40.40
江西	4504	2140	47.51	2364	52.49
山东	9685	5078	52.43	4607	47.57
河南	9406	3991	42.43	5415	57.57
湖北	5779	3092	53.50	2687	46.50
湖南	6639	3097	46.65	3542	53.35
广东	10594	7140	67.40	3454	32.60
广西	4682	2038	43.53	2644	56.47
海南	887	457	51.60	429	48.40
重庆	2945	1678	56.98	1267	43.02
四川	8076	3516	43.53	4561	56.47
贵州	3484	1269	36.41	2216	63.59
云南	4659	1831	39.31	2828	60.69
西藏	308	70	22.75	238	77.25
陕西	3753	1877	50.02	1876	49.98
甘肃	2578	999	38.75	1579	61.25

地区	总人口（年末）	城镇人口		乡村人口	
		人口数	比重	人口数	比重
青海	573	272	47.44	301	52.56
宁夏	647	328	50.67	319	49.33
新疆	2233	982	43.98	1251	56.02

资料来源：《中国统计年鉴（2013）》。

3. 中国人口城乡结构的特点

首先是人口城乡结构变动较大。在 20 世纪 80 年代以前，中国农村人口比重在 80% 以上，城镇人口比重不足 20%，在 1996 年时城镇人口比重增长到 30% 以上，2003 年城镇人口提高到 40% 以上，到 2011 年时城镇人口比重提高到 50% 以上。城镇人口比重从 20% 增长到 30% 用了 16 年的时间，而从 30% 到 40% 的提升用了 7 年的时间，从 40% 到 50% 的提升用了 8 年的时间。可见，中国人口城乡结构变动较大的同时，变化的速度也在加快。

其次是人口城乡结构隐性化。由于户籍制度的存在，尽管随着社会经济的发展，很多农民从农村流向城市，但是户籍身份的体制障碍使大量的农民工处于城市社会的边缘，成为隐性的城镇人口和非农人口。同时，由于很多福利性政策与户籍制度挂钩，这更是阻碍了农业人口的城镇化过程。

二 人口城乡结构的主要影响因素

中国人口城乡结构不是自然形成的，而是随着社会经济的发展不断变化的。影响人口城乡结构的因素包括多种多样，大致可以概括为以下几个类别。

1. 人口因素

城乡人口结构是一个动态系统，与人口变动相同，受出生与死亡、迁入与迁出四个因素，以及由此而来的自然变动与机械变动两个视角的影响。具体而言，出生与迁入是人口的增加因素，死亡和迁出是人口的减少因素。从中国现状来看，广义上的农村人口出生率高于城镇，即从自然变动来讲，农村人口的增加快于城镇；但是，农村人口又在加速向城镇的流动，则又会带来农村人口的减少、城镇人口的增加。

2. 行政区划因素

行政区划中对城乡范围的界定，对人口的城乡结构有很大的影响。如果将原来的农村地区划为城镇地区将直接改变原来的地区性质和人员从业性质，农村人口则直接转变为城镇人口、农业人口直接转变为非农业人口。而如此的行政划分因素在中国大力推行城镇化的进程中是时有发生的。行政区划因素与人口因素均是人口城乡结构变动的直接因素。

3. 自然因素

自然环境是影响人口分布的主要因素之一，自然环境差的地区，社会发育程度就会相应较低，生产力和生产布局也会相对滞后，其人口的城乡结构也往往以农村人口为主。比如从人口普查数据分析中就可以发现，在中国西部的省份，农村人口所占比重就远远大于东部省份。

4. 政策因素

在中国，由于户籍制度的存在，政策因素对人口的城乡结构有明显的影响。从 20 世纪 50 年代后期开始，国家严格控制户口，《户口登记条例》将中国的社会结构城乡"二元化"固定下来，公民也因此被划分为"农业人口"和"非农业人口"。

另外，从人口的城乡流动来看，国家相关政策对人口城乡结构有很大的影响，尤其是常住人口的角度分析。新中国成立初期的军队进城参加经济恢复和发展，城市人口外迁到三线，支援边疆，"大跃进"时期大量农民盲目进城，"文化大革命"中城市大学生、中学生上山下乡及落实政策回城等一系列的政策因素都使得城乡结构有一定的变动起伏。

第二节　人口地域分布

一　人口地域划分

1. 人口地域分布的概念

人口地域分布是指在一定时点人口在一定空间的集散状态。当然，随着时间的推移，人口地域分布也会逐渐发生演变。

2. 常见地域划分

中国是一个大国，幅员广阔，陆地国土总面积约 960 万平方千米，2010

年第六次人口普查显示，其人口数已经有约 13.7 亿。由于历史和现实诸多方面的原因，中国各地区之间存在发展水平的巨大差异。因此，研究中国的区域问题，除了分省划分外，必须把中国分成若干不同的区域。比如 20世纪 50 年代，有关方面曾经将中国分为沿海和内地；60 年代，曾经将中国分为一线、二线和三线地区。改革开放以后，随着区域经济研究的活跃和深化，人们提出了多种多样的划分方法。主要有以下几种。

（1）三大地带

这一方法将中国划分为东、中、西三大地带，但不同的时期，每个地带覆盖的地域范围不同。随着西部大开发战略的实施，三大地带覆盖的地域范围逐渐被确定了下来。这一划分方法也是目前政策研究领域最常用的划分方法。其具体划分如下：

> 东部地带：北京、天津、河北、辽宁、上海、江苏、浙江、福建、山东、广东、海南；
> 中部地带：山西、吉林、黑龙江、安徽、江西、河南、湖北、湖南；
> 西部地带：重庆、四川、贵州、云南、西藏、陕西、甘肃、青海、宁夏、新疆、广西、内蒙古。

（2）六大综合经济区

20 世纪 60 年代初期，中国沿海和内地工业布局严重不均，地区经济发展极不平衡，为缩小沿海与内地的经济发展差距，有利于中国区域经济目标的实现，中央将全国划分为华北、东北、华东、中南、西南和西北六大经济区域（涵盖部分副省级城市）。其具体划分如下：

> 华北地区：北京、天津、河北、山西、内蒙古；
> 东北地区：辽宁、吉林、黑龙江、大连；
> 华东地区：上海、江苏、浙江、安徽、福建、江西、山东、宁波、厦门、青岛；
> 中南地区：河南、湖北、湖南、广东、广西、海南、深圳；
> 西南地区：重庆、四川、贵州、云南、西藏；

西北地区：陕西、甘肃、青海、宁夏、新疆。

（3）七大经济区

1992 年，中国社会科学院经济研究所研究员徐逢贤与其他学者提出将中国划分为七大流域经济区，分别为：长江流域经济区（以沪为龙头，苏、浙为两翼，皖、赣、鄂、湘为龙身，川为龙尾）；黄河流域经济区（以环渤海经济区为龙头，鲁、辽为两翼，带动冀、晋、蒙、豫、陕）；西北五省经济联合开发区（陕、甘、青、宁、新）；珠江三角洲经济发展区（珠江流域各地及琼，辐射至桂、滇、黔等）；闽南三角地带经济区（闽南部一带）；东北经济区（东北三省）；澜沧江流域经济区（云、贵、川、渝、藏）。

（4）七大区域

吴良平、张健（2015）按照行政区域将全国分为华东、华南、华中、华北、西北、西南和东北七大区域。其具体划分如下：

华东地区：山东、江苏、安徽、浙江、福建、上海；

华南地区：广东、广西、海南；

华中地区：湖北、湖南、河南、江西；

华北地区：北京、天津、河北、山西、内蒙古；

西北地区：宁夏、新疆、青海、陕西、甘肃；

西南地区：四川、云南、贵州、西藏、重庆；

东北地区：辽宁、吉林、黑龙江。

（5）九大经济区

第一种划分方法包括东北地区、环渤海地区、黄河中游流域、长江三角洲地区、长江中游地区、东南沿海地区、西北地区、西南地区和华南地区等。第二种划法包括东北地区、北部沿海、北部内陆、东部沿海、东部内陆、中部内陆、南部沿海、西部内陆和西南内陆等。

在此需要指出的是，各种区域划分是出于不同的研究目的或研究需求，在区域划分时需要根据自己的研究需要，选择恰当的划分方式。当然，本书给出的分类也不是穷尽的，读者可以查阅最新的相关文献。

二 人口地域分布的主要影响因素

1. 自然因素

自然因素是影响人口分布的基础条件。中国幅员辽阔，自然资源、环境状况、地域结构模式都存在很大的差异。东部地区海拔相对低、地势平缓，水资源丰富、自然条件优越，土地适合耕种，单位面积对人的抚养能力大，自古以来人口就很稠密。如今，随着沿海地区经济的快速发展，加之人口流动的影响，东部地区人口聚集度越来越高。与东部的优越条件相比，中西部地区高原与荒漠面积大，海拔高，地形复杂且水资源匮乏，单位农作物产量低，造成人烟稀少的情况。

2. 经济因素

生产力发展水平对人口的地域分布具有决定性的影响。随着社会经济的发展，更多的劳动力从土地中解放出来，随着经济的发展步伐流动。经济发展水平高意味着对劳动力的吸纳能力强。中国的经济发展水平存在很大的差异：东部沿海地区经济发展高，劳动吸纳能力强，吸引大量人口流入；中部地区和西部地区经济发展相对落后，人口流出严重。具体来看，京津冀、长三角、珠三角是人口最为集中的地区，相比而言，其自然环境相对稳定，而经济发展水平则相对活跃。从中可以看出，当今中国社会人口分布的变动在很大程度上受经济发展水平变动的影响。

3. 政策因素

在中国，政策因素对人口的地域分布有一定的影响，列如人口政策、经济政策等。中国采取区域有别的人口政策，例如城乡有别的生育政策、少数民族地区较宽松的生育政策等，这对各地区人口的增长有一定的影响，从而带来人口地域分布的差异。

从经济政策角度来看，1966 年开始的第三个五年计划，突出"备战"，形成了重内陆、轻沿海的工业布局，使得人口中心也向内地转移。但是，20世纪 70 年代以后，改革开放加快了沿海地区的经济建设，经济发展重心向沿海偏移，人口也随着经济的偏移方向而移动。

总体看来，各因素对人口地域分布的影响是相互联系、相互影响的。人口因素、经济因素、政策因素交织为一个大系统，共同影响人口的地域分布。

三 中国人口地域分布的现状及变动

1. 中国人口地域分布特征

中国人口地域分布严重不均，东部沿海地区尤其是沿海经济发达地区人口集中，而西部地区尤其是西北部地区则地广人稀。1935 年，地理学家胡焕庸根据 1933 年的人口分布图与人口密度图首次提出"瑷珲—腾冲线"① 的概念，在该年《地理学报》第二期发表的《中国人口之分布》一文中写道："自黑龙江之瑷珲向西南做一直线，至云南之腾冲为止，分全国为东南与西北两部：则此东南部之面积，计 400 万平方公里，约占全国总面积之 36%，西北部之面积，计 700 万方公里，约占全国总面积之 64%；唯人口之分布，则东南部计 4 亿 4 千万，约占总人口之 96%；西北部之人口，仅 1800 万，约占全国总人口之 4%。"这条分界线描述了当时中国最显著的人口地域分布特点。1987 年，胡焕庸根据中国 1982 年的人口普查数据，排除二战后中国版图变动的因素，提出："……东半部面积占目前全国的 42.9%，西半部面积占全国的 57.1%……在这条分界线以东的地区，居住着全国人口的94.4%；而西半部人口仅占全国人口的 5.6%……"如今，"瑷珲—腾冲线"所代表的中国人口地域分布特征仍旧没有显著改变。

2. 中国人口地域分布的变动

（1）按省划分的人口分布变动

分析第六次人口普查数据可以发现，2010 年广东省人口规模最大，为1.04 亿人，占全国人口的 7.83%，其次为山东省，占全国人口的 7.19%，河南省居第三位，占 7.06%，西藏地区人口规模最少，仅为 300 万人，占全国总人口的 0.23%。

从历史的维度看，从 2000 年第五次人口普查到 2010 年第六次人口普查的十年间，绝大多数省份人口规模有不同程度的增加，但是也有 4 个省（市）人口规模略有下降（重庆、四川、贵州、湖北）。各省份人口规模的变动幅度的差异带来了人口省域分布的变动（见表 4-3）。

---

① 在 1956 年以前，这条人口地理的分界线以两端的城市命名为"瑷珲—腾冲线"。1956 年 11月，瑷珲县改名为爱辉县，故分界线的名称也随之变成"爱辉—腾冲线"。1983 年 4 月，爱辉县被撤销并入黑河市，此后名称则变为现在所用的"黑河—腾冲线"。

表4-3　中国各省份人口规模及比重的变动（不含港澳台）

地区	2000 年		2010 年		比重变动
	规模（万人）	比重（%）	规模（万人）	比重（%）	（%）
北京	13569194	1.09	19612368	1.47	0.38
天津	9848731	0.79	12938693	0.97	0.18
河北	66684419	5.37	71854210	5.39	0.02
山西	32471242	2.61	35712101	2.63	0.07
内蒙古	23323347	1.88	24706291	1.85	-0.02
辽宁	41824412	3.37	43746323	3.28	-0.08
吉林	26802191	2.16	27452815	2.06	-0.10
黑龙江	36237576	2.92	38313991	2.87	-0.04
上海	16407734	1.32	23019196	1.73	0.41
江苏	73043577	5.88	78660941	5.90	0.02
浙江	45930651	3.70	54426891	4.08	0.39
安徽	58999948	4.75	59500468	4.46	-0.28
福建	34097947	2.74	36894217	2.77	0.02
江西	40397598	3.25	44567797	3.34	0.09
山东	89971789	7.24	95792719	7.19	-0.05
河南	91236854	7.34	94029939	7.06	-0.29
湖北	59508870	4.79	57237727	4.29	-0.49
湖南	63274173	5.09	65700762	4.93	-0.16
广东	85225007	6.86	104320459	7.83	0.97
广西	43854538	3.53	46023761	3.45	-0.08
海南	7559035	0.61	8671485	0.65	0.04
重庆	30512763	2.46	28846170	2.16	-0.29
四川	82348296	6.63	80417528	6.03	-0.59
贵州	35247695	2.84	34748556	2.61	-0.23
云南	42360089	3.41	45966766	3.45	0.04
西藏	2616329	0.21	3002165	0.23	0.01
陕西	35365072	2.85	37327379	2.80	-0.05
甘肃	25124282	2.02	25575263	1.92	-0.10
青海	4822963	0.39	5626723	0.42	0.03

续表

地区	2000 年		2010 年		比重变动 (%)
	规模（万人）	比重（%）	规模（万人）	比重（%）	
宁夏	5486393	0.44	6301350	0.47	0.03
新疆	18459511	1.49	21815815	1.64	0.15

资料来源：根据 2000 年第五次人口普查、2010 年第六次人口普查数据计算。

（2）按东—中—西地域划分的人口分布变动

本书在此按传统的中国"东—中—西"区域划分，利用历年的人口统计数据，分析了中国人口在区域层面的分布变动情况。

表 4－4 为 2001～2012 年东—中—西人口规模及比重的变动，从表 4－4 中可以看到，东部、中部和西部地区人口规模均不同程度地增加。但是，东部地区的增长幅度最快，其占总人口的比重从 2001 年的 38.43% 提高到 2012 年的 41.25%，而中部地区和西部地区人口占总人口的比重则分别下降 1.43 个百分点和 1.02 个百分点。可以看出，东中西人口分布的不平衡性有略微的加重。

表 4－4　2001～2012 年东—中—西人口规模及比重变动

地区		2001年	2002年	2003年	2004年	2005年	2006年	2007年	2008年	2009年	2010年	2011年	2012年
东部地区	规模（万人）	49053	49466	49927	50464	50950	51708	52457	53169	53890	55039	55446	55850
	比重（%）	38.43	38.51	38.64	38.82	38.97	39.34	39.70	40.04	40.38	41.05	41.15	41.25
中部地区	规模（万人）	41896	42086	42265	42486	41738	41797	41847	42025	42169	42277	42374	42511
	比重（%）	32.83	32.76	32.71	32.68	31.92	31.80	31.67	31.64	31.60	31.53	31.45	31.40
西部地区	规模（万人）	35630	35768	35997	36073	35918	36017	36088	36240	36385	36069	36222	36428
	比重（%）	27.92	27.84	27.86	27.75	27.47	27.40	27.31	27.29	27.26	26.90	26.88	26.90

资料来源：《中国统计年鉴（2013）》。

而表 4－5 为 2001～2012 年东—中—西城镇人口规模及比重的变动，从东部、中部和西部的城镇人口变动来看，东部地区城镇人口规模最大，其城镇人口占总人口的比重也最高，中部其次，西部最低。

表 4 - 5　2001~2012 年东中西城镇人口规模及比重变动

地区		2005 年	2006 年	2007 年	2008 年	2009 年	2010 年	2011 年	2012 年
东部地区	规模（万人）	27313	28371	29227	30135	31034	33034	33829	34714
	比重（%）	53.61	54.87	55.72	56.68	57.59	60.02	61.01	62.16
中部地区	规模（万人）	16318	16883	17422	18085	18631	19157	19912	20613
	比重（%）	39.10	40.39	41.63	43.03	44.18	45.31	46.99	48.49
西部地区	规模（万人）	12399	12855	13352	13945	14431	14948	15571	16297
	比重（%）	34.52	35.69	37.00	38.48	39.66	41.44	42.99	44.74

资料来源：《中国统计年鉴（2013）》。

最后，表 4 - 6 为东部地区、中部地区和西部地区人口抚养比，东部地区总人口抚养比为 31.29%，低于中部地区（36.72%）和西部地区（38.52%），具体来看，东部地区不论少儿抚养比还是老年抚养比均最低。这主要是劳动力年龄人口从中西部地区流入东部地区造成的。

表 4 - 6　2010 年东—中—西人口抚养比

单位：%

地区	抚养比		
	总抚养比	少儿抚养比	老年抚养比
东部地区	31.29	19.13	12.16
中部地区	36.72	23.82	12.90
西部地区	38.52	25.27	13.25

资料来源：2010 年第六次人口普查数据。

四　人口分布的测量

1. 人口密度

（1）概念与计算

人口密度是人口地域分布中常用的指标之一，人口密度是单位面积土地上居住的人口数。它是表示某一地区人口的密集程度的指标。通常以每平方千米或每公顷内的常住人口为计算单位。同地区人口数经常变动，故人口密度的计算须针对一定地区和一定时点进行，以便相互进行比较。计算公式为：

$$人口密度 = \frac{人口规模}{人口面积} \qquad (4-1)$$

1900~1980 年，世界人口密度已从每平方公里 10.8 人增至 29 人。1980 年，欧洲人口密度最高，为 67 人/平方公里；亚洲次之，为 60 人/平方公里；拉美 17 人/平方公里；非洲 15.7 人/平方公里；北美 11 人/平方公里；大洋洲 2.5 人/平方公里。受经济类型、国土面积的差异影响，世界各国的人口密度差异较大。以农业经济为主、人口比较密集的孟加拉国为例，其人口密度为 881 人/平方公里（源自 2005 年统计数据，下同）；而其国家比较小，以全部国土中城市占重要地位或全部为城市的新加坡与摩纳哥为例，前者的人口密度为 7714 人/平方公里，后者为 17565 人/平方公里。在人口少的国家或地区，如蒙古国的人口密度约为 1.6 人/平方公里，格陵兰地区只有 0.023 人/平方公里，即平均每 42.7 平方公里才有 1 人。在南极洲，它的面积达 1400 万平方公里，却是一个无固定居民的地区。中国人口的数量居世界第一位，人口密度平均是 132 人/平方公里。再以 2014 年数据为例，高人口密度国家或地区前五位是新加坡（7301 人/平方公里）、中国香港（6396 人/平方公里）、加沙地带（5045 人/平方公里）、巴林（1646 人/平方公里）、孟加拉国（1034 人/平方公里），低人口密度国家或地区前五位是蒙古国（1.7 人/平方公里）、纳米比亚（2.2 人/平方公里）、澳大利亚（2.5 人/平方公里）、博茨瓦纳/苏里南/冰岛/毛里塔尼亚（2.7 人/平方公里）、利比亚（3.1 人/平方公里）。

（2）不同类型人口密度

必须指出的是，人口密度这一概念虽然现在应用得比较广泛，它把单位面积的人口数表现得相当清楚，但是，这一概念也有不足之处。例如，它考虑的只是土地的面积，并未考虑土地的质量与土地生产情况。以中国的情况来说，江苏人口的平均密度约为 600 人/平方公里，而西藏的平均人口密度为 1 人/平方公里。从数字上看，会认为西藏人口稀少，江苏人口过密，同时，也会想到西藏土地在供养人口方面还有很大的潜力。其实，西藏地区是平均海拔4000米的高原和山地，耕地只限狭窄的南部河谷等地区，实际耕地面积很有限；高原上的草场由于干寒，产草量很低，单位面积的载畜量也很有限。相反，江苏位于长江入海口，有长江三角洲平原的大片土地，开辟成的水网农田的生产力很高，所以有效的耕地面积远远超过西藏。[1]

因此，为使人口密度同与人类生存息息相关的自然资源、经济发展等紧密结合，研究者进一步将人口密度分为以下几类：①农业人口密度，即单位面积上的平均农业人口数。它可避免不同国家（地区）比较人口密度时，因城乡人口比例悬殊而带来的假象，真实地反映散居在土地上并依赖土地生活的人口密度。故此测量指标既有地理意义，又有经济意义。②比较人口密度，即单位农用土地（包括耕地、多年生作物和可利用的牧场，后者按3:1折换成耕地）上的平均人口数。这一指标可避免土地利用结构不同而造成的假象，更确切地反映农用土地的负担能力，或反映地区人口对农业土地资源的压力大小。③经济人口密度，即各种自然资源、经济资源与人口的比。如人均水资源量、人均能源资源蕴藏量、人均国民生产总值、人均收入、人均工农业产品产量等。

（3）人口密度等级

在从人口密度的分布来看世界人口分布的情况时，一般会把人口的密度分为以下几个等级：

第一级：人口密集区（大于100人/平方公里），例如新加坡、孟加拉国、中国、韩国；

第二级：人口中等区（25～100人/平方公里），例如巴西、埃及；

第三级：人口稀少区（1～25人/平方公里），例如蒙古国、圭亚那、加拿大、冰岛；

第四级：人口极稀区（小于1人/平方公里），例如格陵兰岛。

（4）中国的人口密度

表4-7为按照土地面积计算的1953～2010年六次人口普查时点、全国

---

[1] 参见人民教育出版社网站：http://www.pep.com.cn/lsysh/jszx/jxyj/jxxc/201008/t20100827_805532.htm。

31 个省（自治区、直辖市）的人口密度。在 2010 年第六次人口普查时，全国人口密度为 140 人/平方公里，较 2000 年增加 9 人/平方公里。通过统计得知，超过 1000 人/平方公里的有 3 个直辖市，其中上海市人口密度最高，达到 2794 人/平方公里；人口密度为 500～1000 人/平方公里的有 5 个省份（江苏、山东、河南、广东、浙江）；为 400～500 人/平方公里的有安徽；在 300～400 人/平方公里的有 4 个省份（重庆、河北、湖北、湖南）；在 200～300 人/平方公里的有 5 个省份（辽宁、福建、江西、海南、山西）；在 100～200 人/平方公里的有 7 个省份（贵州、广西、陕西、四川、吉林、云南、宁夏），还有 6 个省份人口密度低于 100 人/平方公里（黑龙江、甘肃、内蒙古、新疆、青海、西藏）。

表 4-7　中国各省份人口密度（不含港澳台）

单位：人/平方公里

	1953 年	1964 年	1982 年	1990 年	2000 年	2010 年
全国	60	72	104	118	131	140
北京	164	450	549	643	827	1195
天津	238	553	686	777	826	1086
河北	201	243	282	325	354	381
山西	91	115	162	184	207	228
内蒙古	6	11	17	19	20	22
辽宁	141	184	244	270	282	295
吉林	60	83	120	131	140	144
黑龙江	25	42	69	74	80	85
上海	1000	1745	1912	2151	1991	2794
江苏	399	434	590	654	684	737
浙江	224	278	381	407	436	516
安徽	219	223	356	402	421	425
福建	107	137	213	246	275	297
江西	100	126	199	226	242	267
山东	319	362	486	551	573	610
河南	264	301	445	521	551	568
湖北	148	179	254	287	320	308

续表

	1953 年	1964 年	1982 年	1990 年	2000 年	2010 年
湖南	158	176	256	288	299	310
广东	189	218	298	349	474	580
广西	76	90	158	183	185	194
海南	82	109	177	202	214	245
重庆	—	—	—	—	371	351
四川	115	119	176	189	170	166
贵州	85	97	162	183	200	197
云南	44	52	82	94	111	120
西藏	1	1	1.5	1.8	2	2
陕西	77	101	140	160	172	181
甘肃	25	27	43	49	62	63
青海	2	2	5	5	7	8
宁夏	29	31	59	70	106	121
新疆	2	4	8	9	11	13

资料来源：1953 年、1964 年、1982 年分省人口数引自胡焕庸，1983；1990 年、2000 年和 2010 年分省人口数来源于第四次、第五次、第六次人口普查数据。

全国人口密度从 1953 年的 60 人/平方公里增加到 2010 年的 140 人/平方公里，同时，各省人口密度的增长存在明显的差异。从图 4 - 3 中可以清晰地看出，上海、北京、天津、广东、江苏在新中国成立以来人口密度变动幅度处于前列，其中上海人口规模一直处于首位，而且变动幅度最大，从 1953 年的 100 人/平方公里增加到 2010 年的 2794 人/平方公里；北京在 1953 ~ 2010 年增加 1031 人/平方公里。2000 ~ 2010 年人口密度的变化相对较小，且省份排序没有发生明显变化，但是上海、北京、天津、广东、浙江的人口密度变动较大。在 2000 年，只有上海市人口密度超过 1000 人/平方公里，到 2010 年时，北京市和天津市人口密度也超过 1000 人/平方公里。

人口分布是自然环境、经济发展、社会政策等多种因素综合作用的结果，不同的社会经济发展水平带来了人口的迁移流动，这造成了继人口出生、死亡后的第二次人口分布。人口分布的调整也带来了人口密度的变动，因而不同时期各省人口密度的差异也不同。1953 年，全国人口密度为 60 人/平方公里，上海市最高（1000 人/平方公里），其次为江苏省（399 人/平方公

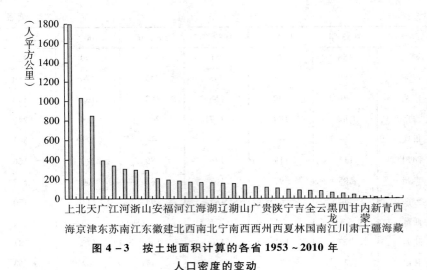

图 4 - 3 按土地面积计算的各省 1953 ~ 2010 年
人口密度的变动

资料来源：同表 4 - 7。

里），山东位于第三（319 人/平方公里）；1964 年第二次人口普查时，全国
人口密度增加到 72 人/平方公里，前三位的变为上海、天津和北京；1982
年、1990 年第三次、第四次人口普查时，全国人口密度分别为 104 人/平方
公里、118 人/平方公里，前三位的变为上海、天津和江苏；2000 年和 2010
年第五次、第六次人口普查时，全国人口密度分别为 131 人/平方公里和
140 人/平方公里，前三位的变为上海市、北京市和天津市。

土地面积视角下计算的人口密度的省际差异非常明显，从其计算公式
可以看出很多不适合居住甚至无人居住的沼泽、荒漠等都被计算在内，这
就无法排除地形差异带来的影响。对此，本书接下来采用建设用地面积计
算人口密度，其中建设用地面积来自统计年鉴，包括居民点及工矿用地、
交通运输用地、水利设施用地三部分。

在人口密度的基础上，本书引入"建设用地人口密度"和"建设用地
经济密度"两个指标（黄砺、王佑辉，2012），具体计算公式为：

建设用地人口密度 = 某一区域内常住人口总量/建设用地面积　　（4 - 2）

建设用地经济密度 = 某一区域内 GDP 总量/建设用地面积　　（4 - 3）

这里，建设用地人口密度单位为人/平方公里，它与人均建设用地面积
为倒数关系；建设用地经济密度单位为万元/平方公里，用于不同省份经济

发展水平的比较。从建设用地人口密度来看，2008 年上海市建设用地占土
地面积的 30.77%，土地面积人口密度为 2598 人/平方公里，建设用地人口
密度最高，为 8444 人/平方公里，两者均居于全国首位；北京市尽管土地面
积人口密度居第 2 位，但是建设用地人口密度排第 6 位（见表 4－8）。[①]

表 4－8 2008 年按土地面积和建设用地面积计算的人口密度

	面积（万公顷）		建设用地/土地（%）	人口密度（人/平方公里）	
	土地面积	建设用地面积		土地人口密度	建设用地人口密度
北京	164	33.8	20.58	1079	5244
天津	119	36.8	30.90	987	3194
河北	1884	179.4	9.52	371	3895
山西	1567	86.9	5.55	218	3923
内蒙古	11451	149.2	1.30	21	1638
辽宁	1481	139.9	9.45	291	3085
吉林	1911	106.5	5.57	143	2566
黑龙江	4526	149.2	3.30	85	2563
上海	82	25.4	30.77	2598	8444
江苏	1067	193.4	18.12	727	4013
浙江	1054	104.9	9.96	495	4968
安徽	1401	166.2	11.86	438	3692
福建	1240	64.7	5.22	293	5621
江西	1669	95.4	5.72	264	4611
山东	1571	251.1	15.98	599	3751
河南	1655	218.7	13.21	570	4312
湖北	1859	140.0	7.53	307	4078
湖南	2119	139.0	6.56	301	4590
广东	1798	179.0	9.95	550	5528
广西	2376	95.4	4.01	203	5051
海南	354	29.8	8.43	242	2865

① 受数据限制，本书所能获得的建设用地的最新数据为 2008 年，因而此处比较的是 2008 年
的土地人口密度和建设用地人口密度。

地区	面积（万公顷）		建设用地/土地（%）	人口密度（人/平方公里）	
	土地面积	建设用地面积		土地人口密度	建设用地人口密度
重庆	823	59.3	7.21	345	4786
四川	4841	160.3	3.31	168	5075
贵州	1762	55.7	3.16	204	6455
云南	3832	81.6	2.13	119	5568
西藏	12021	6.7	0.06	2	4346
陕西	2058	81.7	3.97	181	4552
甘肃	4041	97.7	2.42	63	2610
青海	7175	32.7	0.46	8	1694
宁夏	520	21.2	4.09	119	2909
新疆	16649	124.0	0.74	13	1719

相比而言，人烟稀少的西藏、青海、新疆、内蒙古，其建设用地的人口密度与土地面积的人口密度差距非常大，这一方面是由于边疆地区地形、环境等制约其发展，另一方面是发展落后限制了人口居住、工作及活动范围的扩张，这造成了建设用地面积非常小、人口的居住相对集中的情况。其中，西藏地区建设用地占土地面积的 0.06%，建设用地人口密度为 4346 人/平方公里，居于全国中间位置；青海、新疆、内蒙古三个省或自治区的建成区人口密度是其土地人口密度的 30 倍左右，但是从全国排序看处于末尾位置。

从 2003～2008 年建设用地人密度的变动来看，5 年间各地区建设用地面积不同程度地增加，绝大部分地区建设用地增加幅度高于常住人口的增加幅度，除几个地区外，各地区建设用地人口密度呈不同程度的下降趋势（见表 4－9）。

表 4－9　2003～2008 年各地区建设用地面积、常住人口规模及人口密度的变动

地区	变动规模			变动幅度（%）		
	建设用地变动（万公顷）	常住人口变动（万人）	人口密度变动（人/平方公里）	建设用地变动	常住人口变动	人口密度变动
北京	2.92	315	524	9.47	21.63	11.11
天津	5.40	165	－24	17.20	16.32	－0.75

地区	变动规模			变动幅度（%）		
	建设用地变动（万公顷）	常住人口变动（万人）	人口密度变动（人/平方公里）	建设用地变动	常住人口变动	人口密度变动
河北	10.28	220	−107	6.08	3.25	−2.67
山西	4.19	97	−82	5.07	2.93	−2.04
内蒙古	9.67	59	−72	6.93	2.45	−4.19
辽宁	7.23	105	−89	5.45	2.49	−2.80
吉林	2.32	30	−28	2.22	1.11	−1.09
黑龙江	3.03	10	−46	2.07	0.26	−1.77
上海	2.67	375	657	11.79	21.23	8.44
江苏	18.97	304	−262	10.88	4.08	−6.13
浙江	17.50	356	−588	20.02	7.32	−10.58
安徽	6.31	−28	−163	3.95	−0.45	−4.24
福建	8.32	137	−586	14.74	3.91	−9.44
江西	6.52	146	−174	7.33	3.43	−3.64
山东	17.50	292	−156	7.49	3.20	−3.99
河南	6.22	−238	−238	2.93	−2.46	−5.24
湖北	5.60	26	−151	4.17	0.46	−3.56
湖南	6.78	−283	−450	5.13	−4.25	−8.92
广东	13.70	930	105	8.29	10.38	1.93
广西	7.70	−41	−491	8.79	−0.84	−8.85
海南	0.72	43	77	2.46	5.30	2.77
重庆	5.32	36	−405	9.86	1.28	−7.81
四川	7.01	−38	−257	4.57	−0.46	−4.82
贵州	3.20	−274	−915	6.09	−7.08	−12.41
云南	6.68	167	−273	8.91	3.32	−4.68
西藏	0.75	20	−206	12.51	7.41	−4.54
陕西	2.84	46	−106	3.61	1.25	−2.27
甘肃	1.71	14	−32	1.78	0.54	−1.22
青海	1.68	20	−27	5.43	3.75	−1.59
宁夏	2.55	38	−193	13.63	6.55	−6.23
新疆	4.02	197	107	3.35	10.19	6.61

　　具体来看，北京、上海、广东、海南和新疆建设用地人口密度下降，其中，北京、上海与广东建设用地面积扩张幅度较大，但是人口的大量流入使其常住人口增长幅度超过建设用地增长幅度；海南与新疆则是建设用地扩张幅度小造成了建设用地人口密度增加。

　　从表4－10可以看出，人口经济密度的区域差异明显，上海人口经济密度最低，2010年为1341人/亿元，北京略高于上海，为1390人/亿元，天津、江苏和浙江依次居后；同时，经济落后的甘肃、云南和贵州的人口经济密度超过6000人/亿元，为全国平均水平的2倍。以往学者研究发现，人口经济密度与社会经济因素（GDP产值、非农人比重、每万人拥有大学生人数、预期寿命等）呈显著相关（卢忠，1992）。结合土地人口面积分析可知，人口经济密度与土地人口密度呈负相关关系。北京、上海、天津等经济发达地区，经济发展吸纳的流入人口增加了人口密度，而也正是经济的快速发展使得这些地区的人口经济密度相对较低。

表4－10　2000～2010年按土地面积计算的人口密度与人口经济密度

地区	土地人口密度（人/平方公里）		人口经济密度（人/亿元）	
	2000年	2010年	2000年	2010年
全国	131	140	12783	3050
北京	827	1195	5474	1390
天津	826	1086	6008	1403
河北	354	381	13104	3523
山西	207	228	19754	3881
内蒙古	20	22	16648	2117
辽宁	282	295	8958	2370
吉林	140	144	14717	3167
黑龙江	80	85	11140	3695
上海	1991	2794	3605	1341
江苏	684	737	8511	1899
浙江	436	516	7609	1963
安徽	421	425	19419	4814
福建	275	297	8698	2503

续表

地区	土地人口密度 （人／平方公里）		人口经济密度 （人／亿元）	
	2000 年	2010 年	2000 年	2010 年
江西	242	267	20168	4716
山东	573	610	10532	2446
河南	551	568	17758	4072
湖北	320	308	13916	3585
湖南	299	310	17139	4097
广东	474	580	8820	2267
广西	185	194	21391	4809
海南	214	245	14579	4200
重庆	371	351	19198	3640
四川	170	166	20534	4679
贵州	200	197	35477	7550
云南	111	120	21667	6363
西藏	2	2	22273	5916
陕西	172	181	21292	3687
甘肃	62	63	25549	6206
青海	7	8	18297	4167
宁夏	106	121	20659	3729
新疆	11	13	13530	4012

随时间推移并伴随经济的发展，人口经济密度呈下降趋势。2000 年，全国人口经济密度为 12783 人／亿元，2010 年降至 3050 人／亿元，仅为 2000 年的四分之一，这是 10 年间经济快速发展的结果。2000～2010 年各省人口经济密度均有不同程度的下降，其中，贵州省人口经济密度在这一期间下降幅度最大，甘肃、陕西、宁夏、广西等经济相对落后地区人口经济密度的下降幅度也较大，这是后发优势下经济快速发展带来的效果。

2. 集中指数

当要测量特定的分布现象，比如人口是集中分布在特定地域还是均等分布在领域的各部分地域时，可以用集中指数来表示。

其计算公式为：

$$C = 0.5 \sum |X_i - Y_i| \tag{4-4}$$

X_i 表示分布现象统计量的百分比，Y_i 表示对应部分地域的百分比。C 值越小，即越接近 0，则分布现象对特定地域的集中越小，表示分布越均匀；相反，C 值越大，分布现象对特定地域的集中越大，表示分布越不均匀。

如果要分析人口空间分布集中或者分散的程度及其变动趋势，人口集中指数（Index of Population Concentration）是广泛使用的指标之一，上面公式中 X_i 表示人口的百分比，Y_i 表示地区面积的百分比。

从表 4-11 可以看出，按照土地面积计算的人口综合指数相对较高，均在 50% 以上，即人口省际分布不均衡性相对明显。

表 4-11 1953~2010 年按土地面积计算的人口集中指数

单位：%

	1953 年	1964 年	1982 年	1990 年	2000 年	2010 年
人口分布集中指数	53.90	52.60	51.00	51.20	50.59	50.48

为了进一步分析建设用地面积视角下的人口分布均衡性，本书根据各省人口比重、建设用地面积比重计算 2003~2008 年建设用地人口集中指数，结果发现按照建设用地计算的人口集中指数相对较低，在 25.2% 左右，是土地面积人口集中指数的 1/2，即从建设用地视角来看，中国人口的省际分布较均衡。

表 4-12 1953~2010 年按建设用地面积计算的人口集中指数

单位：%

	2003 年	2004 年	2005 年	2006 年	2007 年	2008 年
土地面积人口集中指数	50.52	50.52	50.39	50.40	50.41	50.43
建设用地人口集中指数	25.26	25.26	25.20	25.20	25.20	25.22

根据人口随经济发展水平差异而流动的现象，利用集中指数的方法，可以计算经济集中指数，即上文公式中表示人口的百分比、表示地区生产总值的百分比。

　　本书在前文对人口经济密度的分析时发现，经济发达地区土地人口密度大，但是经济人口密度小。为了进一步分析经济视角下的人口分布均衡性，本书在此处根据各省人口比重、经济比重计算 2000~2010 年经济人口集中指数（见表 4-13、图 4-4）。

表 4-13　2000~2010 年按土地面积和经济水平计算的人口集中指数

单位：%

	2000 年	2001 年	2002 年	2003 年	2004 年	2005 年	2006 年	2007 年	2008 年	2009 年	2010 年
土地人口集中指数	50.70	50.52	50.51	50.52	50.52	50.39	50.40	50.41	50.43	50.47	50.48
经济人口集中指数	38.37	20.28	20.61	21.08	20.63	20.47	20.52	19.94	19.18	18.92	17.77

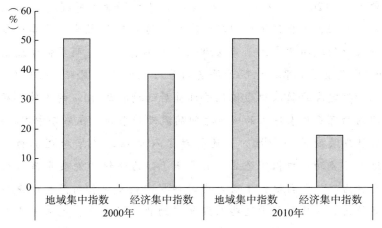

图 4-4　2000 年、2010 年集中指数

注：此处以省为单位计算。

资料来源：根据 2000 年第五次人口普查、2010 年第六次人口普查数据计算。

　　结果发现，按照经济指标计算的人口集中指数相对较低，且呈不断下降的趋势，2000 年时经济人口集中指数较土地人口集中指数低 12.3%，2010 年经济人口集中指数仅略高于土地人口集中指数的 1/3。可见，一方面经济发展是人口分布的主要决定因素，经济视角下的人口分布相对均衡；另一方面，随着各地区经济发展，区域间经济发展差异不断缩小，人口分布随之不断调整，经济视角下人口分布均衡性加强。

知识卡片：人口地域分布与城镇化

与中国人口在二元城乡与多元区域层面的分布与流动息息相关的一个中国政策实践，即李克强总理主导的新一届政府一直在推动的中国城镇化。为便于读者能深度理解中国的城镇化，在此摘取由笔者撰写的一篇评论文章《中国城镇化的"实"与"是"》部分内容。该文的全文，有兴趣的读者可参见光明网理论频道：http://theory.gmw.cn/2014－06/05/content_11526149.htm。

城镇化是社会经济发展的必然结果，反过来，其也是推进社会经济发展的重要途径。近年来，我国城镇化增长迅速：从"率"的视角来看，1978年我国城镇化率仅为17.9%，2010年第六次人口普查的结果显示城镇化率增长到了49.7%，2011年城镇化率则提高到51.27%，首次突破50%，2012年城镇化率亦然提高到了52.6%并保持着继续增长的势头。然而，当我们考虑到二元城乡户籍制度的影响，计算出我国当前户籍人口的城镇化率，则其仅为35%左右，这不仅明显低于发达国家近80%的城镇化水平，也低于许多同等主流发展中国家的城镇化水平。实际上，限定在户籍人口城镇化率计算后的这接近20%的差异，正是由中国国内约2.6亿农民工的城乡之间的流动带来的。在当今中国之社会，社会经济发展的非均衡性必然地带动了人口在经济导向之下的空间流动，这部分流动人口抛家舍业、别妻离子，为城镇的发展奉献自己的体力甚至脑力，但是当他们年老无力时却要回到发展相对落后的家乡，在中国城镇化的发展进程中这些人没有得到自身的发展，也未能充分享受中国城镇化带来的成果。而中国共产党领导下的中国政府一直强调只有实事求是，才能完成确定的任务；并据此才有远见卓识，才能不失前进的方向。那么，在这个逻辑之下，我们了解了中国城镇化图景之"实"，也就必然地需要能深入地来辩证讨论中国城镇化之"是"了。

一、城镇化之"实"——传统城镇化的三大问题

1. 城镇规模"断层"而导致的大城市"巨人症"与小城镇"侏儒症"。

2. 腰包的"充实"与内心的"空缺"。

3. 城市的"落脚处"与农村的"归根处"。

二、城镇化之"实"——新型与传统城镇化的两大差异

1. 传统城镇化以经济发展为导向，带来人口空间流动的加强。

2. 新型城镇化以人的发展为导向，保障人口社会流动的实现。

三、城镇化之"是"："三要"与"三不要"

1. 要提高人口的社会流动，不要只以空间流动为结果。

2. 要促进城乡的均衡发展，不要出现"鬼村"现象。

3. 要尊重人民的自身意愿，不要强行圈地、赶人上楼。

第五章　人口社会结构

继本书前部分对基于生物属性的人口性别与年龄结构以及地域视角下的人口空间分布结构的探讨后，本章回到社会学层面对人口结构进行进一步解读。经济是社会生活的基础，其生产、交换、分配和消费过程成为人类特有的社会活动。在国民经济空间中，人口是经济生活的主体，其生产和消费过程成为促使社会发展的力量源泉。人口与经济两者之间相互依存、相互转化又相互制约。人口作为生产者和消费者的统一体，作为生产力和生产关系的能动力量中枢，既可以推动社会发展，亦会延滞社会的前进。于中国语境之下，最为重要的就是作为社会推动力的人力资本的表现形式，即人口的文化结构，为此本章第一节聚焦于此，对人口的文化结构划分、测量指标等进行阐释。随后对人口就业结构、在中国职业与行业的分布以及对于人口就业进行综合测量的人口学指标——区位商进行介绍。最后，考虑到中国这样一个多民族国家的现实，以及近年来中国民族问题的重要性，本章最后一节专门介绍中国少数民族人口结构的现状及变动，并探讨适合少数民族人口发展变迁研究的人口学方法。

第一节　人口文化结构

一　从文化概念到文化结构

文化是一个非常广泛的概念，广义的文化指人类在社会历史发展过程中所创造的物质财富和精神财富的总和；狭义的文化特指意识形态所创造的精神财富，包括宗教、信仰、风俗习惯、道德情操、法律、学术思想、文学艺术、科学技术、各种制度等。而本书主要从受教育程度视角分析人口的文化结构。人口的文化结构是反映一个国家或地区人口智力开发程度、人口素质的重要方面。比如，联合国在 2013 年发布了《人类发展报告》，指出中国 2012 年的人类发展指数（HDI）值为 0.699，排位在 187 个国家和地区的 101 位，处于中等人文发展水平国家上游位置。但从分项指数来看，收入指数排名 89，健康指数排名 86，而教育指数排名仅为 114，可见，中国人类发展指数的提高主要由经济高速发展拉动，与经济的高速发展相比，教育方面的进步明显滞后。从另一方面来看，与 2000 年后中国人均 GNI 完成"三级跳"对比，预期受教育年限和平均受教育年限也仅比 2000 年分别多 2.5 年和 1.8 年，近 10 年来国民的受教育水平的进步幅度不大，经济成果没能更有效地传递到社会进步中去。实际上，处于同样的经济发展水平的国家，可以根据优先顺序的调整实现对人类发展水平的倾斜。在中国经济增长有所减速的发展时期，更加注重社会发展，加强对人力资本的投入，可以进一步带动社会经济与人口健康水平的发展与提升，综合提高人类发展水平，从而更好地实现发展目的。

二 文化结构的划分

1. 等级划分法

按照受教育程度的等级，习惯上将其划分为初等教育、中等教育和高等教育三个层次。

初等教育即小学教育，或称基础教育，是使受教育者打下文化知识基础和做好初步生活准备的教育。通常指一个国家学制中的第一个阶段的教育，对象一般为 6～12 岁儿童。这种教育对提高国家民族文化水平极为重要，因此各国在其经济文化发展的历史阶段都会把它定为实施义务教育或普及教育的目标。根据中国政府颁布的《中华人民共和国义务教育法》（以下简称《义务教育法》）有关规定，全国各地必须普及初等教育。凡年满 6 岁的儿童必须接受在校初等教育。初等教育的学制为 6 年，一般为全日制普通小学。

中等教育是在初等教育基础上继续实施的中等普通教育和中等专业教育。实施中等教育的各类学校为中等学校，普通中学是其主要部分，担负着为高一级学校输送合格新生以及为国家建设培养劳动后备力量的双重任务；中等专业学校包括中等技术学校、中等师范学校，担负着为国民经济各部门培养中等专业技术人员的任务。中国近代中等教育体制的确立始自 1902 年清政府管学大臣张百熙所拟《钦定学堂章程》（壬寅学制），其规定中学堂 4 年卒业，附设实业科。

高等教育则是在完成中等教育的基础上进行的专业教育，是培养高级专门人才的社会活动，一般包括大中专教育、研究生（硕士和博士阶段）教育。

2. 学历划分法

按所受过的教育程度后获得的学历，可以将人口受教育状况可以划分为文盲或半文盲、小学、初中、高中（或中专）、大学专科、大学本科、研究生，其中研究生分为硕士研究生和博士研究生两个阶段。

按照学历划分受教育程度是最常用的划分方式之一（尤其是在社会科学研究中），在中国历次人口普查中均采用学历划分法对受访者的受教育程度进行分类及判断。比如最新的第六次人口普查关于"受教育程度"的填写说明①：

本项目设有七个标准答案：

① 未上过学：指从未接受过国家或其他办学机构实施的各级各类学校教育的人。包括参加过各种扫盲班或成人识字班学习，且以后再没有接受过各级各类学校教育的人。

② 小学：指接受的最高一级教育为小学，无论其是否在校、毕业、肄业或辍学的人。

③ 初中：指接受的最高一级教育为初中，无论其是否在校、毕业、肄业或辍学的人。相当于初中程度的技工学校，也圈填此标准答案。

④ 高中：指接受的最高一级教育为普通高中、职业高中和中等专业学校，无论其是否在校、毕业、肄业或辍学的人。相当于高中程度的技工学校，也圈填此标准答案。

⑤ 大学专科：指接受的最高一级教育为大学专科。在普通高等学校学习大学专科的，无论其是否在校、毕业、肄业或辍学的人，都圈填此标准答案。凡在国家授权承认学历的广播电视大学、职工大学、高等院校举办的函授大学、夜大学和其他形式的大学，按教育部颁布的大学专科教学大纲进行授课的，其毕业生圈填此标准答案；其肄业生、在校生按原有受教育程度圈填。通过自学，经国家统一举办的自

---

① 摘自《中国 2010 年第六次人口普查资料》，国家统计局，http://www.stats.gov.cn/tjsj/pcsj/rkpc/6rp/indexce.htm。

学考试合格，并取得大学专科毕业证书的，也圈填此标准答案。

⑥ 大学本科：指接受的最高一级教育为大学本科。在普通高等学校学习大学本科的，无论其是否在校、毕业、肄业或辍学，均圈填此标准答案。凡在国家授权承认学历的广播电视大学、职工大学、高等院校举办的函授大学、夜大学和其他形式的大学，按教育部颁布的大学本科教学大纲进行授课的，其毕业生圈填此标准答案；其肄业生、在校生按原有受教育程度圈填。通过自学和进修大学课程，经考试合格，并取得大学本科毕业证书的，也圈填此标准答案。

⑦ 研究生：指接受的最高一级教育为硕士、博士研究生，无论其是否在校、毕业、肄业或辍学，均圈填此标准答案。在职接受研究生教育的，其毕业生圈填此标准答案；肄业生和在校生按原有受教育程度圈填。凡是没有按教育部的教学大纲培训或只学单科的人，不能圈填"大学专科"、"大学本科"或"研究生"，一律按原有受教育程度圈填。

另外，按所受过的教育程度后获得的学位，也可将人口受教育状况划分为无学位、学士、硕士、博士。需要指出的是，中国从学历教育的本科阶段才开始有学位，即大学本科对应学士学位、硕士研究生对应硕士学位、博士研究生对应博士学位。

3. 年限划分法

根据接受教育的年限，可以将人口的受教育状况划分不同阶段，这也是在分析中常用的划分方法。在很多研究中学者们采用将不同学历阶段的教育转化为受教育年限，一般的转换方法为：文盲——0 年；小学——6 年；初中——9 年；高中——12 年；大学专科——15 年；大学本科——16 年；研究生——19 年。在相关统计分析中，学者有时候将学历转换为受教育年限，即将定序变量转变为数值型数据，从而可以利用更高级别的统计分析方法开展相应的计量研究。

三 文化结构的测量指标

1. 文盲率

文盲率反映一个国家人民受教育的程度。文盲率指超过一定年龄（国际上通常定为 15 周岁）既不会读又不会写的人在相应的人口中所占的比例。文盲的标准，依一个国家经济条件和文化水平而定，多数国家规定只会读不会写者为文盲。在中国，历史上为了有计划地开展扫盲工作，一般把识字 500 个以上但未达到扫盲标准的人定为半文盲。

$$文盲率 = \frac{15\ 岁及以上的文盲人数}{15\ 岁及以上的总人口数} \times 100\% \qquad (5-1)$$

例如，2010 年第六次人口普查显示，中国 111149 万 15 岁及以上人口中，有 5419 万为文盲，根据上述公式计算得到，文盲率为 4.88%。

$$文盲率 = \frac{5419\ 万}{111149\ 万} \times 100\% = 4.88\%$$

文盲率的高低不仅标志着一个国家文化教育普及和发达程度，而且反映一个国家经济发展程度。文盲率在世界各国的差距比较大。受政治、社会、经济、伦理、习俗等多种因素的影响，许多国家女性不识字或识字很少的比重超过男性。因而，除了计算总人口的文盲率之外，计算分性别人口的文盲率也具有重要的政策含义。

$$男性文盲率 = \frac{15\ 岁及以上的男性文盲人数}{15\ 岁及以上的男性总人口数} \times 100\% \qquad (5-2)$$

$$女性文盲率 = \frac{15\ 岁及以上的女性文盲人数}{15\ 岁及以上的女性总人口数} \times 100\% \qquad (5-3)$$

例如，根据 2010 年第六次人口普查数据计算发现，男性文盲率为 2.52%、女性文盲率为 7.29%，女性文盲率接近男性的 3 倍（见表 5-1）。

$$男性文盲率 = \frac{1418\ 万}{56253\ 万} \times 100\% = 2.52\%$$

$$女性文盲率 = \frac{4001\ 万}{54893\ 万} \times 100\% = 7.29\%$$

表 5-1　2010 年中国各地区分性别文盲率（不含港澳台）

单位：%

地区	男	女	差异	地区	男	女	差异
全国	2.52	7.29	4.77	河南	2.96	7.70	4.74
北京	0.79	3.00	2.21	湖北	2.57	8.14	5.57
天津	0.99	3.86	2.87	湖南	1.64	4.89	3.25
河北	1.58	4.71	3.13	广东	0.88	4.03	3.15

续表

地区	男	女	差异	地区	男	女	差异
山西	1.48	3.72	2.24	广西	1.40	5.64	4.24
内蒙古	2.69	6.93	4.24	海南	2.06	8.35	6.29
辽宁	1.10	3.27	2.17	重庆	2.76	7.40	4.64
吉林	1.35	3.03	1.68	四川	3.78	9.37	5.59
黑龙江	1.39	3.31	1.92	贵州	5.71	17.26	11.55
上海	1.12	4.99	3.87	云南	4.41	11.00	6.59
江苏	1.85	6.85	5.00	西藏	24.22	40.86	16.64
浙江	3.28	9.80	6.52	陕西	2.48	6.40	3.92
安徽	5.38	14.39	9.01	甘肃	6.50	14.83	8.33
福建	1.07	4.76	3.69	青海	8.04	18.20	10.16
江西	1.72	6.35	4.63	宁夏	4.51	11.24	6.73
山东	2.86	8.92	6.06	新疆	2.22	3.85	1.63

资料来源：《中国 2010 年人口普查资料》。

　　同时，社会经济的发展各阶段人口所处的社会经济条件不同，造成不同出生队列人口的受教育程度有很大的差异，在文盲率视角下，某一时点人口资料中，文盲率随着年龄的增加而不断上升。对此，在实际计算中，通常可以计算分年龄组的文盲率。

　　例如，2010 年第六次人口普查数据显示，15～19 岁总人数 9989 万人，文盲人数 31 万人，文盲率为 0.31%（见图 5-1）。

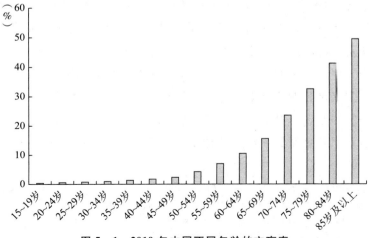

图 5-1　2010 年中国不同年龄的文盲率

资料来源：《中国 2010 年人口普查资料》。

2. 识字率

识字率为一个国家或地区当中，15 岁以上人口能读写文字的人的比率。传统上，"识字"一般是指读书和写字的能力水平到达可以沟通的能力。

一方面，识字率能反映一个国家教育普及的程度，也可反映一个国家的发展水平，另一方面，识字率的增加和国民义务教育的实施以及印刷术的普及等也有着关联。就目前而言，全球平均识字率正在增加中，但是世界上依然有不少失学的人口，比如在欠发达的非洲和拉丁美洲地区。此外，识字率在一些重要的人类发展测量指标中曾经得到过有效的应用，比如1990 年联合国开发计划署首次发布的《人类发展报告》，公布的"人类发展指数"是按预期寿命、成年人识字率、实际人均国内生产总值三个变量计算的，其中成年人识字率代表消费生活水平。

识字情况是人口普查的调查项目之一，在第六次人口普查中，短表及长表中"是否识字"① 问题，都是要求 6 周岁及以上人填报。

3. 入学率

入学率是指某国家或地区的适龄学生入学的比例，可用年龄区间入学率或者在校生升入高一等级学校的人数与相应的人口总数之比来计算入学率。

中国在 2010 年第六次人口普查中将受教育程度分为"小学、初中、高中、大学专科、大学本科、研究生及以上"，这就构成了一个完整的学校教育结构体系。《义务教育法》第十一条规定："凡年满六周岁的儿童，其父母或者其他法定监护人应当送其入学接受并完成义务教育；条件不具备的地区的儿童，可以推迟到七周岁。"一般情况下，中国小学为 6 年，初中、高中均为 3 年，大专为 3 年，本科为 4 年（个别专业如医学除外），研究生以 3 年为主（部分专业硕士可能是 2 年）。由于个体原因的影响，儿童入学时间有一定的差异，但是，绝大部分儿童是 6 岁入学，以此作为假定的标准教育年龄，于是对各个阶段的教育年龄界定为：6～12 岁（小学）、13～15

---

① "是否识字"指被登记人是否达到国家规定的脱盲标准（城市居民和乡、镇企业职工识字 2000 个，乡村居民识字 1500 个）。登记时可询问，日常生活中是否能读懂简单的书信或书写简短的句子。如果能阅读通俗书报、能写便条就认为具有识字能力。本项目设有两个标准答案。凡具有一般读写能力的人圈填"1"；没有达到脱盲标准的人圈填"2"。小学在校学生都圈填"1"（《中国 2010 年第六次人口普查资料》）。

岁（初中）、16～18 岁（高中）、19～22 岁（大学）、23～25 岁（研究生）①。

（1）小学入学率

小学入学率即 6～12 岁小学在校生数占该年龄段人口的百分比，考虑到入学年龄的提前及推迟，本书将小学在校生的年龄往后拓延 1 岁②。

（2）初中入学率

前文中对初中受教育年龄假定为 13～15 岁，同样考虑到提前及推迟的影响，计算初中入学率时将年龄拓宽到 11～16 岁。分母为相应年龄段的小学毕业人数。

$$初中入学率 = \frac{11～16 \text{ 岁初中在校人数}}{11～16 \text{ 岁小学毕业人数}} \times 100\% \qquad (5-4)$$

基于同样的考虑，本书计算高中入学率、大学入学率、研究生入学率时采用类似的办法。

（3）高中入学率

$$高中入学率 = \frac{14～20 \text{ 岁高中在校人数}}{14～20 \text{ 岁初中毕业人数}} \times 100\% \qquad (5-5)$$

（4）大学入学率

$$大学入学率 = \frac{14～20 \text{ 岁大专在校人数} + 14～20 \text{ 岁大学本科在校人数}}{14～20 \text{ 岁高中毕业人数}} \times 100\% \qquad (5-6)$$

（5）研究生入学率

$$研究生入学率 = \frac{研究生在校总人数}{大学毕业总人数} \times 100\% \qquad (5-7)$$

在这里要特别说明的是，在计算入学率时，理想的状态是获得某一教育层级的毕业人数及在此基础上进入更高一级教育层级的人数，这是一个队列（cohort）的概念，然而本节对各级入学率的计算囿于数据的局限，是以某一教育层级的人数为分子，以相应的年龄段总人口为分母，这是不得以而为之

---

① 需要指出的是，研究生教育与其他阶段的教育相比有很大的不同时性，研究生中一部分人口并非应届考入，而是大学毕业后过一段时间再攻读，根据 2010 年第六次人口普查数据显示，研究生在校人口年龄分布中，20～29 岁占 92.73%，而且受生命表计算中对年龄连续性的要求，本章在计算中将其作为连续阶段进行计算，即 23～25 岁（2010 年第六次人口普查中 23～25 岁研究生在校人数占总在校人数的 55.27%）。

② 由于第六次人口普查中只有 6 岁以上的受访对象才会回答其此处受教育状况，因而只是将其往后拓延 1 岁，即 6～13 岁小学在校人数。

的以较为粗糙的方式展现这一趋势图景的，客观地讲，如果我国教育部门有相对科学的队列数据，那么我们就能计算更为精确的入学率了。从表5-2、图5-2可见，中国在教育状况总体提高的良好局面下仍然包含内部结构性差异，其中，中国城乡二元结构下的巨大差异同样在教育领域中有所体现。从入学率来看，义务教育阶段入学率的城乡差异较小，其中城镇的小学入学率、初中入学率均低于农村。需要指出的是，这种与"常识"相违背的情况，可能是因为本章中使用的入学率是依据普查数据计算而致，而我们知道人口城乡流动中流动儿童的就学仍在较大范围内没有得到解决，这使得部分适龄流动儿童未能入学，未能享受九年制义务教育，就相应降低了城镇儿童小学及初中入学率，出现了城镇小学、初中入学率低于农村的与"常识违背"的现象。

表5-2　2010年中国分城乡、分性别入学率

单位：%

	城镇			农村		
	总计	男	女	总计	男	女
小学	77.11	77.51	76.63	81.34	81.68	80.94
初中	51.09	51.76	50.33	56.26	56.28	56.23
高中	43.04	43.07	43.01	21.24	21.56	20.88
大学	28.33	27.05	29.65	7.14	7.1	7.19
研究生	1.51	1.46	1.56	0.07	0.07	0.07

资料来源：根据《中国2010年人口普查资料》计算。

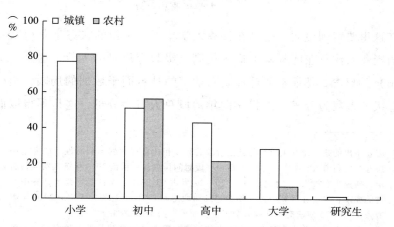

图5-2　2010年中国城镇与农村不同阶段的入学率

资料来源：根据《中国2010年人口普查资料》计算。

4. 在校率

在校率是反映在校人口状况的指标。根据计算采用的口径不同，本书将其分为不同的指标来计算与介绍。

（1）粗在校率

粗在校率是表示整体人口中在校人口的比重。

$$粗在校率 = \frac{全部在校人数}{总人数} \times 100\% \qquad (5-8)$$

（2）一般在校率

一般在校率表示在规定的入学下限年龄及以上（中国入学年龄为6周岁）人口中实际在校学习的人口比重。

$$一般在校率 = \frac{在校学习人数}{6 \text{ 岁及以上人口数}} \times 100\% \qquad (5-9)$$

（3）年龄别在校率

年龄别在校率表示某一年龄（或年龄段）人口中在校学习人口的比重。

$$X \text{ 岁在校率} = \frac{X \text{ 岁在校学习人数}}{X \text{ 岁人口数}} \times 100\% \qquad (5-10)$$

（4）不同阶段在校率

根据不同教育层次，可以分别计算小学、初中、高中、大学、研究生的在校率。

$$小学在校率 = \frac{小学在校人数}{相应年龄人口数} \times 100\% \qquad (5-11)$$

$$初中在校率 = \frac{初中在校人数}{相应年龄人口数} \times 100\% \qquad (5-12)$$

$$高中在校率 = \frac{高中在校人数}{相应年龄人口数} \times 100\% \qquad (5-13)$$

$$大学在校率 = \frac{大学在校人数}{相应年龄人口数} \times 100\% \qquad (5-14)$$

$$研究生在校率 = \frac{研究生在校人数}{相应年龄人口数} \times 100\% \qquad (5-15)$$

需要注意的是，小学、初中和高中在校率的计算中分母为相应的年龄人口数，一般情况下三个阶段分别为 7～12 岁、13～15 岁、16～18 岁。而大学和研究生教育中，由于年龄范围较大，在计算时一般使用总人口计算。

（5）每万人拥有大学生、研究生人数

高等教育在一个国家或地区的社会经济发展中具有重要地位，为了便于国际进行比较，通常采用每万人拥有的大学生数、研究生数指标以更好地显示高等教育的发展水平。

$$每万拥有大学生、研究生数 = \frac{大学生、研究生数}{总人数} \times 10000 \qquad (5-16)$$

需要指出的是，计算每万人拥有大学生人数时，往往把研究生计算在内（见表 5-3）。

表 5-3　2010 年中国各地区每万人大学生数、研究生数（不含港澳台）

单位：人

地区	每万人拥有大学生数	每万人拥有研究生数	地区	每万人拥有大学生数	每万人拥有研究生数
全国	373	31	河南	211	13
北京	1937	352	湖北	398	35
天津	906	80	湖南	273	18
河北	266	14	广东	346	31
山西	312	17	广西	221	13
内蒙古	372	18	海南	294	15
辽宁	552	42	重庆	371	28
吉林	473	30	四川	263	20
黑龙江	391	22	贵州	207	8
上海	1226	183	云南	231	13
江苏	459	40	西藏	239	11
浙江	417	32	陕西	422	37
安徽	260	17	甘肃	294	18
福建	365	23	青海	340	14
江西	251	14	宁夏	361	15
山东	354	24	新疆	362	18

资料来源：根据《中国 2010 年人口普查资料》计算。

5. 辍学率

辍学率指辍学学生占学生总数的比率。有的国家（比如中国）为了控制学生辍学规定了辍学率，也叫控辍率。

（1）小学辍学率

中国第六次人口普查的长表中将各级教育的完成情况分为"在校""毕业""肄业""辍学""其他"五个类别，被访者根据自己的教育完成情况选择相应的选项。笔者在对实际参与普查工作者的访谈中发现，被访者对于"辍学"和"肄业"的概念不清晰，同时，根据中华人民共和国九年义务教育制度可知，如果6~15岁被访者回答自己是小学或初中肄业状态，该人也应算作辍学。因而在小学辍学率的具体计算中，辍学人数包括两类：辍学者和肄业者。

此外，由于普查中询问的教育完成情况是被访者目前的状态，其辍学或者肄业是以往几年的累计状态，并非普查前一年内发生的状态转变。例如，假定100名12岁儿童回答是小学辍学，他们是在小学某个年级时辍学的累计，并非2010年内辍学。对此，本书首先计算累计辍学率，然后利用计算得到的一年级辍学率推出各年级的辍学率。

$$小学 x 年级累计辍学率 = \frac{(6+x)岁的辍学人数 + (6+x)岁的肄业人数}{(6+x)岁(在校 + 辍学 + 肄业)人数} \times 100\%$$

$$(5-17)$$

$$小学 x 年级辍学率 = 1 - (1 - x 年级累计辍学率) / \prod_{i=1}^{x-1}(1 - i 年级辍学率) \quad (5-18)$$

（2）初中辍学率

$$初中 x 年级累计辍学率 = \frac{(13+x)岁的辍学人数 + (13+x)岁的肄业人数}{(13+x)岁(在校 + 辍学 + 肄业)人数} \times 100\%$$

$$(5-19)$$

$$初中 x 年级辍学率 = 1 - (1 - x 年级累计辍学率) / \prod_{i=1}^{x-1}(1 - i 年级辍学率) \quad (5-20)$$

（3）高中辍学率

$$高中 x 年级累计辍学率 = \frac{(16+x)岁的辍学人数 + (16+x)岁的肄业人数}{(16+x)岁(在校 + 辍学 + 肄业)人数} \times 100\%$$

$$(5-21)$$

$$高中 x 年级辍学率 = 1 - (1 - x 年级累计辍学率) / \prod_{i=1}^{x-1}(1 - i 年级辍学率) \quad (5-22)$$

（4）大学专科毕业率

$$大学专科毕业率 = \frac{大学专科在校生/3}{\dfrac{大学专科在校生}{3} + \dfrac{大学本科在校生}{4}} \times 100\% \quad (5-23)$$

在辍学率的计算中，大学专科及以上的辍学率可以忽略不计。尽管普查中将大学专科与大学本科区分开，但是在大学入学率的计算中却没有区分，因而本章中将根据大学专科的毕业情况对其进行分流。根据中国高等教育的实际情况，专科学习时间为 3 年，本科学习时间为 4 年（个别专业如临床医学除外），按照前文对学龄标准的假定，大学专科为 19～21 岁，本科为 19～22 岁，因而 21 岁是一个分流年龄，即专科三年制的将在 21 岁时专科毕业，而本科四年制的则在 22 岁时本科毕业。根据大学专科和本科的学制，假定大学专科在校生的 1/3 为入学规模，大学本科在校生的 1/4 为大学本科的入学规模。

6. 平均受教育年限

平均受教育年限是反映一个国家或地区劳动力受教育程度或国民素质的重要指标之一，是指某一特定年龄段人群接受学历教育（包括普通教育和成人学历教育，不包括各种非学历培训）的年限总和的平均数（见表 5－4）。普通教育包括：普通小学、初中、高中、职业初中、职业高中、中等专业学校、技工学校、大学专科、大学本科、硕士、博士。

表 5－4　2010 年各地区分性别平均受教育年限（不含港澳台）

单位：年

地区	合计	男	女	地区	合计	男	女
北京	11.71	11.81	11.59	湖北	9.20	9.70	8.68
天津	10.38	10.52	10.21	湖南	9.16	9.51	8.81
河北	9.12	9.41	8.82	广东	9.55	9.94	9.13
山西	9.52	9.74	9.28	广西	8.76	9.15	8.35
内蒙古	9.22	9.54	8.88	海南	9.22	9.78	8.61
辽宁	9.67	9.89	9.45	重庆	8.75	9.10	8.40
吉林	9.49	9.68	9.29	四川	8.35	8.74	7.96
黑龙江	9.36	9.56	9.15	贵州	7.65	8.34	6.95
上海	10.73	11.07	10.38	云南	7.76	8.18	7.30
江苏	9.32	9.87	8.78	西藏	5.25	5.88	4.57
浙江	8.79	9.22	8.34	陕西	9.36	9.74	8.95
安徽	8.28	8.96	7.60	甘肃	8.19	8.82	7.55
福建	9.02	9.53	8.50	青海	7.85	8.41	7.25

续表

地区	合计	男	女	地区	合计	男	女
江西	8.86	9.45	8.27	宁夏	8.82	9.30	8.31
山东	8.97	9.52	8.43	新疆	9.27	9.39	9.13
河南	8.95	9.38	8.54				

资料来源：《中国 2010 年人口普查资料》。

7. 人口文化程度综合指数

在对受教育程度指标进行分析时，还可以采用综合评分法或综合指标法。即对小学、初中、高中等不同阶段赋予不同分值，以入口显示的文化教育水平为参照系，得到相应的分值，分值越高表明文化教育程度越高。

$$QE = \frac{\sum PE_i \times X_i}{P} \tag{5-24}$$

其中，QE 为人口文化程度综合指数；PE_i 为 i 级文化程度的人口数；X_i 为 i 级文化程度所赋予的分值，P 为总人口数。

四　文化结构的影响因素

1. 经济因素

受教育程度的影响因素有很多，经济因素为首要因素，而且受教育程度与经济因素相互影响。比如，在中国西部的很多贫穷地区，孩子尽管对读书的欲望很强烈，但常常受制于落后的家庭条件，早早地便辍学打工、务农以贴补家用，而打工、务农所赚的钱根本无法支撑他们的下一代获得良好的教育，如此循环，导致贫穷的孩子受教育程度始终无法获得有效的提升，经济条件也没有改善。

2. 社会制度因素

（1）个人观念

个人观念是影响教育的关键因素，包括父母观念及子女观念。有些父母认为孩子不是读书那块料，读不读书无所谓，对孩子的学习缺少关心，认为即使读到大学，毕业后在竞争激烈的城市中也无法获得好的工作，甚至没有工作，到头来还是得回农村，这样一来父母为孩子读书投入的巨大资金无法取得回报，父母消极的思想也是可以预料的；而孩子受父母的影响，即使开始有浓厚的读书兴趣，后来也失去了意愿，早早地辍学。但也有一部分父母认识到读书的重要性，愿意尽力供孩子读书，这部分家庭中，孩子的受教育程度整体较高。

（2）教学条件

教育基础设施以及师资力量对居民受教育程度起到很大的影响。尤其是在农村等偏远地区，其教学条件与城市相比严重落后，很多学校还是危房，孩子们在恶劣的环境中学习，并且学校课程单一，很多教师更是跨班级、跨年级上课，遑论美术、音乐等课程的普及，教学仪器也无法得到及时更新。此外，学历高、教学资历深的优秀教师更愿意去待遇优厚的城市学校教学而不愿待在农村。此种条件下，孩子们受到的教育显然无法使他们取得良好的成绩以进入理想的高阶学习中。农村中本科及以上学历人员很少甚至没有，这与农村的教学条件差是分不开的。但是，随着农村经济的发展，政府投资的增加，学校办学条件较之以往有了明显的提升，如近年来学校普遍配备了电脑等多媒体设施，但素质方面的教育设施，如劳技、音乐、美术等仍有待加强，文体设施也远远无法满足要求。

（3）义务教育

中国政府对教育的投入增加，九年制义务教育普及良好，其强制性使一部分不愿读书及家庭不愿意供学费让其读书的孩子都能接受教育，这当然大大提升了上学率。而学杂费的减免减轻了很多经济条件有限的农民的压力，让他们在供孩子读完义务教育后有余力供孩子受到更高层级的教育。但当前的义务教育并不是真正的全义务，在减免学杂费的同时，其他费用却有一定程度的上调。实行真正的九年制义务教育任重而道远。

第二节　人口就业结构

一　人口职业结构

1. 职业的定义

职业一般是按本人所从事的具体工作性质的同一性进行分类的。这里所谓"同一性"是指不论其所在工作单位是什么经济类型，不论用工形式是固定工还是临时工，也不论其隶属于哪个行业，凡是从事同一性质工作的人都划分为同一类。比如中国第六次人口普查中关于"职业"的填写说明①：

① 应填写被调查人所从事的主要工作，填写职业要具体、详细。不能笼统地填写"工人"、"杂工"等，而应具体填写其实际工作种类，如"铸轧工"、"采煤工"等；机关工作人员不能笼统填写"干部"，应详细填写其工作性质和种类，如："打字员"、"统计工作者"；专业技术人员，不能笼统地填写"研究员"、"工程师"等，而应把研究或从事的专业和学科也填上，如"通信工程技术员"等。

② 具有各类专业技术职务的人员，同时担任行政负责人的，按行政职务填写其职业；同时担任党和行政职务的领导干部，应按主要职务填写其职业。

③ 工种尚未确定，暂时又无具体工作的，要填写"工种未定"。

④ 工作变动频繁的人，填写具体所做的工作时要按在 10 月 25～31 日所从事的主要工作填写。

⑤ 如果在 10 月 25～31 日同时从事一种以上工作的，按所从事时间最长的工作填写；不能确定时间长短的，可按经济收入较多的工作填写。在同一工作场所，从事一种以上职业的，按技术性较高的工作填写。

⑥ 遇到申报人对本人或本户其他成员的职业不清楚时，不要急于登记，经询问查明后再填写。

而按照第六次人口普查汇总数据，可看到中国 2010 年不同职业就业人口的规模及比重（见表 5-5）。

表 5-5　2010 年中国不同职业就业人口规模及比重

	规模（人）	比重（%）
国家机关、党群组织、企业、事业单位负责人	1268641	1.77
专业技术人员	4890941	6.84
办事人员和有关人员	3093184	4.32

	规模（人）	比重（％）
商业、服务业人员	11572490	16.17
农、林、牧、渔、水利业生产人员	34565439	48.31
生产、运输设备操作人员及有关人员	16087734	22.49
不便分类的其他从业人员	69560	0.10
合计	71547989	100.00

注：需要指出的是，第六次人口普查中只有长表中询问被调查者的职业、行业状况，长表约占总调查表的10％，因而其各职业/行业就业人员数大约为该职业就业人员数的10％，表5-6亦同。

资料来源：根据《中国2010年人口普查资料》计算。

2. 行业的定义

行业一般是根据被调查者的工作单位或其本人的经济活动的同一性进行分类，而不是按其所属的行政管理系统来划分的。比如人口普查以产业活动单位为划分行业的标准。产业活动单位是指：①具有一个场所、从事一种或主要从事一种经济活动；②单独组织生产、经营或业务活动；③掌握收入和支出的会计核算资料。中国最新的第六次人口普查关于"行业"的填写说明①如下：

① 有工作单位的，既要填写单位名称，也要填写单位的主要产品或从事的主要业务。单位名称要填写全称，并要具体到分厂或车间，不能笼统地只填写总厂名称。单位的主要产品或从事的主要业务也要详细填写，如"生产服装"或"服装批发"、"服装零售"，不能简写为"服装"。保密单位，填写其公开使用的名称和公开的主要产品或从事的主要业务。

② 没有工作单位的，有招牌的要在单位名称处按招牌填写，如"××鞋铺"，并在主要产品或从事的主要业务处填写具体的产品或业务，如"做鞋"或"修鞋"。没有招牌的，应在主要产品或从事的主要业务处填写其所从事的具体业务。工作变动频繁的人，要按在10月25～31日期间所从事的主要工作填写。务农人员不能笼统地填写"农业"，要根据其具体的农业生产活动或农户具体从事的主要业务填写。

---

① 摘自《中国2010年第六次人口普查资料》，国家统计局，http://www.stats.gov.cn/tjsj/pcsj/rkpc/6rp/indexce.htm。

如种粮食、养猪等。

③ 如果在 10 月 25～31 日期间在一个以上单位工作的,按工作时间最长的单位填写。不能确定时间长短的,可按经济收入较多的填写。

④ 遇到申报人对本人或本户其他成员的行业不清楚时,不要急于登记,经询问查明后再填报。

而按照第六次人口普查汇总数据,可看到中国 2010 年不同行业就业人口的规模及比重(见表 5 - 6)。

表 5 - 6   2010 年中国各行业就业人口规模及比重

	规模(人)	比重(%)
农、林、牧、渔业	34584219	48.34
采矿业	809350	1.13
制造业	12059240	16.85
电力、燃气及水的生产和供应业	495991	0.69
建筑业	3919862	5.48
交通运输、仓储和邮政业	2544704	3.56
信息传输、计算机服务和软件业	439412	0.61
批发和零售业	6656937	9.30
住宿和餐饮业	1953185	2.73
金融业	581162	0.81
房地产业	481021	0.67
租赁和商务服务业	491322	0.69
科学研究、技术服务和地质勘查业	229615	0.32
水利、环境和公共设施管理业	267564	0.37
居民服务和其他服务业	1387990	1.94
教育	1650999	2.31
卫生、社会保障和社会福利业	834040	1.17
文化、体育和娱乐业	324501	0.45
公共管理和社会组织	1836217	2.57
国际组织	658	0.00
合计	71547989	100.00

资料来源:《中国 2010 年人口普查资料》。

另外，可以将受教育程度与行业结合分析。表 5 – 7 为不同行业就业人口的教育分布。具体差异及背后的原因，读者可以阅读相关文献并进行具体的探讨。

表 5 – 7　不同行业就业人口的高等教育分布

单位：%

	大学专科	大学本科	研究生
总计	10.8	8.57	1.34
农、林、牧、渔业	0.94	0.29	0.04
采矿业	14.76	16.89	2.72
制造业	6.42	3.73	0.35
电力、燃气及水的生产和供应业	20.8	16.79	2.72
建筑业	9.62	6.86	0.59
交通运输、仓储和邮政业	12.26	7.95	0.65
信息传输、计算机服务和软件业	29.54	30.36	4.11
批发和零售业	11.84	6.23	0.42
住宿和餐饮业	5.71	2.19	0.12
金融业	31.78	33.85	4.24
房地产业	17.91	11.76	1.05
租赁和商务服务业	26.46	22.3	2.88
科学研究、技术服务和地质勘查业	24.78	34.4	11.03
水利、环境和公共设施管理业	11.98	10.04	2.73
居民服务和其他服务业	6.23	2.13	0.13
教育	20.92	38.16	12.57
卫生、社会保障和社会福利业	27.97	28.6	8.27
文化、体育和娱乐业	18.59	20.61	2.59
公共管理和社会组织	23.13	26.53	4.41
国际组织	27.27	30.3	12.12

资料来源：《中国 2010 年人口普查资料》。

二　区位商

区域经济中分析地区产业是否构成专门化部门时采用"区位商"指

标进行分析，即一个地区特定部门的产值在地区工业总产值中所占的比重与全国该部门产值在全国工业总产值中所占比重之间的比值。区位商排除了规模不同带来的影响，也比较了相对位置，便于不同区域的比较（Hildebrand & Mace，1950）。以行业分布为例，行业分布区位商公式可设定为：

$$某地区人口行业分布区位商 = \frac{N1/N0}{A1/A0} \qquad (5-25)$$

公式其中 N1 为该地区人口在某行业的从业人员数；A1 为全国所有人口在该行业的从业人员数；N0 为该地区人口所有行业的从业人员数；A0 为全国所有人口在各行业的从业人员数。区位商大于 1，可以认为该地区人口在该行业的分布高于全国平均水平，等于 1 则与全国人口在行业的分布相同，而小于 1 则说明该地区人口在该行业中不具有竞争优势；与 1 的差距越大说明劣势或优势越大。本书将在下一节中对区位商的使用进行具体的说明。

第三节 人口民族结构

一 民族划分

中国是统一的多民族国家，共有 56 个民族，而民族识别是指对一个民族成分的辨认，这是多民族的社会主义国家落实民族政策的一项基本工作。新中国成立后，为改变民族成分和族称混乱的状况，保障少数民族的平等权利，自 1950 年起，由中央及地方民族事务机关组织科研队伍，对全国提出的 400 多个民族名称进行识别。加上原来已经公认的民族，1983 年共确认了 55 个少数民族。具体的民族分类与编码可见表 5-8。

表 5-8 民族名称和代码

代码	民族	代码	民族
1	汉族	3	回族
2	蒙古族	4	藏族

代码	民族	代码	民族
5	维吾尔族	32	仫佬族
6	苗族	33	羌族
7	彝族	34	布朗族
8	壮族	35	撒拉族
9	布依族	36	毛南族
10	朝鲜族	37	仡佬族
11	满族	38	锡伯族
12	侗族	39	阿昌族
13	瑶族	40	普米族
14	白族	41	塔吉克族
15	土家族	42	怒族
16	哈尼族	43	乌孜别克族
17	哈萨克族	44	俄罗斯族
18	傣族	45	鄂温克族
19	黎族	46	德昂族
20	傈僳族	47	保安族
21	佤族	48	裕固族
22	畲族	49	京族
23	高山族	50	塔塔尔族
24	拉祜族	51	独龙族
25	水族	52	鄂伦春族
26	东乡族	53	赫哲族
27	纳西族	54	门巴族
28	景颇族	55	珞巴族
29	柯尔克孜族	56	基诺族
30	土族	97	其他
31	达斡尔族	98	入籍（外国血统中国籍人士）

二 中国人口民族结构的变动

1. 少数民族人口变动的总体状况

中国人口的民族结构正在发生一系列变化：少数民族占总人口比重逐

年上升，西部少数民族人口增长较快以及少数民族人口流动性增强，构成中国人口民族结构发展变化的三大特点。

由于历史的原因，中国的少数民族人口绝大多数都居住在祖国的边陲地区，这些少数民族人口大约占全部少数民族人口的50%。历次全国人口普查的统计显示，中国少数民族人口数分别为3401万（1953年）、3988万（1964年）、6643万（1982年）、9057万（1990年）和10643万（2000年）。到2010年第六次人口普查时中国少数民族人口总数已是1953年的3倍多，各少数民族人口占总人口比重也由"一普"时的5.89%上升到8.41%。汉族人口虽然也比1953年增加一倍多，但与少数民族人口增长速度相比略显缓慢，占总人口比重已降至91.59%。

少数民族人口增长较快的原因主要有两个，一是中国少数民族执行的生育政策比较宽松，加之生育观念转变较慢，其妇女生育水平往往高于汉族妇女，因而少数民族人口的自然增长明显高于汉族人口。二是中国少数民族在升学考试、生育等方面享有政府的优惠或照顾，当少数民族与汉族通婚后，其子女的民族成分一般也都会填报为少数民族。

2. 少数民族人口规模及分布的变动

中国的计划生育政策是多样的，对不同民族采用不同的生育政策，少数民族人口的增长趋势的变动是对少数民族人口其他方面状况进行相应分析的重要基础，人口的分布、流动与就业等有很大的关联，因而在此先分析少数民族人口的规模及其分布的变动。

尽管中国是由56个民族共同组成的大家庭，但是汉族人口占绝大部分，少数民族人口比重较低，具体看来，壮族是人口最多的少数民族，2000年为1618万，占总人口的1.30%，2010年增长到1693万，但占总人口的比重却略有下降，为1.27%。另外，本章选择分析的壮族之外的少数民族——回族、维吾尔族、藏族、蒙古族人口中，虽然相比其余少数民族，它们在总人口规模中所占比例相对较大，但是与汉族相比其比例仍旧很小，占总人口比重均不足1%。2000~2010年，蒙古族人口规模有所增加，但是比重却从2000年的0.47%降到2010年的0.45%；回族人口规模有所扩大但比重维持在0.79%；维吾尔族和藏族的人口规模及比重均有不同程度的增加。中国的少数民族主要分布在民族聚集地，从本章选择分析的五个少数民族来看，蒙古族、壮族、维吾尔族绝大部分生活在其相应的民族自治区，即民族聚集地。相比而言，回族和藏族生活在其民族自治区的比重相对较小，2010 年第六次人口普查显示其比重分别为 20.53% 和 43.24%。2000~2010 年，回族、藏族、壮族人口生活在自治区的比重有所下降，这也反映出其分布的变动（见表 5-9）。

表 5-9 一些少数民族人口规模及比重

民族	人口规模（人）		占总人口比重（%）		生活在自治区比重（%）	
	2000 年	2010 年	2000 年	2010 年	2000 年	2010 年
蒙古族	5813947	5981840	0.47	0.45	68.72	70.65
回族	9816805	10586087	0.79	0.79	18.97	20.53
藏族	5416021	6282187	0.44	0.47	44.81	43.24
维吾尔族	8399393	10069346	0.68	0.76	99.36	99.32
壮族	16178811	16926381	1.3	1.27	87.81	85.36

资料来源：根据《2000 年人口普查资料》《2010 年人口普查资料》计算整理。

为更好地分析少数民族人口的分布及流动，本书计算了这五个少数民族人口在其民族自治区和全国的增长速度的增长系数。具体而言，其自治区的增长系数为 2000~2010 年某少数民族人口增长速度与自治区总人口增长速度的比值，相应的，某民族在全国的增长系数为这期间该民族人口增长速度与全国总人口增长速度的比值。如果增长系数大于 1，说明该少数民族人口增长速度快于总人口增长速度，从结果来看，这五个少数民族在自治区和全国计算的增长速度均大于 1，说明其增长速度高于总人口增长速度（见图 5-3）。

进一步比较其自治区的增长系数和全国的增长系数发现，壮族、藏族和维吾尔族人口在自治区的增长系数低于全国的增长系数，而蒙古族与回族的则相反。根据人口迁移理论，人们的生育观等会受流入地人口的影响，也就是说少数民族人口在民族聚集地的生育水平要高于他们在其他地区的生育水平，在此背景下，其相对较低的自治区增长系数可以理解为是该民族人口从自治区的部分流出造成的，可见这三个少数民族人口的流动性有所加强。在区域发展差异仍旧很大的当今之中国社会，少数民族人口从经济水平相对落后的民族聚集地流出到经济发达之地有利于其自身条件的改善及家庭经济水平的提高，也会在一定程度上促进民族间的融合与发展。

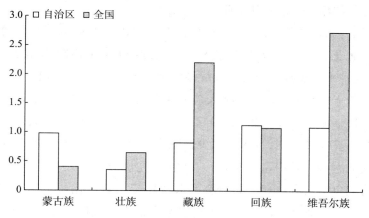

图 5 - 3 五大少数民族人口增长系数

数据来源：根据《2000 年人口普查资料》《2010 年人口普查资料》计算整理。

三 少数民族状况变动的综合分析

与这个世界诸多国家不同的是，中国不仅是目前世界上最大的人口国，有约 13.7 亿人，占世界人口约五分之一，[①] 同时中国也是一个多民族国家，共计 56 个民族都是中华民族大家庭的一分子，促进民族共同发展、加强民族融合长久以来也都是中国政府既定的发展目标。然而，鉴于中国是一个经济社会发展不平衡的发展中国家这一客观事实，我们可以清晰地看到中国在城乡之间、区域之间存在的方方面面的差异。长期以来，由于受历史原因影响，中国民族人口分布形成了一个最基本的地理格局，即汉族主要在东部地区，少数民族主要在西部地区；汉族主要在中原和沿海，少数民族则主要在内陆边疆。研究表明，在中国 18000 公里的大陆海岸线上，民族自治地方仅占 9%；而在 22800 公里的陆地国界线上，民族自治地方却占了 85%（张善余、曾明星，2005）。在中国有五个民族自治区，它们分别是：内蒙古自治区、广西壮族自治区、西藏自治区、宁夏回族自治区和新疆维吾尔自治区，这五个自治区分别主要针对蒙古族、壮族、藏族、回族和维吾尔族，而这五个少数民族也是中国人口相对较多的民族。在本章接下来的研讨中，所涵盖的内容也主要是在这五大民族自治区内的五大少数民族

[①] 主要数据参照第六次全国人口普查数据。

范畴内进行的相关讨论并基于此的延展分析。

实际上长期以来，由于自然和社会多方面因素的影响，少数民族地区的社会、文化、经济、医疗等相对主要汉族地区而言较为落后（罗淳，1997），这带来了少数民族相对较缓慢的发展现况。在 20 世纪 50 年代之前，少数民族的人口增长速度较汉族人口要缓慢（马正亮，1996），随后增长势头开始加快，加之与汉族相比差异化的生育政策的影响，少数民族的人口增长颇为明显（王光明，1995），少数民族人口的分布和流动也发生了一定的变动（张善余、曾明星，2005）。在社会经济方面，人口的教育、就业、健康等与人口增长息息相关，研究发现，民族人口变化与不同民族的受教育水平、非农产业就业比重、城镇化水平有很大的关联（邓艾，2006），少数民族人口总体上相对较低的教育水平使得他们外出务工时的收入也相对较低（孙中伟、刘飞、胡双喜，2013）。

另外，中国政府长久以来对少数民族的关注也表现在方方面面，尤其是在整体对教育、医疗等基本公共服务都投入渐增之背景下，对少数民族人口做出了不同的优惠（中华人民共和国国务院新闻办公室，1999），比如，在高考时对少数民族考生实行加分照顾以弥补少数民族地区经济落后、教育水平低下的客观事实（丁月牙，2005；孙百才、祁进玉，2006；王柱国，2009）。国家对少数民族教育及医疗等基本公共服务的财政投入及政策优惠，带来了少数民族自治区义务教育基本普及、教育水平相应提高、医疗卫生条件改善、健康水平得到提高的良性进展。

那么，国家持续的重视、长期坚持民族平等发展的政策、社会经济的照顾性发展，对民族人口之间发展的差异究竟带来了什么影响？这些差异又如何被定量化操作，从而便于进行相应的测量和估算的呢？聚焦起来，即如何分析不同民族在文化程度、健康状况以及职业分布三个涉及人口自然属性及社会属性方面的变动及差异。具体需要回答的问题则是义务教育的普及虽然提高了少数民族人口总体的接受基础教育的水平，但在这些群体之中，高等教育的接受情况究竟如何呢？从人口健康的角度，我们知道当今中国整体上医疗条件得到良好改善，那么从衡量人口健康状况的关键指标——出生婴儿存活率来看，少数民族人口的情况又如何？还有，非农比重的变化意味着劳动力从第一产业的转移，但是在第二、第三产业不断升级改造的当今中国，少数民族人口在第三产业的就业状况又是如何？就上述问题，本章拟根据较为权威、全面并方便可及的 2000 年和 2010 年人口普查汇总资料来分析并获取上述问题的答案，以解析这十年间中国主要少数民族人口的发展及变动状况。

1. 数据来源与计量方法

（1）数据来源

少数民族人口规模小、比重低，除针对少数民族的专题调查外，其他抽样调查中，少数民族人口被选入样本的规模都太小甚至未能纳入样本。相比而言，人口普查数据是最全面、最权威的数据。本章所使用的数据为国家统计局在其官方网站公开发布的 2000 年第五次人口普查和 2010 年第六次人口普查汇总数据。[①] 在人口普查汇总资料中关于民族人口的数据包括各地区不同民族人口规模、各民族分年龄分性别人口规模、各民族分受教育程度人口规模、各民族普查前一年死亡人口数、各民族分行业人口数、各民族分职业人口数、各民族育龄妇女普查前一年生育子女数、各民族人口婚姻状况。本章在上述两次人口普查关于民族人口的数据中选择适合本研究的数据部分进行分析。

（2）人口素质发展指数介绍

联合国开发计划署在《1990 年人文发展报告》中提出人类发展指数（Human Development Index）是对特定国家/地区的经济社会发展水平的综合衡量指标，其采用"预期寿命"、"成人识字率"和"国民兰产总值"三个分指标来分别测量并反映人的长寿水平、知识水平和生活水平（Anand & Sen，1994）。但在中国语境之下，随着社会的发展及这个国家对基础教育的重视，义务教育普及率越来越高，在此过程中文盲率也不断下降，显然用识字率衡量知识水平已经不太准确。而在大学高等教育尚未普及的当今中国社会，产业的升级使得各部门更加重视对员工文化水平的要求，可见大学教育产业发展越发重要。产业结构的调整是社会进步、产业升级的表现，第三产业的发展是产业结构调整的重要方面。考虑到中国社会发展提出的新要求及本研究所需数据的可及性，在此从大学生人数、第三产业就

---

① 但遗憾的是，没能获取两次人口普查的原始数据进行更为深入的分析。

业分布、存活子女比重①三个方面借鉴人类发展指数的方法，构建适合中国本土的各民族人口素质发展指数，以从不同角度综合衡量少数民族人口在2000~2010年的发展状况。

在对文化、行业、健康分析的基础上，本书从受教育程度、健康状况、行业及职业分布三个方面分析少数民族人口的变动，而这三个方面也正是社会发展的重要方面。这里借助"区位商"的计算方法，排除不同指标量纲的影响，并借鉴人口发展指数的方法从这三个方面选择指标计算均值求出各民族人口素质发展指数，比较少数民族的发展状况。具体而言，本章计算的民族人口素质发展指数的公式为：

$$
发展指数 = \left(\frac{某民族人口大学生人数/该民族人口总人数}{全国大学生人数/全国总人数} + \frac{某民族人口平均存活子女数/该民族人口平均活产子女数}{全国平均存活子女数/全国平均活产子女数} + \frac{某民族人口第三产业就业人数/该民族人口所有就业人数}{全国第三产业就业人数/全国所有就业人数} \right) \div 3 \quad (5-26)
$$

2. 少数民族人口素质变动分析

从前文对少数民族人口规模及分布的变动分析中，可以发现少数民族的集聚状况仍旧很明显且聚集地正是相对落后的"老少边穷"地区。那么，除区域的影响外，少数民族整体的人口素质如何？接下来从文化水平、健康水平、就业分布三个方面分析少数民族人口的状况及其在2000~2010年的变动。

（1）少数民族人口的文化水平变动分析

就总体层面而言，少数民族文盲率高于全国平均水平及汉族水平，2000年，少数民族文盲率为13.15%，高出汉族近6个百分点。但是2000~2010年，少数民族文盲率的下降幅度高于汉族，二者之间的差距缩小2.33个百分点。在本章选取分析的5个少数民族中，藏族和回族的文盲率高于少数民族平均水平，而蒙古族的文盲率则低于少数民族及汉族平均水平，维吾尔族文盲率在2010年时低于汉族。男性文盲率高于女性是普遍现象，在这一点上少数民族人口与汉族人口是一致的。但是，与汉族人口相比，少数民

---

① 需要指出的是，在第六章"生育分析"中会对存活子女等生育问题进行详细讲解，在本章中本着对问题分析的完整性，会对存活子女进行分析。

族人口文盲率的性别差异更明显，2000～2010 年女性文盲率的下降幅度是男性下降幅度的两倍左右，2000 年少数民族女性文盲率高出男性近 10 个百分点，2010 年差距降至 6 个百分点。少数民族人口文盲率尤其是女性文盲率较高的下降幅度，一方面体现出国家对少数民族基础教育的投入产生了效应，另一方面也体现出男性与女性平等地位的推进在少数民族人口中取得了成绩——少数民族女性地位得到提高（见表 5－10）。

表 5－10　2000～2010 年不同民族人口文盲率的变动

单位：%

民族	2000 年			2010 年			2000～2010 年变动		
	合计	男	女	合计	男	女	合计	男	女
总计	7.75	4.28	11.41	5.00	2.76	7.33	2.75	1.51	4.08
汉族	7.26	3.90	10.80	4.71	2.53	6.98	2.55	1.37	3.83
少数民族总体	13.15	8.46	18.08	8.27	5.42	11.23	4.88	3.05	6.85
蒙古族	7.23	4.87	9.52	3.31	2.31	4.31	3.92	2.56	5.22
回族	15.64	10.54	20.90	8.57	5.63	11.57	7.07	4.91	9.34
藏族	45.49	35.13	55.72	30.56	25.01	36.14	14.93	10.12	19.58
维吾尔族	8.83	8.26	9.42	3.51	3.26	3.75	5.32	4.99	5.66
壮族	6.00	2.60	9.61	4.75	2.19	7.42	1.24	0.41	2.18
少数民族与汉族差异	5.89	4.56	7.28	3.56	2.89	4.25	2.33	1.67	3.03

资料来源：根据《2000 年人口普查资料》《2010 年人口普查资料》计算整理。

接下来本章选择每万人拥有大学生人数来考核少数民族人口的高等教育水平。与文盲率的比较结果一致，少数民族人口高等教育水平低于汉族人口及全国人口的平均水平。同样，少数民族人口中，一方面男性高等教育水平高于女性，另一方面随着社会经济的发展，相比 2000 年，2010 年汉族及少数民族人口的高等教育水平均有不同程度的提高。然而从汉族人口与少数民族人口的比较分析中发现，尽管在文盲率视角下，少数民族人口与汉族人口的差异在 2000～2010 年有所减少，但是在每万人拥有大学生数视角下，研究则发现少数民族人口每万人拥有大学生数在 2000～2010 年的增长幅度低于汉族人口的增长幅度，因而少数民族人口与汉族人口每万人拥有大学生数的差异在这 10 年间呈扩大的趋势：这种差异从 2000 年的 117 人提高到 2010 年的 263 人。需要指出的是，蒙古族人口的每万人拥有大学生人数高于汉族，且这种差异在 2010 年呈扩大趋势。通过从区位商的比较发现，少数民族区位商略有提高，而汉族则有较小程度的下降，也就是说，少数民族高等教育的相对水平略有提高，当然这不能掩盖绝对规模的较大差异。

从性别差异的角度分析，女性每万人拥有大学生人数的提高数量及幅度均高于男性，汉族人口与少数民族人口均是如此，因而 2000～2010 年高等教育的性别差异呈缩小趋势。通过汉族与少数民族的对比分析可以发现，少数民族人口高等教育的性别比差异低于汉族人口。需要指出的是，在本章选取的五个少数民族中，蒙古族、回族、维吾尔族人口女性每万人拥有大学生人数高于男性，即这三个少数民族人口中女性高等教育水平高于男性（见表 5 - 11）。

表 5 - 11　2000～2010 年不同民族人口每万人拥有大学生数的变动

单位：人

民族	2000 年			2010 年			区位商	
	合计	男	女	合计	男	女	2000 年	2010 年
总计	354	424	280	888	944	829	—	—
汉族	364	437	287	910	970	848	1.03	1.02
少数民族总体	247	288	204	647	666	627	0.70	0.73
蒙古族	479	512	446	1308	1277	1339	1.35	1.47
回族	371	408	333	856	852	861	1.05	0.96
藏族	120	150	90	492	517	468	0.34	0.55
维吾尔族	245	256	235	562	527	598	0.69	0.63
壮族	190	249	127	516	557	473	0.54	0.58
少数民族与汉族差异	117	149	84	263	304	220	0.33	0.25

资料来源：根据《2000 年人口普查资料》《2010 年人口普查资料》计算整理。

通过文盲率和每万人拥有大学生数的分析可以发现，少数民族与汉族人口在文盲率方面差异的下降印合了少数民族基础文化水平得到提高、与汉族之间差异得以缩小及国家对义务教育投入、义务教育均等化推进已经取得了一定效果之客观发展事实。然而，高等教育视角下的少数民族人口与汉族人口的绝对规模差异却呈增大趋势，这说明未来对于民族人口高等教育的提升是中国政府在民族推进工作领域的重要切入点之一。我们知道，随着中国社会的发展、产业结构的升级，各部门对就业人口的文化水平要求也越来越高，而以往的分析发现受教育程度尤其是高等教育程度与职业的分布、收入的高低有很大的关联性（邓艾，2006），少数民族人口相对较低的受高等教育比重意味着其在就业市场处于不利地位，当然也就不利于其自身社会地位的提高与经济收入水平的改善。

（2）少数民族人口的健康水平变动分析

如前所述，在衡量人口健康状况方面，本章采用少儿健康状况的视角。0 岁儿童死亡率是衡量人口健康状况的重要指标之一，受本研究可得数据之限制，本章以存活子女占活产子女的比重代替分析 0 岁死亡率。从表 5 - 12 中可以看出，少数民族存活儿童占活产儿童的百分比低于汉族。在本章选择的五个少数民族中，蒙古族的该百分比最高且高于汉族，其次为壮族，而维吾尔族的这一数值则是五个少数民族中最低的。通过 2000 年与 2010 年对比分析发现，少数民族和汉族存活子女占活产子女的比重均有不同程度的上升，其中维吾尔族的上升幅度最大。通过与全国平均水平的比较发现，少数民族总体及所选五个少数民族存活子女占活产子女的比重与全国平均水平的差距均有所下降。

表 5 - 12　汉族与少数民族人口存活子女数占活产子女数的百分比

单位：人，%

民族	平均活产子女数		平均存活子女数		存活子女数占活产子女数的百分比		存活子女数占活产子女百分比的区位商	
	2000 年	2010 年	2000 年	2010 年	2000 年	2010 年	2000 年	2010 年
总计	1.32	1.35	1.30	1.33	98.48	98.78	—	—
汉族	1.31	1.33	1.28	1.32	97.71	98.86	0.99	1.00
少数民族合计	1.51	1.55	1.44	1.52	95.20	97.94	0.97	0.99
蒙古族	1.28	1.24	1.25	1.23	97.66	99.00	0.99	1.00
回族	1.46	1.50	1.41	1.48	96.58	98.49	0.98	1.00
藏族	1.51	1.44	1.41	1.41	93.38	97.40	0.95	0.99
维吾尔族	1.89	1.70	1.70	1.64	89.95	96.77	0.91	0.98
壮族	1.48	1.62	1.45	1.60	97.97	98.76	0.99	1.00

资料来源：根据《2000 年人口普查资料》《2010 年人口普查资料》计算整理。

从另一个角度着手，我们知道，随着老年人口比重的不断增加，老年人口的养老问题成为社会关注的重点，而老年人口的健康状况则与养老规划有很大的关系。2010年第六次人口普查中对60岁及以上老年人口的健康状况进行了调查。本章将"健康""基本健康"两类合并为"健康"，分析全国及五个自治区的老年人口的健康比重。结果发现，广西壮族自治区的老年人口健康比重高于全国平均水平，而其他四个自治区的老年人口的健康比重均低于全国平均水平，其中宁夏回族自治区最低（见图5-4）。

女性老年人口预期寿命高于男性，但是女性老年人口的健康状况则低于男性（郭未等，2013），通过对不同自治区的分析也发现男性健康比重高于女性，而且男性与女性的差异值高于全国平均水平。在前文的分析中已经指出，本章所选择的五个少数民族生活在民族自治区的比重很高，尽管本章无法分析各民族人口的健康比重，但这可以侧面反映少数民族人口的健康状况。

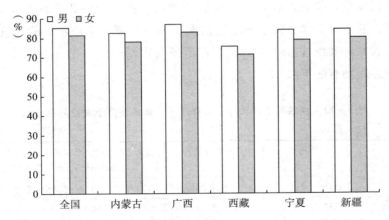

图5-4　2010年五大民族自治区60岁及以上老年人口健康比重

注：在2010年第六次人口普查中将老年人口的健康状况分为"健康"、"基本健康"、"不健康但生活能自理"和"生活不能自理"四类，本章在计算老年人口健康比重时将"健康"和"基本健康"合并一起计算。

资料来源：根据《2010年人口普查资料》计算整理。

（3）少数民族人口的行业与职业变动分析

从行业分布的变动分析中可以发现，汉族人口在第一产业的区位商有所下降，少数民族第一产业的区位商大于1，第二产业和第三产业的区位商小于1。从2000～2010年变动来看，少数民族人口在第一产业和第二产业的区位商有所上升，分别从 2000 年的 1.22 和 0.45 上升到 2010 年的 1.44 和 0.50，而第三产业的区位商则从 2000 年的 0.72 下降到 2010 年的 0.67。可见，少数民族人口在行业分布中更多集中在第一产业，在当今中国现代产业的转移及升级格局中并不具备竞争优势。

通过对本章选取的五个少数民族的分析发现，其在第一产业的区位商均高于 1，且 2010 年较 2000 年均有不同程度的上升，其中藏族和维吾尔族 2010 年的区位商为 1.7，相对较高。需要指出的是，这里的发现实际上暗合了一个中国事实，即大部分少数民族受历史、居住地区的地理环境、社会经济发展水平等多种因素制约，多以农牧业为生，工业化水平很低，所以更多地集中在第一产业（张善余、曾明星，2005）。但是需要指出的是，他们在其他行业的区位商很低，说明少数民族人口在第二产业和第三产业中没有竞争优势。当今中国社会产业处于不断的转移及升级换代之变迁进程中，第三产业比重势必会相对增大，而第一产业和第二产业随之减少，从区域发展看，经济发展越好的地区第三产业的比重相应越大。因而可以推断，一方面少数民族人口在经济发达地区的比重太低，另一方面他们的竞争力相对弱，需要在今后的社会发展中继续提高，以适应中国整体社会经济发展快速向前之现实（见表 5 - 13）。

表 5 - 13 2000 ~ 2010 年不同民族人口行业分布区位商的变动

民族	第一产业		第二产业		第三产业	
	2000 年	2010 年	2000 年	2010 年	2000 年	2010 年
汉族	0.98	0.96	1.05	1.05	1.03	1.03
少数民族合计	1.22	1.44	0.45	0.50	0.72	0.67
蒙古族	1.10	1.31	0.46	0.37	1.12	1.00
回族	0.93	1.09	0.85	0.59	1.39	1.19
藏族	1.34	1.70	0.16	0.13	0.58	0.53
维吾尔族	1.25	1.71	0.31	0.16	0.76	0.49
壮族	1.24	1.43	0.51	0.58	0.60	0.60

资料来源：根据《2000 年人口普查资料》《2010 年人口普查资料》计算整理。

行业区位商反映的是特定人口就业的行业分布，而职业则是其在行业或单位中相对地位的反映。接下来，按照前面行业分布区位商的方法，本书计算了这些人口的职业分布区位商，并分析 2000~2010 年职业分布区位商的变动。分析发现，少数民族就业人口作为"农、林、牧、渔、水利业生产人员"及"生产、运输设备操作人员及有关人员"的区位商有所上升，而在其他职业的区位商均有下降，尤其是"国家机关、党群组织、企业、事业单位负责人""专业技术人员""办事人员和有关人员"的职业区位商的下降幅度较大。而且本章选择的五个少数民族职业区位商的变动同样是这个趋势。这再次说明，十年来，少数民族人口在就业中处于不利之地位且有加剧之趋势（见表 5-14）。

表 5-14　2000~2010 年不同民族人口从业人员职业分布区位商的变动

民族	汉族	少数民族合计	蒙古族	回族	藏族	维吾尔族	壮族
国家机关、党群组织、企业、事业单位负责人	0.012	-0.384	-0.415	-0.346	-0.170	-0.238	-0.011
专业技术人员	0.008	-0.349	-0.123	-0.124	-0.182	-0.318	-0.081
办事人员和有关人员	0.000	-0.326	-0.010	-0.231	0.048	-0.180	0.025
商业、服务业人员	0.000	-0.222	-0.054	-0.306	0.028	-0.230	0.032
农、林、牧、渔、水利业生产人员	-0.019	0.336	0.211	0.166	0.371	0.465	0.192
生产、运输设备操作人员及有关人员	-0.008	0.099	-0.085	-0.227	-0.007	-0.170	0.079
不便分类的其他劳动者	0.023	-0.249	0.163	-0.225	-0.365	-0.810	-0.833

资料来源：根据《2000 年人口普查资料》《2010 年人口普查资料》计算整理。

（4）人口素质发展指数

根据前文介绍的计算各民族人口素质发展指数的方法，本章分别计算了汉族、少数民族以及本章所选取的五个少数民族在 2000 年和 2010 年的人口素质发展指数，通过对比分析，可以发现少数民族人口和汉族人口的素质发展指数在 2000~2010 年没有明显变化，也就是说其相对于全国平均水平的相对位置几乎没有变化。但是，对本章选择的五个少数民族而言，蒙古族、藏族和壮族的发展指数在 2000~2010 年有不同幅度的提高，而回族和维吾尔族则有所下降（见表 5 – 15）。

表 5 – 15　2000 ~ 2010 年不同民族人口综合素质发展指数及不同指标的变动

民族	发展指数			不同方面的变动		
	2000 年	2010 年	变动	每万人大学生数区位商	第三产业就业区位商	存活子女率区位商
汉族	1.0156	1.0187	0.0031	– 0.0031	0.0036	0.0087
少数民族总体	0.7952	0.7967	0.0015	0.0312	– 0.0515	0.0248
蒙古族	1.1545	1.1591	0.0046	0.122	– 0.1187	0.0106
回族	1.1389	1.0518	– 0.087	– 0.0834	– 0.1942	0.0165
藏族	0.6224	0.6896	0.0672	0.2164	– 0.0526	0.0379
维吾尔族	0.7902	0.7007	– 0.0894	– 0.06	– 0.2746	0.0663
壮族	0.7104	0.7276	0.0172	0.0444	0.0022	0.005

资料来源：根据《2000 年人口普查资料》《2010 年人口普查资料》计算整理。

3. 结论与思考

前文首先分析了少数民族人口的规模与分布，并发现少数民族人口的增长系数高于全国，少数民族人口的分布也有所变动：有些少数民族（如回族、藏族、壮族）生活在自治区的比重有所下降，流动性有所加强，但是蒙古族和维吾尔族在自治区居住的比重有所上升。总体而言，可以认为少数民族人口部分地从经济水平相对落后的民族聚集地流出到经济发达之地，这有利于其自身条件的改善及家庭经济水平的提高，也会在一定程度上促进中国社会之民族人口的融合与发展。

从受教育程度角度，少数民族人口的文盲率有较大幅度下降，与全国平均水平的差距也不断缩小，而接受高等教育的状况虽然有所提高，但少数民族人口高等教育的区位商却呈下降趋势，并且与汉族人口的绝对差距也呈现扩大之趋势。从人口健康角度分析发现，随着中国医疗卫生事业的整体发展及国家对其的重视与投入，少数民族人口健康状况取得了较大的提升：新生儿存活率及健康水平均有所进步，与全国平均水平的差距也呈缩小之趋势；从 2010 年老年人口的健康比重的分析发现，民族自治区的老年人口的健康状况较全国平均水平有一定的差距，而且男性与女性的差异较大。从就业分布而言，与汉族人口相反的是，少数民族人口在第一、第二产业的区位商上升而第三产业的区位商呈下降趋势；在职业的分布中少数民族人口处于主要的"关键位置"的比重相对较低，少数民族人口作为单位主要负责人的职业分布区位商呈下降趋势。对各民族人口素质发展指数的比较发现，少数民族相对于全国平均水平的相对位置几乎没有变化。

少数民族人口的发展在中国政府长久以来倡导的关爱少数民族发展，促进各民族共同繁荣、富强的大环境中取得了一定的进步，尤其是在基础公共服务方面（包括义务教育、基础医疗卫生等）。但在取得这些进步的同时，我们不能忽略的是在社会经济加速发展的当今中国社会，少数民族人口的发展与全国平均水平仍旧有一定的差距，尤其是在高等教育、就业的行业分布等方面。本章纳入了少数民族及汉族的人口素质发展指数分析框架，并发现在 2000～2010 年这个层面并没有明显变化，这是否可理解为民族视角下的"社会阶层固化"现象需要进一步的研究与探讨。虽然，在中国政策语境之下，56 个民族是共同发展、平等的主体，并没有"阶层"的概念，然而不同区域、不同受教育程度、不同职业的群体不论是在文化、健康还是生活等各方面都存在很大的差异，而少数民族群体则主要聚集在经济落后的地区，高等教育接受水平相对差，更多集中在第一、第二产业且在其职业中不能居于关键地位，这都势必会影响到他们生活的方方面面。因此，上述之民族视角下的"社会阶层固化"之隐忧并非夸大其词，中国政府势必需要在以往关注于义务教育普及的基础上，着力于如何提高少数民族人口的高等教育接受水平，并以此为突破口促进少数民族人口的流动、加强其就业能力以促使其更好地适应中国社会产业的升级与转换之情景，并着力于从卫生投入方面提高少数民族人口的健康水平，这些都是中国政府在当下及未来的民族工作中需要进一步加强的方面。

知识卡片：中国少数民族与民族人口学的发展及意义

与这个世界诸多国家或地区不同的是，中国不仅是目前世界上最大的人口国，有约 13.7 亿人，占世界人口约五分之一，同时也是一个多民族国家，共计 56 个民族都是中华民族大家庭的一分子，而促进民族共同发展、加强民族融合长久以来也都是中国政府既定的发展目标。然而，鉴于中国是一个内部经济社会发展不平衡的发展中国家这一客观事实，我们可以清晰地看到中国在城乡与区域之间存在的方方面面的差异。然而长期以来，沉淀历史痕迹的民族自身发展的影响使得中国民族人口分布形成了一个最基本的地理格局：汉族主要在东部地区，少数民族主要在西部地区；汉族主要在中原和沿海，少数民族则主要在内陆边疆。在中国18000公里的大陆海岸线上，民族自治地方仅占9%；而在22800公里的陆地国界线上，民族自治地方却占了85%。实际上，长期以来，由于自然和社会多方面因素的影响，少数民族地区的社会、文化、经济、医疗等相对主要汉族地区而言较为落后，这带来了少数民族发展相对缓慢之现状。在20世纪50年代之前，少数民族的人口增长速度较汉族人口要缓慢，随后增长势头开始加快，加之与汉族相比差异化的生育政策的影响，少数民族的人口增长颇为明显，少数民族人口的分布和流动也发生了一定的变动。在社会经济方面，人口的教育、就业、健康等与人口增长息息相关，学者研究发现，民族人口变化与不同民族的受教育水平、非农产业就业比重、城镇化水平有很大的关联，少数民族人口总体上相对较低的受教育水平使得他们外出务工时的收入也相对较低。另外，中国政府长久以来对少数民族的关注也表现在方方面面，尤其是在整体对于教育、医疗等基本公共服务都有渐增的投入之背景下，对少数民族人口做出了不同的扶持。比如，在高考时对少数民族考生实行加分照顾以弥补少数民族地区经济落后、受教育水平低下的客观事实。国家对少数民族教育及医疗等基本公共服务的财政投入及政策优惠，带来了少数民族自治区义务教育基本普及，医疗卫生条件改善，健康水平得到提高的良性发展格局。

因此，研究少数民族人口，发展民族人口学，是国家的需要，民族的需要，是繁荣学术和学科建设的需要。改革开放以来，民族人口研究才正式展开，1989年著名的民族人口学家张天路教授出版了《民族人口学》一书，以此书为标志，民族人口学作为民族学和人口学的交叉学科或边缘学科才在中国得以发展。在20世纪90年代的前半期民族人口学取得了更为重大的发展，出版了《中国穆斯林人口》（张天路，1991）、《中国少数民族社区人口研究》（张天路、黄荣清、顾鉴塘，1993）、《当代中国西藏人口》（孙兢新，1992）、《中国民族人口的演进》（张天路，

1993）、《中国少数民族人口调查研究》（张天路、黄荣清，1996）、《中国各民族人口的增长——分析与预测》（黄荣清，1995）、《贵州少数民族人口发展与问题研究》（严天华，1996）、《西藏人口发展与问题研究》（张天路，1996）等20本专著，另外学界也发表了几百篇民族研究的相关论文，并向政府相关机构提供了几十篇咨询报告和调查报告。

第三部分

人口动态过程

第六章　生育分析

从此章开始，本书即进入人口动态分析部分，而该部分最重要也是最基本的内容之一就是生育分析。通过生育分析，我们能进一步认识人类的生育规律，评价人口形势，结合后面讲到的死亡、迁移等预测特定国家或地区的未来人口。当然，要进行生育分析，既要考虑到生育行为发生的主体，即育龄妇女及其配偶，也要考虑到活产婴儿这一生育行为发生的结果。而为了计量的便捷，我们一般会在合理的范畴内简化分析对象，比如，考虑到女性有更为明确的生育期（从初潮开始至绝经结束，一般用年龄表示为 15~49 岁）、女性与婴儿之间的关系更容易确定，计量分析通常只进行以女性为主导的单性别分析，即只关注于育龄妇女，研究她们生育的水平与模式，通俗地讲就是研究她们生育几个孩子、生育的早晚及年龄分布等。另外，在实际的生育分析中，在不考虑双胞胎或多胞胎的情况下，还经常用出生的孩子个数替代育龄妇女发生生育行为的次数。具体而言，本章内容会涵盖如粗出生率、一般生育率、年龄别生育率和总和生育率等人口出生和生育统计的基本指标，如生育孩次递进比等分孩次的生育统计指标与方法，如因素分析法、标准化方法等生育率分析方法体系，同时本章也会涉及生育率间接估计方法。

另外，自本章开始的人口动态的系列测量指标中，会运用到人口学及公共卫生科学领域内常用的"比率""比值""比例"的概念，为此，本书在此首先对其进行一个区别说明，以便于读者在后续指标的学习中，能有一个更为清晰的辨识。"比率"是指"特定时间内符合某个标准的事件数"与"在计数分子时检查到的暴露单位数"的比值。而"比值"与"比率"相比有如下特征："比值"是较"比率"范围更大的一个范畴，所有的"比率"都属于"比值"，"比值"不一定都是"比率"。比值与特定的时间不相关，对范围和尺度都没有限制，其定义是"符合某个标准的事件数"与"符合其他（不同）标准的事件数"的比值。对于"比例"[1] 这一概念，分子指的是符合某一套标准的事件数，分母指的是可以符合这些标准的事件的最大数目，分子包含在分母内，范围为 [0，1]。

第一节 出生统计及其测量

一 出生与粗出生率

1. 出生

胎儿从母体里生出来即为出生。[2] 根据婴儿离开母体后的情况，出生分为"活产"和"死产"。只要婴儿离开母体后有生命现象（比如有呼吸、心脏跳动、脐带抽动、随意肌收缩等四项生命指标之一的），无论脐带是否已被剪断、胎盘是否脱落都叫作活产，反之称为死产。只要是活产，不论婴儿是生下后立即死亡还是在登记时已经死亡，都要登记为出生人口，一段时间内（一般以一年为单位来统计）的出生人口的统计即为"出生人口数"。出生人口数是出生和生育统计的最基本指标，可以反映某一国家或地区出生人口的规模，并粗略比较不同国家或地区未来的人口规模相对变化的情况。

本书第二章中对人口资料的获取及来源进行了详细的讲解，对于出生人口信息的来源，除了出生人口登记外，人口普查、抽样调查等也是获得出生人口信息的主要来源。表 6-1 是中国 1982 年以来历次全国人口普查和 1% 人口抽样调查中对于出生人口信息的获得情况。比如，2010 年（2009年 11 月 1 日~2010 年 10 月 31 日）中国出生人口数合计为 1190060 人，[3]其中出生人口数最多的是广东省，达 94985 人，占全国同期出生人口总量的

---

[1] 比例也是发病率和致死率的有力度量工具。它与比率和比值相比还是有很多的不同点。在比例中，分子跟比值很相似。然而，它的分母像比率一样，比例的分子和分母也具有相关性。

[2] 出生和生育是一个事件的两个方面：出生反映的是生育的结果，表现为新生婴儿的状况和数量，统计的是出生人口数；生育则反映育龄妇女的行为，取决于妇女的数量、年龄等特征，统计的是生育人口数。虽然理论上母亲与婴儿一一对应，但由于存在双胞胎或多胞胎情况，或较为罕见的一年内生育两次的情况，一年内的出生人口数与生育人口数不一定一致。

[3] 此处数据为第六次人口普查长表数据，未根据抽样比推算全体。

0.8%。是全国31个省（自治区、直辖市）平均出生人口数（38389人）的2.5倍。

表6-1　1982年以来全国人口普查和1%人口抽样调查中出生人口信息情况

	普查或调查时间	标准时点	出生人口信息所属时期
全国人口普查	1982年	7月1日0时	1981年全年（1月1日~12月31日）
	1990年	7月1日0时	1989年全年（1月1日~12月31日）和1990年上半年（1月1日~6月30日）
	2000年	11月1日0时	普查时点前1年（1999年11月1日~2000年10月31日）
	2010年	11月1日0时	普查时点前1年（2009年11月1日~2010年10月31日）
全国1%人口抽样调查	1987年	7月1日0时	1986年全年（1月1日~12月31日）和1987年上半年（1月1日~6月30日）
	1995年	10月1日0时	调查时点前一年（1994年10月1日~1995年9月30日）
	2005年	11月1日0时	调查时点前一年（2004年11月1日~2005年10月31日）

资料来源：转引自国家统计局人口和就业统计司、中国人民大学社会与人口学院，2012。

与前面章节讲到的性别比、抚养比等时点指标不同，出生人口数是时期指标，即不同时期长度的出生人口数可以累加。例如，南京市2010年1月、2月、3月的出生人数相加即南京市第一季度的出生人数。而且，出生人口数的大小受总人口规模的影响，也受总人口中育龄妇女人口规模和结构的影响，因此出生人口数不能用来比较并直接反映不同人群出生水平和生育水平的差异。

2. 粗出生率

出生率（也称粗出生率，Crude Birth Rate，CBR），是指某一时期内（通常指一年），人口中活产婴儿数与同期内总人口的生存人年数之比，一般情况下用千分率表示。除了前述的出生人口数这一指标外，出生率是最常用、最简单的出生统计指标。很多情况下受数据资料的限制，很难计算出某个人口在某一时期内的生存人年数，因而往往用时期内平均人口数

（或者期中人口数）代替生存人年数，则计算公式为：

$$CBR = \frac{B}{\bar{P}} \times 1000‰ \qquad (6-1)$$

其中，B 为期内出生人口数；$\bar{P}$ 为期内平均人口数，也可以用期中人口数来代替。

如 1990 年第四次人口普查得到 1989 年 7 月 1 日至 1990 年 6 月 30 日的出生人口数为 23543188 人，1989 年年底的全国总人口数为 1103560506 人，由此可以计算 1989 年 7 月 1 日至 1990 年 6 月 30 日的中国人口粗出生率为 21.33‰（见表 6-2）。

表 6-2　中国历年人口出生率

单位：‰

年　份	出生率	年　份	出生率
1978 年	18.25	1996 年	16.98
1980 年	18.21	1997 年	16.57
1981 年	20.91	1998 年	15.64
1982 年	22.28	1999 年	14.64
1983 年	20.19	2000 年	14.03
1984 年	19.90	2001 年	13.38
1985 年	21.04	2002 年	12.86
1986 年	22.43	2003 年	12.41
1987 年	23.33	2004 年	12.29
1988 年	22.37	2005 年	12.40
1989 年	21.58	2006 年	12.09
1990 年	21.06	2007 年	12.10
1991 年	19.68	2008 年	12.14
1992 年	18.24	2009 年	11.95
1993 年	18.09	2010 年	11.90
1994 年	17.70	2011 年	11.93
1995 年	17.12	2012 年	12.10

资料来源：《中国统计年鉴（2013）》。

从定义及公式中可以看出，粗出生率是一个"年化"了的率指标，习惯于用公历年 1 月 1 日 ~ 12 月 31 日表示，但在普查中受普查时点的影响往往是指"普查前一年"的出生状况。假设某地区 30 天的初生婴儿数 B，以及该地区该时期的平均人口数 $\bar{P}$，则可以通过下述公式计算该地区的粗出生率：

$$CBR = \frac{B}{\frac{30}{365} \times \bar{P}} \times 1000‰ \qquad (6-2)$$

粗出生率计算所需数据易于取得且计算简便，并且其与后面会讲到的死亡统计指标的粗死亡率结合使用，便能得到自然增长率，此指标可用来大致匡算人口增长趋势或者用粗出生率、粗死亡率与自然增长率指标反映人口的再生产类型等。但粗出生率是从新生婴儿与总人口的角度比较，没有考虑到妇女的规模及生育状况，因此容易受到总人口的性别结构以及育龄妇女比重的影响，既不能客观反映特定人口的生育水平的高低，也不能反映其生育时间的早晚。

二　孩次及其测量指标

1. 孩次

很多情况下，妇女生育超过一个孩子（当然，中国由于计划生育政策的存在，过去的 30 多年有很多妇女可能仅生育一个孩子），调查中就会经常询问访谈对象/子女在家排行老几，这就是"孩次"的概念。一般说来，孩次是指一个妇女的所有活产子女中，每个孩子的出生序号。需要指出的是，由于双胞胎或多胞胎现象的存在，孩次与胎次不一定一致，孩次是孩子出生的序号，而胎次强调的是分娩的次数，多胎分娩中的每个活产婴儿也需赋予不同的出生序号，而当每胎都仅生一个孩子的时候，孩次与胎次是相同的（见表 6 - 3）。

在控制生育数量且具有避孕技术的人口中（例如实施计划生育政策的中国社会），是否继续生育在很大程度上取决于已生育孩次状态；在存在较强烈性别偏好的人群中（比如早期的中国西部农村地区），生育不仅取决于已生育的孩次，还取决于这些孩子的性别。在这样的语境之下，分析特定人群的生育情况时进行分孩次生育统计更有意义，本书后面的章节中会具体讲解一些核心的分孩次的生育统计指标。

表 6 - 3　2010 年全国育龄妇女分年龄、孩次生育状况

年龄 （岁）	妇女人数 W_a（人）	出生人数 B_a（人）	生育率 f_a（‰）	第一孩		第二孩		第三孩及以上	
				出生人数 B_a^1（人）	生育率 f_a^1（‰）	出生人数 B_a^2（人）	生育率 （‰）f_a^2	出生人数 B_a^3（人）	生育率 （‰）f_a^3
15 ~ 19	4634347	27474	5.93	25627	5.53	1730	0.37	117	0.03
20 ~ 24	5663620	393426	69.47	334954	59.14	53236	9.40	5236	0.92
25 ~ 29	4641330	390225	84.08	244535	52.69	126631	27.28	19059	4.11
30 ~ 34	4520954	207233	45.84	78672	17.40	105972	23.44	22589	5.00
35 ~ 39	5641333	105550	18.71	30910	5.48	57043	10.11	17597	3.12
40 ~ 44	5808076	43617	7.51	15544	2.68	19320	3.33	8753	1.51
45 ~ 49	4815806	22535	4.68	9624	2.00	8363	1.74	4548	0.94
总计	35725466	1190060	33.31	739866	20.71	372295	10.42	77899	2.18

资料来源：第六次人口普查长表汇总数据。

2. 孩次比例

孩次比例，这一指标是指一定时期内（通常为一年）全部出生人口中属于某一孩次的婴儿所占的比例，通常用百分比表示。相应的，就可以计算一孩比例、二孩比例、三孩及以上或多孩比例等指标。

采用 2010 年第六次人口普查数据，可以计算出中国妇女的一孩比例、二孩比例、三孩比例，其分别为：

$$C^1 = \frac{B^1}{B} = \frac{739866}{1190060} \times 100\% = 62.17\%$$

$$C^2 = \frac{B^2}{B} = \frac{372295}{1190060} \times 100\% = 31.28\%$$

$$C^3 = \frac{B^3}{B} = \frac{77899}{1190060} \times 100\% = 6.55\%$$

上述结果表明，在 2010 年中国出生的所有活产婴儿中，有 62.17% 都是一孩，仅有 31.28% 是二孩，三孩的比例则相对很少。这里需要提示的是，如果用生育的妇女数而不是用出生的孩子数来计算，算出的结果就是胎次比例。同时还需要指出的是，传统的计划生育统计中，通常把孩次比例称作孩次率，这是不对的，是对率指标的误称（具体的，可以参照本章

关于 "比率" "比值" "比例" 的概念辨别)。

3. 平均孩次

平均孩次这一指标一般是指某时期内(通常为一年)妇女生育孩次的平均值。具体的计算过程则是,首先将该时期出生婴儿按照孩次进行分组,然后用孩次数与相应孩次的出生人数相乘并累加,最后除以全部出生人口数:

$$MCO = \frac{\sum_{i=1}^{N}(i \times B^i)}{B} \tag{6-3}$$

其中,i 表示孩次,N 为最高孩次数。

利用 2010 年中国第六次人口普查数据可计算得到中国育龄妇女的平均孩次为:

$$MCO = \frac{\sum_{i=1}^{N}(i \times B^i)}{B} = \frac{1 \times 739866 + 2 \times 372295 + 3 \times 77899}{1190060} = 1.44$$

这里必须要引起注意的是,平均孩次这一指标只反映时期内的生育妇女的孩次状况,以孩次出生人数为权数,妇女年龄越大,高孩次出生数量越多,因此平均孩次指标就必然受到特定人群妇女年龄结构的影响。

第二节　生育统计指标与方法

一　生育的直接统计指标

与前一节所讲的 "出生" 不同的是,在提到出生时人们想表达的是出生婴儿的状况,是妇女生育的结果,而生育则是反映妇女的行为,其统计也是针对只发生生育行为的生育人口数,或者处于生育年龄的育龄妇女数。需要指出的是,由于存在双胞胎或多胞胎情况,因而统计的一段时间内的出生人口数与生育人口数并不一定一致。在生育人口数的统计分析中,通常聚焦于 15 ~ 49 岁的育龄妇女,并无论其是否有生育能力和是否在婚(处于婚姻状态)。还需要指出的是,育龄人数是时点指标,随时可能受到死亡、迁移等人口动态过程的影响,因此不能将两个时期的育龄人数相加。通常情况下会用平均育龄人数或者期中育龄人数表示某一时期内的育龄人数。

前一节讲到的出生率的计算是活产婴儿与总人口的比值关系，而生育率的分析则是活产与实际相关人群，即育龄妇女的比值关系；与出生率相比，生育率将生育同可能生育的特定性别年龄的人口联系起来（通常是15~49岁的妇女），这样就排除了年龄性别结构不同引起的偏差。因此，一般生育率比前述的出生率更能真实揭示特定人口生育水平的变化。

1. 一般生育率

一般生育率这一指标，也称为总生育率，它是指一定时期内（通常指一年）出生人数与同时期内育龄妇女（15~49岁）的生存人年数之比，通常用千分率表示。同出生率的计算类似的是，实际中通常用该时期内育龄妇女的平均人数或者期中人数代替育龄妇女的生存人年数，因此其计算公式就为：

$$GFR = \frac{B}{W_{15-49}} \times 1000‰ \qquad (6-4)$$

其中，B 为期内出生人口数；W_{15-49} 为同期 15~49 岁的育龄妇女人数（期内平均数或期中数）。

一般生育率也是一个"年化"了的率指标、一般以 1 年为单位，那么当需要计算 1 个月、半年、1 个季度或 3 年、5 年期人口的一般生育率指标时，需要进行相对应的调整，具体可以参见前述的出生率一节。

一般生育率综合地反映了人口生育水平，是生育率度量中的基本指标。与出生率相比，一般生育率将分母限定在 15~49 岁育龄妇女范围内，消除了总人口中性别结构及育龄妇女所占总人口比重的影响。但会受到育龄妇女内部年龄结构的影响，例如处于生育旺盛时期（24~29 岁）的妇女越多，一般生育率就越高。为了消除年龄结构的影响，人口学家就相应地提出分年龄生育率指标。而且，一般生育率还受婚姻状态变动的影响，尤其是在中国等传统婚姻及家庭观念较强的国家，生育行为大多发生在婚后。那么，为了消除育龄妇女婚姻状态的影响，就需要进一步计算已婚妇女生育率（一定时期婚内出生人口数与已婚育龄妇女人口数相比）和非婚妇女生育率（一定时期非婚出生人口数与未婚、丧偶和离婚育龄妇女人口数之比），以此可比较婚内生育和婚外生育的情况。

2. 分年龄生育率

（1）分年龄生育率

分年龄生育率这一指标，指一定时期内（通常指一年）某一特定年龄（或某一特定年龄组）育龄妇女生育的活产婴儿与同时期内同一年龄（或同一年龄组）育龄妇女的生存人年数之比，通常用千分率表示。同样，用特定年龄（特定年龄组）育龄妇女的平均人数或期中人数代替生存人年数，则其计算公式为：

$$_nf_x = \frac{_nB_x}{_nW_x} \times 1000‰ \qquad (6-5)$$

$_nf_x$ 为期内 x 岁到 $x+n$ 岁年龄组育龄妇女的分年龄生育率；$_nB_x$ 为期内 x 岁到 $x+n$ 岁年龄组育龄妇女生育的活产婴儿数；$_nW_x$ 为期内 x 岁到 $x+n$ 岁年龄组育龄妇女年均人数或年中人数；x 为确切年龄；n 为年龄组组距，当 $n=1$ 时，为 x 岁年龄生育率。

分年龄生育率计算中以 1 岁为一组时能完全消除性别年龄结构对生育水平的影响，从而进行不同人口或同一人口不同时期的比较分析。在以 5 岁为一组时，一般是 15～19 岁组到 45～49 岁组，通常我们也将 15 岁以下妇女计入 15～19 岁组，但是分母仍旧采用 15～19 岁育龄妇女的平均人数（因为 15 岁以下妇女生育的孩子非常少）。

（2）妇女生育模式

妇女生育模式是一个特定人口的生育模式，即生育的早晚、生育的高峰年龄、生育时间的分布情况的综合反映等。分年龄生育率能反映出不同年龄组妇女生育水平的差异，因而是研究妇女生育率变化规模的重要指标。通过对不同年龄组妇女分年龄生育率的比较可以看出随着年龄变化妇女生育水平的变化，这是分析妇女生育模式的基础指标。

具体的，分年龄生育率的曲线图能很形象地反映妇女生育模式，这里将年龄作为横坐标，将分年龄生育率作为纵坐标进行绘制。根据曲线的特征来分析，例如，峰值位置、曲线的上升速度等都可以反映生育模式的差异。

图 6-1 是本书根据 2010 年第六次人口普查数据计算的中国城市、镇、乡村育龄妇女的年龄别生育率。从中可以看到，城市育龄妇女的生育

高峰集中在 25～29 岁年龄组，镇和乡村育龄妇女的生育高峰则集中在 20～24 岁年龄组，且乡村 25～29 岁年龄组的生育水平也比城市同龄人口高；总体上乡村、镇、城市育龄妇女的生育水平呈现从高到低的台阶式关系。

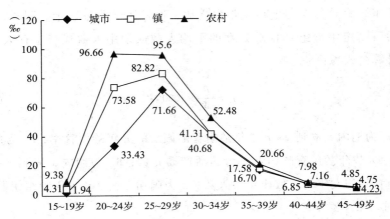

图 6 - 1　2010 年中国城市、镇、乡村育龄妇女的年龄别生育率

资料来源：第六次人口普查汇总长表数据。

3. 已婚妇女生育率

已婚妇女生育率这一指标可以排除妇女群体婚姻状态的影响，它是指一定时期内（通常指一年）出生人数与同时期内已婚育龄妇女的生存人年数之比，通常用千分率表示。同样，通常用该时期已婚的育龄妇女的平均人数或者期中人数代替已婚育龄妇女的生存人年数，反映的是一定时期内每 1000 名已婚育龄妇女对应的活产婴儿数。计算公式为：

$$MFR = \frac{B}{W_{15-49}^{m}} \times 1000\%o \qquad (6-6)$$

其中，B 为期内出生人口数；W_{15-49}^{m} 为同期 15～49 岁的已婚育龄妇女人数（期内平均数或期中数）。

考虑到各年龄妇女婚姻状况对于年龄别生育率的影响，可以将已婚妇女生育率与年龄别生育率结合起来计算分年龄已婚妇女生育率，排除婚姻状态及年龄结构的影响。

分年龄已婚妇女生育率是指一定时期内（通常指一年）某一特定年龄（或某一特定年龄组）育龄妇女生育的活产婴儿与同时期内同一年龄（或同

一年龄组）已婚育龄妇女的生存人年数之比，通常用千分率表示。同样，用特定年龄（特定年龄组）育龄妇女的平均人数或期中人数代替生存人年数。

$$_n f_x^m = \frac{_n B_x}{_n W_x^m} \times 1000‰ \qquad (6-7)$$

$_n f_x^m$ 为期内 x 岁到 $x+n$ 岁年龄组已婚育龄妇女的分年龄生育率；$_n B_x$ 为期内 x 岁到 $x+n$ 岁年龄组育龄妇女生育的活产婴儿数；$_n W_x^m$ 为期内 x 岁到 $x+n$ 岁年龄组已婚育龄妇女年均人数或年中人数；x 为确切年龄；n 为年龄组组距。

与已婚妇女生育率相比，分年龄已婚妇女生育率亦排除了已婚妇女年龄结构对其生育率的影响。

4. 分孩次生育率

前文已经讲到在很多时候"孩次"是一个很关键的人口学分析指标，而中国长期实行计划生育政策，那么在中国人口统计中对生育分析就理应重视分孩次生育率，即分析一孩生育率、二孩生育率及多孩生育率的水平及差异。

分孩次生育率这一指标，它是指一定时期内（通常指一年）育龄妇女生育的某个孩次的活产婴儿与同时期内同一年龄（或同一年龄组）已婚育龄妇女的生存人年数之比，通常用千分率表示。同样，用育龄妇女的平均人数或期中人数代替生存人年数。

$$GFR_j = \frac{B_j}{W_{15-49}} \times 1000‰ \qquad (6-8)$$

其中，GFR_j 为 j 孩次的一般生育率；B_j 为时期内 j 孩次的出生人数（不考虑目前的年龄和婚姻状况）；W_{15-49} 为同期 15~49 岁的育龄妇女人数（期内平均数或期中数）。

进一步的，将分孩次生育率与年龄别生育率结合可以分析分年龄孩次生育率。分年龄孩次生育率是指一定时期内（通常指一年）某一特定年龄（或某一特定年龄组）育龄妇女生育的某个孩次的活产婴儿与同时期内同一年龄（或同一年龄组）已婚育龄妇女的生存人年数之比，通常用千分率表示。同样，用特定年龄（特定年龄组）育龄妇女的平均人数或期中人数代替生存人年数。

$$_nf_{x,j} = \frac{_nB_{x,j}}{_nW_x} \times 1000‰ \tag{6-9}$$

$_nf_{x,j}$ 为期内 x 岁到 $x+n$ 岁年龄组育龄妇女 j 孩次的生育率；$_nB_{x,j}$ 为期内 x 岁到 $x+n$ 岁年龄组育龄妇女生育的 j 孩次的活产婴儿数；$_nW_x$ 为期内 x 岁到 $x+n$ 岁年龄组育龄妇女年均人数或年中人数；x 为确切年龄。

5. 总和生育率

总和生育率（Total Fertility Rate，TFR）是生育分析这一章中最重要也是在生育分析中最常用的一个核心指标。本章前文部分讲到的年龄别生育率详细刻画了妇女的生育水平和生育模式，但是在对不同人口或不同时期的生育水平进行比较时，年龄别生育率是一系列指标，因而无法进行比较。总和生育率是基于某一时期育龄妇女的年龄别生育率构建的指标，综合表达了一个特定人口的生育水平。具体的，总和生育率是指假定一批同期出生的妇女按照一组特定的分年龄组生育率（通常是某一年的）度过整个生育期，并且在此期间没有一个死亡的话（即这批妇女都能存活到育龄期结束），那么平均每名妇女（或每千名妇女）将会生育的孩子数。总和生育率的计算是建立分年龄生育率的基础之上的，当分年龄生育率为 1 岁组时的资料时，那么，总和生育率即为各年龄别生育率之和：

$$TFR = \sum_{i=15}^{49} f_x \tag{6-10}$$

其中，TFR 为总和生育率；f_x 为 x 岁妇女生育率；x 为确切年龄。

在年龄采用 5 岁组的情况下，总和生育率等于年龄别生育率之和与组距 5 的乘积：

$$TFR = 5 \times \sum_{i=15}^{7} f_{(i)} \tag{6-11}$$

其中，$f_{(i)}$ 为第 i 个年龄组妇女的生育率；i 为年龄组序号：$i=1$ 表示 15~19 岁组，$i=2$ 表示 20~24 岁组，……，$i=7$ 表示 45~49 岁组。

总和生育率是一种年龄标准化的指标，它假定育龄期内各个年龄组的育龄妇女人数相等（人数相等的队列人口且无人死亡），因而不受实际人口育龄妇女年龄结构的影响。因而，总和生育率具有可比性，可以用于不同时期、不同地区之间生育水平的比较。

但需要注意的是，总和生育率是时期数据与假定队列方法的结合，是假定的一批妇女一生平均生育的孩子数，不能用此推断当前妇女未来的实际生育数量。用总和生育率指标可以判断该指标所基于的时期生育水平的高低，但若用其推断未来生育水平发展趋势则存在一定风险。这里采用2010年第六次人口普查数据，则可计算出全国城市、镇、乡村育龄妇女的总和生育率，其值分别如下

$$TFR = 5 \sum_{i=1}^{7} f(i) = 5 \times 176.42‰ = 0.88(城市)$$

$$TFR = 5 \sum_{i=1}^{7} f(i) = 5 \times 230.68‰ = 1.15(镇)$$

$$TFR = 5 \sum_{i=1}^{7} f(i) = 5 \times 287.51‰ = 1.44(乡村)$$

6. 终身生育率

前文讲到的总和生育率是假定队列的视角，当追踪一个真实的出生队列并记录他们在各年龄的生育率时，那么就可以得到终身生育率。

终身生育率（Lifetime Fertility Rate，LFR）这一指标是指已经历整个生育期的同时出生的一批妇女平均每人一生生育的子女数，即这批妇女各年龄生育率之和，该指标一般用于反映该批妇女一生的真实生育水平，相应的，其计算公式为：

$$LFR = \frac{B_c}{W_c} \tag{6-12}$$

其中，LFR 为终身生育率；B_c 为该批妇女在整个育龄期生育的全部子女数；W_c 为已经历过整个育龄期的某批妇女人数。

此外，终身生育率还可以用下面的公式计算：

$$LFR = \sum_{x=15}^{49} f_x^{t+x} \tag{6-13}$$

其中，f_x^{t+x} 为 $t+x$ 年时 x 岁妇女的生育率；x 为确切年龄；t 为出生时间（年）。

7. 总和生育率与终身生育率的辨析

终身生育率反映的是妇女一生的真实生育水平，而总和生育率是假定

的过程；终身生育率采用的是队列分析方法，总和生育率则是时期数据与假定队列的相结合。总和生育率与终身生育率既有区别又有联系，主要表现为以下几点。①在终身生育率不变的条件下，如果妇女平均生育年龄变动，会影响到年度总和生育率的变化。生育年龄处于推迟过程中时，总和生育率会下降；反之，生育年龄处于提前过程中，则总和生育率会上升。这种情况下，可能会有某几个年度总和生育率虽然在下降或上升，但是妇女终身生育率并没有变化的情况。②如果总和生育率在某一个水平上长期稳定（比如30年以上），那么，总和生育率与终身生育率数值就非常接近。因此，当观察到某一个地区总和生育率长期以来一直低于另一个地区时，也可以推断这个地区的终身生育率低于另一个地区。而且，"长期"的时间越长，推断的把握性就越大。

二　生育的间接统计指标

由于数据资料收集困难、不完整，以及存在错报、漏报等原因，有些时候我们无法直接计算生育率的直接度量指标。例如，我国1953年和1964年两次全国人口普查都没有直接调查育龄妇女的生育状况，因此人口学家就发展出了一些间接的方法或者借助相关的模型来估计所研究区域在某时期的生育水平，具体的一些间接生育统计指标如下。

1. 儿童妇女比

儿童妇女比（Child Women Ratio，CWR）是最简单的间接生育估计指标，它是指0~4岁的儿童与15~49岁的育龄妇女人数之比，用千分比表示，儿童妇女比也称为一般生育比，其计算公式为：

$$CWR = \frac{C_{0-4}}{W_{15-49}} \times 1000‰ \qquad (6-14)$$

其中，CWR 为儿童妇女比；C_{0-4} 为 0~4 岁儿童人口数；W_{15-49} 为 15~49 岁育龄妇女人数。

儿童妇女比是一个时点指标，一般在得不到某时期出生人口数资料时，可用现存 0~4 岁的儿童数代替过去近 5 年来出生并存活的人口数，这能够近似反映调查时点前 5 年妇女的生育水平。表 6-4 为中国历次人口普查的儿童妇女比。

表 6 - 4　中国历次人口普查的儿童妇女比

单位：万人，‰

普查年份（年）	0~4 岁儿童	15~49 岁妇女	儿童妇女比
1953	8927.5	13314.2	671
1964	10014.2	15160.7	661
1982	9470.5	24952.3	380
1990	11662.3	30669.8	380
2000	6897.8	34970.1	197
2010	22132.3	37978.0	583

资料来源：根据历年人口普查数据整理计算。

从前述的妇女儿童比的计算过程可以看出，该指标所需数据资料少且计算简单。但是在使用时，也需要注意以下几个问题：第一，这一指标容易低估当前的生育水平，由于妇女儿童比的计算是基于存活儿童计算的，因而容易受调查中漏报人数和死亡率尤其是婴幼儿死亡率的影响而低估当前生育水平；第二，人口迁移会对妇女和儿童的规模带来影响，从而影响妇女儿童比对生育水平的估算；第三，儿童年龄尤其是接近 5 岁的儿童的年龄报告的准确性会影响妇女儿童比计算所得值的准确性。

2. 妇女的活产子女数

（1）妇女平均活产子女数

妇女平均活产子女数这一指标，是指一定时点某妇女群体生育的全部活产子女数与这些妇女人数之比。计算公式为：

$$\bar{n} = \frac{\sum_{n=1}^{N} n \cdot W_n}{\sum_{n=0}^{N} W_n} \tag{6-15}$$

其中，$\bar{n}$ 为妇女的平均活产子女数；n 为活产子女个数；N 为最大活产子女数；W_n 为具有 n 个活产子女数的妇女人数。这里需要注意的是，该计算公式的分母中包含未生育子女的妇女。

该指标的计算数据在很多人口普查或抽样调查中很容易得到，这些调查中往往会询问 15~64 岁妇女生育过（活产）几个孩子以及现在存活几个孩子等问题，由此问题的答案就可以得到活产子女数与现有子女数（下文讲到）两个指标。比如 2010 年中国第六次人口普查数据显示，15~49 岁育龄妇女人口数为 46431380 人，活产子女总数为 62610786 人，存活子女总数为 61872511 人，那么，据此就可以计算出妇女平均活产子女数为 1.35，妇女平均存活子女数为 1.33，存活子女总数占活产子女总数的比例为 98.52%。

妇女平均活产子女数的计算式根据调查的时点数据计算，是一个时点指标，但这是通过妇女的生育史资料反映妇女过去的生育经历和生育结果。并且该指标的分母中包含了无子女的妇女，因此它不能准确反映母子之间的一一对应关系，为此可以进一步计算另一个指标，即现有母亲平均活产子女数。

（2）现有母亲平均活产子女数

现有母亲平均活产子女数这一指标，是指一定时点全部活产子女数与全部目前有过活产的妇女人数之比，其计算公式为：

$$\bar{n}_m = \frac{\sum_{n=1}^{N} n \cdot W_n}{\sum_{n=1}^{N} W_n} \qquad (6-16)$$

其中，$\bar{n}_m$ 为现有母亲平均活产子女数；n 为活产子女个数；N 为最大活产子女数；W_n 为具有 n 个活产子女数的妇女人数。这里还需要注意的是，分母中排除了未生育子女的妇女，即从 $n=1$ 开始计数。

妇女平均活产子女数和现有母亲平均活产子女数标的唯一区别在于分母不同，现有母亲平均活产子女数的分母是至少有 1 个活产子女的母亲人数，因此后者这一指标更精确一点，但是它仍旧会受到妇女年龄结构的影响，因此，在进行不同地区或不同时期的比较时需要进行年龄结构标准化（"死亡分析"的相应章节中会具体讲解标准化的方法）。对于结束生育期的妇女而言，通常情况下认为 50 岁及以上的妇女已经度过了育龄期，其平均活产子女数可以近似看作她们的终身生育率。而且，在假定死亡和迁移的妇女生育率与现有妇女生育率一致的情况下，可以用平均活产子女数指标估计同批人生育率。

3. 瑞利回归系数法

人口学家瑞利（Rele, J. R.）在 1967 年的研究发现，稳定人口中在给定死亡水平下，儿童妇女比（CWR）与粗再生产率（Gross Reproduction Rate, GRR）之间存在近接线性的关系。[①]

---

① "粗再生产率"（GRR）将在本书后面的第八章中具体讲到。瑞利回归系数法是人口再生产率的间接估计方法，为了行文方便，将其放在本章统一讲解。

$$GRR = a + b \times CWR \qquad (6-17)$$

其中，a 和 b 是常量。

对于回归中的儿童妇女比通常采用四种最常用的方法：

$$CWR_1 = \frac{C_{0-4}}{W_{15-44}} \qquad (6-18)$$

$$CWR_2 = \frac{C_{0-4}}{W_{15-49}} \qquad (6-19)$$

$$CWR_3 = \frac{C_{5-9}}{W_{20-49}} \qquad (6-20)$$

$$CWR_4 = \frac{C_{5-9}}{W_{20-54}} \qquad (6-21)$$

并且，瑞利根据回归方法计算了不同平均预期寿命（表示不同死亡率水平）下回归系数 a 和 b 的取值（见表 6-5）。根据表 6-5，确定某个人口的儿童妇女比和预期寿命后，可以通过查表求出粗再生产率。如果实际的预期寿命介于表中两个预期寿命之间，可以采用内插的方法计算出相应的回归系数。由于粗再生产率是总和生育率乘以出生儿童中女婴比重（一般取 0.485），因此可以得到总和生育率的估计值为 GRR/0.485。

表 6-5 瑞利回归系数

0 岁预期寿命（岁）	儿童妇女比类型							
	CWR$_1$		CWR$_2$		CWR$_3$		CWR$_4$	
	a	b	a	b	a	b	a	b
20	-0.0909	4.5907	0.0547	4.7680	-0.1162	5.2927	0.0245	5.4711
30	-0.1211	4.1821	0.0284	4.3293	-0.1311	4.4881	0.0106	4.6398
40	-0.1370	3.9298	0.0129	4.0617	-0.1436	4.0940	0.0021	4.2262
50	-0.1529	3.7375	-0.0059	3.8589	-0.1574	3.8301	-0.0110	3.9480
60	-0.1645	3.5556	-0.0182	3.6628	-0.1675	3.5967	-0.0226	3.7014
70	-0.1754	3.3878	-0.0309	3.4829	-0.1779	3.3894	-0.0345	3.4821

资料来源：蒋正华，1984。

需要指出的是，瑞利回归系数法是根据稳定人口推算出来的，在实际应用中不仅适用于生育率和死亡率均保持不变的人口，同时可以应用于生育率和死亡率变化的人口。此外，瑞利回归系数法对死亡水平的选择不是十分敏感，而儿童妇女比的准确性则对估算结果的影响相对较大。

三　妇女平均生育年龄

妇女平均生育年龄这一指标，是指一定时期内（通常为一年）全部妇女平均的生育年龄，是用年龄表示的妇女生育的平均时间，反映生育的早晚。与统计学上的算术平均数不同的是，妇女平均生育年龄是用生育率来加权，消除了年龄结构的影响，其计算公式为：

$$\overline{X_b} = \frac{\sum \left(2 + \frac{n}{2}\right) \cdot {}_n f_x}{\sum {}_n f_x} \qquad (6-22)$$

或者

$$\overline{X_b} = \frac{\sum x \cdot {}_n f_x}{\sum {}_n f_x} + \frac{n}{2}$$

其中，$\overline{X_b}$ 为妇女平均生育年龄；x 为确切年龄，即年龄组的下限年龄；n 为年龄组的组距；${}_n f_x$ 为 $(x, x+n)$ 岁年龄组妇女生育率，当 $n=1$ 时，f_x 为 x 岁妇女生育率，妇女平均生育年龄的计算公式变为：

$$\overline{X_b} = \frac{\sum (x + 0.5) \cdot f_x}{\sum f_x} \qquad (6-23)$$

或者

$$\overline{X_b} = \frac{\sum x \cdot f_x}{\sum f_x} + 0.5$$

由此可以算出，2010 年第六次人口普查全国城市、镇、乡村育龄妇女的平均生育年龄分别为：

$$\overline{X_b} = \frac{\sum \left(2 + \frac{n}{2}\right) \cdot {}_n f_x}{\sum {}_n f_x} = \frac{17.5 \times 1.94 + \cdots + 47.5 \times 4.85}{176.42} = \frac{5239.80}{176.42} = 29.70 (城市)$$

$$\overline{X_b} = \frac{\sum \left(2 + \frac{n}{2}\right) \cdot {}_n f_x}{\sum {}_n f_x} = \frac{17.5 \times 4.31 + \cdots + 47.5 \times 4.23}{230.68} = \frac{6502.40}{230.68} = 28.19 (镇)$$

$$\overline{X_b} = \frac{\sum \left(2 + \frac{n}{2}\right) \cdot {}_n f_x}{\sum {}_n f_x} = \frac{17.5 \times 9.38 + \cdots + 47.5 \times 4.75}{287.51} = \frac{8013.13}{287.51} = 27.87(乡村)$$

由此，可以看到年龄别生育率、总和生育率和妇女平均生育年龄这三个指标所揭示出的 2010 年中国城市、镇和乡村妇女的生育水平与生育模式是一致的：城市妇女的生育水平最低，总和生育率仅为 0.88，平均生育年龄是 29.70 岁；镇妇女的生育水平次之，总和生育率为 1.15，平均生育年龄为 28.19 岁；乡村妇女的生育水平相对最高，总和生育率达到 1.44，平均生育年龄为 27.87 岁。

四 生育孩次递进比

生育孩次递进比（Parity Progression Ratios，PPR）概念是法国人口学家亨利（Louis Henry）1953 年首次提出的。基本思路是只有生育过 1 个孩子的妇女才有可能继续生育第 2 个孩子，而只有 2 个孩子的母亲才有可能继续生育第 3 个孩子，等等。这样，就把新生婴儿的孩次与其母亲的生育经历对应了起来。

可以从真实队列或者假想队列两个角度计算与分析生育孩次递进比指标。如果有一个真实的妇女出生队列或者假想有这么一批同时出生的妇女队列，假定所有的人在育龄期结束前都没有发生死亡、迁移、丧偶、离婚以及非婚生育等行为。那么这个真实队列或假想队列成员中至少生育过 n 个活产婴儿的妇女当中，至少生育过 $n+1$ 个活产婴儿的妇女所占的比重，就是生育孩次递进比，表示为：

$$a_i = \frac{F_{(n+1)}}{F_n} \tag{6-24}$$

同时，还可以计算

$$F_n = \sum_{i=n}^{N} F_i \tag{6-25}$$

其中，F_i 为生育了第 i 个活产婴儿的妇女人数；F_n 为至少生育过 n 个活产婴儿的妇女人数；$i=0, 1, 2, \cdots, N$；$n \leqslant N$；N 为妇女所生育的最高孩次。

由于每个妇女只能生育 1 次第 i 孩，因此该队列或假想队列所有成员第 i 孩的生育总数也为 F_i，即第 i 孩活产婴儿总数与生育第 i 孩的母亲人数相等。当 $i=0$ 时，F_0 就是从未生育过的妇女人数，也即队列初始人数。

可以利用生育孩次递进比指标计算以下指标。

① 生育过 n 个活产婴儿的妇女在全部妇女中所占比重

$$C_n = \frac{F_n}{\sum_{i=0}^{N} F_i} = \frac{F_n - F_{(n+1)}}{F_0} = \frac{F_n}{F_0} - \frac{F_{(n+1)}}{F_0}$$

$$= a_0 a_1 a_2 K a_{(n-1)} - a_0 a_1 a_2 K a_{(n-1)} a_n$$

$$= a_0 a_1 a_2 K a_{(n-1)} (1 - a_n) \tag{6-26}$$

② 至少生育过 n 个活产婴儿的妇女在全部妇女中所占比重

$$C_{n\cdot} = \frac{\sum_{i=n}^{N} F_i}{\sum_{i=0}^{N} F_i} = \frac{F_n}{F_0} = \frac{F_1}{F_0} \times \frac{F_2}{F_1} L \frac{F_n}{F_{(n-1)}}$$

$$= a_0 a_1 a_2 K a_{(n-1)} \tag{6-27}$$

③ 队列中平均每个妇女的曾生子女数

$$CEB = \frac{\sum_{i=1}^{N} (i \times F_i)}{\sum_{i=0}^{N} F_i} \tag{6-28}$$

$$= \frac{\sum_{i=1}^{N} F_i + \sum_{i=2}^{N} F_i + L + \sum_{i=N}^{N} F_i}{\sum_{i=0}^{N} F_i}$$

$$= \frac{F_1 + F_2 + L + F_N}{F_0}$$

$$= \frac{F_1}{F_0} + \frac{F_2}{F_0} + L + \frac{F_N}{F_0}$$

$$= a_0 + a_0 a_1 + a_0 a_1 a_2 + L + a_0 a_1 a_2 K a_{(N-1)}$$

第三节　生育模型与理论

一　中介变量模型

虽然影响生育率的因素非常复杂，但是大致可以将其分为直接决定因素和间接决定因素两大类，社会、经济、文化、宗教、环境等因素对于生育率的影响是间接的，需要通过生物学因素和行为因素这些直接变量（也被称为中介变量）起作用。美国人口学家戴维斯（Davis）和布雷克（Blake）于 1956 年最先在其发表在《经济发展与文化变迁》（*Economic Development and Cultural Change*）期刊上的《社会结构与生育率：一个分析框架》（"Social Structure and Fertility: An Analytic Framework"）一文中提出了生育率与其决定因素之间的关系，并提出了 11 个分属于三大类的生育率的直接决定因素（也被称作中间生育变量）。戴维斯和布雷克将生育划分为三个阶段：性交、受孕、怀孕与分娩。在性交阶段有 6 个变量在起作用，受孕阶段有 3 个中介变量起作用，怀胎与分娩阶段有 2 个变量在起作用（见表 6-6）。

表 6-6　影响生育率的中介变量

生育过程	中介变量
性交	进入性结合（同居或结婚）的年龄 永久独身比例 婚后不同居的时间 自愿节育 非自愿不同房（如性障碍、疾病等） 性交频率
受孕	无生育能力 避孕 自愿绝育
怀胎与分娩	非自愿的胎儿死亡 人工流产

这里可以看到，中介变量模型的变量分类过于细致和复杂，而且也只能表达变量对生育的影响方向，但是其他方面的影响则很难进行定量的研究，因而中介变量模型的应用受到了限制，其应用本身也就有了局限。

二　邦戈茨生育率模型

1978 年美国人口学家邦戈茨（John Bongaarts）在《人口与发展评论》（*Population and Development Review*）期刊上发表了《生育率近似决定因素的分析框架》（"A Framework for Analyzing the Proximate Determinants of Fertility"）一文并提出了一个综合生育率模型，用于描述生育率和直接决定因素之间的关系。在模型中，邦戈茨选择了 4 个最重要的生育率直接决定因素，即已婚比例、避孕、人工流产与产后不孕概率，将其看作妇女实际生育率之所以低于生育率理论最大值的抑制变量，并用4个指数表示为：已婚比例、避孕指数、人工流产指数、产后不孕概率。这4个指数的取值范围在0~1，如果某个因素对生育率没有任何抑制作用，那么相应的指数就为1，如果抑制作用达到最大强度，那么相应的指数就为0。

根据4个因素对生育率的影响区分了4种生育水平：当4个因素同时起作用，人口的实际生育率水平就是通常观察得到的总和生育率（TFR）；当消除已婚的影响时（即已婚比例因素不起作用），其生育率水平将会上升为总和已婚妇女生育率（TM）；当进一步消除避孕和人工流产的抑制作用，其生育率上升为总和自然已婚妇女生育率（TN）；当进一步消除哺乳期和产后禁欲的影响，该人口的生育率将达到总和自然生殖率（TF）。总和自然生殖率（TF）是妇女理论上能够达到的最高生育率水平，在大多数人口中这一水平为13~17，平均值为15.3，表明在没有任何生育率抑制因素的影响下，每名妇女一生可能生育的最大孩子数量（见图6-2）。

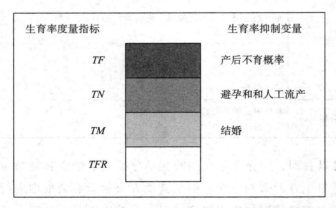

图6-2 直接变量对生育率的抑制作用和各种生育率度量指标之间的关系
资料来源：转引自田雪原（2004）主编《人口学》。

邦戈茨的综合生育率模型可以表示为3个乘法模型，描述不同生育率水平与相应的直接决定因素之间的数量关系：

$$TFR = C_m \times C_c \times C_a \times C_i \times TF \qquad (6-29)$$

$$TM = C_c \times C_a \times C_i \times TF \qquad (6-30)$$

$$TN = C_i \times TF \qquad (6-31)$$

其中，C_m 是结婚指数，C_c 是避孕指数，C_a 是人工流产指数，C_i 是产后不孕指数，分别表示表示婚姻、避孕、人工流产和产后不孕对总和自然生殖率的抑制作用。

三 寇尔生育指数

美国著名人口学家寇尔（Ansley Coale）1965 年在主持 "欧洲人口转变" 研究项目的过程中，提出了寇尔生育指数（Ansley Coale's Indices of Fertility），主要用来分析婚姻和生育控制对于生育水平的影响，其基本思想是把未婚妇女的比例和已婚妇女中实行生育控制的比例对生育率下降的影响相分离（Newell，1990）。

1. 综合生育指数

法国人口学家亨利（Louis Henry）认为在一个人口中，如果育龄期的所有人都结婚，而且不实行任何形式的生育控制，那么这个人口的生育率将接近生物学上的最大值，即反映纯粹生物学因素影响的自然生育率。然而，实际社会生活中任何人都不能脱离一定的文化传统和社会经济环境的影响，因而他们无法达到自然生育率的值。据记载，生活在美国北部平原州和加拿大西部省份的农业社区（Agrarian Communes）的哈特莱特教派（The Hutterites）①，这个宗教信仰禁止一切形式的生育控制，生育水平很高，而且保持着详细的出生、死亡和结婚的教堂记录。人口学家往往以哈特莱特已婚妇女在 1920 ~ 1931 年的生育率水平视作人类可能达到的最高生育水平。实际上在 20 世纪 30 年代，能够活过整个育龄期的哈特莱特妇女平均每人生育的孩子数量是 11 个（然而，到 1980 年哈特莱特人的总体生育水平只是他们在 1930 年时的一半）。

综合生育率只是用来衡量一批妇女的实际生育水平与最高生育水平（即哈特莱特妇女的生育水平）的接近程度。公式为：

$$I_f = \frac{B}{\sum W_i \cdot f_i} \tag{6 - 32}$$

---

① 关于哈特莱特教派（The Hutterites）更多信息可以参见其专门网站：http://www.hutterites.org 或者国家地理的专门网页：http://channel.nationalgeographic.com/channel/american-colony-meet-the-hutterites/。

其中，B 是所研究人口在某一年内的出生总数；W_i 是每个 5 岁组中的妇女人数；f_i 是相应年龄组的哈特莱特已婚妇女的生育率（也可以是任何一个标准人口的分年龄组生育率）。

2. 已婚妇女生育指数

已婚妇女生育指数是指一批妇女的实际已婚生育率与哈特莱特的已婚妇女生育率的接近程度。该指数反映基本排除已婚妇女年龄结构影响之后，所研究地区已婚妇女生育水平与哈特莱特已婚妇女生育水平的差异。公式为：

$$I_g = \frac{B_L}{\sum m_i \cdot f_i} \qquad (6-33)$$

其中，B_L 是所研究人口中已婚妇女生育的活产婴儿总数；m_i 是每个 5 岁组中的已婚妇女人数。

3. 非婚生育指数

非婚生育指数表明一批未婚妇女的生育率与哈特莱特的已婚妇女生育率的接近程度，也称为未婚生育指数或婚外生育指数。公式为：

$$I_h = \frac{B_I}{\sum u_i \cdot f_i} \qquad (6-34)$$

其中，B_I 是所研究人口中某一年终未婚妇女生育的活产婴儿总数，即非法出生人数，$B_I = B - B_L$；u_i 是每个 5 岁组中的未婚妇女人数，$u_i = w_i - m_i$。

4. 已婚妇女比指数

已婚妇女比指数是用来比较已婚妇女按照哈特莱特已婚妇女生育率所生的孩子数与所有妇女按照哈特莱特已婚妇女生育水平所生的孩子数的差异。反映的是婚姻对人口达到其最高潜在生育水平的作用程度。公式为：

$$I_m = \frac{\sum m_i \cdot f_i}{\sum W_i \cdot f_i} \qquad (6-35)$$

在这四个指数中，I_f、I_g、I_h 与 I_m 中任何一个都可以用其他三个的代数式表示：

$$I_f = I_g \cdot I_m + I_h \cdot (1 - I_m) \qquad (6-36)$$

当非法出生人数（B_I）可以忽略不计时，综合生育率（I_f）的水平可以表示成已婚生育指数（I_g）和已婚比指数（I_m）的乘积：

$$I_f \approx I_g \cdot I_m \qquad (6-37)$$

四 孩子数量质量替代理论

1992 年诺贝尔经济学奖获得者，芝加哥大学经济学教授加里·贝克尔（Gary Stanley Becker）从经济学角度提出孩子数量与质量相互替代的理论，以解释随着经济水平的提高生育率呈下降趋势的现象。在该理论中，贝克尔将孩子的数量和质量作为两种可以相互替代的产品。从经济学中消费者偏好来分析，对于一般耐用消费品而言，随着收入水平的提高，消费者更愿意选择更多的优质产品，此时，对数量需求的收入弹性往往比对质量需求的收入弹性要小。根据此，贝克尔认为当收入水平提高后，人们宁愿选择数量较小而质量较高的孩子，而不是数量多而质量差的孩子。

贝克尔从经济学的视角解释随着收入水平的上升生育率下降的现象，获得了一些学者的认同。但也有社会学家批判这是将人类生育完全说成是一种冷冰冰的、理性的经济盘算的过程；同时，有些经济学家也指出解释收入水平与生育率之间的负相关关系，还需要考虑死亡率的下降及避孕工具的发明等因素。然而不可否认的是，贝克尔的理论得到了诸多实证研究的支持。同时，2013 年 12 月中国刚刚放开单独二孩（不是单独二胎），他就撰文《中国放弃独生子女政策的影响》（"The Consequences of Abandoning China's One Child Policy"），指出："中国的独生子女政策，已经成为了一项干涉大量个人决定的社会工程。虽然这项政策成功实现了大幅度降低生育率的目标，却没有考虑到 1978 年改革开放对于降低生育率的作用。从这个角度来看，这项政策完全是多余的，而且弊端远远多过贡献。"[1] 关于贝克尔及其对于生育的相关研究的更多内容可以参加本章的"知识卡片"。

---

[1] 全文可参见财新网加里·贝克尔专栏文章：http://opinion.caixin.com/2013-12-24/100621183.html。

五　生育率决定的供给—需求理论

美国著名经济学家，南加州大学经济学杰出教授伊斯林特（Richard A. *Easterlin*，1926 - ）利用供给—需求理论、结合发展中国家的经济现代化过程分析了生育率的下降（Easterlin & Crimmins，1985；陈卫、史梅，2002b）。他与其合作者将影响生育率的因素分为需求、供给和节育成本三大方面。孩子的需求是指在节制生育成本为免费或者廉价的情况下，父母向往的存活子女的数量。家庭收入、父母偏好、孩子成本—效用等是孩子需求的关键决定因素。孩子的供给是指在夫妇没有采取任何限制家庭规模或者节制生育措施的条件下，一对夫妇可能会有的存活子女的数量。节育成本则是指一对夫妇采取各种节制生育、限制家庭规模的措施所付出的代价和费用。

伊斯林特从内生因素和外生因素两个方面解释对孩子供给和需求的影响。内生因素是直接影响供给与需求，与孩子的生育、抚养本身有关的变量，例如父母的收入、抚养孩子的相对价格、父母的生理和心理条件等。外生因素是间接影响孩子供给和需求的社会经济变量。他与其合作者认为孩子不是一般的商品，随着家庭收入的提高，父母抚养孩子投入的时间和商品的价格会提高，即孩子的成本会提高，这就带来孩子的质量替代孩子的数量。另外，随着家庭收入和孩子价格的这种变化，父母对孩子的偏好也会发生变化，即在收入提高后父母将选择数量少而质量高的孩子。[①]

六　财富流理论

与其他学者指出的经济因素是生育率下降的根本原因不同的是，澳大利亚人口学家考德威尔（Caldwell）在 1982 年发表文章《生育率降低的财富流理论》（"The Wealth Flows Theory of Fertility Decline"），认为家庭关系的革命性变化，即家庭内部财富流的流动方向的变动是生育率下降的根本原因。考德威尔所指的"财富"是家庭的全部收益，他认为家庭内部的财富包括四大类：货币收入（包括工资、薪金、奖金、利息、酬金等现金收

[①]　更多的内容读者可以参见伊斯林特与其合作者于 1985 年在芝加哥大学出版社出版的专著《生育革命：供需分析》（*The Fertility Revolution: A Supply-demand Analysis*）一书。

入）、物质产品（房屋、土地、耕牛、奶牛和其他家庭消费用品）、服务收入、精神财富（如和谐、互敬互谅、愉快等）。

在传统社会中，父辈是家庭内部财富的支配者，子女一辈获得的财富都要流向父辈，因而父辈倾向于多生育子女。但是当财富的流转方向发生变化时，父辈就倾向于少生育。工业化革命是家庭财富流向转变的分水岭。在前工业化社会中，家庭是一个生产单位，子女在自家田地、牧场等处工作获得的财富作为家庭经济收入，均由父辈支配，同时可以给父母带来精神慰藉等，因而子女越多，家庭财富就越多，父辈倾向于多生育子女。工业革命以后，家庭的教育职能、生产职能等很多职能被社会所取代，子女在参加工作之前主要是靠父辈的财富养育，成年后找到工作便离开家庭步入社会，另组小家庭，尽管不需要父辈的财富但是自己的财富也不流向父辈，因而，家庭财富总体是从父辈流向子女，财富流转方向的变动带来生育率的下降。

七 边际孩子合理选择模型

美国经济学家莱宾斯坦（H. Leibenstein）1975 年根据微观经济学理论，提出边际孩子合理选择模型来解释经济持续增长过程中出现的生育率下降的现象。在该理论中，莱宾斯坦假定每个家庭将根据第 n 个孩子带来的效用与成本的均衡来决定家庭是否生育第 n 个孩子。当边际孩子的效用大于成本时，家庭决定生育这个孩子，反之则不生育。

从孩子的成本来看，随着收入的增加，孩子的直接成本和间接成本均上升。这是因为随着家庭收入的增加，父母用于抚养和培育孩子的费用增加，即直接成本增加；同时，随着经济的发展，父母的时间成本增加，即孩子的间接成本上升。从孩子的效用来看，孩子作为消费品给父母带来的满足对收入变化的反应非常迟钝。除消费效用之外的其他效用则随着收入的增加而递减，一方面，孩子作为家庭劳动力或收入来源的需求就会越来越小，即孩子对承担家庭风险的效用下降；另一方面，由于收入提高，父母可能将一部分钱存起来作为养老储蓄，孩子的保险效用下降。总之，根据对孩子成本—效用的综合分析，边际孩子的效用是随着家庭收入的提高而下降的，即边际孩子的效用递减。

知识卡片：开展生育率研究的诺贝尔经济学奖获得者加里·贝克尔

2014 年 5 月 3 日，美国著名经济学家、1992 年诺贝尔经济学奖获得者［因将微观经济分析的领域扩大到包括非市场行为的人类行为和相互作用的广阔领域（for having extended the domain of microeconomic analysis to a wide range of human behaviour and interaction, including nonmarket behaviour）而获奖］、芝加哥大学经济学教授加里·贝克尔（Gary Stanley Becker）辞世，享年 84 岁。在 2014 年 5 月 5 日，笔者在南京大学仙林校区图书馆 126 教室讲授《人口学概论》之"生育分析"之前，与课堂的几十名学生也一起对这位伟大的学者进行了缅怀。

加里·贝克尔的研究贡献主要在于将经济理论的领域扩大到以前属于其他社会科学学科如社会学、人口学和犯罪研究的领域方面。同时他鼓励经济学家们分析新问题，大大开拓了经济学的视野，丰富了经济学的内容。

加里·贝克尔的研究计划建立在一种思想上，即一个人在一些不同领域中的行为遵循同样的基本原理。这个方法的特色是这样的事实：各个经济主体——不论是家庭、企业，或其他组织——被假设为具有理性的，有目标的行为，例如效用或财富，并且可以这样描写其行为，似乎他们使一个特定的目标函数最大化。加里·贝克尔将理性、优化行为的原理应用到研究售货员们以前假定行为是习惯性的并且常常干脆是非理性的领域。贝克尔借用萧伯纳一句格言以描写他的方法论哲学："经济是充分利用生命的艺术。"可以区分四个研究领域来记述贝克尔如何将他的基本模型应用于不同类型的人的行为：（1）投资于人力资本；（2）家庭行为，包括家庭中工作的分配和时间的配置；（3）罪与罚；（4）市场上对和商品的歧视。

贝克尔在家庭方面最有影响的贡献或许是他对生育率的研究，那是从他 1960 年写的一篇题为"生育率的经济分析"的文章开始的。假设父母对他们的孩子的数目和教育水平有偏好，教育水平受父母花费在孩子身上的时间和其他资源的数量影响，对儿童的人力资本的投资因而可以作为收入和价格的函数而被推算出来：当工资上升时，父母增加对人力资本的投资，连同减少孩子的数目。

贝克尔用此理论解释工业化国家中生育率的历史性下降，以及不同国家中和城乡区域之间的生育率变差。特别是贝克尔常常提到，瑞典高度普及的家庭政策说明经济观点对分析这些问题的好处。如下列出贝克尔在人类生育行为有关研究中的一些代表性著作或科研文章，其中备注的引用次数统计截止时间为 2015 年 1 月 11 日星期日。

Becker, G. S.（2009）. Human capital：A theoretical and empirical analysis, with special reference to education. University of Chicago Press，引用 25307 次。

Becker, G. S., & Becker, G. S.（2009）. A Treatise on the Family. Harvard university press，引用 13800 次。

Becker, G. S.（1976）. The economic approach to human behavior. University of Chicago Press，引用 5587 次。

Becker, G. S.（1960）. An economic analysis of fertility. In Demographic and economic change in developed countries（pp. 209–240）. Columbia University Press，引用 2731 次。

Becker, G. S., & Lewis, H. G.（1974）. Interaction between quantity and quality of children. In Economics of the family：Marriage, children, and human capital（pp. 81–90）. UMI，引用 2343 次。

Becker, G. S., Murphy, K. M., & Tamura, R.（1994）. Human capital, fertility, and economic growth. In Human Capital：A Theoretical and Empirical Analysis with Special Reference to Education（3rd Edition）（pp. 323–350）. The University of Chicago Press，引用 2110 次。

第七章 死亡分析

与所有的生物体一样，人类社会中的每一个人都会经历生命历程中死亡这一事件，无人例外。但不同于其他生物体，人们，尤其是人口学家和公共卫生学家，对于人类自身群体的死亡这一历程与事件会有系统的思考和探索。死亡对于每一个人来说是确定的，但是在一定程度上人们可以选择自己生命的长或短，当然人们生命的长短取决于许多因素，一些因素人们不能控制，比如性别、种族等；另一些因素人们可以控制，比如生活方式、受教育程度等。人口学家经过大量实证研究发现，人口死亡在诸多社会与人口特征方面有显著差异，较高社会阶层人们的预期寿命（预期寿命这一概念会在本章进行系统讲解）一般比较低社会阶层人们的预期寿命高，处于婚姻状态中的人们的预期寿命一般较单身、独居或离异的人们的预期寿命高（Poston & Bouvier, 2010：111）。

正如本书第一章所讲到的，人口学这门学科建立的起源之一正是英国人约翰·格兰特早在 17 世纪对于人口死亡的研究，后续的很多人口学家也在人口死亡研究中创造了诸多有影响力的分析方法与技术，可见死亡分析在人口学中的重要地位。本章首先引入了基本的人口死亡测量指标，接着阐释了人口学家在研究人口死因结构时使用的流行病学转变理论，进而系统介绍了在人口死亡研究中常使用的诸多核心人口分析方法和技术——标准化、指标的分解、生命表等。当然这些起初在人口死亡研究中的核心技术已经超越了它传统的应用领域，比如生命表技术早就在生态学科范畴内的种群分析以及保险精算领域得到了运用，对后者而言，它是人寿保险经营的科学的数理基础，为计算保险费、责任准备金、退保金等提供了依据。因此，读者在学习本章的分析技术时，应重点关注它们的数理逻辑，以期能在以后不同领域的研究中灵活运用。

第一节　人口死亡的测量

一　死亡率的含义与测量

1. 死亡率

死亡率（也称粗死亡率，Crude Death Rate，CDR）这一指标，是指一定时期内（通常为一年）全部死亡人数与同期平均总人口之比，用来说明该时期人口的死亡强度。死亡率一般用千分率表示。死亡率的计算简单，所需资料易于得到，因此被广泛运用于人口死亡的分析中，其计算公式为：

$$CDR = \frac{D}{\overline{P}} \times 1000‰ \qquad\qquad (7-1)$$

其中，CDR 为死亡率；D 为某时期内全部死亡人数；$\overline{P}$ 为同期的平均总人口数。

例如，采用 2010 年第六次全国人口普查数据计算，中国死亡人口为 7421990 人，总人数为 1332810869 人，那么根据死亡率的计算公式得到：2010 年全国的死亡率为 55.69‰。

$$CDR = \frac{7421990}{1332810869} \times 1000‰ = 55.69‰$$

死亡率这一指标受人口特征，特别是年龄结构的影响。因此，研究者在进行死亡率的国别比较时，要特别注意先调整年龄结构的差异，之后才能评价其国家或地区的人口的健康、经济或环境状况。举例来说，如果不考虑预期寿命的差别，那么 2010 年瑞典的死亡率高于巴拿马，前者为 11‰，后者为 5‰，但实际情况如何呢？我们通过查阅统计数据得知，瑞典的预期寿命为 79 岁，而巴拿马只有 74 岁。实际上，两国死亡率的差别，部分是由两国年龄结构不同引起的。瑞典人口中 65 岁及以上的老年人口占了 18%，这部分人口发生死亡的可能性更大，而巴拿马人口属年轻型人口，老年人口只占总人口的 3%。因此，尽管瑞典人健康状况较好，但每年总人口中的死亡数仍要高于巴拿马。

2. 分年龄死亡率

为了进一步比较不同年龄或同一年龄人口在不同时期的死亡率，我们可以采用分年龄组来计算死亡率，即分年龄死亡率（Age-specific Death Rate，ASDR）。与前述的粗死亡率不同的是，分年龄死亡率可以在不同国家或地区之间进行比较。具体来说，分年龄死亡率是指一定时期内（通常是一年）某一年龄或年龄组死亡人数与同期相应年龄或年龄组平均人口数之比，用来表示该年龄或该年龄组的死亡强度，一般用千分率表示，其计算公式为：

$$ASDR = \frac{{}_nD_x}{{}_nP_x} \times 1000‰ \qquad (7-2)$$

其中，$ASDR$ 为分年龄死亡率；${}_nD_x$ 为某时期内 x 岁到 $x+n$ 岁的死亡人数；${}_nP_x$ 为同期 x 岁到 $x+n$ 岁的平均人口数。

由于不同性别的死亡率有很大的不同，因此，通常我们也要分别计算男性和女性的分年龄死亡率。计算公式与前述分年龄死亡率的计算公式相似，即：

$$ASDR^m = \frac{{}_nD_x^m}{{}_nP_x^m} \times 1000‰$$

$$ASDR^f = \frac{{}_nD_x^f}{{}_nP_x^f} \times 1000‰$$

例如，我们根据 2010 年第六次全国人口普查资料数据，就可以计算出 2010 年中国男性与女性的分年龄死亡率。具体如表 7-1 所示。

表 7-1　全国分年龄、性别的死亡人口状况

年龄（岁）	平均人口数（人）			死亡人口数（人）			死亡率（‰）		
	合计	男	女	合计	男	女	合计	男	女
0~4	77222937	41973542	35249395	99808	55145	44663	1.29	1.31	1.27
5~9	70449638	38236993	32212645	21183	13621	7562	0.3	0.36	0.23
10~14	77144787	41368443	35776344	23088	15243	7845	0.3	0.37	0.22
15~19	104380676	53978047	50402629	40469	28088	12381	0.39	0.52	0.25
20~24	124144390	62248723	61895667	62552	43738	18814	0.5	0.7	0.3
25~29	99847689	50326361	49521328	60661	42497	18164	0.61	0.84	0.37
30~34	98630105	50321718	48308387	79960	55804	24156	0.81	1.11	0.5
35~39	121046434	61947298	59099136	140531	98382	42149	1.16	1.59	0.71

续表

年龄（岁）	平均人口数（人）			死亡人口数（人）			死亡率（‰）		
	合计	男	女	合计	男	女	合计	男	女
40~44	123217058	62828359	60388699	216353	149111	67242	1.76	2.37	1.11
45~49	100540459	51224141	49316318	262531	179446	83085	2.61	3.5	1.68
50~54	80681808	41368178	39313630	337397	226888	110509	4.18	5.48	2.81
55~59	79916406	40401118	39515288	494339	324817	169522	6.19	8.04	4.29
60~64	56869341	28960290	27909051	586160	377069	209091	10.31	13.02	7.49
65~69	40430322	20464492	19965830	695662	435007	260655	17.21	21.26	13.06
70~74	32626699	16193274	16433425	999653	599394	400259	30.64	37.02	24.36
75~79	23477629	11113128	12364501	1162694	657140	505554	49.52	59.13	40.89
80~84	12754562	5617949	7136613	1081704	553704	528000	84.81	98.56	73.98
85~89	5387168	2092917	3294251	686462	306678	379784	127.43	146.53	115.29
90~94	1465384	491592	973792	279569	104048	175521	190.78	211.66	180.24
95~99	344209	109833	234376	74729	23292	51437	217.1	212.07	219.46
100 及以上	36283	9208	27075	16485	4671	11814	454.35	507.28	436.34

资料来源：《中国 2010 年人口普查资料》。

3. 婴儿死亡率

婴儿死亡率（Infant Mortality Rate，IMR）这一指标，是指婴儿出生后在达到 1 岁前死亡的概率，即某年每 1000 名活产婴儿中有多少个在 1 岁前死亡。从严格意义上讲，IMR 应该被称为婴儿死亡概率，其计算公式为：

$$IMR = \frac{某年内死亡的婴儿数}{相应的同一地区婴儿活产数} \times 1000‰ \qquad (7-3)$$

从概念上来看，婴儿死亡率是 1 岁前死亡的婴儿数占当年活产婴儿总数的比重，而某年内死亡的婴儿数可能是上一年出生的，也可能是当年出生的，同时活产数也涉及两个年份，许多详细数据无法获得。因此，人口学家一般采用经验方法计算婴儿死亡率，即假定在不同时期婴儿死亡率的差别稳定，则其计算公式为：

$$IMR = \left(f \times \frac{D_1}{b_0} + (1-f) \times \frac{D_1}{b_1} \right) \times 1000‰ \qquad (7-4)$$

或：

$$IMR = \left(\frac{D_1}{f b_0 + (1-f) b_1} \right) \times 1000‰ \qquad (7-5)$$

其中，D_1 为当年（t 年）的婴儿死亡数；b_0、b_1 分别为上一年（$t-1$年）、当年（t 年）的出生人数；f 则为分离系数，即假设在当年（t 年）死亡的婴儿中有人出生于上一年（$t-1$ 年），则数值一般选择在 0.25 和 0.3 之间。

因为 f 为经验分离系数，所以它会随着婴儿死亡水平的变化而取不同值，其大致关系如表 7-2 所示。

表 7-2　婴儿死亡率水平与分离系数 f 的关系

婴儿死亡率（‰）	200	150	100	50	25	15
分离系数 f	0.40	0.33	0.25	0.20	0.15	0.05

资料来源：田雪原，2004：148。

与其他年龄人口相比，婴儿死亡人数在总的死亡人数中的比重比较高，尤其是在经济落后地区，不仅粗死亡率高，而且婴儿死亡率更高，婴儿死亡人数可以占到总死亡人数的 30% ~40%。分析对比不同地区的婴儿死亡率有着十分重要的政策意义，它不仅反映了一个国家或地区的社会经济水平及医疗卫生水平，而且也在一定程度上表明了该地区人口的健康状况。当然，婴儿死亡率的影响因素很多，如新生儿体重、其母亲怀孕期长短、婴儿性别、地方习俗、是否母乳喂养等。查阅美国中央情报局网站的 The World Factbook 专门页面[①]可以看到，2013 年，婴儿死亡率最高的国家是亚洲的阿富汗，其每 1000 名活产婴儿中有 121.63 人在 1 岁前死亡；其次是非洲的马里，其每 1000 名活产婴儿中有 108.70 人在 1 岁前死亡；而同期的日本和摩纳哥，每 1000 名活产婴儿中只有 2.21 名和 1.80 名婴儿在 1 岁前死亡。2013 年中国内地、中国香港、中国澳门、中国台湾的婴儿死亡率分别是 15.62‰、2.90‰、3.17‰、4.60‰。

4. 死因别死亡率

死因别死亡率（Cause-specific Mortality Rate）这一指标，是指一定时期内

---

① The World Factbook：https://www.cia.gov/library/publications/the-world-factbook/.

（通常为一年）死亡人口按照不同死因划分，然后分别与可能因这类死因而死亡的平均人口数相比得到的死亡率，但是在实际计算中，我们一般用该时期的平均总人口数代替可能因这类死因而死亡的平均人口数，其计算公式为：

$$CDR^i = \frac{D^i}{\bar{P}} \times 1000‰ \tag{7-6}$$

其中，CDR^i 为 i 死因别死亡率；D^i 为某时期内死于 i 死因的死亡人数；$\bar{P}$ 为同期的平均总人口数。比如，2002 年美国结核病死亡率是 0.3（每十万人）。

二 死亡因素变动

1. 死亡模式与死亡水平的关系

死因与死亡水平的关系是探讨死因模式变化的一种常用的分析方法。1962 年联合国的一项研究较为系统地研究了死因模式与死亡水平之间的关系，将死亡原因分为五组，如表 7-3 所示。

表 7-3　国际疾病分类第 7 版本（ICD-7）

A 组	传染病和寄生虫病、呼吸系统疾病（流感、肺炎和 5 岁以下的支气管炎）
B 组	恶性肿瘤
C 组	循环系统疾病
D 组	暴力死亡
E 组	未包括在前四组中的其他所有死亡

资料来源：宋新明，2003：52~58。

在死因分类的基础上，联合国对死因模式与死亡水平之间的关系做出了进一步的概括。以下三阶段死因模式转变在某种程度上反映了一些发达国家所经历的过程：

①当人口的平均期望寿命从 40 岁增长到 60 岁，死于 A 组疾病的比例下降，而死于 B 组和 C 组疾病的比例上升，死于 E 组的比例呈轻微上升趋势；②当人口的平均期望寿命从 60 岁增长到 70 岁，死于 A 组疾病的比例继续下降，死于 B 组和 C 组疾病的比例继续上升但上升速度

更快，死于 E 组的比例基本不变；③当人口的平均期望寿命增长到 70 岁以上，死于 A 组、B 组和 C 组的比例继续呈现原有的趋势，而死于 E 组的比例快速下降。

美国宾夕法尼亚大学著名人口学家 Preston S. H.（1976）利用分死因生命表（生命表技术见本章后面部分）对死因构成与死亡水平的关系做了更为详细的研究。该研究结果显示，当人口的平均期望寿命为 25 岁时，大约 60% 的新生儿将最终死于传染病、寄生虫病、流感、肺炎、支气管炎、腹泻以及孕产妇死亡；而当人口的平均期望寿命增长到 75～80 岁时，这一比例仅为 6%～7%。相反，最终死于恶性肿瘤和循环系统疾病的比例会上升 5 倍，从 15% 增加到 75%。该研究的线性模型分析结果还显示，流感、肺炎、支气管炎死亡率的下降对总死亡水平下降的贡献率为 25%，传染病和寄生虫病的贡献率为 25%，腹泻病的贡献率为 10%。

由于大部分发展中国家死亡统计的历史较短，它们通常缺乏供纵向研究的数据，资料的完整性和准确性也相对较差，因而上述分析主要局限在发达国家。但是一些研究也表明发展中国家的死因模式或多或少地呈现与发达国家类似的转变过程。日本亚洲经济研究所的学者们进行的一项亚洲国家的死因研究表明，总的来说，亚洲国家死因模式的转变同样呈现出死于传染病和寄生虫病的比例下降而死于恶性肿瘤和循环系统疾病的比例上升的特征（Ueda, 1983）。

2. Omran 的流行病学转变理论

基于前人的研究，利用来自联合国模型生命表的数据和一些死亡统计历史较长又较为完整的国家的历史和现时资料，Omran 提出了流行病学转变理论，使死因研究有了重大进展（Omran, 1971）。该理论重点阐述了健康和疾病模式的复杂转变过程，阐述了健康和疾病模式转变与人口、经济、社会因素之间的相互作用。

（1）基本概念

Omran 的流行病学转变，具体指的是主要死因从传染病向慢性非传染病的长期变化过程。他主要提出了四个基本概念。

概念一：死亡是影响人口变化的一个基本因素，这是形成流行病学转变理论的主要前提。

概念二：流行病学转变主要经历了三个时期，第一个时期为传染病大流行和饥荒期（The Age of Pestilence and Famine）。在这一时期，鼠疫、天花、霍乱等传染病的大规模流行和饥荒造成了人口的大量死亡，高死亡率导致了人口的平均预期寿命极低，在 20 ~ 40 岁波动。第二个时期为传染病大流行衰退期（The Age of Receding Pandemics）。在这一时期，各种传染病的流行规模变小，传播的速度减慢，死亡率大幅度下降，人口的平均预期寿命从 30 岁左右增长到 50 岁左右。这一时期相当于人口转变的第二阶段，人口开始呈现指数增长。第三个时期为退行性和人为疾病期（The Age of Degenerative and Man-made Diseases）。在这一时期，死亡率继续下降，并趋向稳定在一个较低的水平，人口的平均预期寿命逐渐上升达到 70 岁及以上。正是在这一时期生育率成为人口增长的关键因素。

概念三：在流行病学转变过程中，当传染病大流行衰退时，生存概率提高的最大受益人群是儿童、女青年和育龄妇女这三大脆弱群体。这可能是因为这三类人群对传染病和营养缺乏疾病的易感性相对较高。

概念四：根据死亡率和生育率开始显著下降的时间、变化的速度和流行病学转变的决定因素的不同，流行病学转变有三个基本模式，经典或西方模式、加速模式和迟缓模式。

经典模式主要发生在西方国家。在西方国家，死亡率和生育率的显著下降始于 19 世纪，人口再生产类型从"高出生、高死亡"转变成"低出生、低死亡"用了 100 ~ 200 年的时间。在这一模式中，死亡率和生育率的下降均相对较为平稳，是一个渐进的过程。影响转变的主要原因是社会经济发展和环境的不断改善，转变过程与现代化的进程基本同步。在转变的早期，医学进步所起的作用微乎其微，因为死亡率的显著下降发生在许多医学重大发现如抗生素问世之前，在进入 20 世纪以后，医学的作用才逐步增强。

加速模式主要发生在日本、东欧和一些新的工业化国家及地区（如新加坡、中国香港）。与经典模式相比，流行病学转变开始时间要晚得多，但转变速度非常快。一般认为在这一模式中，虽然社会经济发展在转变早期是导致转变的重要因素，但医学和公共卫生的进步在转变过程中起到了非常重要的作用。

迟缓模式主要发生在大部分发展中国家。二战以后，这些国家的死亡率呈现大幅度的下降。与经典模式不同，现代医学技术的应用和公共卫生措施的实施，如大规模使用杀虫剂、抗生素的应用，是死亡率下降的主要原因。而生育率的下降则明显滞后，这导致人口数量的急剧增加。发展中国家的流行病学转变比较复杂，差异较大。因此，1983 年，Omran 又增加了一种迟缓模式的过渡亚型，属于这一亚型的国家死亡率已下降到大多数发展中国家未能达到的水平，生育率的下降也相对较早。

（2）流行病学转变与人口和社会变化之间的关系

人口和社会变化对流行病学转变有很大的影响，反过来流行病学转变也从多个方面影响着人口和社会变化。关于流行病学转变与人口和社会变化之间的关系，Omran（1971）在他的文章中提出了以下主要观点。

第一，主要死因从传染性疾病转向慢性退行性疾病导致平均死亡年龄的提高。这是因为传染病和慢性退行性疾病导致死亡的人群不同，前者主要影响低年龄组，而后者主要影响高年龄组。

第二，儿童生存概率的提高增加了儿童的数量。因此在流行病学转变的第二个时期，人口的年龄结构趋向于年轻化。到了转变的第三个阶段，由于预期寿命的提高和生育率的降低，人口才开始老龄化。

第三，女性生存概率的提高将最终改变人口的性别构成，尤其在老年人中，女性老人的比例超过男性。

第四，不同的流行病学转变模式导致不同的人口增长率。属于经典模式和加速模式的发达国家的人口以每年 0.7% ~1% 的增长率递增。这意味着这些国家人口增加一倍需要 70 ~100 年。属于迟缓模式国家的人口以每年 2.5% ~3.5% 的增长率递增，人口翻番的时间为 20 ~28 年。

第五，死亡率和患病率的下降对于社会经济发展具有积极的影响。如生存概率的提高将有助于劳动人口的增加及生产效率的提高。

第六，儿童生存机会的增加与人口数量控制之间具有密切的关系。儿童生存机会的增加消除了需要高生育的社会、经济和情感方面的种种理由。

第七，流行病学转变所导致的结果并不都是积极的。流行病学转变以及与此相联系的种种变化将引发诸多的新问题，如家庭结构核心化、团体凝聚力削弱、精神疾患增加、犯罪及不良行为增多、药物依赖、非健康状态生存、老龄化问题（尤其是女性老人问题）、医疗费用的急剧上升等。

3. 第四个时期与流行病学转变扩展模型

1970 年前后，人们普遍认为发达国家的死亡率已经没有了进一步下降的空间，人口的寿命已非常接近生命跨度的生理极限。然而，在 Omran 的流行病学转变理论发表几年前，美国等发达国家又开始了新的死亡率快速下降，但当时人们并没有观察到这一现象。这一现象同时也发生在新的工业化国家和地区，尤其在东南亚和东亚地区。老年人群慢性退行性疾病死亡率的快速下降在这一变化中起着主要作用，这意味着这些发达国家和地区已进入了死亡水平和死因结构变化的崭新阶段，即流行病学转变的第四个时期。这一时期与第三个时期相同的是慢性退行性疾病仍为死亡的主要原因，但死于慢性疾病的年龄大大推迟。Olshansky 和 Ault（1986）把这一时期称为 "慢性退行性疾病延迟期"（The Age of Delayed Degenerative Diseases）。澳大利亚阿德莱德大学人口学教授 Hugo 于 1986 年在 Omran 工作的基础上提出了流行病学转变的扩展模型（见表 7 - 4）。

表 7 - 4 流行病学转变的扩展模式

时 期	死亡水平			死亡水平的性别差异和社会经济差异		主要死因	死亡率降低的主要原因
	IMR （‰）	e_0	e_{50}	性别差异	社会经济差异		
Ⅰ饥荒和传染病大流行期：死亡率高且有波动	200	40	10	小	大	传染病流行、瘟疫、饥荒	饥荒减少，改善饮食和环境卫生，停止战争
Ⅱ传染病流行衰退期：死亡率不断下降，主要发生在年轻人群	100	50	24	增大	大	传染病，但是流行强度减小和频率减少	公共卫生、环境卫生改善，营养水平提高，医院发展
Ⅲ退行性和人为疾病期：死亡率稳定在较低的水平	12	70	25	大	减小	退行性疾病，如肿瘤和心脏病以及意外死亡	治疗水平提高、医学研究的突破和新技术的应用
Ⅳ慢性退行性疾病延迟期：死亡率进一步下降，尤其在老年人群	9	75	30	减小	减小	退行性疾病和意外伤亡	生活方式改变（饮食、锻炼等），医学研究的突破与新技术的广泛应用

注：IMR，表示婴儿死亡率（‰）；e_0 和 e_{50}，分别表示 0 岁和 50 岁时的期望寿命。
资料来源：Hugo, G. 1986。

第二节 死亡率的标准化

在比较一些人口学指标时，比如粗死亡率、一般生育率，我们可能得到一些与实际情况相反的结论。看一个例子，2010 年日本的粗死亡率为 9‰，而中国的粗死亡率则为 7‰，但从 0 岁预期寿命来看，日本为 83 岁，中国仅为 74 岁（美国人口咨询局，2010）。我们可以发现，日本的实际死亡水平要低于中国，所以仅仅以粗死亡率做比较得出的结论就违背了事实，究其原因，是粗死亡率受到人口年龄结构的影响，日本高龄老年人口占总人口比重高，因而其粗死亡率高于中国。那么，为了消除年龄结构对核心指标的影响，我们就需要进行标准化的计算过程，本节正是通过对死亡率进行标准化来讲解标准化的具体计算和操作方式。

一 死亡率的直接标准化

1. 直接标准化方法

直接标准化（Direct Standardization）方法，即在比较两个国家/地区或同一地区不同时点的指标时，用一个统一的年龄结构作为分年龄人口率（比如分年龄生育率、分年龄死亡率等）的权数，然后以这个年龄结构计算出的指标就是可以比较的，以直接年龄标准化死亡率（Age Direct Standardized Mortality Rate，ASR）为例，其计算公式为：

$$ASR = \sum (v_x \times C_x^s) \qquad (7-7)$$

其中，ASR 表示标准化指标，如标准化粗死亡率、标准化生育率等，v_x 表示分年龄人口率，如分年龄生育率、分年龄死亡率等，C_x^s 表示标准人口年龄分布，$C_x^s = \dfrac{标准人口中各年龄人口数}{标准人口总人口数} = \dfrac{P_x^s}{P^s}$。 $\qquad (7-8)$

而在中国语境下，对不同省份的粗死亡率进行比较时，直接标准化公式则为：

$$ASCDR_k = \sum m_{x,k} \times C_x^s \qquad (7-9)$$

$ASCDR_k$ 表示第 k 个省的直接标准化死亡率，$m_{x,k}$ 表示第 k 个省份年龄死亡率，C_x^s 表示标准人口年龄结构。

2. 直接标准化的特点

直接标准化解释的问题就是，在排除年龄结构的影响后，两个地区或两个时点死亡水平、生育水平等的差异是多少。同时，直接标准化也可以用于多个时点、多个地区之间的比较。但是，它不能反映实际水平，只能表示不同地区、不同时点相关水平的差异和变化。

从直接标准化的计算公式及计算过程可以看出，其对数据要求较严，它要求各地区或各时点分年龄的人口率（v_x）的数据是已知的。

3. 标准人口的选取

如何选择标准人口年龄结构是标准化方法中重要的问题，选择的标准人口差异大，可能就会得出不同的结论。例如，对 1931 年英格兰威尔士和 1964 年墨西哥的女性人口死亡率进行比较时，当选用年轻人口结构作标准时，二者的标准化死亡率分别为 8.76‰和 9.2‰，前者低于后者；而选用年老人口结构作标准时，二者的标准化死亡率分别为 13.13‰和 11.52‰，前者则高于后者（翟振武等，1989）。

我们如果仅对两个地区或两个时点的人群进行比较，最好选用两个人口平均的年龄结构作为标准人口，其公式为：

$$C_x^s = \frac{C_x^A + C_x^B}{2} \tag{7-10}$$

当对多个地区或多个时点的人群进行比较时，应选择一个与这些人口平均值最接近的人口年龄结构作为标准。但是，如果由于灾荒、战争等原因，人口结构出现异常时，就应选用一个正常人口年龄结构作为标准。

4. 死亡率的直接标准化

本书采用 2010 年第六次全国人口普查数据计算，可以发现 2010 年山东的粗死亡率为 6.27‰，新疆的粗死亡率为 4.12‰，这与人口年龄结构有一定的关系。在此，本书以山东省与新疆维吾尔自治区 2010 年数据为例计算粗死亡率的直接标准化，以便二者进行比较。

在计算中，本书以山东人口年龄结构与新疆人口年龄结构的均值作为标准人口，首先计算出山东分年龄死亡率与标准人口年龄结构的乘积，即 $C_x^s \times m_x^A$，以及新疆分年龄死亡率与标准人口年龄结构的乘积，即 $C_x^s \times m_x^B$，然后分别进行加总就可以得到山东直接标准化的粗死亡率为 0.00509，新疆直接标准化死亡率为 0.00511。经过比较发现，新疆直接标准化粗死亡率略高于山东，结论与直接使用粗死亡率比较的结果完全相反了（见表 7 - 5）。

表 7 - 5　山东与新疆粗死亡率的直接标准化计算过程

年龄（岁）	山东人口年龄结构	新疆人口年龄结构	平均人口年龄结构	山东分年龄死亡率	新疆分年龄死亡率	山东分年龄死亡率与标准年龄结构的乘积	新疆分年龄死亡率与标准年龄结构的乘积
x	C_x^A	C_x^B	C_x^S	m_x^A	m_x^B	$C_x^S \times m_x^A$	$C_x^S \times m_x^B$
0	0.01023	0.01469	0.01246	0.00208	0.00841	0.00003	0.00010
1 ~ 4	0.04546	0.05701	0.05123	0.00030	0.00149	0.00002	0.00008
5 ~ 9	0.05186	0.06377	0.05781	0.00017	0.00047	0.00001	0.00003
10 ~ 14	0.04981	0.06905	0.05943	0.00023	0.00042	0.00001	0.00003
15 ~ 19	0.05701	0.08033	0.06867	0.00033	0.00064	0.00002	0.00004
20 ~ 24	0.09902	0.09707	0.09804	0.00046	0.00084	0.00004	0.00008
25 ~ 29	0.07242	0.08359	0.07801	0.00053	0.00097	0.00004	0.00008
30 ~ 34	0.06787	0.08225	0.07506	0.00070	0.00112	0.00005	0.00008
35 ~ 39	0.08259	0.10103	0.09181	0.00105	0.00129	0.00010	0.00012
40 ~ 44	0.09737	0.09822	0.09779	0.00153	0.00170	0.00015	0.00017
45 ~ 49	0.08430	0.07058	0.07744	0.00234	0.00270	0.00018	0.00021
50 ~ 54	0.06528	0.04699	0.05614	0.00422	0.00483	0.00024	0.00027
55 ~ 59	0.06926	0.03881	0.05403	0.00597	0.00788	0.00032	0.00043
60 ~ 64	0.04907	0.03179	0.04043	0.00974	0.01311	0.00039	0.00053
65 ~ 69	0.03285	0.02575	0.02930	0.01658	0.01929	0.00049	0.00057
70 ~ 74	0.02606	0.02037	0.02321	0.03110	0.02769	0.00072	0.00064
75 ~ 79	0.02052	0.01058	0.01555	0.05059	0.04220	0.00079	0.00066
80 ~ 84	0.01210	0.00517	0.00864	0.08376	0.06361	0.00072	0.00055
85 ~ 89	0.00510	0.00204	0.00357	0.13191	0.08556	0.00047	0.00031
90 ~ 94	0.00148	0.00067	0.00108	0.19602	0.10158	0.00021	0.00011
95 ~ 99	0.00031	0.00020	0.00026	0.24786	0.10964	0.00006	0.00003
100 及以上	0.00003	0.00003	0.00003	0.50685	0.32705	0.00002	0.00001
直接标准化死亡率						0.00509	0.00511

　　资料来源：《中国 2010 年人口普查数据》。

5. 直接标准化在生育中的应用

本书继续使用 2010 年第六次全国人口普查数据计算中国城乡育龄妇女的生育水平，可以发现城市与农村的一般生育率分别为 26.41‰和 39.04‰。但是如果考虑到人口流入的影响，那么城市年龄结构明显比农村年轻化，为了在比较中消除年龄结构的影响，本书就使用全国育龄妇女年龄结构作为标准人口年龄结构，得到标准化后的城市和农村育龄妇女一般生育率分别为 24.53‰和 41.07‰（见表 7 - 6）。可以看到，一般生育率的差异从标准化之前的相差 12.63 个千分点扩大为标准化之后的相差 16.54 个千分点。

而差距之所以扩大，是因为前文分析发现城市育龄妇女的现行年龄结构实际上是更有利于提高生育水平的，或者说在一定程度上缓解了城乡间年龄别生育率的较大差异，因而在整体上降低了一般生育率的值。但本书通过直接标准化技术采用标准年龄结构，这就消除了年龄结构的影响，因此，城乡妇女生育水平的真实差异就被更为准确地呈现出来了。

表 7 - 6   2010 年中国城市和农村育龄妇女一般生育率的直接标准化计算过程

年龄（岁）	城乡平均人口年龄结构	城市分年龄生育率	农村分年龄生育率	城市分年龄生育率与标准年龄结构的乘积	农村分年龄生育率与标准年龄结构的乘积
15 ~ 19	0.12317	0.00194	0.00938	0.00024	0.00116
20 ~ 24	0.16298	0.03343	0.09666	0.00545	0.01575
25 ~ 29	0.13039	0.07166	0.09560	0.00934	0.01246
30 ~ 34	0.12483	0.04068	0.05248	0.00508	0.00655
35 ~ 39	0.15330	0.01670	0.02066	0.00256	0.00317
40 ~ 44	0.16448	0.00716	0.00798	0.00118	0.00131
45 ~ 49	0.14086	0.00485	0.00475	0.00068	0.00067
直接标准化生育率				0.02453	0.04107

资料来源：《中国 2010 年人口普查数据》。

二 死亡率的间接标准化

1. 间接标准化方法

直接标准化是比较常用的方法，但直接标准化需要分年龄人口率资料，而实际中我们往往只能得到粗死亡率、一般生育率、总死亡人数等。那么，在有人口年龄分布但没有分年龄人口率数据的情况下，我们就可选用间接标准化（Indirect Standardization）方法。

间接标准化的计算逻辑，即求出一个标准化因子系数，然后用这个系数乘以标准人口的人口率（如粗死亡率、出生率等），由此得到间接标准化的指标。其计算公式为：

$$IASR = R \times \frac{R^s}{\sum(v_x^s \times C_x)} = \frac{N}{\sum(v_x^s \times P_x)} \times R^s \qquad (7-11)$$

其中，$\dfrac{N}{\sum(v_x^s \times P_x)}$ 为标准化因子；

R 为实际人口相应的人口率，如粗死亡率、出生率等；

N 为实际人口相应的人口数，如死亡人口数、出生人口数；

R^s 为标准人口相应的人口率；

v_x^s 为标准人口的分年龄人口率，如分年龄生育率、分年龄死亡率等；

C_x 为实际人口的人口年龄构成，$C_x = \dfrac{实际人口中各年龄人口数}{实际人口总人口数} = \dfrac{P_x}{P}$；

P_x 为实际人口的分年龄人口数，P 为实际人口总人口数。

粗死亡率的间接标准化计算公式为：

$$IASCDR = CDR \times \frac{CDR^s}{\sum(m_x^s \times C_x)} = \frac{D}{\sum(m_x^s \times P_x)} \times CDR^s \qquad (7-12)$$

其中，$IASCDR$ 为间接标准化死亡率；

D、CDR、C_x、P_x 分别表示实际人口的死亡总数、粗死亡率、年龄结构、分年龄人口数（通过 D 和 P_x 可以推算出 CDR 和 C_x）；CDR^s 和 m_x^s 分别表示标准人口的粗死亡率和分年龄死亡率。

2. 间接标准化的特点

间接标准化与前述的直接标准化的区别较大。从方法上看，直接标准化是假定一标准人口按照实际分年龄死亡率或分年龄生育率死亡或生育，其粗死亡率或生育率是多少；间接标准化则是用实际人口的年龄分布，让实际人口按照标准人口分年龄人口率死亡或出生，用实际死亡数或出生数除以假想死亡数或出生数，再乘以标准化人口率得到。

间接标准化对数据要求简单，但是间接化指标只能表示不同地区或不同时点人口与标准人口之间的差异，不同人群之间的间接化指标是不可比的。因而，在数据允许的情况下，我们一般还是使用直接标准化方法。

3. 死亡率的间接标准化

在此，本书依然以山东省与新疆维吾尔自治区粗死亡率为例进行间接标准化，以全国人口分年龄死亡率作为标准人口分年龄死亡率。

首先计算山东省及新疆维吾尔自治区分年龄死亡人数与标准人口分年龄死亡率之积，进行加总得到期望死亡人口数，即 $\sum(m_x^s \times P_x)$；接着使用登记死亡人口数除以期望死亡人口数得到标准化因子，即 $\dfrac{D}{\sum(m_x^s \times P_x)}$；最后用标准化因子乘以标准人口粗死亡率，就得到粗死亡率的间接标准化指数（见表7-7）。

表7-7 山东与新疆粗死亡率的间接标准化计算过程

年龄（岁）	2010年全国人口分年龄死亡率	分年龄人口数（人）		实际分年龄人数与标准分年龄死亡率乘积	
		山东	新疆	山东	新疆
0	0.00382	980428	320400	3745	1223
1~4	0.00064	4354309	1243815	2806	801
5~9	0.00030	4967926	1391142	1490	417
10~14	0.00030	4771546	1506445	1431	452
15~19	0.00039	5461457	1752486	2130	683
20~24	0.00050	9485391	2117568	4743	1059
25~29	0.00061	6937780	1823530	4232	1112
30~34	0.00081	6501667	1794325	5266	1453
35~39	0.00116	7911653	2204159	9178	2557
40~44	0.00176	9326952	2142691	16415	3771
45~49	0.00261	8075051	1539869	21076	4019
50~54	0.00418	6253297	1025197	26139	4285
55~59	0.00619	6634801	846571	41069	5240

年龄（岁）	2010 年全国人口分年龄死亡率	分年龄人口数（人）		实际分年龄人数与标准分年龄死亡率乘积	
		山东	新疆	山东	新疆
60～64	0.01031	4700775	693538	48465	7150
65～69	0.01721	3146472	561795	54151	9668
70～74	0.03064	2496437	444331	76491	13614
75～79	0.04952	1965207	230768	97317	11428
80～84	0.08481	1158994	112835	98294	9570
85～89	0.12743	488365	44509	62232	5672
90～94	0.19078	142128	14638	27115	2793
95～99	0.21710	29384	4460	6379	968
100 及以上	0.45435	2699	743	1226	338
期望死亡人数 $\sum (m_x^S \times P_x)$				611388	88275
登记死亡人数 D				600206	89948
标准化因子 $\dfrac{D}{\sum (m_x^S \times P_x)}$				0.981711	1.018957
间接标准化死亡率 $\dfrac{D}{\sum (m_x^S \times P_x)} \times CDR^S$				0.005478	0.005686

资料来源：《中国 2010 年人口普查数据》。

4. 间接标准化在生育中的应用

本书依旧以城市与农村一般生育率为例进行间接标准化，以全国人口分年龄生育率作为标准人口分年龄生育率（见表 7 - 8）。

表 7 - 8　城市与农村一般生育率的间接标准化计算过程

年龄（岁）	2010 年全国人口分年龄生育率	分年龄生育人口数（人）		实际分年龄生育人口数与标准分年龄生育率乘积	
		城市	农村	城市	农村
15～19	0.00593	1476198	2168602	8754	12860
20～24	0.06947	2065645	2584552	143500	179549
25～29	0.08408	1755726	1989705	147621	167294
30～34	0.04584	1652520	1924672	75752	88227

年龄（岁）	2010 年全国人口分年龄生育率	分年龄生育人口数（人）		实际分年龄生育人口数与标准分年龄生育率乘积	
		城市	农村	城市	农村
35～39	0.01871	1858143	2601019	34766	48665
40～44	0.00751	1690245	2937434	12694	22060
45～49	0.00468	1430810	2446871	6696	11451
期望生育人数 $\sum (f_x^\delta \times P_x)$				429783	530107
登记出生人数 B				315041	650170
标准化因子 $\dfrac{B}{\sum (f_x^\delta \times P_x)}$				0.73302	1.22649
全国一般生育率 GFR^S				0.03331	
间接标准化一般生育率 $\dfrac{B}{\sum (f_x^\delta \times P_x)} \times GFR^S$				0.02442	0.04085

资料来源：《中国 2010 年人口普查数据》。

经过年龄标准化之后的不同人口的生育率水平可以进行比较，但需要指出的是，标准化生育率指标并不反映任何实际人口的生育水平，而且年龄标准化并不能消除标准年龄结构的影响，它只能使在一个特定的标准年龄结构下两地人口生育率的相对结果不受育龄妇女年龄结构的影响。当标准年龄结构改变时，两地人口生育率的相对结果也会改变。

第三节 指标的分解

本书前述的标准化是排除年龄结构的影响后，比较不同人群相关指标的差异。但是，要比较两个地区或同一地区不同时点相关指标（如死亡水平、生育水平等）的差异，就要确定其中多少是年龄结构差异造成的，多少是实际水平差异造成的，这就需要采用本节的方法来对相关指标进行分解，而指标的分解包括相对差异分解和绝对差异分解两种方式。

一 相对差异的分解

1. 相对差异分解方法

假设有两个人口 A 和 B，两个人口某指标的相对差异是指标 R^A 与 R^B 的比值，人口 A 与人口 B 的年龄分布分别为 C_x^A 和 C_x^B，指标的分年龄率分别为 v_x^A 和 v_x^B，因而，其相对差异可以表示为：

$$\frac{R^B}{R^A} = \frac{\sum v_x^B \times C_x^B}{\sum v_x^A \times C_x^A} \tag{7-13}$$

然后，分子、分母同时乘以 $\sum v_x^A \times C_x^B$，就得到：

$$\frac{R^B}{R^A} = \frac{\sum v_x^B \times C_x^B}{\sum v_x^A \times C_x^B} \times \frac{\sum v_x^A \times C_x^B}{\sum v_x^A \times C_x^A} \tag{7-14}$$

2. 分解因子的解释

上面公式中，第一个因子 $\dfrac{\sum v_x^B \times C_x^B}{\sum v_x^A \times C_x^B}$，是以人口 B 年龄结构为标准人口的直接标准化，表示不同指标水平（不同死亡水平、不同生育水平等）对两个人口指标之比 $\dfrac{R^B}{R^A}$ 的影响，其反映了基本排除年龄结构后指标水平对人口率 R 的影响。

第二个因子 $\dfrac{\sum v_x^A \times C_x^B}{\sum v_x^A \times C_x^A}$，是以人口 A 的分年龄指标率 v_x^A 为标准的，反映了两人口年龄分布差异对指标的影响。

3. 死亡率相对差异分解

如果两个人口 A 和 B 的粗死亡率分别为 CDR^A 与 CDR^B，人口年龄结构分别为 C_x^A 和 C_x^B，并且分年龄死亡率分别为 m_x^A 和 m_x^B，那么这两个人口粗死亡率的相对差异为：

$$\frac{CDR^B}{CDR^A} = \frac{\sum m_x^B \times C_x^B}{\sum m_x^A \times C_x^B} \times \frac{\sum m_x^A \times C_x^B}{\sum m_x^A \times C_x^A} \tag{7-15}$$

可以看到，其中，第一个因子表示不同死亡水平对两个人口粗死亡率之比的影响，第二个因子反映了年龄结构差异对粗死亡率之比的影响。

二　绝对差异的分解

1. 绝对差异分解方法

前述的相对差异是两个人口 A 与 B 的指标水平的比值，而此处讲述的绝对差异则是指标的差值，表示为：

$$R^B - R^A = \sum v_x^B \times C_x^B - \sum v_x^A \times C_x^A \qquad (7-16)$$

在上述式子中同时加上正负两个人口 B 年龄结构、人口 A 分年龄指标率之积的因子 $\sum v_x^A \times C_x^B$，得到：

$$R^B - R^A = \sum v_x^B \times C_x^B - \sum v_x^A \times C_x^A + \sum v_x^A \times C_x^B - \sum v_x^A \times C_x^B \qquad (7-17)$$
$$= \sum v_x^A \times (C_x^B - C_x^A) + \sum C_x^B \times (v_x^B - v_x^A)$$

在上述式子中同时加上正负两个人口 A 年龄结构、人口 B 分年龄指标率之积的因子 $\sum v_x^B \times C_x^A$，得到：

$$R^B - R^A = \sum v_x^B \times C_x^B - \sum v_x^A \times C_x^A + \sum v_x^B \times C_x^A - \sum v_x^B \times C_x^A \qquad (7-18)$$
$$= \sum v_x^B \times (C_x^B - C_x^A) + \sum C_x^A \times (v_x^B - v_x^A)$$

将上面两个式子相加除以 2，则得到：

$$R^B - R^A = \sum (C_x^B - C_x^A) \times \frac{(v_x^B + v_x^A)}{2} + \sum (v_x^B - v_x^A) \times \frac{(C_x^B + C_x^A)}{2} \qquad (7-19)$$

2. 分解因子的解释

从公式中可以看出，第一个因子 $\sum (C_x^B - C_x^A) \times \frac{(v_x^B + v_x^A)}{2}$，是以平均分年龄指标率为权数的年龄结构差异的影响。

第二个因子 $\sum (v_x^B - v_x^A) \times \frac{(C_x^B + C_x^A)}{2}$，是以平均年龄结构为权数的分年龄指标率差异的影响。这两部分的和则成为指标水平 R^A 与 R^B 的总差异。

3. 死亡率绝对差异分解

在此同样以粗死亡率为例，那么，人口 A 与人口 B 的绝对差异为：

$$CDR^B - CDR^A = \sum (C_x^B - C_x^A) \times \frac{(m_x^B + m_x^A)}{2} + \sum (m_x^B - m_x^A) \times \frac{(C_x^B + C_x^A)}{2} \qquad (7-20)$$

第一个因子反映了年龄结构的变化对粗死亡率的影响,而第二个因子则反映了分年龄死亡率的变化对死亡率的影响。

三 多因素分解:DECOMP 软件的引介

在因素较简单的情况下,人口学家常用标准化与分解方法,例如前面讲到的例子均是如此,通过标准化可以比较不同地区、不同时点指标水平的大小,通过分解还可以进一步确认因素的影响程度。但是,当影响因素很多时,如分析年龄、居住地、受教育程度、怀孕次数对生育水平的影响时,用标准化和指标分解的方法就会非常麻烦。这时候,我们可以使用 DECOMP 软件进行分解。DECOMP 软件主要用于多因素分解,特别是用于个体层面数据和家庭层面数据的分析(Gupta,1978)。在应用 DECOMP 软件时,对数据的要求较为严格,数据应为 ASCII 格式,且不能存在负数值,而且一行数据只能表示一个人,变量不能超过 200 个字符,最多只能分析 500 万个个案。

关于 DECOMP 软件的具体应用,读者可以查阅相关专门书目和文献,本书在此推荐美国明尼苏达大学明尼苏达人口中心主任,历史学教授 Stevens Ruggles 的个人网站:http://www. hist. umn. edu/ ~ ruggles/DECOMP. html,其中有与 DECOMP 软件相关的各种资源(包括程序、使用指南、研究范文等)供读者下载。

第四节 生命表

一 生命表简介

1. 生命表的发展

17 世纪时,政治算术学派的著名创始人之一约翰·格兰特(John Graunt)出版的《关于死亡表的自然的和政治的观察》(*Natural and Political Observations Made Upon the Bills of Mortality*)一书,首次提出了死亡表的概念。他在对生命登记资料的分析中发现,随着年龄的增长,人口的性别结构也逐渐发生变化。他以 100 名婴儿为基础,计算分性别年龄的死亡率人口比例,编制了第一张死亡表,如表 7-9 所示。

表 7 - 9　格兰特编制的死亡表

年龄组（岁）	年龄段中死亡人数（人）	年龄段截止时存活人数（人）
0 ~ 6	36	64
6 ~ 16	24	40
16 ~ 26	15	25
26 ~ 36	9	16
36 ~ 46	6	10
46 ~ 56	4	6
56 ~ 66	3	3
66 ~ 76	2	1
76 ~ 86	1	0

资料来源：梁在，2012：319。

随后，英国的数学家、物理学家、天文学家埃德蒙·哈雷（Edmond Halley）根据 1687 ~ 1691 年布勒斯劳市（the City of Breslaw）人口的出生、死亡统计资料编制了著名的哈雷生命表，普鲁士塞斯·米尔奇（Seth Milch）编制了普鲁士分城乡及全国的生命表，之后瑞典、意大利、荷兰等国也陆续编制了自己国家的生命表。至于中国，根据记载，1847 年就在中国设立代表处的英国标准人寿是第一个制定中国当地生命表的外国保险公司。但遗憾的是，由于文献稀少，我们无法查证新中国成立以前其他在中国营业的外国保险公司和中国民族保险企业使用何种生命表作为定价及计算准备金的依据。1929 ~ 1931 年，原金陵大学的肖富德编制了中国第一张生命表，称为"农民生命表"，1949 年新中国成立后，直到 1982 年第三次全国人口普查时我国才第一次利用计算机编制了一套包括全国和地区性的完整的人口生命表。

2. 生命表的作用/意义

生命表记录了同批人出生后陆续死亡的整个生命过程，反映出随着年龄增加人口的死亡过程，因而也被称为死亡表。同时，生命表反映出人口的寿命过程，可以用于计算人口的平均寿命，因而还被称为寿命表。生命表反映了某一同批人随着时间的推移、年龄的转组在一定社会经济条件下的生命过程，为人口再生产率的计算提供了必要条件，其还可运用于老年健康预期寿命等的研究（郭未、安素霞，2013）。同时，生命表还可解释某一同批人从出生到死亡在各个年龄上表现出的过程，是人寿保险研究的重要工具。此外，生命表在生物学领域研究小动物的生命过程、医学领域研究重大病例的治疗效果等方面也有广泛的应用价值。

3. 生命表的分类

按照生命表编制所采用年率组距的不同，可以将其分为完全生命表和简略生命表。其中，完全生命表是指年率组距按 1 岁 1 组编制的生命表；简明生命表是指年率组距一般按 5 岁 1 组进行编制的生命表。完全生命表分组较细，具有为国民经济与社会管理、计划生育工作及人寿保险等许多部门提供使用的优点，但是其所依赖的资料较为明细，而简略生命表所需要的资料则相对粗略。

按照生命表所反映地域范围的不同，可以将其分为全国生命表和地区生命表。全国生命表是指以全国人口为对象编制的生命表；地区生命表则是以省和所在资料上能够满足编制生命表要求的县等地区人口为对象编制的生命表。由于一个国家内部地区之间的差异明显，因而除了编制全国人口生命表外，在资料允许的条件下还需要编制地区人口生命表。

按照人口不同性别来编制生命表，可以分为男性生命表和女性生命表。考虑到人口性别的差异，在编制人口生命表时，不论年龄分组的粗细、地域范围的大小，都应按照男女分布编制性别人口的生命表。

二 生命表的编制

1. 生命表函数

（1）年龄 x

生命表中的年龄有三个概念，分别是：临界年龄、周岁年龄和确切年龄。

临界年龄是指刚过生日时的瞬间年龄，或者说是刚进入某一个年龄组时的初始年龄，也称为转组年龄。随着年龄的增大，人的年龄也在不停地转组。例如，1 岁的孩子在过第二个生日的瞬间，年龄发生转组，转组之前是 1 岁，而之后则是 2 岁。

周岁年龄是指已满 x 岁而未满 $x+1$ 岁的年龄，或者说是两个临界年龄之间的年龄。这也是我们平时使用最多的年龄。例如，一个孩子出生 1 年 6 个月，他已经满 1 岁而未满 2 岁，他就是 1 周岁。同样，他在出生 1 年 11

个月时仍为 1 周岁。

确切年龄是指按照日历天数计算的年龄，或者是精确到天数的年龄。例如，出生 1 年 6 个月的孩子的周岁年龄为 1 岁，但确切年龄为 1.5 岁。我们也可以看出周岁年龄实际是确切年龄取整。

（2）分年龄死亡率 m_x

分年龄死亡率是平时使用较多的指标之一，一般是根据年中人口数和全年死亡登记人数计算的。其计算公式为：

$$m_x = \frac{D_x}{\bar{P}_x} \tag{7-21}$$

其中，D_x 为实际调查或登记的某一年度 x 岁到 $x + 1$ 岁的死亡人数。$\bar{P}_x$ 为 x 岁到 $x + 1$ 岁的年均人口数，一般用年中人口数代替。

分年龄死亡率是分年龄死亡概率计算的基础，因而也可以说分年龄死亡率是生命表编制的最基础的数据。

（3）分年龄死亡概率 q_x

分年龄死亡概率是指一批人在年龄 x 岁到年龄 $x + n$ 岁死亡的概率。根据定义，其计算公式为：

$$q_x = \frac{d_x}{l_x} \tag{7-22}$$

但是，在生命表中，d_x 和 l_x 都是未知的，因而无法直接计算死亡概率。通常情况下，用死亡率计算死亡概率，其计算公式为：

$$q_x = \frac{m_x}{1 + (1 - a_x) m_x} \tag{7-23}$$

其中，q_x 是在 x 岁到 $x + 1$ 岁死亡人数 d_x 存活的年数。通常假定死亡分布是均匀分布，即 $a_x = 0.5$，此时，上述公式变为：

$$q_x = \frac{2m_x}{2 + m_x} \tag{7-24}$$

但这种均匀假设不符合 0 岁组人口，0 岁组可以选用蒋庆琅法、寇尔 - 德曼法、联合国法等对 a_x 的经验取值，具体见下文。而最高年龄组 $q_{\omega - 1} = 1$。

（4）尚存人数 l_x

尚存人数是指在同一时间出生的人口中，能活到确切年龄 x 岁的人数，也就是刚进入 x 岁年龄组的人数。一般生命表中将出生人口假定为 100000（$l_0 = 100000$），之后各年龄的尚存人数可以根据死亡概率和计算：

$$l_1 = l_0 \times (1 - q_0);l_x = l_{x-1} \times (1 - q_{x-1}) \tag{7-25}$$

（5）死亡人数 d_x

死亡人数是年龄为 x 岁的死亡人口数，确切是指已经活到 x 岁但尚未活到 $x+1$ 岁而死去的人数。可以根据死亡概率计算：

$$d_x = l_x \times q_x \tag{7-26}$$

同时，d_x 与 l_x 之间存在如下关系：$l_x - d_x = l_{x+1}$。

（6）生存人年数 L_x

生存人年数是指同时期出生的一批人在确切年龄 x 岁到确切年龄 $x+1$ 岁存活的人口人年总数，是具有各种生存时间的人数与相应的存活时间的乘积之和。它包括从 x 岁活到 $x+1$ 岁的人口存活的整年数以及在 x 岁和 $x+1$ 岁死亡人口所活的年数之和。计算公式为：

$$L_x = l_{x+1} + (l_x - l_{x+1}) \times a_x \tag{7-27}$$

其中，a_x 是在 x 岁到 $x+1$ 岁死亡人数 d_x 存活的年数。通常假定死亡分布是均匀分布，即 $a_x = 0.5$，此时，上述公式变为：

$$L_x = 0.5 \times (l_x + l_{x+1}) \tag{7-28}$$

但这种均匀假设不符合 0 岁组人口，对于 0 岁组人口通常采用下面经验公式计算：

$$L_0 = 0.276l_0 + 0.724l_1 \tag{7-29}$$

对于最后一个开口年龄组，计算公式为：

$$L_{\omega-1} = \frac{L_{\omega-1}}{m_{\omega-1}} \tag{7-30}$$

（7）累计生存人年数 T_x

累计生存人年数 T_x 是确切年龄 x 岁以后生存人年数总和，表示已经存活到确切年龄 x 岁的人口 l_x 在今后还可以活多少人年。T_x 等于 x 岁尚存人数在以后各年龄间活的人年数之和：

$$T_x = L_x + L_{x+1} + \cdots + L_{\omega-1} = \sum_{i=x}^{\omega-1} L_i \text{，或者 } T_x = L_0 + T_{x-1} \qquad (7-31)$$

当 $x = 0$ 时， $T_0 = L_0 + L_1 + \cdots + L_{\omega-1} = \sum_{i=0}^{\omega-1} Li$ \qquad (7-32)

（8）平均预期寿命 e_x

x 岁人口的平均预期寿命是指 x 岁人口平均预期还能存活多少年。它等于 x 岁人口累计生存人年数 T_x 除以 x 岁尚存人数 l_x，其计算公式为：

$$e_x = \frac{T_x}{l_x} \qquad (7-33)$$

当 $x = 0$ 时， e_0 为出生时平均预期寿命，简称平均预期寿命，有时也称为预期寿命，是常用的比较死亡水平的指标，其计算公式为：

$$e_0 = \frac{T_0}{l_0} \qquad (7-34)$$

平均预期寿命与平均寿命不是一回事，生命表技术是假设队列分析法，0 岁平均预期寿命是假设一个出生同批人按照生命表上死亡概率走完一生，平均每个人存活的年龄。因而，从队列角度看，0 岁预期寿命与平均寿命是相等的。

平均预期寿命反映的是该年龄尚存人口未来平均存活多少年，在正常情况下，年龄越大，预期寿命越小，但是往往会发现 1 岁人口平均预期寿命高于 0 岁人口，这是婴儿死亡率偏高造成的，当婴儿死亡率较低时这种矛盾现象才会消失。

生命表函数可以归纳如下：

① $q_x = \dfrac{2m_x}{2 + m_x}$，其中 0 岁组单独计算；

② $l_{x+1} = l_x - d_x$；

③ $d_x = l_x \times q_x$；

④ $L_x = 0.5 \times (l_x + l_{x+1}), L_0 = 0.276 l_0 + 0.724 l_1, L_{\omega-1} = \dfrac{L_{\omega-1}}{m_{\omega-1}}$；

⑤ $T_x = L_x + L_{x+1} + \cdots + L_{\omega-1} = \sum_{i=x}^{\omega-1} L_i$；

⑥ $e_x = \dfrac{T_x}{l_x}$。

2. 完全生命表的编制

（1）资料准备

从上述函数及公式中我们知道某一年的分年龄死亡人数、年均分年龄人口数、婴儿死亡率是编制生命表的基础。根据分年龄死亡人数 d_x 和年均分年龄人口数可以计算出死亡率 m_x，进而求出死亡概率 q_x，在此基础上可以推算出 l_x、L_x、T_x 和 e_x。

男性和女性死亡率、分年龄死亡率及预期寿命都存在显著差异，在编制生命表时一般将男性与女性分开编制，然后将男女合计编制为一张总的人口生命表。因而，在准备资料时我们一般也需要分性别的数据。

（2）a 值选择

a_x 值关系着死亡率 m_x 与死亡概率 q_x 之间的转换，以及生存人年数的计算，a_x 值有不同的确定方式。常用的主要有以下几种方法。

假定均匀法。对于 1 岁及 1 岁以上的年龄，假设死亡人数服从均匀分布，即 $a_x = 0.5$；对于 0 岁组，采用经验数值，取 $a_0 = 0.1 \sim 0.3$；对于最高年龄，取 $a_{\omega-1} = \dfrac{1}{m_{\omega-1}}$。

蒋庆琅经验系数法。蒋庆琅根据分析发现，a_x 不随性别、种族、死因及地理区域的变化而变化，但一定程度上与死亡水平有一定关系，并根据不同死亡水平估计 a_x 的经验值。表 7 - 10 是一套由发达国家数据估计的 a_x。

表 7 - 10 蒋庆琅关于 a 值的经验估计

年龄区间（岁）	a 值	年龄区间（岁）	a 值	年龄区间（岁）	a 值
0	0.09	25 ~ 29	2.50	55 ~ 59	2.60
1 ~ 4	1.56	30 ~ 34	2.60	60 ~ 64	2.60
5 ~ 9	2.30	35 ~ 39	2.70	65 ~ 69	2.60
10 ~ 14	2.70	40 ~ 44	2.70	70 ~ 74	2.55
15 ~ 19	2.85	45 ~ 49	2.70	75 ~ 79	2.55
20 ~ 24	2.45	50 ~ 54	2.65	80 ~ 85	2.40

资料来源：田雪原，2004：98。

寇尔 - 德曼法。寇尔 - 德曼发现 a_x 随着死亡概率 q_x 的变化而相应变化，并提出了 4 套由 q_0 估计 $_1a_0$ 和 $_4a_1$ 的方法，分别用于他们所编制的东、西、南、北 4 个模式的生命表中。其中西方模式应用最多。表 7 - 11 为寇尔 - 德曼西方模式估计方法。

表 7 - 11 寇尔 - 德曼西方模式估计方法

死亡率水平	男		女	
	$_1a_0$	$_4a_0$	$_1a_0$	$_4a_0$
$q_0 > 0.100$	0.33	1.352	0.35	1.361
$q_0 < 0.100$	$0.0425 + 2.875q_0$	$1.653 - 3.013q_0$	$0.05 + 3.0q_0$	$1.524 - 1.627q_0$

资料来源：田雪原，2004：143。

联合国法。联合国人口司在编制发展中国家模型生命表时提出一套新的 a_x 经验公式。对于 5 岁以下 $_1a_0$ 和 $_4a_0$ 的计算完全采用寇尔 - 德曼法的西方模式的计算公式；对于 5 岁及以上各年龄组，na_x 的计算公式则为：

$$_5a_5 = 2.5$$

$$_5a_{10} = 2.5$$

$$_5a_x = 2.5 - \frac{25}{12} \times \left[_5M_x - 0.1 \times \ln \frac{_5M_{x+5}}{_5M_{x-5}} \right], x = 15, 20, 25, \cdots, \omega - 1 \qquad (7 - 35)$$

$$a_{\omega +} = \frac{1}{M_{\omega +}}$$

（3）具体步骤

第一步，计算分年龄死亡率 m_x。m_x 是实际人口的分年龄死亡率，根据实际人口的有关资料计算。有些统计资料中是直接给出分年龄死亡率的。

第二步，计算分年龄死亡概率 q_x。如表 7 - 10 中，0 岁组 a_x 采用蒋庆琅的经验估计值，即 $a_x = 0.09$，则 $q_0 = \frac{m_x}{1 + (1 - a_x) m_x} = \frac{0.01324}{1 + (1 - 0.09) \times 0.01324} = 0.01308238$，其余年龄段取 $a_x = 0.5$，例如，1 岁死亡概率为 $q_1 = \frac{2m_x}{2 + m_x} = \frac{2 \times 0.00069}{2 + 0.00069} = 0.000689762$。

第三步，同时计算尚存人数 l_x 和死亡人数 d_x。生命表中基数 $l_0 = 100000$，首先计算 d_0，$d_0 = l_0 \times q_0 = 100000 \times 0.01308 = 1308$。然后计算 l_1，$l_1 = l_0 - d_0 = 100000 - 1308 = 98692$，以此类推，$d_1 = l_1 \times q_1$，$l_2 = l_1 - d_1$，通过 d_x 和 l_x 的依次计算求出生命表中的尚存人数和死亡人数。

第四步，计算生存人年数 L_x。利用 l_x 计算生存人年数，0 岁组时，$L_0 = 0.276 l_0 + 0.724 l_1 = 0.276 \times 100000 + 0.724 \times 98692 = 99053$，最高年龄组 $L_{\omega-1} = \dfrac{l_{\omega-1}}{m_{\omega-1}} = \dfrac{13741}{0.21689} = 63355$，其余年龄组则根据 $L_x = 0.5 \times （l_x + l_{x+1}）$ 计算求得，例如，$L_5 = 0.5 \times （l_5 + l_6）= 0.5 \times （98398 + 98359）= 98378$。

第五步，计算累计生存人年数 T_x。在求得生存人年数 L_x 后，按照从高龄组向低龄组顺序进行累加，首先，$T_{\omega-1} = L_{\omega-1}$，之后根据 $T_x = L_0 + T_{x+1}$ 就可以求得其余累计生存人年数。

最后，计算平均预期寿命 e_x。在求出 T_x 和 l_x 的基础上，根据 $e_x = \dfrac{T_x}{l_x}$ 求出预期寿命，如 $e_0 = \dfrac{T_0}{l_0} = \dfrac{7545520}{100000} = 75.46$（见表 7-12）。

表 7-12　2004 年中国人口完全生命表（两性合计）

年龄（岁）	死亡率（‰）	死亡概率（‰）	尚存人数（人）	死亡人数（人）	生存人年数	累计生存人年数	平均预期寿命（岁）
(x)	(m_x)	(q_x)	(l_x)	(D_x)	(L_x)	(T_x)	(e_x)
0	0.01324	0.01308238	100000	1308	99053	7545520	75.46
1	0.00069	0.000689762	98692	68	98658	7446467	75.45
2	0.00078	0.000779696	98624	77	98585	7347809	74.50
3	0.00077	0.000769704	98547	76	98509	7249224	73.56
4	0.00074	0.000739726	98471	73	98435	7150715	72.62
5	0.0004	0.00039992	98398	39	98378	7052281	71.67
6	0.00022	0.000219976	98359	22	98348	6953902	70.70
7	0.0004	0.00039992	98337	39	98317	6855554	69.71
8	0.00035	0.000349939	98298	34	98281	6757237	68.74

年龄 （岁）	死亡率 （‰）	死亡概率 （‰）	尚存 人数（人）	死亡 人数（人）	生存 人年数	累计生存 人年数	平均预期 寿命（岁）
(x)	(m_x)	(q_x)	(l_x)	(D_x)	(L_x)	(T_x)	(e_x)
9	0.00034	0.000339942	98263	33	98247	6658956	67.77
10	0.00073	0.000729734	98230	72	98194	6560710	66.79
11	0.00042	0.000419912	98158	41	98138	6462515	65.84
12	0.00033	0.000329946	98117	32	98101	6364378	64.87
13	0.00048	0.000479885	98085	47	98061	6266277	63.89
14	0.00059	0.000589826	98038	58	98009	6168216	62.92
15	0.00071	0.000709748	97980	70	97945	6070207	61.95
16	0.00057	0.000569838	97910	56	97882	5972262	61.00
17	0.00046	0.000459894	97854	45	97832	5874379	60.03
18	0.00059	0.000589826	97809	58	97781	5776547	59.06
19	0.00087	0.000869622	97752	85	97709	5678767	58.09
20	0.00055	0.000549849	97667	54	97640	5581058	57.14
21	0.00063	0.000629802	97613	61	97582	5483418	56.18
22	0.00064	0.000639795	97552	62	97520	5385835	55.21
23	0.00063	0.000629802	97489	61	97458	5288315	54.25
24	0.00094	0.000939558	97428	92	97382	5190856	53.28
25	0.00089	0.000889604	97336	87	97293	5093474	52.33
26	0.00084	0.000839647	97250	82	97209	4996181	51.37
27	0.00093	0.000929568	97168	90	97123	4898973	50.42
28	0.00123	0.001229244	97078	119	97018	4801850	49.46
29	0.00135	0.001349089	96958	131	96893	4704832	48.52
30	0.00153	0.00152883	96828	148	96754	4607939	47.59
31	0.00121	0.001209268	96680	117	96621	4511185	46.66
32	0.00081	0.000809672	96563	78	96524	4414564	45.72
33	0.00142	0.001418993	96484	137	96416	4318041	44.75
34	0.00122	0.001219256	96348	117	96289	4221625	43.82
35	0.00101	0.00100949	96230	97	96181	4125336	42.87
36	0.00104	0.001039459	96133	100	96083	4029155	41.91

年龄（岁）	死亡率（‰）	死亡概率（‰）	尚存人数（人）	死亡人数（人）	生存人年数	累计生存人年数	平均预期寿命（岁）
(x)	(m_x)	(q_x)	(l_x)	(D_x)	(L_x)	(T_x)	(e_x)
37	0.00099	0.00098951	96033	95	95985	3933072	40.96
38	0.00173	0.001728505	95938	166	95855	3837086	40.00
39	0.00229	0.002287381	95772	219	95663	3741231	39.06
40	0.00184	0.001838309	95553	176	95465	3645569	38.15
41	0.00217	0.002167648	95377	207	95274	3550103	37.22
42	0.00205	0.002047901	95171	195	95073	3454829	36.30
43	0.00183	0.001828327	94976	174	94889	3359756	35.37
44	0.00289	0.00288583	94802	274	94665	3264867	34.44
45	0.00293	0.002925714	94529	277	94390	3170202	33.54
46	0.00285	0.002845945	94252	268	94118	3075812	32.63
47	0.00284	0.002835973	93984	267	93850	2981694	31.73
48	0.00351	0.003503851	93717	328	93553	2887843	30.81
49	0.00328	0.00327463	93389	306	93236	2794290	29.92
50	0.0043	0.004290775	93083	399	92883	2701055	29.02
51	0.00461	0.004599398	92684	426	92470	2608171	28.14
52	0.00544	0.005425243	92257	501	92007	2515701	27.27
53	0.00494	0.004927828	91757	452	91531	2423694	26.41
54	0.00625	0.00623053	91305	569	91020	2332163	25.54
55	0.00749	0.007462055	90736	677	90397	2241143	24.70
56	0.0062	0.006180839	90059	557	89780	2150746	23.88
57	0.00713	0.007104672	89502	636	89184	2060965	23.03
58	0.00119	0.001189292	88866	106	88813	1971781	22.19
59	0.01077	0.010712314	88760	951	88285	1882968	21.21
60	0.01053	0.01047485	87810	920	87350	1794683	20.44
61	0.0126	0.012521117	86890	1088	86346	1707333	19.65
62	0.01199	0.011918548	85802	1023	85291	1620987	18.89
63	0.01614	0.016010793	84779	1357	84101	1535697	18.11
64	0.01463	0.014523759	83422	1212	82816	1451596	17.40
65	0.01663	0.016492862	82210	1356	81532	1368780	16.65

续表

年龄 （岁）	死亡率 （‰）	死亡概率 （‰）	尚存 人数（人）	死亡 人数（人）	生存 人年数	累计生存 人年数	平均预期 寿命（岁）
（x）	（m_x）	（q_x）	（l_x）	（D_x）	（L_x）	（T_x）	（e_x）
66	0.01717	0.01702385	80854	1376	80166	1287248	15.92
67	0.01818	0.018016232	79478	1432	78762	1207082	15.19
68	0.022	0.021760633	78046	1698	77197	1128320	14.46
69	0.02535	0.02503271	76348	1911	75392	1051123	13.77
70	0.02915	0.028731242	74437	2139	73367	975731	13.11
71	0.02974	0.029304246	72298	2119	71239	902363	12.48
72	0.0346	0.034011599	70179	2387	68986	831125	11.84
73	0.03833	0.037609219	67792	2550	66518	762139	11.24
74	0.0477	0.046588856	65243	3040	63723	695522	10.66
75	0.04764	0.046531617	62203	2894	60756	631399	10.16
76	0.04873	0.047570934	59309	2821	57898	571143	9.63
77	0.05821	0.056563713	56487	3195	54890	513245	9.09
78	0.06436	0.062353465	53292	3323	51631	458355	8.60
79	0.06846	0.066194173	49969	3308	48315	406724	8.14
80	0.08076	0.077625483	46662	3622	44851	358409	7.68
81	0.07548	0.072734982	43039	3130	41474	313558	7.29
82	0.09082	0.086875006	39909	3467	38175	272084	6.82
83	0.10571	0.100403189	36442	3659	34612	233909	6.42
84	0.12777	0.120097567	32783	3937	30814	199296	6.08
85	0.14099	0.131705426	28846	3799	26946	168482	5.84
86	0.10258	0.09757536	25047	2444	23825	141536	5.65
87	0.14145	0.13210675	22603	2986	21110	117711	5.21
88	0.16843	0.155347417	19617	3047	18093	96601	4.92
89	0.18665	0.170717765	16569	2829	15155	78508	4.74
90+	0.21689	1	13741	13741	63353	63353	4.61

资料来源：2004 年全国人口变动情况抽样调查样本数据，《中国人口统计年鉴 2005》。

3. 简略生命表的编制

（1）从完全生命表转化为简略生命表

从完全生命表转化为简略生命表的方法很简单。从年龄组来看，完全生命表中是 1 岁 1 组，即年龄标示是 0，1，2，…，$\omega - 1$，而简略生命表中则年龄分组，除 0 岁组和 1 ~ 4 岁组外，分组间隔 $n = 5$，即年龄标示为 0，1 ~ 5，5 ~ 10，…，$\omega - 1$。

但确切年龄都是指该年龄组的下限值，例如，完全生命表中 10 岁组对应时期指标指的是 10 岁到 11 岁的间隔，对于时点指标则是指 10 岁的确切年龄；在简略生命表中，10 ~ 15 岁组，对应时期指标指的是确切年龄 10 岁到 15 岁的间隔，对于时点指标仍旧是 10 岁的确切年龄，与完全生命表一样。

因此，简略生命表中仅与确切年龄有关的指标 l_x、T_x 与 e_x 都和完全生命表中相等。例如，完全生命表 10 岁组尚存人数 $l_{10} = 98230$，简略生命表中 10 ~ 15 岁组尚存人数 l_{10} 也为 98230。

但简略生命表中的死亡人数、生存人年数、死亡概率与完全生命表中不同。首先，记录方式不同，简略生命表中分别记为 $_nd_x$、$_nL_x$、$_nq_x$，其中 x 表示该年龄组下限值，n 表示该年龄组年龄间隔，1 ~ 4 岁组中 $n = 4$，其他组为 $n = 5$。死亡人数和生存人年数可以直接根据完全生命表中数据累加：

$$_nd_x = d_x + d_{x+1} + d_{x+2} + \cdots + d_{x+n} \qquad (7-36)$$

$$_nL_x = L_x + L_{x+1} + L_{x+2} + \cdots + L_{x+n} \qquad (7-37)$$

例如，

$$_4d_1 = d_1 + d_2 + d_3 + d_4$$

$$_5d_x = d_x + d_{x+1} + d_{x+2} + d_{x+3} + d_{x+4} + d_{x+5}$$

$$_5L_x = L_x + L_{x+1} + L_{x+2} + L_{x+3} + L_{x+4} + L_{x+5}$$

在求出死亡人数 $_nd_x$ 后，可以根据 $_nd_x$ 与 l_x 计算死亡概率 $_nq_x$：

$$_nq_x = \frac{_nd_x}{l_x} \qquad (7-38)$$

（2）直接编制简略生命表

直接编制简略生命表的方式与前述编制完全生命表的方式一样。如果能得到 5 岁组分年龄人口和分年龄死亡人口，那么，首先计算 5 岁组分年龄死亡率，如果得到的是 1 岁组数据，首先合并为 5 岁组数据再进行相关计算，这其中死亡率的计算方式为：

$$_nm_x = \frac{_nD_x}{_n\bar{P}_x}$$ (7-39)

相应的，死亡概率为 $_nq_x = \frac{2n \times _nm_x}{2 + n \times _nm_x}$，生存人年数为 $_nL_x = \frac{n}{2} \times (l_x + l_{x+n})$，其中 0 岁组及最高年龄组死亡概率与完全生命表一致。具体步骤同前述完全生命表编制步骤一致。

三 模型生命表

模型生命表是在大量比较可信的实际生命表的基础之上抽象出来的能代表死亡一般类型的标准表，它是基于大量数据建立起来的经验模型。模型生命表的基本思想是，用统计方法将大量实际生命表聚成不同类型，做出一系列标准表，再以表格的形式给出不同类型下的按照平均预期寿命上升排列出的年龄死亡率、死亡概率等值的变化情况。它在人口数据分析、调整、预测中应用广泛。常用的模型生命表有以下几种。

1. 联合国模型生命表

1955 年联合国人口司根据 158 张来自 50 多个国家的生命表，编制了第一套模型生命表。这 158 张生命表中，欧洲、北美洲和大洋洲国家的生命表有 113 张，非洲国家 6 张，拉丁美洲国家 18 张，亚洲国家 21 张，质量参差不齐。而且，0 岁预期寿命在 60 岁以上的仅占 1/3，在 40 岁以下的占 1/10，其余为 40~60 岁。

编制者在对实际生命表的观察中发现，美国年龄组的死亡概率都是上一个年龄组死亡率概率的二次函数，因而在编制中从 0 岁死亡率概率开始，用二次函数方程计算下一个年龄组的死亡概率，这种方法导致了误差累积。

由于上述两个缺陷，加上单参数模型缺乏灵活性，在其他模型生命表出现后，这套模型生命表就很少使用。

2. 寇尔-德曼区域模型生命表

1966 年寇尔和德曼（Coale, A. J. & Demeny, P.）根据 192 张质量较可靠的生命表编制出一套区域模型生命表。其中 176 张来自欧洲、北美洲和大洋洲国家，其余 16 张来自亚洲和非洲。根据死亡模式的不同分为东方模式、北方模式、南方模式和西方模式 4 种模式。东方模式中婴儿死亡率和 50 岁以上老年人口死亡率特别高，而儿童死亡率和青壮年死亡率则相对较低；

北方模式中婴儿死亡率和 50 岁以上老年人口死亡率较低，而儿童死亡率相对较高；南方模式中 5 岁以下人口死亡率相对较高，40～60 岁人口死亡率特别高，而 65 岁以上人口死亡率又较高；而西方模式则是最一般、最通用的死亡模式，具备最广泛的代表性，在死亡数据缺乏的情况下，也通常会选用西方模式作为估计和调整数据的基础。

尽管寇尔－德曼的模型生命表设计了东、西、南、北 4 种死亡类型，学者可以依据所研究地区死亡类型的特点参照相应的模型生命表进行估计和调整，但这 4 种死亡类型无法概括各种各样的死亡形式，而且这 4 种类型之间的联系和过渡的变化也不容易把握（黄荣清，1987；赵梦晗、杨凡，2013）。为此，我们只能从中找到相近的死亡模式，而无法结合研究地区的特点进行调整。

3. 莱德曼模型生命表

1969 年法国人口学家莱德曼在对 154 张实际生命表进行因子分析后，发现导致生命表差异的 5 个主要因素分别为：总死亡率水平、儿童死亡率与成年死亡率的关系、老年死亡的模式、5 岁以下死亡模式、5～70 岁男女死亡率差别（Alesan et al.，1999）。他在此基础上，用回归方法编制出新的模型生命表。

由于模型生命表构建中自变量较多，因而在选用生命表时可以根据手中可靠的死亡指标选用合适的生命表，同时可以求出死亡概率的期望值和标准差，这可以用于了解估计值和实际值之间可能发生的偏差程度。然而，对于数据不健全的国家构建出这些死亡指标相对困难，而且构建此模型生命表的过程中一般会假设男女死亡率之间存在固定关系，但这不符合实际人口情况。

4. 布拉斯逻辑斯蒂模型生命表

英国人口学家布拉斯（Brass W.）1966 年用数学转换的方式将任意两个生命表联系起来，从而使得模型生命表成为一种在计算机上比较容易实现的形式，即布拉斯逻辑斯蒂模型生命表系统（Brass Logit Life Table System）。如果 l_x^* 和 l_x 为两个生命表中的生存人数，那么：

$$\lambda(l_x^*) = \alpha + \beta\lambda(l_x) \tag{7-40}$$

其中，$\lambda(l_x) = \text{log}it\ (1 - l_x) = 0.5\ln\dfrac{1 - l_x}{l_x}$。 $\tag{7-41}$

这种模型生命表简单、容易实现，但是标准生命表 l_x^* 的选取比较重要。具体的内容，读者可以参考 Brass W. 1971 年发表在其著作 *Biological Aspects of Demography* 一书中的文章 "On the Scale of Mortality" 或国际人口科学研究联盟（IUSSP）关于模型生命表介绍的专门网页：http://demographicesti-mation. iussp. org/content/introduction-model-life-tables。

5. 联合国发展中国家模型生命表

1982 年联合国人口司以 72 张质量较高的发展中国家生命表为基础编制了 "发展中国家模型生命表"。72 张生命表中有 36 张为男性生命表，36 张为女性生命表，其中 16 对生命表来自拉丁美洲国家，19 对来自亚洲国家，1 对来自非洲国家。而且，有 10 张生命表 0 岁预期寿命小于 50 岁，10 张大于 70 岁，其余为 50 ~ 70 岁。这套生命表利用主因子分析法，兼有寇尔－德曼区域模型生命表和布拉斯逻辑斯蒂模型生命表的优点。而且根据死亡模式的不同，分为拉美模式、智利模式、南亚模式、远东模式和综合模式五种，但这并不意味着我们可以根据地理位置选择使用模型生命表，而是需要选用死亡模式（即死亡率的曲线）相近的模型生命表。

知识卡片：人类到底能活多少岁？

——从传说到现实

彭祖，传说中的养生家。相传他历经了唐、虞、夏、商等朝代，活了 800 多岁，后被道教奉为仙真。彭祖精于养生，《庄子·刻意》曾把他作为导引养形之人的代表人物，"导引" 一词，是指 "导引神气，以养形魂，延年之道，驻形之术"；《楚辞·天问》还说他善于食疗。民间崇拜上天星宿，凡人寿命皆与星宿对应，便以六十个星宿神轮流值日一周的时间为一岁。按此计算，彭祖实际寿命合今天 146 岁。

关于人类寿命上限的说法众说不一，大多主要都是从理论上来论述的。目前得到较为广泛认同的推断寿命极限的方法有五种，①按生长期推算寿命，法国生物学家巴丰指出，哺乳动物的寿命为其长期的 5 ~ 7 倍，这就是通称的 "巴丰寿命系数"，人的生长期为 20 ~ 25 年，由此预计人类的寿命可达 100 ~ 175 年。②生命周期算法，俄罗斯莫斯科海洋生物研究所所长穆尔斯基和莫斯科大学数学系教授库兹明指出，人的生命周期时间是 15.15 的倍数。例如，人的第一个生命周期是诞生时期，第二个时期是正常妊娠天数 266 天的 15.15 倍，即约 11 年。统计数字表明，人在 11 岁时体质最弱，用 11 再乘以 15.15，为 167 岁，他们认为这个就是人类的寿命极限。③按细胞在体外分裂次数推算，美国佛罗里达大学遗传学研究中心的海弗利克博士在实验室条件下对人体细胞进行实验，发现人体的成纤维细胞在体外分裂 50 次左右中止，"50 次"被视为培养细胞的"传代次数"，也即"海弗利克限度"，细胞的每次分裂周期约为 2.4 年，因此人类寿命为 120 岁左右。④按性成熟的时间推断，一般哺乳动物的寿命是性成熟期的 8~10 倍，人类的性成熟期为 14~15 年，因此人类的寿命可达 110~150 年，⑤按剩余寿命计算，这是一种较新的衡量方法，是将某一时期仍在世的人士的平均年龄与当时的平均寿命相比。

实际上，人类能够生存的最大年龄，迄今为止，有确凿文件证明的、有史以来最长寿的人是法国的詹妮·路易·卡门（Jeanne Louise Calment），其生于 1875 年 2 月 21 日，死于 1997 年 8 月 4 日，其存活的最长纪录为 122 岁又 164 天。

在生命科学家之外，人口学家也积极探索并研究人类长寿（Human Longevity），在诸多顶级学术期刊，如 *Sicence*，*Nature*，*The Lancet*，*PNAS* 上都有相关文献出版，比如：

Cutler, R. G. 1975. "Evolution of Human Longevity and the Genetic Complexity Governing Aging Rate." *Proceedings of the National Academy of Sciences* 72 (11)：4664－4668.

Hawkes, K. 2004. "Human Longevity：the Grandmother Effect." *Nature* 428 (6979)：128－129.

Olshansky, S. J., Carnes, B. A., & Désesquelles, A. 2001. "Demography：Prospects for Human Longevity." *Science* 291 (5508)：1491－1492.

Takata, H., Ishii, T., Suzuki, M., Sekiguchi, S., & Iri, H. 1987. "Influence of Major Histocompatibility Complex Region Genes on Human Longevity among Okinawan-Japanese Centenarians and Nonagenarians." *The Lancet* 330 (8563)：824－826.

第八章　人口再生产

在讲解完人口的出生和死亡后，依照学科的内容逻辑，自然就到了讲授人口再生产的内容了。人口再生产，即指由出生、死亡决定的人口不断更替的过程。对于个人来说，人的一生经历出生、成长、死亡的过程，而在一个特定人口中，所有个体的这种不停的更迭就带来了整个人口的不断延续。这种由出生、死亡决定的人口不断更新、时代不断更替、人类自身得以延续和发展的过程就构成了人口的再生产。本章首先对人口再生产的特点进行详述，然后介绍人口再生产的系列测量指标，接下来引入静止人口和稳定人口的概念，最后在对人口再生产类型进行解释的基础上对系列重要的人口转变理论进行介绍。

第一节　人口再生产的特点与类型

一　人口再生产的特点

人口再生产是一个过程，人口运动本身的特性决定了人口再生产具有以下特点。

第一，人口增长是自身的一种重复，每个人既是被生产者也是生产者。在这样的逻辑之下，新一代人口的数量在一定程度上取决于上一代人口的数量，上一代的人数多，人口基数大，下一代人口一般来说数量也比较多。

第二，人口再生产呈现一定的周期性。如果某一代或几代的出生人数较多，20多年后这批人进入生育期后生育的孩子数量也较多，反之亦然。

第三，人口再生产具有一定的惯性，即增长的人口具有保持增长的趋势，减少的人口具有保持减少的趋势。在一个人口不断增加的社会中，即使新生一代人口已经明显少于上一代人口，但由于生命周期较长，上一代的年死亡人数还没有超过年出生人数，所以人口总量不会立马减少，反而还会持续一段时间并维持不断增加的状态。

另外，如果所生的子女达到父母生育他们的年龄时，其人口数多于父母一代的人口数，则说明这种替代会导致人口规模的扩大，称为扩大再生产；相反，如果子女一代到达父母生育他们的年龄时，其人口数少于父母生育他们时的人口数，就会导致人口规模减小，故称为萎缩再生产；如果两代人数相等，就称为简单再生产。

二 人口再生产的测量

在本书前面的章节中我们讲解了人口的规模、结构、分布及人口的变动，这些都是从时点上分析人口的状况以及从时期角度来分析人口随着时间推移而呈现的发展趋势。而人口再生产指标则是从不同角度及程度反映人口更替变化的一系列指标。换句话讲，人口再生产指标就是从各个角度以及各种不同程度上反映人口的更替水平。

1. 年度人口更替指标

年度人口更替指标，其反映的是一定时期内总出生人数对总死亡人数的替代程度，它决定了人口总量的变化以及变化的方向，而不是反映同批人的替代水平。通常有两个比较简单的指标，即人口自然增长率和生命指数。

（1）人口自然增长率

人口的出生与死亡构成人口的自然变动，前者带来了人口的增加，后者则带来了人口的减少。人口的出生与死亡之差值即人口的自然增长量。我们将某一时期（通常是一年）内人口自然增长量与该时期内人口生存人年数的比值称为人口自然增长率，常用千分率表示，我们通常会用年中人口数代替生存人年数，相应的计算公式为：

$$r = \frac{B - D}{\bar{P}} \times 1000\%o = CBR - CDR \qquad (8-1)$$

其中 B 和 D 分别表示年内出生和死亡人口数；$\bar{P}$ 为 1 年内平均人口数或年中人口数；CBR、CDR 分别表示某年粗出生率、粗死亡率。

例如，依据 2010 年第六次全国人口普查资料，我们可以计算得知中国的出生率为 11.90‰，死亡率为 7.11‰，其自然增长率则为：

$$r = CBR - CDR = 11.90‰ - 7.11‰ = 4.79‰$$

人口自然增长率可以直接反映出一年内新出生人口对于年内死亡人口的替代程度。如果出生人数超过死亡人数，人口自然增长率为正值，说明该时期内人口是增长的；相反，如果人口出生人数少于死亡人数，人口自然增长率为负值，说明该时期内人口是减少的。

同出生率和死亡率一样，人口自然增长率也受性别、年龄结构的影响。当年轻人口占的比重比较大的时候，出生人口就比较多，而死亡人口就比较少，这样人口自然增长率也比较高；反之，如果老年人口所占比重大，出生人口数就相对较少，死亡人数相对较多，人口自然增长率就低一些。

（2）生命指数

生命指数这一测量指标，是指某一人口在一定时期（通常为一年）内，每 100 名死亡的人口相应的出生人数是多少，其计算公式为：

$$VI = \frac{B}{D} \times 100 \qquad (8-2)$$

生命指数同样是表示一定时期内出生人数对死亡人数的替代程度，在含义上与人口自然增长率基本一样，只是表达方式不同而已。如果 VI 大于 100，即出生人数能代替死亡人数，该时期内人口为增长；反之亦然。

例如，依据 2010 年第六次全国人口普查资料，我们可以计算得知中国的出生人口为 1596 万人，死亡人口为 959 万人，其生命指数为：

$$VI = \frac{B}{D} \times 100 = \frac{1596}{959} \times 100 = 166$$

2. 人口更替指标

人口更替指标也被称为 J 指数，是指某一实际人口的儿童妇女比与相应的静止人口的儿童妇女比之比。计算公式为：

$$RI = \frac{CWR_\alpha}{CWR_s} = \frac{P_{0\sim4}^\alpha}{W_{15\sim49}^\alpha} \Big/ \frac{SBR_\alpha \cdot L_{0\sim4}^M + L_{0\sim4}^F}{L_{15\sim49}^F} \qquad (8-3)$$

其中，RI 为人口更替指数；

CWR_α 为实际人口的儿童妇女比；

CWR_s 为静止人口的儿童妇女比；

$P_{0\sim4}^{\alpha}$ 为 0 ~ 4 岁实际儿童人口数；

$W_{15\sim49}^{\alpha}$ 为 15 ~ 49 岁实际育龄妇女人数；

SBR_{α} 为实际人口的出生男婴与女婴的比值（即婴儿性别比除以 100 的数值）；

$L_{0\sim4}^{M}$ 为男性生命表 0 ~ 4 岁组的生存人年数；

$L_{0\sim4}^{F}$ 为女性生命表 0 ~ 4 岁组的生存人年数；

$L_{15\sim49}^{F}$ 为女性生命表 15 ~ 49 岁组的生存人年数。

人口更替指标可以粗略地反映人口再生产的速度，类似于本章后面讲到的"净再生产率"的含义，当计算净再生产率缺乏相关资料时，可以用人口更替指标来代替。

3. 代际人口更替指标

代际人口更替指标，它反映的是两代人之间在数量上的替代程度。它反映的是子女一代人数与父母一代人数的比较关系。总和生育率及再生产率是常用的指标，鉴于在本书前述的第六章生育分析中对总和生育率已经有详细介绍（见第六章），因而本章主要讲再生产率。

总和生育率反映的是某一时期子女一代对父母一代的替代水平，需要注意的是总和生育率计算的是子女（既包括男孩也包括女孩）与母亲的比，而不是子女与父母的比，所以不容易看出二者之间的平衡程度。在正常情况下，总和生育率应该是女孩与母亲之比、男孩与父亲之比、子女与父母之比。其中，由于女性是生育行为的直接承担者，因而女孩与母亲的比值是最常用的。

（1）粗人口再生产率

粗人口再生产率（GRR）这一指标，它是假设妇女在育龄期内按照某年的年龄别生育率生育，这名（或这群）妇女一生中平均生育女儿的数量。这个指标与总和生育率很相似，不过它只计算女儿的数目。从字面上来理解，它是真正测量人口再生产的指标——妇女通过生育女儿来替代自己在人口再生产中的作用，其计算公式为：

$$GRR = \sum_{x=15}^{49} \frac{B_x^f}{W_x} \tag{8-4}$$

GRR 为粗人口再生产率；

B_x^f 为 x 岁妇女生育的女婴数；

$\overline{W_x}$ 为 x 岁妇女人数。

假定在各年龄育龄妇女每年所生的孩子中，男孩或女孩的比例都是相等的，即出生婴儿性别比不随母亲生育年龄变化。同时，粗人口再生产率是总和生育率的一部分，用女婴比例乘以总和生育率就等于粗人口再生产率。这样粗人口再生产率就可以表示为：

$$GRR = \delta \sum_{x=15}^{49} \frac{B_x}{W_x} = \delta \sum_{x=15}^{49} f_x \qquad (8-5)$$

其中，δ 为出生婴儿中女婴所占的比例，即 $\delta = \dfrac{B^f}{B}$；B_x 为出生的女婴数；$\overline{W_x}$ 为 x 岁妇女人数。

由于出生婴儿性别比随母亲生育年龄变化的幅度很小，因此人们经常用后一个公式来计算粗人口再生产率。在能获得各年龄妇女生育婴儿中女婴的比例时，可以根据下列公式计算粗人口再生产率：

$$GRR = \delta \sum_{x=15}^{49} \delta_x \times f_x \qquad (8-6)$$

其中，δ_x 为 x 岁育龄妇女生育婴儿中的女婴比例。

如果年龄按 5 岁分组，那么粗人口再生产率的公式则为：

$$GRR = 5\delta \sum_{i=1}^{7} \frac{_5 B_{10+5i}}{_5 W_{10+5l}} = 5 \sum_{i=1}^{7} \delta_x {}_5 f_{10+5i} \qquad (8-7)$$

表 8 - 1 是本书根据 2010 年第六次全国人口普查数据计算的中国人口粗再生产率（5 岁组），计算结果显示，2010 年中国人口粗再生产率为 0.54045。

表 8 - 1　粗人口再生产率的计算过程（以中国 2010 年为例）

年龄（岁）	生育率 f_x	女婴比例 δ_x	$f_x \times \delta_x$
15 ~ 19	0.00593	0.44877	0.00266
20 ~ 24	0.06947	0.46718	0.03246
25 ~ 29	0.08408	0.46437	0.03904

续表

年龄（岁）	生育率 f_x	女婴比例 δ_x	$f_x \times \delta_x$
30～34	0.04584	0.44791	0.02053
35～39	0.01871	0.43530	0.00814
40～44	0.00751	0.43822	0.00329
45～49	0.00468	0.41914	0.00196
合计			0.10809
粗人口再生产率		$5 \times 0.10809 = 0.54045$	

资料来源：《中国 2010 年人口普查资料》。

同总和生育率一样，粗人口再生产率是一个年龄标准化生育率，不同的是，这个生育率是妇女生育女婴的生育率，综合地反映各年龄育龄妇女生育女婴的生育水平；粗人口再生产率是假定一批妇女按照确定的分年龄生育水平从育龄期开始到育龄期结束（不考虑死亡因素）平均每个人所生的女婴数。粗人口再生产率是出生的女婴数与她们母亲同龄的妇女总人数之比的和，是假定女婴从出生到其成长到母亲生育她们的年龄这一个时期内的死亡率为零，这也正是"粗"的含义。而要考察女儿一代对母亲一代的更替水平，应考察女儿一代达到母亲生育她们的年龄时，女儿一代与母亲一代的人数之比。

（2）净人口再生产率

净人口再生产率（NRR）这一指标，它是假设妇女从出生起就遵循某年的年龄别生育率和死亡率，从而这名（或这群）妇女一生中平均生育女儿的数量。这个指标与粗人口再生产率类似，但它表示的是女儿一代在达到母亲生育她们的年龄时的人数与母亲生育她们时的人数之比，考虑到有些妇女可能在育龄期结束前死亡，因而它总是低于粗人口再生产率。其计算公式为：

$$NRR = \sum_{x=15}^{49} \delta_x \times \frac{B_x}{W_x} \times \frac{L_x}{l_0} = \sum_{x=15}^{49} \delta_x \times f_x \times \frac{L_x}{l_0} \qquad (8-8)$$

NRR 表示净人口再生产率；

δ_x 为 x 岁育龄妇女生育婴儿中的女婴比例；

B_x 为 x 岁妇女生育的婴儿数；

$\overline{W_x}$ 为 x 岁妇女人数；

L_x 为女性生命表中 x 岁生存人年数；

l_0 为生命表技术，即生命表出生人数；

$f_x = \dfrac{B_x}{\overline{W_x}}$ 为 x 岁妇女的生育率；

$\dfrac{L_x}{l_0}$ 为妇女生活到 x 岁的存活率。

表 8 - 2 是本书根据 2010 年第六次全国人口普查数据计算的净人口再生产率（单岁组），其中存活率 $\left(\dfrac{L_x}{l_0}\right)$ 是从根据 2010 年第六次全国人口普查公布的分性别、分年龄死亡数据计算的生命表中获取的（具体计算方法可以参见第七章"死亡分析"中生命表技术的相关内容）。计算结果显示，2010年中国净人口再生产率为 0.5250，较粗人口再生产率低。

表 8 - 2 净人口再生产率的计算过程（以中国 2010 年为例）

年龄（岁）	生育率 f_x	女婴比例 δ_x	生存人年数 L_x	L_x/l_x	$f_x \times \delta_x \times (L_x/l_x)$
15	0.00011	0.56818	99140	0.99140	0.00006
16	0.00086	0.50676	99117	0.99117	0.00043
17	0.00321	0.47599	99094	0.99094	0.00151
18	0.00842	0.46837	99068	0.99068	0.00391
19	0.01440	0.46255	99043	0.99043	0.00660
20	0.03454	0.46830	99016	0.99016	0.01602
21	0.05730	0.47223	98989	0.98989	0.02679
22	0.07133	0.46463	98960	0.98960	0.03280
23	0.09251	0.46199	98928	0.98928	0.04228
24	0.09909	0.45959	98896	0.98896	0.04504
25	0.09158	0.45278	98862	0.98862	0.04099
26	0.08983	0.45019	98827	0.98827	0.03997
27	0.07979	0.44700	98792	0.98792	0.03524
28	0.08601	0.44574	98756	0.98756	0.03786
29	0.07297	0.44252	98718	0.98718	0.03188
30	0.05979	0.43966	98676	0.98676	0.02594

年龄（岁）	生育率 f_x	女婴比例 δ_x	生存人年数 L_x	L_x/l_x	$f_x \times \delta_x \times (L_x/l_x)$
31	0.05379	0.43175	98631	0.98631	0.02291
32	0.04842	0.43233	98583	0.98583	0.02064
33	0.03623	0.43826	98535	0.98535	0.01565
34	0.03212	0.43429	98481	0.98481	0.01374
35	0.02647	0.43958	98421	0.98421	0.01145
36	0.02267	0.43994	98358	0.98358	0.00981
37	0.01866	0.43689	98292	0.98292	0.00801
38	0.01545	0.43569	98220	0.98220	0.00661
39	0.01188	0.43771	98143	0.98143	0.00510
40	0.01081	0.42855	98056	0.98056	0.00454
41	0.00766	0.42315	97961	0.97961	0.00318
42	0.00787	0.42371	97856	0.97856	0.00326
43	0.00573	0.40755	97742	0.97742	0.00228
44	0.00510	0.39428	97620	0.97620	0.00196
45	0.00483	0.39231	97482	0.97482	0.00185
46	0.00426	0.38769	97336	0.97336	0.00161
47	0.00493	0.36303	97183	0.97183	0.00174
48	0.00553	0.37431	97006	0.97006	0.00201
49	0.00372	0.37779	96805	0.96805	0.00136
净人口再生产率			0.52500		

资料来源：《中国 2010 年人口普查资料》。

如果这里我们按 5 岁一组划分年龄组，那么净人口再生产率的计算公式应该为：

$$NRR = 5\delta \sum_{i=1}^{7} \frac{{}_5B_{10+5i}}{{}_5W_{10+5l}} \times \frac{{}_5L_{10+5i}}{{}_5l_0} = 5\delta \sum_{i=1}^{7} {}_5f_{10+5i} \times \frac{{}_5L_{10+5i}}{500000} \qquad (8-9)$$

其中，${}_5B_{10+5i}$ 为第 i 组妇女生育人数；

${}_5W_{10+5l}$ 为第 i 组妇女人数；

${}_5W_{10+5l}$ 为第 i 组妇女生存人年数。

从公式中可以看出，净人口再生产率是对粗人口再生产率的一个改进。

作为考察两代人更替水平的指标，粗人口再生产率假定的是新生的女婴存活到母亲生育她们的年龄这一时期内的死亡率为零，而净人口再生产率则是每一个年龄的育龄妇女生育的女婴乘以女婴存活到母亲生育她们的年龄时的存活率，即 $B_x \times \dfrac{L_x}{l_0}$ 得到的正是这批女婴活到母亲生育她们的年龄时所剩的人数。

计算净人口再生产率需要下面一些数据：①出生婴儿中女婴的比例；②分年龄生育率；③相应的女性生命表。其中出生女婴比例、分年龄生育率和死亡率（或存活率）都是根据同一年的人口出生、死亡资料计算产生的，但是在实际计算中可能没有当年分年龄死亡率（或生命表）的资料，这样也可以采用相邻某年的死亡率（或生命表）资料，甚至可以选用与当地死亡模式、死亡水平相近的生命表来代替。各年出生女婴比例波动很小，既可采用实际值，有时也可以不采用本地的实际值，而采用更一般的值（比如 0.485）。

根据 NRR 的大小可以判断人再生产类型：

当 $NRR = 1$ 时，为简单人口再生产；

当 $NRR > 1$ 时，为扩大人口再生产；

当 $NRR < 1$ 时，为萎缩人口再生产。

通常情况下，将简单人口再生产时 NRR 的值称为生育更替水平，此时女儿一代人正好补偿母亲一代的人数，两代人之间的人数相等。如果这种过程长期保持下去的话，人口将不增也不减。

生育更替水平是指这样一个生育水平，即同一批妇女生育女儿的数量恰好能替代她们本身。当净人口再生产率为 1 时，恰好等于生育更替水平。一旦达到生育更替水平，出生和死亡将逐渐趋于均衡，在没有国际迁入与迁出的情况下，人口将最终停止增长，保持稳定状态。这个过程所需要的时间因人口年龄结构的不同而不同。

目前，几乎所有发达国家的生育率都已达到或低于生育更替水平。比如，北欧的芬兰 1996 年的净人口再生产率为 0.85，低于生育更替水平，可是芬兰的人口仍旧在增长。总和生育率也可用于说明生育更替水平，因为它表明了能够替代父母双方所需的平均子女数。目前发达国家普遍认为，总和生育率为 2.1 即达到了生育更替水平。之所以为 2.1 而不是 2.0（一个孩子对应父母中的一个），是因为在出生时，男孩数要略多于女孩数，且一部分女孩将在育龄期前死亡。发展中国家的死亡率较高，因此，达到生育更替水平的总和生育率总要高于 2.1。

（3）人口再生产存活比

人口再生产存活比是人口净再生产率和粗再生产率之比，用于反映死亡因素对人口再生产的影响作用及程度。其计算公式为：

$$RSR = \frac{NRR}{GRR} \qquad (8-10)$$

其中，RSR 为人口再生产存活比；NRR 为人口净再生产率；GRR 为人口粗再生产率。

一般情况下，由于女儿一代活到母亲生育她们的年龄时不可能死亡率为零，因而人口粗再生产率总是大于人口净再生产率。

4. 人口再生产速度指标

（1）平均世代间隔

代际人口更替的指标，比如总和生育率、粗人口再生产率和净人口再生产率，只反映了两代人在规模上的替代程度，而两代人之间在年龄或时间上的差距却只能通过平均世代间隔表示出来。平均世代间隔是指母亲一代与女儿一代年龄的平均间隔。其计算公式为：

$$T = \frac{\sum (x + 0.5) \times f_x \times L_x}{\sum f_x \times L_x} \qquad (8-11)$$

T 为母女两代人的平均年龄间隔；

x 为年龄；

f_x 为 x 岁妇女生育率；

L_x 为女性生命表中 x 岁妇女生存人年数（也可以用 $\frac{L_x}{l_0}$，其结果是一样的）。

如果按 5 岁分组，则计算公式为：

$$T = \frac{\sum (x + 2.5) \times {}_5f_x \times {}_5L_x}{\sum {}_5f_x \times {}_5L_x} \qquad (8-12)$$

表 8-3 是我们根据 2010 年第六次全国人口普查数据计算的平均世代间

隔（单岁组），其中存活人年数（L_x）是从根据 2010 年第六次全国人口普查公布的分性别、分年龄死亡数据计算的生命表中获取（具体计算方法参见第七章"死亡分析"中生命表技术的相关内容）。计算结果显示，2010 年中国平均世代间隔为 28.42 岁。

表 8-3 平均世代间隔的计算过程（以中国 2010 年为例）

年龄 x（岁）	生育率 f_x	生存人年数 L_x	$(x+0.5) \times f_x \times L_x$	$f_x \times L_x$
15	0.00011	99140	169	11
16	0.00086	99117	1406	85
17	0.00321	99094	5567	318
18	0.00842	99068	15432	834
19	0.01440	99043	27811	1426
20	0.03454	99016	70111	3420
21	0.05730	98989	121949	5672
22	0.07133	98960	158823	7059
23	0.09251	98928	215069	9152
24	0.09909	98896	240089	9800
25	0.09158	98862	230871	9054
26	0.08983	98827	235258	8878
27	0.07979	98792	216772	7883
28	0.08601	98756	242079	8494
29	0.07297	98718	212501	7203
30	0.05979	98676	179945	5900
31	0.05379	98631	167118	5305
32	0.04842	98583	155136	4773
33	0.03623	98535	119592	3570
34	0.03212	98481	109131	3163
35	0.02647	98421	92485	2605
36	0.02267	98358	81387	2230
37	0.01866	98292	68780	1834
38	0.01545	98220	58424	1518
39	0.01188	98143	46055	1166
40	0.01081	98056	42929	1060
41	0.00766	97961	31141	750

年龄 x（岁）	生育率 f_x	生存人年数 L_x	$(x+0.5) \times f_x \times L_x$	$f_x \times L_x$
42	0.00787	97856	32730	770
43	0.00573	97742	24363	560
44	0.00510	97620	22155	498
45	0.00483	97482	21423	471
46	0.00426	97336	19281	415
47	0.00493	97183	22758	479
48	0.00553	97006	26017	536
49	0.00372	96805	17826	360
合计			3332582	117252
平均世代间隔（岁）		3332582/117252 = 28.42		

资料来源：《中国 2010 年人口普查资料》。

平均世代间隔反映了人口再生产周期的长短。如果母女之间的平均年龄间隔为 20 岁（或者说母亲平均在 20 岁生孩子），100 年内就有 5 代人出生；如果母女之间的平均年龄间隔为 25 岁，100 年内就有 4 代人出生，这样就少了一代人。虽然每代人之间的更替水平一样，但在 100 年内同时生活的就少了 1/5 的人口。如果平均世代间隔等于 30 岁，100 年内就只有 3 代人了。因此，控制人口不能只注重少生，也应该注重晚育，拉开生育间隔。

比如，中国不同地区平均世代间隔就有一定的差异。1981 年辽宁省妇女平均世代间隔为 27.078 岁，而同年陕西省妇女平均世代间隔为 27.523 岁，从平均世代间隔的表面含义上看，辽宁省妇女生育年龄比较早，而陕西省妇女生育年龄比较晚，似乎前者早育情况比后者严重。实际上，这样的结论是错误的。一般来说，妇女在生育第一孩或第二孩时年龄比较小，而生三孩、四孩或更高的孩次时，年龄就比较大了。对于妇女生育水平比较高或者平均每个妇女生育的孩子比较多的地区，由于很多妇女生育多孩，而且生育多孩妇女的年龄又比较大，从而平均世代间隔就被提高了；而那些生育水平比较低的地区，由于大多数妇女只生一孩、二孩，生育率是比较低的，平均世代间隔相应就比较低。1981 年辽宁省的总和生育率为 1.8934，而陕西省的总和生育为 2.3956。因此，平均世代间隔并不能真正反映某一地区妇女的早育或者晚育情况，它必须同净人口再生产率指标结合起来使用才有意义。如果把平均世代间隔作为评价早育或晚育的根据，可以计算分孩次的平均世代间隔值。在同一孩次下，平均世代间隔的大小就可以直接反映出妇女早育或晚育的状况（见表8-4）。

表8-4　结合平均生育间隔及 NRR 判断早育情况

平均世代间隔	净人口再生产率	判断
长	低	好（晚婚、晚育、少生）
长	高	不好（多生、不一定晚婚晚育）
短	低	很少见（早婚、早育、少生）
短	高	很坏（早婚、早育、密育、多生）

资料来源：转引自查瑞传，1991：286。

（2）人口内在自然增长率

如果一个人口的出生率、死亡率永远保持不变，那么该人口的自然增长率也一定不变，这样的人口被称为稳定人口。如果取 B 为母亲一代的出生人数，P 为母亲一代出生时的总人口数，B_T 为 T 年后的出生人数，P_T 为 T 年后的总人口数，那么：

$$母亲一代的出生率\ b = \frac{B}{p} \qquad (8-13)$$

$$T\ 年后的出生率\ b_T = \frac{B_T}{P_T} \qquad (8-14)$$

在稳定人口的条件下，出生率保持不变：

$$b = b_T \qquad (8-15)$$

$$\frac{B}{P} = \frac{B_T}{P_T}$$

$$\frac{B}{B_T} = \frac{P}{P_T}$$

根据人口增长的复利公式（将在本书第十章"人口预测"部分进行具体讲解），$P_T = P \times (1+k)^T$，k 为稳定人口条件下的人口自然增长率，T 为平均世代间隔，那么则有：

$$(1+k)^T = \frac{P_T}{P} = \frac{B_T}{B} \qquad (8-16)$$

如果在稳定人口的条件下，两代人出生时性别比不变，两代人分年龄死亡率不变，那么则有：

$$\frac{B_T}{B} = \frac{B_T \times \frac{L_T}{l_0}}{B \times \frac{L_T}{l_0}} = \frac{\text{女儿一代达到母亲生育她们年龄时的人数}}{\text{母亲一代达到生育女儿一代时的人数}} = NRR \qquad (8-17)$$

即 $(1+k)^T = NRR$。

稳定人口条件下的人口自然增长率是：

$$k = \sqrt[T]{TNRR} - 1 \qquad (8-18)$$

k 也称为人口内在自然增长率。

人口内在自然增长率表明：如果人口按照现实的人口再生产状况长期发展下去，最终这个人口将成为按固定增长率 k 不断增长（或减少）的人口。

根据前面的计算，得到我国 2010 年 "年净人口再生产率" $= 0.5250$，平均世代间隔 $T = 28.42$，那么我国 2010 年人口内在自然增长率为：

$$k = \sqrt[28.42]{0.5250} - 1 = -0.022$$

这说明，如果按 2010 年人口再生产状况长期发展下去，中国人口发展将稳定在人口增长率等于 $-22‰$ 的水平上。由于这个 k 值小于 0，因此，若长期保持 2010 年的生死水平，我国人口未来的极限发展状况是人口以 $22‰$ 的一个固定的负增长率不断减少，即人口总量存在着不断减少的趋势。

对于一个正在增长的人口来说，如果人口内在自然增长率小于 0，则表明按现实人口再生产状况长期发展下去，人口将会有一天开始出现负增长，即人口数量开始减少，而且会长期保持在这个负增长水平上。总之，当人口内在自然增长率大于 0 时，说明按现实状况发展，人口总量有增长的趋势；相反，当人口内在自然增长率小于 0 时，说明按现实状况发展，人口总量有减少的趋势。

再来看一个例子，假定有甲、乙、丙三地，都不存在人口的迁移变动，都是封闭人口，而且人口总量长期在增长。甲地的人口自然增长率为 $15‰$，乙地的人口自然增长率为 $10‰$，丙地的人口自然增长率为 $5‰$，而甲地人口的内在自然增长率为 $-1‰$，乙地人口的内在自然增长率为 $4‰$，丙地人口的内在自然增长率为 $8‰$。

虽然甲地目前的人口增长速度快于乙地和丙地，但人口若按现实人口再生产状况保持下去，甲地人口自然增长率会在某一天开始下降，并会有一天开始低于乙地和丙地的增长率，然后人口自然增长率等于0，人口总量不增不减，最后不仅人口总量不再增加，而且会按1‰的速度不断减少。

乙地的人口自然增长率高于丙地，但人口内在自然增长率低于丙地，因此如果按此状况保持下去，乙地的人口自然增长率会下降，而且有一天会低于丙地的人口增长率，但最终只能下降到4‰（人口内在自然增长率），在人口增长率达到4‰以前，人口总量的增长速度会有所减慢，但无论在什么时候，人口总量都是在不断增长的。

丙地的人口自然增长率最低，可是人口内在自然增长率最高，并且大于自然增长率，这说明按此人口发展现状保持下去，未来人口自然增长率还会不断提高，人口总量不仅增长，而且增长的速度也在不断加快，最终在人口自然增长率达到8‰以后，人口总量增长速度才达到稳定。

从现实看，甲地人口增长率高于乙地和丙地，但是如果其人口增长率稳定下来，其人口增长的趋势是下降的，而且下降的速度最快。乙地也有下降的趋势，但下降的速度大大慢于甲地。相反，丙地虽然现实的人口自然增长率最低，可是它的趋势是在增长。如果按照现实人口再生产状况发展下去，三个地区人口发展的最终结果将导致人口增长率的高低顺序与现实的顺序正好相反。

三 静止人口与稳定人口

1. 静止人口

（1）概念

静止人口是一个总人口数长期保持不变（既不增加也不减少）的人口，即每年出生人口数与死亡人口数总是相等的人口。静止人口和下文讲到的稳定人口都假定是封闭人口，即没有发生人口迁移现象。静止人口有一个重要特性就是出生率等于死亡率，并且与平均预期寿命成倒数关系。原始社会的人口接近于静止人口，近代有些国家（如欧洲一些国家）也接近于静止人口。

（2）特征

静止人口具有以下特征。

第一，人口总数每年保持不变，为一个常数。

$$P_n = P_0 \qquad\qquad (8-19)$$

其中，P_n 为 n 年后的人口总数；P_0 为基期人口总数。

第二，每年的出生人数与死亡人数不变，且彼此相等；出生率等于死亡率，从而人口自然增长率为：

$$B_n = D_n \qquad\qquad (8-20)$$
$$CBR = CDR \qquad\qquad (8-21)$$
$$RNI = 0 \qquad\qquad (8-22)$$

其中，B_n 为第 n 年的出生人数；D_n 为第 n 年的死亡人数；CBR 为人口出生率；CDR 为人口死亡率；RNI 为人口自然增长率。

第三，分年龄的男性、女性人数不变，人口年龄结构不变，即，P_x^M、P_x^F、C_x^M、C_x^F 均为常数。其中，P_x^M 为 x 岁男性人口数；P_x^F 为 x 岁女性人口数；C_x^M 为 x 岁男性人口占总人口的比重；C_x^F 为 x 岁女性人口占总人口的比重。

第四，出生率与死亡率相等，并与平均预期寿命互为倒数。

$$CBR = CDR = \frac{1}{e_0} \qquad\qquad (8-23)$$

其中，e_0 为人口出生时的平均预期寿命。

静止人口是一种为便于研究人口系统内在机制而简单、抽象化了的人口模型。绝对的静止人口是不存在的，只有近似的静止人口。研究静止人口模型可直接反映人口系统的发展水平，并可预测在一定死亡率水平下，为保持一定人口数每年应出生的人数。人口达到静止状态后，每年出生人数与死亡人数不变且相等，总人数和各年龄男女人数也都不变，因而年龄结构是固定的。静止人口有时也称为生命表人口。一个静止人口的年龄结构只取决于它的生命表，即分年龄的死亡率。

（3）作用

静止人口是一种特定的人口状态。它是生育率长期保持更替水平的情况下的产物，所谓更替水平即生育率恰好能弥补死亡损失的那种水平。

静止人口作为一个人口模型，可以揭示在一定条件下人口的一些必然表现和内在联系。现实人口的出生与死亡是一种大量的随机现象，即使人口总数变动不大，每年出生人数与死亡人数总会有多有少，呈现一定的波动。人口绝对静止不变是不可能的，但如果某些时代某些人口接近静止人口状况，则可以用这个模型来描述和分析。在远古时代，社会生产力很低，人类维持自身生存的能力很差，死亡率极高，尽管生育不加节制，但也只能维持更替水平，生死接近相抵，人口在高生育、高死亡的条件下接近静止。随着死亡率水平的下降，人口静止状态被打破，人口总数迅速增长。我们可以看到，在当代一些发达国家中，人们有意控制生育，生育率降低到更替水平左右，人口又接近静止状态。20 世纪 70 ~ 80 年代以来，许多发展中国家也开始努力降低生育水平，控制人口增长，并以达到静止人口为目标。静止人口已不再只是一个抽象模型，而是成为一种现实的奋斗目标。

静止人口作为一个模型，是进行人口研究的重要工具。它可以揭示，人口趋向静止的条件，人口达到静止后的情况，一定死亡率条件下最终的人口年龄结构，达到静止时的出生率和死亡率水平，为达到某一人口总数而需要保持的年出生人数。

2. 稳定人口

（1）概念

稳定人口（Stable Population ）是在封闭人口系统中，人口的出生率和死亡率保持稳定，人口总数以固定的速率持续增加（或减少）的人口。此概念为美国洛特卡（A. T. Lotka）于 1907 年首先提出并加以论证。稳定人口是较静止人口更接近现实的一种人口模型，现已成为人口数据分析和人口预测研究的必不可少的方法。在稳定人口中，人口总数每年总是按照固定的自然增长率增长（或减少），也就是每年的出生率与死亡率保持不变。稳定人口也是一种封闭人口。在稳定人口中，当自然增长率为正值时，人口总数不断增加，形成增长型稳定人口；当自然增长率为负值时，人口总数不断减少，形成缩减型稳定人口；当自然增长率为零时，人口总数不增不减，这时的稳定人口即为静止人口。

（2）特征

稳定人口是一种处于特定状态的人口，其特征可以通过以下 4 个公式来表达。

第一，人口总数每年都按（1 + k）增加（或缩减），而且每年的出生人

数 B 和死亡人数 D, 以及各个年龄的男性人数和女性人数, 都按 $(1+k)$ 增加 (或缩减)。人口总数的变动可以用下面公式表达:

$$P_n = P_0 \times (1+k)^n \qquad (8-24)$$

其中, P_n 为 n 年后的人口总数; P_0 为基期人口总数; k 为人口增长率; n 为时间长度 (年数)。

或者:

$$P_t = P_0 \times e^k \qquad (8-25)$$

其中, P_t 为 t 时刻人口总数; P_0 为起始时刻人口总数; t 为时间长度; e 为自然对数的底, 数值近似为 2.718。

同样, 出生人数、死亡人数、各年龄男性人数和女性人数的增长公式都可以类推。

第二, 在人口总数增长 (或缩减) 的同时, 人口的年龄结构 (即各年龄人数在总人口中所占比重) 却保持不变。如果一个封闭人口 (即无迁移变动的人口) 的分年龄生育率和分年龄死亡率长期保持不变, 出生婴儿中的男女比例不变, 如此长期发展下去, 那么这个人口便会达到稳定状态, 成为稳定人口。已经达到稳定状态的人口, 只要上述条件不变, 则稳定状态便继续保持下去。用公式表示为:

$$C_x = \frac{P_x}{P} = \frac{L_x \times e^{-kx}}{\sum_{x=0}^{\omega} L_x \times e^{-kx}} \qquad (8-26)$$

其中, C_x 为 x 岁人口占总人口的比重; P_x 为 x 岁人口数; P 为人口总数; L_x 为 x 岁的生存人年数; x 为确切年龄。

第三, 稳定人口的出生率可以用下面公式计算:

$$CBR = \frac{k}{1-e^{-k}} \times \frac{1}{\sum_{x=0}^{\omega} L_x \times e^{-kx}} \qquad (8-27)$$

第四, 稳定人口的增长率 k 是一个常数:

当 $k>0$ 时, 稳定人口总数不断增加, 为增长型稳定人口;

当 $k<0$ 时, 稳定人口总数不断缩减, 为缩减型稳定人口;

当 $k=0$ 时, 稳定人口总数不增不减, 为静止人口。

在现实生活中，分年龄生育率与分年龄死亡率不会长期完全保持不变，也就是说人口的增长率不会长期完全不变，即使在社会经济条件无显著变动时期，它们也会有某种波动。现实人口不会出现完全的稳定状态，稳定人口只能是一种人口模型。在生育率和死亡率变化不大的条件下，实际人口往往表现出基本类似稳定人口的种种特征，于是稳定人口便可以作为分析人口再生产的一个得力工具。现代人口学中各种人口再生产指标（如粗再生产率、净再生产率、平均世代间隔、内在自然增长率等）的计算、人口再生产过程的分析、人口数估计推算和预测等，都是建立在稳定人口模型基础上的。

第二节 人口转变理论

一 人口再生产类型

1. 人口再生产类型概念

人口再生产类型是与社会生产力发展的不同阶段相适应的人口的出生率、死亡率以及自然增长率三者不同的组合形式，因此，人口再生产类型的变化取决于人口的出生率和死亡率以及由这两者的变化所决定的人口自然增长率。人口出生率和人口死亡率是构成人口再生产类型的两个基本要素。

2. 人口再生产类型分类

（1）原始人口再生产类型

在社会生产力极其低下的新石器时代以前的原始社会，人们以采集、狩猎为生。死亡率很高，为了补偿高死亡率，出生率也很高，但是人口自然增长率很低，人口自然变动特征是"高、高、低"，同时人的平均预期寿命和世代间隔都很短，时代更替迅速，人口增长呈相对静止状态，此种类型的人口再生产为"原始人口再生产类型"，是人口简单再生产。

（2）传统人口再生产类型

传统农业社会，是以手工劳动为基础的农业经济社会。与原始社会相比，人口出生率和死亡率有所下降，但是仍旧保持较高水平，人口自然增长率仍旧保持较低水平，人的平均寿命和世代间隔逐渐有所延长，人口增长在长期波动中缓慢前进。此种类型的人口再生产为"传统人口再生产类型"，仍旧属于人口简单再生产，但是后期它已存在扩大再生产的潜能。

（3）现代人口再生产类型

在工业革命完成后，人类进入了以现代科学技术和社会化大生产为基础的现代化经济时代。出生率和死亡率都下降到很低的水平，同时人口自然增长率也较低，呈现"低、低、低"的特点，并且人的平均预期寿命与世代间隔有较大延长，世代更替缓慢，人口增长逐步趋向静止甚至缩减，这种类型的人口再生产为"现代人口再生产类型"，趋向于缩减再生产。

3. 人口再生产类型的转变

随着社会经济的发展，人口特征也发生变化，从而人口再生产类型从原始人口再生产类型向传统人口再生产类型，再向现代人口再生产类型转变。

在传统人口再生产类型与现代人口再生产类型之间还存在一种过渡性人口再生产类型，总体来讲其特点是"高、低、高"，即死亡率已经下降到较低水平，但是出生率的下降大大滞后于死亡率，从而人口自然增长率保持较高水平，人的平均寿命和世代间隔也较前延长，但时代更替速度在大部分人口中仍然较快，人口规模迅速增长。这种人口再生产类型基本属于扩大再生产。

具体来看，传统人口再生产类型向现代人口再生产类型的转变一般会经历三个阶段：第一阶段，在转变的初期，死亡率开始逐渐下降，出生率仍旧维持在高水平，人口自然增长率相应提高；第二阶段，过渡类型的中期，死亡率继续下降，出生率也开始下降但是滞后于死亡率的下降，人口自然增长率上升到较高水平，人口迅速增长，规模不断扩大；第三阶段，过渡类型的后期，死亡率已经下降到很低水平且相对稳定，出生率也逐步下降到等于或略高于死亡率的更替水平，人口自然增长率随之降到很低水平，趋于零增长甚至负增长。

二　人口转变

1. 人口转变的含义

人口转变是人类历史经历的最深刻的革命性变化之一，对人口转变的关注和研究一直是人口研究的重要内容。人口转变是随着社会经济的发展，人口再生产类型从高出生率、高死亡率、低增长率模式向高出生率、低死亡率、高增长率模式，再向低出生率、低死亡率、低增长率模式变化的动态过程（Kirk, 1996）。简单地说，人口转变即指人口从高出生率和高死亡率向低出生率和低死亡率的转变。高出生率和高死亡率使绝大多数人口在多数时间里不至于增长过快。实际上，许多人口不仅没有增长，而且当出生率不能抵消高死亡率对人口的作用时，人口还可能完全消亡。随着生活水平的提高和营养状况的改善，死亡率逐步下降。由于死亡率的下降多数先于出生率，因此转型期中的人口会快速增长。一些国家在20世纪才开始发生人口转变，随着医疗技术的不断提高，这些国家的死亡率下降迅速，而出生率不会同死亡率下降那么迅猛，因此人口快速增长。人口转变是一个全球化的过程。尽管最早发生在欧洲的人口转变曾被认为是一个独特的历史事件（Reher, 2004），但是随着生育率下降在全世界的扩散与蔓延，人口转变越来越被认同为一个反映人口变动规律性的普遍现象（刘爽、卫银霞、任慧，2012）。

2. 人口转变与人口再生产类型转变的区别与联系

人口转变与人口再生产类型转变既相互联系又有区别。总体而言，人口转变的范畴比人口再生产类型转变的范畴要大。人口转变指人口发展的不同历史阶段的转变过程，即在不同的社会经济条件下，以人口的出生、死亡、自然增长率的不同状况为标志的，从低级到高级阶段的转变的过程，更多地包含人口发展的含义；而人口再生产类型转变则是以人口自然变动为核心和主体。

人口转变的核心组成部分是人口再生产类型转变，除此之外，人口转变还包括生育观和生育行为的转变、人口年龄结构类型的转变、人口文化素质的转变、生活质量和生活方式的转变。人口发展从低级向高级阶段转变的过程，也就是生育观和生育行为由自发的低级阶段向高级阶段转变的过程。同时，人口自然变动从"高出生、高死亡、高自然增长"向"低出生、低死亡、低自然增长"的过渡中，人口年龄结构也从年轻型、成年型向老年型转变。而且，在人口发展中，文化素质、生活质量和生活方式也从传统社会模式向现代社会模式转变。

三 兰德里的人口转变"三段论"

人口转变论的创始人 A. 兰德里（Landry, A.）1934年在其法文版革命性著作《人口革命》（*La révolution démographique*）一书中，根据生产力发展的不同水平，把历史上的人口发展过程分为：原始阶段、中期阶段和现代阶段。这三个阶段不同的出生率、死亡率和自然增长率组成了不同的人口增长模式。兰德里将这一演变过程称为"人口革命"。

第一阶段是原始阶段，即不限制生育的时代。在这个阶段，生产力水平极低，经济发展非常缓慢，人口数量和衣食等维持生存的必要生活资料的数量之间有非常密切的联系。由于婚姻习俗等关系，生育率没有必然地达到它的生理学的最大值，然而它不受任何来自经济因素（例如生育孩子的经济后果）的限制；而死亡率则受经济因素的影响。食物的多少是影响死亡率的关键因素，而死亡率又是影响生育率的关键因素。经济因素通过影响死亡率来调节人口增长。如果食物缺乏，死亡就会起作用，使人口重新回到某个平衡上来。

第二阶段是中期阶段，即限制生育达到了普及的阶段。在这个阶段里，生产力进一步发展了，人们的生活水平已有所提高，社会所能提供的生活资料不再限于维持最低生活，还包括舒适品和奢侈品，生产和消费的方式也有所变化，它影响着整个经济和需求的趋向。经济因素通过影响婚配来影响生育率，人们为了维持已经获得的并且已经成为习惯的一定生活水平，不惜推迟或者放弃婚姻，从而影响生育率和人口增长。如果说，在原始阶段，人们为维持生存而实现人口均衡是其特征，那么在中期阶段，其特征则是人们为提高生活水平而实现人口均衡。

第三阶段是现代阶段，即人们自觉限制家庭规模的时代。在这个阶段里，物质生产和各种福利有了极其迅速的进步，经济发展已经达到很高的水平，人们的生活水平普遍提高，生育观有了根本的改变。死亡率已降到很低的水平，因此为保持群体的繁衍已无必要生育那么多的孩子。人们自觉地限制生育，并不单纯为了维持或提高自己个体的生活水平，而是存在着经济的、社会心理的复杂意图。经济因素已不再起它在前两个阶段所起的作用，生育率下降是自觉而又普遍的家庭限制的结果，人们已无必要倾向于使死亡率和出生率平衡以及使人口状态保持持续稳定的发展。尽管生产技术不断进步，医学、公共卫生事业发达，但是人口增长的必要性没有了，甚至有减少的可能。不过，兰德里认为，生育率的下降不能肯定是无期限或不可避免的。

兰德里认为与这三个阶段相适应，出现了人口再生产的三种类型，人口再生产类型的每一次变化，都是一次人口革命。所以"人口转变论"又被称为"人口革命论"。兰德里把上述三个人口发展阶段之间的转变，特别是向现代阶段的转变，称为"人口革命"，这表明了他认为不同阶段之间有质的差别。他的理论模型是为了说明法国人口出生率和自然增长率持续下降的原因，所根据的主要是西欧特别是法国的人口资料。他从具体的历史资料出发做出一般性的推理，最先勾画了人口转变的轮廓，这是难能可贵的。然而，他的理论模型还缺乏有力的科学论证，也未深入分析转变的条件和原因，对出生率和死亡率变动的论述还未形成成熟的理论体系。但无论如何，他已奠定了人口转变论三阶段模型的重要基础。

四 诺特斯坦的人口转变"三段论"和"四段论"

1. 三阶段模型

F. W. 诺特斯坦（Notestein F. W.）1945 年发表了《从长远观点考察的人口》（Population：the Long View）一文，在该文中他提出了人口三阶段/三类型模型，明显地表示出了死亡率和出生率由高到低的转变。

第一阶段（第一类型）是具有较高增长潜力的或者转变增长（Transitional Growth）尚未开始的人口（如亚洲、非洲、拉丁美洲大多数国家）。它也可以成为处于转变前期的高增长潜力的人口，出生率和死亡率都保持在高水平上，而高死亡率有时围绕高出生率上下波动。

第二阶段（第二类型）是处于转变中的人口，可以成为转变型人口（如苏联、日本、拉丁美洲一些国家）。死亡率和出生率都已开始下降，但是死亡率的下降较快，出生率的下降滞后于死亡率，因此人口自然增长率相对提高较快。

第三阶段（第三类型）是已经完成转变的人口（如美国、欧洲一些国家、澳大利亚），出生率和死亡率都降到很低水平，死亡率相对比较稳定，出生率在波动中降低到世代更替水平，有时甚至低于更替水平。

F. W. 诺特斯坦上述理论模型，对人口自然变动的分析和类型的划分较接近人口转变的实际情况，但是还缺乏理论深度。他后来的著作对人口转变的社会经济条件有了更充分的分析，对理论模型也做了相应的修正。

2. 四阶段模型

F. W. 诺特斯坦在提出了人口三阶段/三类型模型的 8 年后, 又于 1953 年发表了《人口变动的经济问题》(Economic Problems of Population Change) 一文。在该文中, 他重点研究了由农业社会向城市工业社会过渡时的人口转变问题, 认为决定生育率下降的是工业化、城市化、现代化等经济因素, 并在此基础上对自己原有的理论模型进行了修正。他把由农业社会向工业社会过渡的人口转变分为工业化以前的阶段、工业化初期阶段、进一步工业化阶段和完全工业化阶段。

第一阶段是工业化以前的阶段, 出生率保持稳定的高水平, 死亡率也处于高水平但略有起伏波动, 人口自然增长率很低。

第二阶段是工业化的初期阶段, 出生率基本上维持不变, 死亡率开始下降并且下降速度逐渐加快, 二者的差距逐渐加大, 人口自然增长率逐渐上升。

第三阶段是工业化进一步发展阶段, 死亡率继续下降, 但起初出生率下降速度滞后于死亡率的下降速度, 二者之间的差距加大, 人口自然增长率在这个阶段最高。

第四阶段是完全工业化阶段, 亦即完成向"城市工业社会"转变和实现现代化的阶段, 出生率和死亡率都降到很低水平, 死亡率保持稳定的低水平, 出生率略有波动而趋于世代更替水平, 人口自然增长率很低, 甚至降到零或零以下。

这个理论模型比他之前的三阶段/三类型模型更富有概括性, 也比较近似地表现了人口转变的历史过程。然而, 其不足之处是未能充分反映诺特斯坦人口转变论中分析工业化以外的社会经济因素的影响的主要观点。

五 人口转变论的五阶段论

1. 布莱克的五阶段模型

英国人口学家 C. P. 布莱克 (C. P. Blacker) 于 1947 年在《优生学评论》(*The Eugenics Review*) 上发表了一篇人口学经典文章, 即《人口增长的阶段》(Stages in Population Growth), 在该文中他最先提出了人口转变论五阶段模型。他以人口发展的五种类型来表现人口转变的五个阶段。

HS 是高位静止 (High Stationary) 阶段, 以高出生率和高死亡率保持高位平衡为特征。

EE 是早期扩展（Early Expanding）阶段，出生率仍然保持高位，经济发展受到持续的刺激而不断前进，死亡率开始下降，因此人口规模扩大，不久将达到最高的人口增长率。

LE 是后期扩展（Late Expanding）阶段，经济进一步发展以后，死亡率以更快的速度下降，最后接近可能达到的最低限度，出生率也开始下降，而且后来下降速度很快，从而人口增长速度逐渐缓慢下来。

LS 是低位静止（Low Stationary）阶段，经济和人口都进入停滞状态，存在低出生率和低死亡率的平衡。

D 是减退（Diminishing）阶段，出生率和死亡率都很低，而且出生率低于死亡率，人口处于绝对减少的状态。

这个五阶段理论模型不仅关心人口与经济的停滞，而且忧虑人口和经济的减退。

高位静止阶段大致包括中世纪及以前的漫长时期，人口增长极为缓慢；早期扩展阶段则发生在西欧各国产业革命之后，制约死亡率的因素逐渐被消除或减轻，死亡率开始下降而出生率变动不大，使人口加速增长；在后期扩展阶段，社会的发展使死亡率进一步降低，而出生率的下降与第二阶段的死亡率下降相比经历了 50 年的时滞；低位静止阶段发生在经济高度发达的现代社会，出生率和死亡率都下降至较低水平并达到均衡，使人口趋于静止。以上四阶段是被认同的，而第五阶段的划分则存在争议，主要是缘于这种现象仅在少数发达国家出现而且未必构成长期趋势（这一现象只有德国、意大利、俄罗斯、保加利亚以及罗马尼亚等少数欧洲国家出现过，其幅度较小，可以忽略）。有的学者认为可能在一定时期后出生率又超过死亡率，所以也可把它看作低位静止阶段的延续或波动。

2. 寇尔－胡佛的五阶段模型

美国学者寇尔（A. J. Coale）、胡佛（E. M. Hoover）1958 年在美国普林斯顿大学出版社出版专著《低收入国家的人口增长与经济发展：基于印度的个案研究》（*Population Growth and Economic Development in Low-income Countries: A Case Study of India*），在该书中他们提出了人口转变的五阶段/五类型模型。

阶段 A，原始静止（Primitive Stationary），代表出生率高并且死亡率也高的那些国家和地区，工业革命以前的欧洲处于这个阶段，除非洲撒哈拉地区的一些国家外，现在世界上已经没有还处在这个阶段的国家了。

阶段 B，前现代阶段（Premodern），代表出生率稳定在高水平而死亡率开始下降的那些国家和地区，除南非外，非洲其他国家都处于这个阶段，亚洲大部分国家（不包括日本）和中国不发达地区都处于这个阶段。

阶段 C，过渡阶段（Transitional），代表出生率高而死亡率低的那些国家和地区，例如，地处热带的拉丁美洲，由于高出生率和低死亡率，而成为世界上人口增长最快的地区之一。

阶段 D，现代阶段（Modern），代表出生率开始下降和低死亡率的国家和地区，例如，处于温带拉丁美洲的阿根廷、亚洲的韩国、中国的发达地区等。

阶段 E，现代静止（Modern Stationary），代表低出生率和低死亡率的国家和地区，如西欧各国和亚洲的日本等。

寇尔与胡佛实际上把人口发展的五个阶段，同世界各国或不同地区联系起来进行分析，以说明怎样加速世界的现代化进程，从而来解决人口问题。

六　人口转变论的理论局限

虽然世界上已经有相当数量的国家完成了人口转变，但是目前还没有一个理论框架可以涵盖转变完成以后的人口发展进程及其特征，人口转变论对于人口转变结束以后的人口发展形态并没有给出明确的论述（刘爽、卫银霞、任慧，2012）。从有关文献中，我们可以得到的印象是，出生率和死亡率在低水平上达到均衡时，或者说当人口再生产模式转变为"低出生率、低死亡率、低自然增长率"类型时，人口转变即完成。如果将这一论断引申一步，我们可以得到的结论是，出生率和死亡率在低水平上的均衡是人口转变完成以后的历史阶段的基本发展形态。但是人口转变论在以下几个方面仍然存在着局限。国际人口科学研究联盟（IUSSP）第 23 届人口会议是人口转变的专题会议，以人口转变的共同点和差异性为主题，H. 左纳卡提交的论文——《修正的人口转变论》对人口理论的适应性进行了深入的分析。他认为人口转变论的重要性在于提供理论分析框架，人口转变理论本身存在着不稳定性，它的理论包括动因机制都建立在归纳和推论西欧文化背景的基础上，有可能和现实生活不相符，其结论也缺乏足够的论据；此外人口转变论没有在欧洲扩展研究，在世界上其他地方的研究也缺乏实证分析予以证实，并且 H. 左纳卡认为人口转变理论分析的主要框架是生育 – 死亡框架，本质上是生物学的分析框架，而人类本质是社会经济和文化发展的产物，而且 H. 左纳卡认为生育率转变主要分析经济动因机制，难以解释经济规律支配以外的人口行为（陈卫、李敏，2010）。

中国的人口学者李竞能认为，人口转变论的理论重点在于人口转变过程，而对"后人口转变时期"的人口发展趋势及特点没有进行具体的阐述。首先，依据人口转变论，我们还不能确定一个人口在转变过程结束以后的具体发展走向。其次，人口转变论没有涉及人口转变过程与后人口转变时期的人口变动上的关系。世界上许多国家在后人口转变时期的发展特点表明，一个国家或地区的人口所经历的人口转变进程的特点与其后的发展状态之间存在着十分密切的联系。最后，人口转变论没有关注人口年龄结构变动对人口增长趋势影响的问题。无论是先发人口转变国家还是后发人口转变国家，人口老龄化程度都对人口增长变动具有越来越强的影响。由于人口转变论存在着的上述系列局限，当一个国家或地区的人口转变完成，也就意味着其后的人口发展走出了人口转变论的视野。这也就给人口学家提出了一个新的任务，即建立一个包括后人口转变阶段在内的人口长期发展理论。

七　后人口转变

学界对于后人口转变（the Post-demographic Transition，P-DT）概念最早由谁提出，尚无定论，但一般认为这在 20 世纪 80 年代就得以使用，Barkow J. H. 与 Burly N. 在 1980 年发表在《动物行动学和生物社会学》（*Ethology and Sociobiology*）第一期上的《生育、进化生物学和人口转变》（Human Fertility, Evolutionary Biology, and the Demographic Transition）一文使用了该概念，Leete R. 1987 年发表在 *Population Studies* 上的《东亚和东南亚的后人口转变：与欧洲的异同》（The Post-demographic Transition in East and South East Asia: Similarities and Contrasts with Europe）一文专门讨论了"后人口转变"问题（朱国宏，2001）。

所谓后人口转变，一般是指人口转变结束以后的人口发展时期。研究者提出这个概念旨在给这个新的人口发展阶段做出理论上的规范，并在此基础上构建后人口转变论，即一个视野更为广阔、涵容性更强的人口长期发展理论框架，将人口转变结束以后的人口发展时期作为关注的主要对象。后人口转变论的理论框架将有利于对这个在人类历史上最新的人口发展形态做出更系统的深入分析。图 8-1 所表示的是在人类历史上出现过、存在着和未来可能发生的人口发展形态。李建民（2000）把人类历史上的人口发展过程划分为三个时代，即前人口转变时代、人口转变时代和后人口转变时代。这种划分实际上是由人口转变论者做出的，只不过他们没有给出第三个阶段。

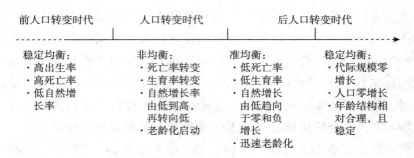

图 8-1　人口发展形态演变

后人口转变时代的历史起点正是人口转变时代的历史终点。现在世界上已有相当数量的国家（包括中国在内）已经进入了人口发展的第三时代，即后人口转变时代。在我们的理论视野里，可以看到或推断出后人口转变时代的两个阶段。

1. 准均衡阶段

这个阶段是后人口转变时代的第一个阶段，人口发展处于死亡率和生育率低水平的均衡。但由于人口增长要素变动影响的长期性、延时性和累积效应，这种随着人口转变结束而到来的均衡并非稳定，在这个阶段的人口发展仍然具有十分明显的非均衡特征，主要表现在两个方面：一是人口增长出现了低增长、零增长和负增长三种状态，总体趋向仍不稳定；二是人口年龄结构的迅速老化。而且，人口转变过程越短，这个阶段的变化和波动就越剧烈。一般来说，处于这个阶段的人口都可能出现零增长，但是这种零增长并不稳定，由于生育率处于更替水平以下，所以人口不会稳定在零增长状态，而必然会滑向负增长。

2. 稳定均衡阶段

与原始的人口稳定均衡不同，后人口转变时代的人口稳定均衡是在低生育率和低死亡率水平上实现的静止状态。这种状态在人类历史上还没有真正出现，这只是笔者的一种推论，目的在于推断人口发展的理想状态。这种推断基于两个基本前提：第一，从长期发展来看，一个人口的生育率不能永远保持在更替水平之上，否则就会导致人口增长危机；第二，从长期发展来看，一个人口不可能永远使生育率处于更替水平以下，否则就会导致种族的消亡。那么理想的人口稳定均衡状态到底是什么？在本书梳理的人口理论文献中，我们可以看到三种基本理论，即适度人口理论、稳定人口理论和零增长理论。适度人口理论力图确定在特定条件和特定目标前提下的最佳人口规模，稳定人口理论提出了实现稳定或静止人口状态的条件，而零增长理论则把零增长定为人口发展的目标。但是当我们在这三种理论的基础上确定理想人口稳定均衡状态时会遇到以下矛盾。

矛盾之一：实现了适度规模的人口不一定稳定，而稳定人口或静止人口状态下的规模可能是人口不足，也可能是人口过剩；矛盾之二：规模的适度和规模的稳定或静止也不意味着人口年龄结构合理；矛盾之三：人口零增长既可以在人口不足状态下出现，也可以在人口过剩条件下出现，即使是在适度人口规模上实现了零增长，仍然可能出现年龄结构严重不合理的情况。

因此，人口长期发展目标应该考虑到规模的适度性、结构的合理性和均衡的稳定性。因此，有研究者提出了一个"最优人口假说"，即人口发展的理想状态是在更替生育率水平条件下实现人口规模和年龄结构的稳定或静止状态。换言之，后人口转变时代的人口稳定均衡有两个最基本的条件：代际规模的零增长和人口规模的零增长。只有在这种稳定均衡条件下，一个人口才能真正实现适度人口规模与合理年龄结构的统一，或可称其为最优人口。这种均衡状态的实现将是一个漫长的历史过程，但它可能是人口发展的最终趋向。应该强调，后人口转变时代的人口稳定均衡条件下出现的人口零增长与准均衡条件下出现的人口零增长在性质上有所不同。后者是在生育率低于更替水平的条件下出现的，但是这种条件下的零增长并不稳定，这一方面是因为低于更替水平的生育率最终会导致人口的负增长，另一方面是因为一个国家或民族的人口也不可能永远将生育率压在更替水平以下。只有在更替生育率水平条件下实现的人口零增长才是一种稳定的人口零增长。

八 世界人口格局中的中国人口转变

中国作为世界的人口大国，其人口的变化与世界人口变化同步，特别是与欠发达国家人口变化同步，其人口转变也始于20世纪50年代初期。中国人口学界一直认为20世纪的下半叶，由于死亡率的快速下降，中国人口在50年代和60年代经历了一个快速的增长期，而70年代后，生育率水平开始大幅下降，并且在80年代维持并巩固了这个低生育水平，到90年代以后，出生率更是进一步降低到更替水平以下（赵时亮，2001）。然而中国人口变化和转变又与众不同，无论是出生率还是死亡率的变化速度和幅度都快于世界上其他绝大多数国家，特别是发展中国家的人口大国（如亚洲的印度、印度尼西亚等）。中国作为发展中国家，20世纪50年代初期的人口出生率和死亡率与其他欠发达国家和地区（不含中国）的出生率和死亡率是在同一个水平上，出生率为44‰，死亡率为25‰，半个世纪之后，中国人口的出生率和死亡率分别降至16.2‰和6.9‰，而不含中国的其他发展中国家的这两项指标分别是28.1‰和9.2‰，最不发达国家和地区分别是38.5‰和14.5‰，这足见中国人口变化与其他发展中国家之不同。正因为如此，中国人口的变化极大地影响了整个发展中国家和地区的人口变化，从而影响了世界人口的变化与走向。事实上，由于中国人口出生率自20世纪70年代以来的迅速下降，直接使整个发展中国家人口的出生率下降了3～4个千分点；由于死亡率的迅速下降，使整个发展中国家的死亡率下降了1～2个千分点（20世纪70～90年代）。20世纪后半叶特别是后30年，中国人口的变化对世界人口发展产生了积极的影响。中国人口规模由1950年的5亿多增加到今约13.7亿，增加了1.3倍，高于发达国家，低于其他发展中国家，由此中国人口在世界人口中的比重也由1950年的22.02%下降到21.11%，占发展中国家总人口的比重则由32.47%下降到26.26%。

表 8 – 5　2012 年中国各地区人口自然变动情况

单位：万人，‰

地区	2012 年末总人口数	出生率	死亡率	自然增长率
全国	135404	12.10	7.15	4.95

地区	2012 年末总人口数	出生率	死亡率	自然增长率
北京	2069	9.05	4.31	4.74
天津	1413	8.75	6.12	2.63
河北	7288	12.88	6.41	6.47
山西	3611	10.70	5.83	4.87
内蒙古	2490	9.17	5.52	3.65
辽宁	4389	6.15	6.54	-0.39
吉林	2750	5.73	5.37	0.36
黑龙江	3834	7.30	6.03	1.27
上海	2380	9.56	5.36	4.20
江苏	7920	9.44	6.99	2.45
浙江	5477	10.12	5.52	4.60
安徽	5988	13.00	6.14	6.86
福建	3748	12.74	5.73	7.01
江西	4504	13.46	6.14	7.32
山东	9685	11.90	6.95	4.95
河南	9406	11.87	6.71	5.16
湖北	5779	11.00	6.12	4.88
湖南	6639	13.58	7.01	6.57
广东	10594	11.60	4.65	6.95
广西	4682	14.20	6.31	7.89
海南	887	14.66	5.81	8.85
重庆	2945	10.86	6.86	4.00
四川	8076	9.89	6.92	2.97
贵州	3484	13.27	6.96	6.31
云南	4659	12.63	6.41	6.22
西藏	308	15.48	5.21	10.27
陕西	3753	10.12	6.24	3.88
甘肃	2578	12.11	6.05	6.06
青海	573	14.30	6.06	8.24
宁夏	647	13.26	4.33	8.93
新疆	2233	15.32	4.48	10.84

资料来源：国家统计局，《中国统计年鉴 2013》。

知识卡片：从"人口转变论"的创造到对"适度人口论"的宣扬
　　　　　——人口学家兰德里的故事

　　A. 兰德里（Adolphe Landry，1874～1956），法国著名人口学家，生于科西嘉岛的阿雅克修，卒于巴黎。曾任教授、议员，并出任过政府部长。起初研究经济学，后转向研究人口学。代表作有：《人口革命》（1934）和与 A. 索维等合著的《人口学概论》（1949）。兰德里对人口学科的分类做了明确的规定，他将人口学分为三个分科：历史（事实的认识）、理论（事实的说明）、政策（以人口事实的价值判断为基础设定理）。这对第二次世界大战后法国人口学界致力于"综合人口学"的研究起了重要作用。他还从人口现象的量和质的观点出发，把人口学分为量的人口学和质的人口学。前者以人口变动及其原因作为研究对象，后者以人类生理的、智能的、伦理的、优生学的素质作为研究对象。当然了，兰德里在人口学界最大的贡献正是本章正文中所提到的，他在人口学中最先提出了人口转变论，并因此成名。

　　然而在人口学界有一长期以来争议不断的理论，即适度人口论（Theory of Optimum Population），兰德里因为对其的吹捧与宣扬而在学界得到了诸多批评的声音。实际上，适度人口论是探讨一个国家在现有的资源、科学技术水平下最适宜的人口规模的学说。有时称为"适中人口论"或"最优人口论"，它最初探讨最适宜的人口数量，后扩展到探讨最适当的人口密度和人口素质。适度人口思想起源很早，古希腊哲学家柏拉图和中国春秋时代孔子的论著中都有这方面思想的萌芽。但作为一种独立的人口理论，其正式形成于 20 世纪初期，即自由资本主义过渡到垄断资本主义时代。当时由于资本主义国家人口的出生率和自然增长率趋于下降，人们担心未来劳动力和兵源不足，一些人口学者感到"人口不足"和"人口过剩"都不是理想的人口状态，因而寻求"适度人口"。"适度人口"理论的奠基者是英国经济学家 E. 坎南。1888 年，他在《初等政治经济学》中认为"适度人口"是处于"最大收益点"的人口规模。最初确定"适度人口"概念的人是瑞典经济学家 K. 维克塞尔，他在《论适度人口》中认为，任何一个国家都应当有其适度的人口规模、合适的人口密度，绝不能使人口规模超过该国的农业资源及它所能提供食物的综合能力，一国的人口增长应与它的技术进步和经济发展相适应。他强调指出，一国最适度的人口应当是它的工农业潜力所许可的、最大生产率所能容纳的人口。美国人口学家 A. M. 桑德斯于 1922 年发展了坎南的观点，他在《人口问题》中更具体地表述了"适度人口"，认为人口的适度规模是在既定的自然环境、已经采用的技术水平、民众的风俗习惯和其他各种有关因素发生作用的条件下，一国能够"提供按人均的最大收益"的人口数量。后来他又提出"适度的人口密度"，即在资源既定的条件下能使居民获得最高生活水平的人口密度。

20 世纪 20～30 年代，适度人口论得到西方许多人口学者的赞同。1927 年在日内瓦召开的第一次国际人口学会议和 1937 年的巴黎国际人口学会议上，适度人口论占据了支配地位。当时的 A. 兰德里就极力宣称"适度人口"是"能保人种的最大幸福的人口"。然而后来的诸多学者，包括以美国的里宾斯坦为代表的一些人口学者多次对适度人口的精确计算做了尝试，但他们都以失败而告终。学界也对于"适度人口论"是否为伪命题争议不断。

第九章　人口迁移流动

对于个人而言，在单一的时间的维度上，出生与死亡都是必然经历的，因此自然有了上一章所讲述的由出生、死亡决定的人口不断更替的过程，即人口再生产。而在空间及时间共同的维度下，对于个人而言，迁移流动并非必然经历，但是对于一个人口（人群）来说，其迁移流动自古以来时刻都在进行着。人口迁移实实在在是一种复杂多样的人文现象，对社会发展及人们的社会生活有着广泛并多样的影响，截至目前，学术界从人口学、经济学、社会学、地理学等学科的角度对人口迁移的成因、机制乃至运动规律做了系列的研究与讨论。本章立足于学界的前期研究成果，首先界定人口迁移的概念及其测度的指标；然后从理论层面介绍与人口迁移有关的理论和模型；最后集中阐释中国人口迁移流动的特征及与其有关的多元化政策内容。

第一节　国内人口迁移的概念与测度

一　人口迁移

1. 相关概念

（1）人口迁移

出生和死亡构成了人口的自然变动，人口迁移则构成了人口的机械变动。随着社会经济发展，人口迁移流动越来越频繁，它对人口变动的影响越来越大，有些地区或城市，人口迁移亦然成了人口变动的主要成分。人口迁移涉及时间和空间的变动，学术界对人口迁移的界定也略有不同。联合国《多种语言人口学辞典》对人口迁移的界定为："人口迁移是指人口在两个地区之间的地理流动或者空间流动，这种流动通常会涉及永久性居住地由迁出地到迁入地的变化，这种迁移被称为永久性迁移，它不同于其它形式的、不涉及永久性居住地变化的人口移动。"从该概念中我们可以看出，人口迁移涉及时间和距离两个方面。首先，人口迁移的时间性是强调人口迁移必须是居住地发生"永久性"变化的运动，这使人口迁移与其他形式的人口移动等加以区分。例如，每天往返于工作地与居住地的人员、外出旅游人员等，他们虽然发生移动，但是时间都是短暂的，不足以对社会、经济带来影响，当然就不属于人口迁移研究范围。其次，人口迁移必须是永久性居住地的改变要超过"一定距离"，当超过一定距离时，外界环境对迁移者的影响才会发生很大的变化，如此对研究它们之间的关系才有意义。[①] 例如，某家庭从一个居民区搬到另一个居民区，尽管居住地发生永久性变化，但其周边环境没有明显变化，对社会经济发展也没有影响。如此的"迁移"也就没有了研究的意义。

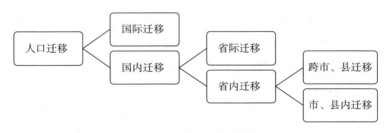

图 9 - 1　人口迁移的主要类型

资料来源：张善余，1999：264。

人口迁移是人口从某一地到另一地的变动。对于输出地而言是人口迁出，对于输入地而言是人口迁入。人口迁出则意味着人口机械减少，而人口迁入意味着人口机械增加。前面提到，人口迁移涉及"居住地改变的距离"，如果跨越国界，我们称之为国际人口迁移，国际迁入与国际迁出都称为国际迁移。人口迁移的主要类型如图 9 - 1 所示。

---

① 实际上，虽然拉丁文"迁移"（Migrate）一词有改变住所的意思，但是其更为准确的含义是改变某人所在的社区。那么按照人口地理学家张善余教授的解释，这里的"社区"一般被设定为某一具有明确地理界线的行政区域/国家，或是国内的省、市、县、镇、乡，相应的迁移即为国际迁移、省际迁移或省内迁移（张善余，2013：264）。

（2）迁移者

我们将发生人口迁移的人口称为迁移者。人口迁移与迁移者是活动过程与活动实施者的关系，二者不能混为一谈。从统计数量看，二者也不是完全相等的，有些人可能发生多次迁移，那么对此而言，从迁移者角度看，只有一个迁移者，而从迁移活动角度看，则是多次迁移活动。在人口调查或相关调查中，我们通常能获取的是迁移者信息，而不是人口迁移活动的信息。并且不同的度量方法，获取的资料也不同，对此本章在后面的部分会进行详细解释。

（3）迁入地与迁出地

人口迁移必然涉及居住地的改变，迁移活动的起始点成为迁出地，也成为出发地，而迁移活动的终点则成为迁入地，也成为目的地。每一次人口迁移活动，对于迁出地来说，是人口迁出，意味着人口机械减少；对于迁入地而言则是人口迁入，意味着人口机械增加。对于一次迁移活动来说，迁入地和迁出地只有一个，但对于某个地区来说，既可以是迁出者的迁出地，也可以是迁入者的迁入地。例如，某人从四川迁入北京，北京是这次迁移活动的迁入地，四川是迁出地。同时，又有人从北京迁入上海，则北京又成为迁出地，上海成为迁入地。

（4）总迁移与净迁移

对于某个国家或地区，既有人口迁入又有人口迁出，我们将人口迁入与人口迁出求和就称为人口总迁移，而将人口迁入与人口迁出求差则称为净迁移。当某地区人口迁入大于人口迁出时，净迁移大于 0，称为净迁入；当人口迁入小于人口迁出时，净迁移则小于 0，称为人口净迁出。

2. 人口迁移资料统计

（1）人口普查与抽样调查

统计数据是开展人口迁移研究的基础，人口普查与抽样调查是相对权威的全国层面的数据来源。[①] 中国从第三次全国人口普查开始涉及人口流动的相关问题，1990 年进行的第四次全国人口普查，第一次正式列入了

---

① 基于我国一般将人口迁移分为户籍迁移和非户籍迁移两大类，因此相关的迁移统计数据也有两套。在《中国统计年鉴》《中国人口统计年鉴》及公安机关的统计中记录的通常是户籍迁移人口，非户籍迁移的数据则主要在公安机关和各种人口普查的统计资料中得到。

人口迁移的统计项目，2000 年的第五次全国人口普查继续了第四次普查对人口迁移的调查，只是在项目设置上更加细化。不仅可以得到省际迁移人口的资料，同时也可以对迁移人口在省、市、县内部迁移的流量和流向情况有较全面的把握。此外，在第三、四、五、六次全国性人口普查之间的 1987 年、1995 年、2005 年，全国人口普查办公室各进行了一次 1% 人口抽样调查，内容涉及了人口迁移的某些项目，并且调查的对象期间从调查时点倒推 5 年，所以我们可以获得 1982～2010 年人口迁移的基本数据。中国人民大学人口学系段成荣教授、同济大学城市规划系王德教授曾在以往研究中对 1982 年的"三普"到 2005 年的 1% 人口抽样调查的几次普查与"小普查"中对流动人口的调查口径进行了详细的分析。他们指出在1982 年的"三普"中，流动人口是指户口登记状况为"常住本地一年以上，户口在外地"（本地指本县，外地指本县以外地区，1987 年抽样调查亦如此），以及"人住本地不满一年，离开户口登记地一年以上"的两类人，在这样的统计口径之下，流动人口规模为 657 万人。

在 1987 年 1% 抽样调查中，有关流动人口的调查项目包括在本地居住时间、最后一次从何地迁来（本地）、迁移原因，这可用于分析 20 世纪80 年代前半期我国人口迁移和流动的规模、流向和原因等。其中流动人口指户口登记状况为"户口在外地"的人，规模为 1810 万人。

在 1990 年的"四普"中，调查流动人口的项目有 1985 年 7 月 1 日常住地状况、迁移原因两项，这可为研究 1985 年至 1990 年中国人口迁移的规模、方向、原因等提供信息。其中流动人口指户口登记状况"常住本县、市一年以上，户口在外县、市"及"人住本县、市不满一年，离开户口登记地一年以上"的两类人，在这样的统计口径之下，流动人口规模为 2135 万人。

在 1995 年 1% 人口抽样调查中，调查项目包括何时何地来调查点居住、迁出地，以及 1990 年 10 月 1 日的常住地，这也为研究 1990 年至1995 年中国人口迁移的规模、方向等提供了很好的数据。其中流动人口指户口登记状况"常住本乡、镇、街道半年以上，户口在外乡、镇和街道"和"在本乡、镇、街道居住不满半年，离开户口所在地半年以上"的两类人，在这样的统计口径之下，流动人口规模为 7073 万人。

在 2000 年的"五普"中，调查项目的相关信息中包括本户籍人口中外出人数、本户外来人口人数两项，个人信息中包括出生地、迁移原因、何时及何地迁入调查点以及五年前的常住地等几项，这为我们综合分析中国人口迁移和流动情况，特别是20世纪90年代人口迁移和流动情况提供了很好的信息。其中流动人口指户口登记状况"居住本乡镇街道半年以上，户口在外乡镇街道"以及"在本乡镇街道居住不满半年，离开户口登记地半年以上"的两类人，并剔除了其中的市内人户分离人口，在这样的统计口径之下，流动人口规模为10229万人。

在2005年1%人口抽样调查中，有关流动人口的调查项目更是丰富，在2000年有关流动人口项目的基础上再增加离开户籍登记地的时间和一年前的常住地两项，可谓信息全面。其中流动人口是指"调查时点居住地"在本调查小区，但"户口登记地情况"为本乡（镇、街道）以外的人口，同时剔除了市内人户分离人口，在这样的统计口径之下，流动人口规模为14735万人。

在2010年的"六普"中，总体来看，减少了"暂住人口登记表"，采用"见人就登"的原则，按照"现住地"和"户籍地"原则进行登记，每个人必须在现住地进行登记，普查对象不在户口登记地居住的，户口登记地要登记相应信息（《第六次全国人口普查方案》）。这样，流动人口在流入地和流出地均需要登记。从流动人口的登记内容来看，短表中增加了"普查时点居住地""离开户口登记地时间""离开户口登记地原因"三项内容。从长表的差异来看，两次普查对于流动时间的询问也有所不同，第五次人口普查询问的是"何时来本乡镇居住"，而第六次人口普查则是询问"离开户口登记地时间"，前者提供的是最近一次流动的信息，后者则是第一次流动的信息。此次人口普查对流动人口的口径为"居住地与户口登记地所在的乡（镇、街道）不一致且离开户口登记地半年以上的人口"，其规模为261386075人，并且对市辖区内人户分离的人口进行了甄别，即"一个直辖市或地级市所辖的区内和区与区之间，居住地和户口登记地不在同一乡镇街道的人口"，规模达39959423人（见表9-1、表9-2）。

（2）其他相关调查

除了人口普查与1%人口抽样调查之外，国家及各高校科研机构等也针对不同主题进行了相关的流动人口调查。早在1986年中国社科院在全

表9-1 中国人口普查及1%人口抽样调查有关迁移项目的统计口径及内容汇总

统计口径	1982年人口普查	1987年1%人口抽样调查	1990年人口普查	1995年1%人口抽样调查	2000年人口普查	2005年1%人口抽样调查	2010年人口普查
调查基准时间	1982年7月1日	1987年7月1日	1990年7月1日	1995年10月1日	2000年11月1日	2005年11月1日	2010年11月1日
迁移者定义	常住本地一年以上，户口在外地；人住本地不满一年，离开户口登记地一年以上	离开户口登记地乡（镇、街道）6个月以上	离开户口所在县市1年以上	离开户口登记地乡（镇、街道）7个月以上	离开户口登记地乡（镇、街道）6个月以上	"调查时点居住地"在本调查区，但"户口登记情况"为本乡（镇、街道）以外的人口	居住地与户口登记地所在的乡（镇、街道）不一致且离开户口登记地半年以上的人口
迁移者年龄	全迁移者	全迁移者	五岁以上	全迁移者	五岁以上	五岁以上	全迁移者
抽样范围	全部	1%人口	全部	1%人口	9.5%（长表填写人口）	1%人口	全部
迁入现住地时间	无须填写	需要填写	无须填写	需要填写	需要填写	需要填写	需要填写
迁移原因	无调查项目	有调查项目	有调查项目	无调查项目	有调查项目	有调查项目	有调查项目
迁移范围	无法确定	县内乡外、省内县外和省际迁移	省内县外和省际迁移	县内乡外、省内县外和省际迁移	县内乡外、省内、县外和省际迁移	县内乡外、省内县外和省际迁移	县内乡外、省内县外和省际迁移

资料来源：根据相关文献及历年人口普查表整理。

表 9 - 2　2010 年中国第六次人口普查表中涉及人口迁移的部分

每个人都填报						五周岁及以上的人填报
R6. 普查时点居住地	R7. 户口登记地	R8. 离开户口登记地时间	R9. 离开户口登记地原因	R10. 户口登记地类型	R12. 出生地	R13. 五年前常住地
1. 本普查小区 2. 本村（居）委会其他普查小区 3. 本乡（镇、街道）其他村（居）委会 4. 本县（市、区）其他乡（镇、街道） 5. 其他县（市、区） 6. 港澳台或国外 ＿＿省（区、市） ＿＿地（市） ＿＿县（市、区）	1. 本村（居）委会 2. 本乡（镇、街道）其他村（居）委会 3. 本县（市、区）其他乡（镇、街道） 4. 其他县（市、区） 5. 户口待定	1. 没有离开户口登记地→R12 2. 半年以下 3. 半年至一年 4. 一至二年 5. 二至三年 6. 三至四年 7. 四至五年 8. 五至六年 9. 六年以上	1. 务工经商 2. 工作调动 3. 学习培训 4. 随迁家属 5. 投亲靠友 6. 拆迁搬家 7. 寄挂户口 8. 婚姻嫁娶 9. 其他	1. 乡 2. 镇的居委会 3. 镇的村委会 4. 街道	1. 本县市区 2. 本省其他县市区 3. 省外 ＿＿省	2005 年 11 月 1 日常住地: 1. 省内 2. 省外 ＿＿省

资料来源: 摘编自 2010 年中国第六次人口普查表及张善余，1999: 265。

国 16 个省、自治区、直辖市中选取 74 个城镇进行了人口迁移调查，调查内容涉及迁移人口的性别、年龄、受教育水平、婚姻状况特征、人口迁移与生育、人口迁移与就业、人口迁移与城市化的关系等，其主要目的是分析新中国成立初期至 20 世纪 80 年代中期我国城镇人口的迁移状况（段成荣等，2002）。

原国家计生委在 1988 年 7 月组织的全国 2‰生育节育抽样调查中第一次提供被调查者"出生地"信息，并询问"来本样本点（调查登记地）的原因""最后一次来样本点的年月"，跨省迁移者"最后一次省际移动的原因""最后一次来样本点的原因"等与人口流动相关的问题。李梦花（1993）分析该数据发现，其中有 902155 人有迁移史，占样本总量的41.92%，由此推断全国有迁移史的人为 45510 万人；省际迁移有 146903人，占样本总量的 16.28%，由此推断全国省际迁移人口为 7410 万人。而且，中国政府为掌握中国流动人口数量、分布及流动迁移等情况，经由原国家计生委及后来的国家卫计委流动人口服务管理司决定自 2009 年开始，每年在全国范围内组织流动人口动态监测调查（近几年来进行并持续开展的"流动人口动态监测调查"是全国范围的、持续性的相关调查），并且每年会根据最新的调查数据出版《中国流动人口发展报告》系列丛书。关于该数据的更多信息及申请试用的事项，读者可以参见"流动人口动态监测调查"官方网站：http://www. ldrk. net. cn。

另外，南京大学、中国人民大学、北京大学、中国社科院等高校及研究机构针对流动人口的特别或专项调查也非常多，比如笔者所在的南京大学社会学院的刘林平教授长期致力于农民工研究，他利用他本人主持的几次教育部重大攻关课题，取得了几期专项调查数据，并在《中国社会科学》《社会学研究》《中国工业经济》等权威期刊陆续发表了相关研究成果，读者可以通过论文及相关网站进行查阅获取关于农民工研究的有用的及感兴趣的内容。另外值得一提的是，针对新生代流动人口这一逐渐成长起来的特殊群体，中国人民大学自 2010 年以来持续开展了"新生代外出务工经商人员生活状况综合调查"，此调查是借助中国人民大学学生利用寒假时间进行的相关调查，这为研究新生代农民工提供了较为权威的且持续性的调研数据，感兴趣的读者可以自行联系中国人民大学相关机构。

（3）流动人口登记系统

2008 年，原国家计生委成立了流动人口服务与管理司，各个地方政府也逐渐成立了流动人口管理办公室对流动人口进行信息登记及管理。目前的流动人口管理信息平台是很好的流动人口信息平台，其包括了流动人口的基本信息（性别、年龄、户口、文化程度、婚姻状况、政治面貌）、居住状况（现住地、户籍地、居住方式）、工作状况、生育状况等大量信息，而且是动态的信息平台，如此就为分析流动人口的变动及特征等提供了很好的数据支撑。

二　人口迁移度量

1. 出生地法

（1）迁移者与非迁移者

与人口迁移有关的调查中，"出生地"是最广泛使用的一个问题。只要询问访谈对象"你是在什么地方出生的？"这样一个问题，就可以得到非常重要的信息，即根据访谈对象的出生地与调查登记地的异同判断其是迁移者还是非迁移者。如果出生地与调查登记地相同，调查对象就是非迁移者；如果出生地与调查登记地不同，调查对象就是迁移者。出生地法不能提供迁移的准确时间，因而将这类迁移者称为"终身迁移者"，相应的人口迁移称为"终身人口迁移"。后面将要讲到的居留时间法和普查前某一时刻居住地法均能够提供迁移的确切时间，因而将根据这些方法判断的迁移者称为"时期迁移者"。不同方法判断的迁移者有很大的差异，读者在使用时应十分注意。

在分析中，我们一般采用出生地与调查登记地交叉分类的方式，分析一个地区的人口迁移方向与规模。假如一个国家由 4 个地区构成，通过对调查资料的整理，我们可以得到出生地与调查登记地的交叉分类表（见表 9 - 3）。

表 9 - 3　某国出生地与调查登记地交叉分类情况

出生地	普查登记地				迁出合计
	A	B	C	D	
A	AA	AB	AC	AD	AB + AC + AD
B	BA	BB	BC	BD	BA + BC + BD
C	CA	CB	CC	CD	CA + CB + CD

出生地	普查登记地				迁出合计
	A	B	C	D	
D	DA	DB	DC	DD	DA + DB + DC
迁入合计	BA + CA + DA	AB + CB + DB	AC + BC + DC	AD + BD + CD	

资料来源：段成荣，1998：99。

从表9-3中我们可以清晰地看到各地区的非迁移者与迁移者、迁入者与迁出者，以及迁入者的来源及迁出者的去向。对角线的数据就是非迁移者，即 AA、BB、CC、DD 分别是 A、B、C、D 四个地区的非迁移者。其他数据则是迁移者。以 A 地区为例，从 B 地区迁入 BA 人，从 C、D 地区分别迁入 CA 人和 DA 人，A 地区迁入者共为 BA + CA + DA 人。同时，由 A 地区迁往 B 地区 AB 人，迁往 C、D 地区分别为 AC 人和 AD 人，A 地区迁出者共为 AB + AC + AD 人。同时，我们还可以计算，A 地区总迁移人口数为（BA + CA + DA）+（AB + AC + AD）人，A 地区净迁移人口数为（BA + CA + DA）-（AB + AC + AD）人。

（2）出生地法的优点与不足

出生地法的询问非常简单，一个问题就可以得到调查者所需的所有答案。而且询问出生地易于让被调查者理解、回忆与回答，一般不会出错，较为准确、可靠。当然，出生地法尽管询问简单，但是也存在很多不足。

第一，正如前面提到的，出生地法不能提供人口迁移的准确时间。例如，同样从四川迁入北京的两个迁移者，甲是在 10 年前迁入北京的，而乙则是调查前 1 个月刚刚迁入北京。根据出生地法判断，甲、乙均是迁移者，但是两者对四川、北京两地的影响以及自身的变化都有很大的差异，而这些仅利用出生地法是无法判断的。

第二，出生地法只根据调查时出生地与调查登记地的异同判断是否迁移，而忽略了回迁人口及中间迁移过程。有时候，有些人曾经离开过出生地迁往另一地区，但在调查前又回迁到了出生地，这种回迁人口在出生地调查法中是无法判断的。此外，出生地法假定迁移者从出生地一次性迁入调查登记地，而有些迁移者在迁往调查登记地前曾经迁往过其他地区，这些在出生地法中均无法反映。

第三，尽管出生地便于回忆与回答，但是可能存在被调查者故意误报自己出生地的现象。例如，有些人不希望别人知道自己来自偏远地区，就会故意申报自己来自某发达地区，或有的不愿申报自己是农村的，而误报自城市。

第四，行政区划的改变有可能导致出生地法判断迁移者与非迁移者时出现错误，尤其是被调查者不了解行政区划改变时。

可见，尽管出生地法简单易懂、便于询问，但是存在不少局限。在实际中，我们往往将出生地法与其他方法结合使用，例如与居留时间法相结合等，这样就可以更好地分析人口迁移了。

2. 前居住地法

（1）迁移者与非迁移者

前述的出生地法假定迁移者出生后一次性迁移到调查登记地，而忽略了中间迁移过程，因而不能提供迁移者的最后一次迁移活动。为了了解迁移者迁入普查登记地之前的最后一次迁移情况，调查中有必要增加询问"前居住地"信息。在调查中，我们一般会询问调查对象"你前一次居住地在哪里？"或"你是从哪里迁到这儿的？"如果前居住地与现居住地（调查登记地）相同，那么调查对象为非迁移者。如果前居住地与现住地（调查登记地）不同，则调查对象为迁移者。从定义来看，非迁移者是从未离开过出生地的人；而迁移者包括所有曾经离开过出生地的人，既包括出生地法判断的迁移者（即终身迁移者），也包括出生地法忽略掉的"回迁者"。可见，与出生地法相比，前居住地法更好地反映了人口迁移情况。

与出生地法类似，对前居住地与调查登记地进行交叉分类，可以分析一个地区的迁入者、迁出者、净迁移人口及迁移的方向等。仍以前面例子为例，假如一个国家由4个地区构成，通过对调查资料的整理，就能得到前居住地与调查登记地的交叉分类表（见表9-4）。

表 9-4　某国前居住地与调查登记地交叉分类情况

前居住地	普查登记地				迁出合计
	A	B	C	D	
A	AA	AB	AC	AD	AB + AC + AD
B	BA	BB	BC	BD	BA + BC + BD
C	CA	CB	CC	CD	CA + CB + CD

前居住地	普查登记地				迁出合计
	A	B	C	D	
D	DA	DB	DC	DD	DA + DB + DC
迁入合计	BA + CA + DA	AB + CB + DB	AC + BC + DC	AD + BD + CD	

资料来源：段成荣，1998：114。

与出生地法一样，对角线的数据就是非迁移者，即 AA、BB、CC、DD 分别是 A、B、C、D 四个地区的非迁移者。其他数据则是迁移者。以 A 地区为例，从 B、C、D 地区分别迁入 BA 人、CA 人和 DA 人，A 地区迁入者共为 BA + CA + DA。由 A 地区迁往 B、C、D 地区分别为 AB 人、AC 人和 AD 人，A 地区迁出者共为 AB + AC + AD 人。同时，我们还可以计算，A 地区总迁移人口数为（BA + CA + DA）+（AB + AC + AD）人，A 地区净迁移人口数为（BA + CA + DA）-（AB + AC + AD）人。

前居住地法与出生地法从根本上讲是一致的，只是两者选择的参考时间不同。出生地法选择了固定的时间参考点，即出生时点；而前居住地法则选择了一个相对的时间参考点，即上一次迁移时点。如果一个人出生后只迁移过一次，那么前居住地法和出生地法得到的资料是一致的。但如果迁移过多次，尤其是发生回迁时，则两种方法判断的资料有较大差异。

（2）前居住地法的优点与不足

与出生地法相比，前居住地法的最大优点是，通过对迁移者上一个居住地与现居住地的比较，分析最近的一次人口迁移状况，更有利于分析近期的人口迁移状况与趋势，而且前居住地法可以反映回迁人口。但是，同出生地法一样，前居住地法同样不能反映迁移的时间信息，不论迁移是发生在 10 年内还是 1 个月内甚至几天内，在前居住地法与出生地法中都被同等视为迁移者。

3. 居留时间法

（1）迁移者与非迁移者

居留时间法也是获取人口迁移数据的一个有效方法，在调查中一般通过询问调查对象"你在这里居住了多长时间？"就可以得到相关信息。将居留时间与实际年龄相比较，就可以判断迁移者与非迁移者。如果居留时间等于实际年龄，则说明调查对象出生后一直在出生地，即非迁移者；如果居留时间小等于实际年龄，则说明调查对象没有始终在出生地居住，即为迁移者。表9-5所示为按照居留时间分类的人口数。

表9-5 某国按居留时间分类的人口数

居留时间	普查登记地			
	A	B	C	D
居留时间 = 实际年龄	AA	BB	CC	DD
居留时间 < 实际年龄	aa	bb	cc	dd
迁入人口	aa	bb	cc	dd

资料来源：田雪原，2004：183。

居留时间法判断的迁移者是所有发生过迁移的人，既包括出生地法判断的终身迁移者，也包括出生地法无法判断的回迁者。因而，居留时间法判断的迁移者人数往往大于出生地法判断的迁移者人数，当然，如果所有调查中均未发生过回迁，那么两种方法判断的迁移者人数是相等的，但是这种现象一般很少。

（2）居留时间法的优点与不足

与出生地法和前居住地法相比，居留时间法最大的优点是提供了迁移者最近一次迁移的发生时间。

首先，从表9-5中可以看出，如果仅使用居留时间法一项信息，并不能提供迁移者的迁出地信息，因而无法判断迁移者的迁移方向以及两个地区间的人口迁移信息。其次，居留时间法无法区分国际迁移与国内迁移。最后，居留时间法获取资料的准确性相对不高，不便于回答者回忆，尤其是回答者不了解家庭其他成员（儿媳妇、女婿等）的信息时，资料准确性不高，且数字偏好现象严重，回答者倾向于回答1年、5年、10年等。

因此在使用时，居留时间法一般与出生地法或者前居住地法结合使用，这样既可以提供迁出去信息，也可以反映迁移时间信息。例如，某调查对象出生地为四川，现住地（调查登记地）为北京，在北京居留时间为5年，这样我们就能较全面地掌握这位调查对象的迁移信息。对于所有调查对象，我们还可以分析，从四川迁往北京的迁移者中，有多少居留5年以上，有多少居留1~5年，有多少仅居留1年以下；同样还可以分析其他地区的迁移者信息，这样就可以分析不同地区在人口迁移中的作用。

4. 普查前某一时刻居住地法

（1）迁移者与非迁移者

在调查中我们还可以询问被调查者在调查前某一时刻居住在哪里，例如，2010 年第六次全国人口普查的长表中 R13 询问"2005 年 11 月 1 日常住地"。在这个问题中，迁移的时间间隔非常明确（5 年），一个人是否发生过迁移由其在 2005 年 11 月 1 日和 2010 年 11 月 1 日（普查时间）上的居住地的异同来判断。

根据这种方法，"迁移者"是在普查时的居住地和过去某一时刻居住地不同的人；"非迁移者"则是在这两个时刻居住地相同的人。

在收集"普查前某时刻的居住地"资料时，"迁移间隔"是关键问题，在普查及调查中用的最多的是 1 年和 5 年，而时间间隔的长短带来了人口迁移数据的差异。因而，我们在分析时需要明确注明时间间隔。

与居留时间法不同的是，普查前某一时刻居住地法有两个明显的特点：第一，普查前某一时刻居住地方法中，有明确的时间概念，判断的起点是"过去某一时刻的居住地"；第二，完全不予以考虑在"过去某一时刻的居住地"以前是否发生过迁移。在特定的条件下，即在"居留时间"的长度和"普查前某时刻"中的参照时间相同时，二者提供的人口迁移信息就有共同之处。例如，如果"普查前某时刻"被定义为普查前 5 年，而"居留时间"资料也按"5 年以内"进行汇总，则二者反馈的迁移信息除回迁者外，应完全相同。

（2）普查前某一时刻居住地法的优点与不足

普查前某一时刻居住地法的优点是普查前某一时刻居住地的资料简单且明确，许多人口学家认为，这些资料比出生地、前居住地等资料更为有效，特别是当出生地法、前居住地法不能与居留时间法结合使用时更是如此。

但普查前某一时刻居住地法也有一些不足。比如，其一，被调查者回忆"普查前某一时刻居住地"比回忆"前居住地"或"居留时间"更困难。其二，这一方法只能反映那些"在过去某一时刻已经存在，而且存活到普查时"的人的迁移情况，而有几种情况是不能得以反映的：第一类，在普查前已经死亡的迁移者；第二类，"普查前某一时刻"以后发生过迁移但在普查前又返回原地的人；第三类，在"普查前某一时刻"以后出生的人。

三 人口迁移指标分析

人口迁移率是在一定的时间间隔（通常为一年）内，某一人口中发生过迁移的人数占总人口的比例，或者迁移事件数占总人口的比重。

比如，对于某一个地区 i 而言，既有迁入人数也有迁出人口数，我们需要分别计算其迁入率、迁出率、净迁移率和总迁移率。

1. 迁入率

迁入地区 i 的人口占地区 i 总人口的比重称为迁入率。计算公式为：

$$m._i = \frac{M._i}{P_i} \times 100\% \tag{9-1}$$

其中，$m._i$ 为某时期内由各地区迁入地区 i 的人数之和；P_i 为地区 i 的总人数。

2. 迁出率

迁出地区 i 的人口占地区 i 总人口的比重称为迁入率。计算公式为：

$$m_{i.} = \frac{M_{i.}}{P_i} \times 100\% \tag{9-2}$$

其中，$M_{i.}$ 为某时期内由地区 i 迁到其他地区的人数之和。

3. 总迁移率

地区 i 的迁入率与迁出率之和为地区 i 的总迁移率。计算公式为：

$$m_{i,G} = \frac{M._i + M_{i.}}{P_i} \times 100\% \tag{9-3}$$

4. 净迁移率

地区 i 的迁入率与迁出率之差为地区 i 的净迁移率。计算公式为：

$$m_{i,N} = \frac{M._i - M_{i.}}{P_i} \times 100\% \tag{9-4}$$

第二节 国际人口迁移的概念与测度

一 国际人口迁移相关概念

国际人口迁移是指跨越国境的迁移，即指人们由"出生"所在的国家或者由现居住地国家迁移到另一个国家的人口的空间移动。与迁移人口的研究一样，在对国际人口迁移进行研究时需要时间和空间的限制，比如一些出国旅游、参观等短期的迁移我们不考虑在内，只考虑超过一定时间限度的"永久性"的人口空间移动，同时，空间的界定为"跨越国界"。因而，严格意义上讲，国际人口迁移是跨越国界的永久性的人口空间移动。进行国际迁移的人口成为国际迁移者，这些迁移人口对于迁出国来说是国际迁出者，对于迁入国来说是国际迁入者。国际迁移可以划分为不同类型，通常情况下分为永久性国际人口迁移、国际劳工迁移、国际难民迁移和非法国际人口迁移等。

1. 永久性国际人口迁移

永久性国际迁移者是指那些以改变国籍为目的的由一个国家迁移到另一个国家的人口，这就是通常意义上的国际移民（有时候简称"移民"）。永久性国际迁移人口的迁移行为被称为永久性国际人口迁移。

2. 国际劳工迁移

为了工作或者就业而由出生所在国家或居住国家迁移到其他国家的国际迁移者称为国际劳工迁移者，简称为国际劳工，他们的迁移行为被称为国际劳工迁移。不以改变国籍为迁移目的是国际劳工迁移的重要特点之一。感兴趣的读者可以登录国际劳工组织（International Labour Organization, ILO）的官方网站：http://www.ilo.org 查阅关于国际劳工的更多信息。

3. 国际难民迁移

1951 年，联合国的难民和无国籍人地位全权代表会议通过《国际难民公约》，在 1954 年 4 月 22 日生效。该公约指出，国际难民是指："由于担心因种族、民族、社会团体成员、政治观点等原因而受迫害，身处国籍所在国以外，不能或者由于上述担心而不愿意接受国籍所在国的保护的人。其受迫害的担心应是能够清楚地证明的。"

1969 年，非洲统一组织难民大会发表《非洲统一组织关于难民问题某些特定方面的公约》，对上述概念做了进一步的修正，提出了新的难民概念。难民是指"由于外部侵略、战略、外来统治，或者由于国际所在国的局部或者全局性严重影响公共秩序的事件的发生，而被迫离开其经常性居住国并到另一个国家寻求避难地位的人"。感兴趣的读者可以登录联合国难民署（the United Nations High Commissioner for Refugees, UNHCR）的官方网站：http://www.unhcr.org 查阅关于国际难民的更多信息。

4. 非法国际移民

非法国际移民主要是两方面的国际迁移人口，其一是没有取得相应的许可证或者授权即迁入他国从而违反了迁入国的法律、法规的人口；其二是凭短期签证或者旅游签证进入迁入国，在没有得到相应的授权而依旧在迁入国就业和长期居住的人。

二　国际人口迁移资料来源

海关与移民局的边境口岸记录、行政统计资料、专题调查资料等都是国际人口迁移资料的主要来源。

1. 边境口岸记录

边境口岸记录是以一个国家的边境口岸的出境和入境记录为依据的资料。这类资料相对容易得到，而且包括国际迁入人口和迁出人口的信息，而普查资料中只能反应国际迁入人口的信息，同时，边境口岸记录的信息是动态的信息。

2. 行政统计资料

从一些常规性行政统计资料中可以获得有关国际迁移人口尤其是国际迁入人口的信息，例如，终身迁入者登记资料、社会保险资料、劳动就业资料等。此外，外国人登记资料、护照登记资料、签证登记资料等也是为直接获取国际迁移人口的有关信息而设置的。

3. 专题调查资料

对于国际人口迁移，还可以从国际人口迁移的专题调查中获得相关资料，这些调查既可以单独进行，也可以作为对前两类资料的补充而进行，以便更深入、更广泛地开展研究。同时，人口普查中有关外籍人员的资料也可以用于分析国际人口迁移状况。

4. 国际组织发布的数据信息

某些国际组织，比如联合国经济和社会事务部的人口司（Population Division，Department of Economic and Social Affairs，UN）、国际移民组织（International Organization for Migration）、国际劳工组织（International Labour Organization）、国际经济合作组织（Organization for Economic Co-operation and Development，OECD）、世界银行（Word Bank）、亚洲开发银行（Asian Development Bank，ADB）、欧洲联盟统计局（Eurostat）等会不定期发布有关国际人口迁移的数据信息。

三　国际人口迁移估计方法

1. 国际人口迁移率

在分析国际人口迁移时，分析指标与前述的人口迁移的指标一致，计算方法也类似。主要包括国际人口迁入率、国际人口迁出率、净国际人口迁移率、总国际人口迁移率。

国际人口迁入率：

$$国际人口迁入率 = \frac{I}{P} \times 100\% \tag{9-5}$$

国际人口迁出率：

$$国际人口迁出率 = \frac{E}{P} \times 100\% \tag{9-6}$$

净国际人口迁移率：

$$净国际人口迁移率 = \frac{I-E}{P} \times 100\% \tag{9-7}$$

总国际人口迁移率：

$$总国际人口迁移率 = \frac{I+E}{P} \times 100\% \tag{9-8}$$

上述 4 个迁移指标计算公式中，I 和 E 分别表示一个国家的国际迁入人口和迁出人口，P 表示这个国家的期中人口数。

2. 国际人口迁移相对指标

（1）国际人口迁入迁出比

此指标一般用于反映一个国家的国际人口迁入和国际人口迁出的对比关系：

$$国际人口迁入迁出比 = \frac{I}{E} \tag{9-9}$$

（2）国际人口迁入/迁出在总国际人口迁移中的比例

此指标可以用来反映一个国家总国际人口迁移规模中，国际人口迁入/迁出所占的份额：

$$国际人口迁入在总国际人口迁移中的比例 = \frac{I}{I+E} \qquad (9-10)$$

$$国际人口迁出在总国际人口迁移中的比例 = \frac{E}{I+E} \qquad (9-11)$$

（3）国际人口迁移效率指标

这一指标是指一个国家的净国际迁移与其总国际迁移之比，可以用来反映这个国家在国际迁移交换过程中得到或者失去人口的相对比重。

$$国际人口迁移效率指标 = \frac{I-E}{I+E} \qquad (9-12)$$

四　国际人口迁移研究概述

自 20 世纪 90 年代以来，全球化浪潮呈加速趋势，随着人类社会真正进入全球化时代，国际人口迁移也持续增长并表现出新的特点，比如，研究指出，国家之间持续存在的收入差距是国际社会面临的最具压力性问题（Milanovic，2012）。联合国发布的《人类发展报告》和世界银行出版的《全球经济前景报告》都已经将国际人口迁移和发展置于重要议题，国际人口迁移愈益被视为缩小国家之间收入差距的一条重要途径。

山东师范大学人口、资源与环境学院教授张晓青等（2014）做了一个系统的研究，研究表明，从国际人口迁移数量（International Migrant Stock）来看，2013 年全球国际人口迁移数量达到 2.32 亿人，占全球人口总量的 3.2%，1.36 亿人迁入发达国家，0.96 亿人迁入发展中国家，1.64 亿人由发展中国家迁出，0.68 亿人由发达国家迁出；难民有 1570 万人，占国际人口迁移总量的 7%。发展中国家之间的"南－南"国际人口迁移占 36%，略微超过发展中国家向发达国家的"南－北"迁移比例（35%）；"北－北"迁移占 23%，"南－南"迁移占 6%。从各大洲看，2013 年欧洲迁入 7245 万人，继续成为最受欢迎的移民目的地，占全球国际人口迁移总量的 31.2%；其次是亚洲，移民总量达到 7085 万人，占 30.5%；北美洲居第三位，移民总量为 5310 万人，占 22.9%。从国家来看，2013 年向国外迁出人口数量最多的是印度，达到 1418 万人，迁出 500 万 ~ 1400 万人的有墨西哥、俄罗斯、中国、孟加拉国、巴基斯坦、乌克兰、菲律宾、阿富汗、英国等 9 国，上述 10 国合计迁出 8203 万人，占全球国际人口迁移总量的

35.4%。2013 年接收国际移民最多的是美国，达到 4578 万人，接收移民为 500 万～1200 万人的有俄罗斯、德国、沙特阿拉伯、阿联酋、英国、法国、加拿大、澳大利亚、西班牙、意大利、印度、乌克兰等 12 国，上述 13 国合计迁入 1.35 亿人，占全球国际人口迁移总量的 58.2%。可见，大量向海外移民的国家依旧以发展中国家为主，接受国际移民的仍然主要是发达国家和石油生产国。国际人口迁移的来源地和目的地继续显示出高度集聚性。关于国际人口迁移的主要特征的更多内容可以参见联合国经济社会事务部人口司 2013 年发布的《2013 年度国际人口迁移报告》(International Migration Report 2013)，下载的网址为：http://www.un.org/en/development/desa/population/publications。

截至目前，国内外的学术界对国际人口迁移的研究，概括起来主要集中在以下几个方面，国际人口迁移的全球趋势及问题 (OECD，2013；UN，2013)，国际人口迁移态势及其区域视角下的国际人口迁移模式、趋势及移民政策 (DeWaard，2013；张晓青、王雅丽、任嘉敏，2014)，国际人口迁移理论 (张晓青，2001)，国际人口迁移的经济和财政影响 (Cully，2012)，国际移民与公共政策的互动 (Urzúa，2000) 等。

第三节 人口迁移的原因与影响

一 人口迁移的原因

"人往高处走，水往低处流"很好地阐释了人口的迁移活动。所谓"高"正是迁出地与迁入地之间的差异，其差异正是人口迁移的原因，一般包括自然环境因素、社会因素、经济因素和个人因素等几个方面。

作为人类赖以生存的条件，自然环境对人口空间分布有很大的影响，同样影响人口的迁移。在自然环境中，气候、土壤、水、矿产资源等是最主要的因素。美国很多地方的老年人口退休后往南方的阳光地带迁移是气候影响人口迁移的很好例证；德国的鲁尔，美国的宾夕法尼亚，我国的攀枝花、大庆、大同等都是因为矿产资源的开发吸引大量人口的迁入而形成的。

社会发展对人口迁移的影响是多方面的，例如交通和通信事业的发展为人们了解外界、与外界的联系提供方便；又如教育事业的发展不仅影响人们对迁移的态度，而且影响人们对外部世界的适应能力，这都会对人口迁移的规模及水平产生一定的影响。社会因素对人口迁移的影响表现在多方面，从而造成不同形式的人口迁移。战争、政治变革、政策等带来的影响相对显著。

从经济方面来看，迁出地的推力（如，低收入、高失业率、过高的人口压力等）和迁入地的引力（如，就业机会多、较高收入、较好的公共设施〔教育、医疗、文化娱乐设施等〕）也是人口迁移的原因。

此外，个人的性别、年龄、教育水平和婚姻家庭等因素也影响人口的迁移。

二　人口迁移的影响

1. 对迁出地的影响

人口迁移对迁出地人口发展有一定的影响，主要包括人口总量、人口结构、人口自然增长等几个方面。首先，人口迁移会直接减少迁出地人口总量。如果一个地区长期保持人口向外迁出，那么这个地区的人口就会因为人口迁出而不断下降，或者在一定程度上抵消了人口自然变动带来的人口增加。其次，人口迁移会影响迁出地人口性别结构和年龄结构。由于迁移的选择性影响，通常情况下人口迁移多发生在青壮年身上，因而人口迁移使迁出地劳动年龄人口减少，从而带来人口年龄结构的老化。同样，当迁移人口的性别比偏高或偏低时，会对迁出地人口的性别结构造成影响。最后，人口迁移同时影响迁出地的人口自然增长。人口迁移通过对迁出地出生率和死亡率的影响而影响迁出地人口的自然增长率。人口的迁出带来迁出地人口结构老化，从而导致死亡率相对较高，同时年轻人口的流出带来出生率的减少。当然，如果某地区的迁出人口以老年人口为主，则人口迁移对迁出地人口自然增长影响的方向是相反的。此外，人口迁移对妇女的生育观念产生影响，从而影响到她们的生育行为（郭未、安素霞，2013）。

人口迁移对迁出地的社会经济有着积极和消极两方面的影响。从积极角度来看，人口迁移能缓解迁出地的人口压力和就业矛盾；人口迁移能够提高迁出地和迁移者家庭的收入水平；有助于迁出地科学技术人才的培养；而且，人口迁移加强了迁出地与外界社会的经济、技术、思想和文化联系，有利于迁出地的技术进步和思想观念建设。从消极方面而言，首先，迁移者主要是年轻力壮的青年人口，他们一般来说受教育水平相对较高，并且其科学技术素质也相对较高，这些人口的流出可能导致迁出地的人才流失；其次，人口迁移虽然为迁出地带来经济收入，但是也导致迁出地在消费方式上盲目模仿和攀比外部世界；最后，人口迁移还可能造成婚姻、家庭与社会的不稳定。

2. 对迁入地的影响

人口迁移对迁入地人口发展有一定的影响。首先，人口迁移直接增加迁入地的人口规模。其次，人口迁移对迁入地人口的性别和年龄结构也有一定的影响。与对迁出地的影响相反，人口迁移通常情况下带来迁入地人口的年轻化。而对迁入地性别结构的影响则视情况而定，例如，在矿山地区，由于迁入人口以男性为主从而提高了迁入地的性别比；在以轻工业（比如纺织业）为主的城市，迁入人口以女性为主从而降低了迁入地的性别比。最后，人口迁移对迁入地的出生率和死亡率也会产生一定的影响。迁移者中绝大部分是育龄人口，从而可能导致迁入地出生率的提高和死亡率的下降。当然，这也与迁入者的年龄结构和性别结构有关，如果迁移者中女性比例低则对出生率的影响就很小，如果是以老年人口迁入为主的地方，比如20世纪70年代以来美国的老年人倾向迁往美国南方的"阳光地带"生活，则会带来死亡率的提高（高胜恩、翟胜明，2000）。

人口迁移对迁入地的社会经济有积极和消极两方面的影响。从积极方面来看，首先，人口迁移为迁入地提供了大量廉价劳动力，缓解了迁入地部分行业的劳动力供求矛盾，促进了迁入地经济发展；其次，优化了迁入地的经济结构，特别是所有制结构；再次，促进了迁入地商业及第三产业等的发展，增加了其财政收入；最后，为迁入地与迁出地之间的文化交流创造了条件，推动城市文化向多元化方向发展。就消极影响方面而言，大量人口的流入，会增加迁入地的负担，尤其是当迁入地自身发展尚不充分的情况下。例如，对公共设施负担、城市管理难度、社会治安等方面，都会带来一定的挑战。

3. 对迁移者的影响

当迁移者为资源而迁移时，人口迁移往往给他们带来有利的影响。第一个有利影响是可以解决就业问题。以就业为目的的人口迁移是最主要的迁移模式，这种情况下，在迁出地没有就业机会或者得不到充分就业或者对当前就业不满的人，会寻求迁移，他们想通过迁移来获得一份适合自己的、满意的就业机会。

第二个有利影响是可以增加迁移者的收入。就业的目的是收入，增加收入是人们迁移的更深层次的目的，通过人口迁移，迁移者可以达到增加收入的目的。

第三个有利影响是可以提高迁移者的知识、技术等方面素质。有许多人口迁移本身就是为了获得知识和技术而进行的，其对迁移者获得知识和技术的作用是不言而喻的。即使不是以此为目的，迁移者在迁入地进入新的环境，接触到新的事物和不同的人，久而久之必然学到新的知识和技术。

第四个有利影响是在人口迁移过程中，迁移者还可能得到更多的符合个人兴趣、发挥个人特长以及改善人际关系的机会。

第四节　人口迁移模型与理论

一　模型与理论概述

人口迁移是一种复杂多样的人文现象，对社会生活具有广泛的影响。自19世纪晚期以来，国际学术界就从人口学、地理学、经济学、社会学等不同专业角度对其成因、机制及运作规律做了深入探讨，提出了诸多的有影响的模型和理论。其中经济学中关于迁移的理论模型较多，例如，经济增长理论模型、二元结构发展模型、比较静态模型、资本与劳动力流动理论模型等。而一般说来，人口迁移空间格局模拟研究经典模型可根据人口迁移研究理论基础的不同分为空间物理学模型、空间社会学模型和空间经济学模型三大类。

其中，人口迁移空间物理学模型是基于物理学中的万有引力定律的理论与方法而建立的人口迁移模型，它经历了一个由简单到复杂的演变过程；而与空间物理学模型以区域为对象研究人口迁移空间格局不同，空间社会学模型则是以迁移人口个体为对象，从个体迁移的原因、机制等微观角度出发，用社会学理论考察人口迁移的空间过程，并建立相应的模型；最后，以克鲁格曼（Krugman，P. R.）为代表的新经济地理学派从规模报酬递增、不完全竞争和路径依赖等理论出发，提出集聚经济是促使人口与产业由农村向城市集中的主要因素，而空间经济学模型正是基于空间经济集聚是人口迁移集聚的主要原因的理论假设。本节只介绍其中部分模型及其理论，感兴趣的读者可以通过查阅相关书目与文献做进一步学习。

二 莱文斯坦迁移法则

英国地理学家莱文斯坦（E. G. Ravenstein）对比了英国 1871 年和 1881 年人口普查资料，将移民去向和来源分为吸引（Absorption）中心和离散（Dispersion）中心，这项成果以《人口迁移规律》（The Laws of Migration）[①]为名于 1885 年发表在权威的《伦敦统计学会杂志》上，其总结了著名的"移民七法则"，这些法则被后来的人口学家称为迁移理论的开端。

具体而言，莱文斯坦总结了七条人口迁移法则。

第一，距离对迁移的影响——多数移民只倾向短途迁移，迁移目的地为吸引中心；第二，迁移呈阶梯性——人口迁移存在一个吸收过程，在该过程中，某一快速发展城市周边的人口迁入该城市（吸引中心），而因这些人口迁移而留下的空白则由来自较偏远区域的移民填补，依此类推，这种次第顺序流动一直涉及最偏远区域，直至拉力（拉动因子）消失；第三，迁移流与反迁移流——每个主要的迁移流都会产生一个补偿性的反迁移流，即每次移民必有回流补偿；第四，城乡居民迁移倾向的差异——农村居民较城镇居民的移民倾向明显；第五，性别与迁移——女性迁移倾向较男性明显；第六，经济发展与迁移——交通运输工具与工商业的发展促使人口迁移量增加，长途移民的目标是向商业与工业中心大城市迁移；第七，经济动机为主——人口迁移有诸多不同的动机，但经济动机占主要成分（Ravenstein，1885）。

当然了，莱文斯坦是根据对欧洲国家的人口统计资料进行观察总结提出的人口迁移的七条法则，相对比较粗放，也遭到后来学者们的质疑。

三 距离模型

人口迁移是一种人口在地表空间中的移动现象，因此距离便成为衡量和影响人口迁移的一个基本地理要素。距离模型简单引用了万有引力与距离成反比的定律：

$$M_{ij} = K \times \frac{1}{(D_{ij})^a} \tag{9-13}$$

---

① 该文是国际上公认的关于人口迁移流动研究的开山之作。

式中：M_{ij}为两地间迁移总人数，D_{ij}为 i、j 两地间的距离；K 为模型系数；a 为距离衰减参数。而在做不同的实证研究时，距离可以理解为交通距离、直线距离、心理距离、人口重心距离、时间距离和经济距离等（王先进、刘芳，2006），也可用时间、费用等替代。

四 热普夫的互动假说（引力）模型

美国社会学家热普夫（G. K. Zipf）于 1946 年在顶尖的社会学学术期刊《美国社会学评论》发表了《人口的城际流动》（On the Intercity Movement of Persons）一文，提出的"互动假说"，认为地区间的人口迁移规模受两个地区人口规模，以及两个地区之间距离的影响。他认为，两个地区之间的人口迁移是一个随机的过程，两个地区之间的人口迁移规模与两个地区的人口规模的乘积成正比，与两个地区之间距离的 a 次幂成反比。该模型形式上更像是牛顿的万有引力公式在人口迁移现象中的体现，是将万有引力定律中的物体质量由人口规模替代而成，引力模型公式表示为：

$$M_{ij} = K \times \frac{1}{(D_{ij})^a} \tag{9-14}$$

式中，M_{ij}为两地间迁移总人数，D_{ij}为 i、j 两地间的距离；K 为模型系数；a 为距离衰减参数。而在做不同的实证研究时，距离可以理解为交通距离、直线距离、心理距离、人口重心距离、时间距离和经济距离等（王先进、刘芳，2006），也可用时间、费用等替代。

互动假说模型是用三个客观指标描述两地间的人口迁移总量，是人口迁移研究从莱文斯坦的定性描述转向定量研究，成为后来引力模型等的基础。然而，从互动假说模型的公式中可以看出，两地之间流动人口规模的计算，需要充分获得迁移者的信息，这是该模型的假设前提之一。而且还可以看出，该模型仅是从人口规模及两地距离来判断、预测两地的迁移人口规模，将阻碍两地之间人口迁移的因素简化到最单纯的地步——两地间的距离，这过分简单化了人口迁移过程。虽然距离影响人口的迁移，但这不是唯一的，也不是最主要的因素，这意味着人们对迁移机会的评价是平等的，并假设各地区之间的迁移成本是相同的，这两个假设与后面讲到的埃弗雷特·李的推拉力理论提出的迁移的选择性是相矛盾的。此外，该模型忽略了对人口迁移重要内容即"迁移的流向"的分析，而且忽略了社会经济因素的影响，也没有考虑迁移者的差异性及心理因素等对人口迁移的影响。

五 劳瑞的经济引力模型

正如上文对热普夫的互动假说模型所评述的，经济变量是分析人口迁移必不可少的要素。而美国人口地理学家劳瑞（I. S. Lowry）于 1966 年发表了专著《迁移与城市增长：两种分析模型》（*Migration and Metropolitan Growth：Two Analytical Models*）。书中，他在互动假说模型的基础之上，利用统计模型，把热普夫互动假说模型中隐含的"一个地区的人口规模决定了该地区所能提供的就业机会"的假设具体化，提出经济引力模型[①]，用两地非农业劳动力人数表示两个地区的人口数量，用失业率和制造业的小时工资来描述就业机会（Lowry，1966），使模型具有更为丰富的理论内涵。其模型表达式为：

$$M_{i \to j} = K \times \left[\frac{U_i}{U_j} \times \frac{W_i}{W_j} \times \frac{L_i L_j}{D_{ij}} \right] \tag{9-15}$$

其中，$M_{i \to j}$ 表示从地区 i 迁移到地区 j 的迁移人口规模；

L_i，L_j 表示 i 地与 j 地非农业劳动力人数；U_i、U_j 分别表示 i 地与 j 地的失业率；

W_i、W_j 分别表示 i 地与 j 地每小时制造业的工资；

D_{ij} 表示地区 i 和地区 j 之间的距离；

K 为模型系数。

在上述模型中，两边取对数将其转换为线性模型，上式转变为：

$$\log M_{i \to j} = \log K + \log U_i - \log U_j + \log W_i - \log W_i + \log L_i + \log L_j - \log D_{ij} \tag{9-16}$$

将其进行线性转换后，因素间的因果关系能够得到更好解释。从上式中可以看出，人口迁移是从工资低的地区向工资高的地区流动、从劳动力富裕的地区向就业机会丰富的地区流动。在实证研究中，该模型中的经济因素，随着区域的不同和时间的差异而发生变化并得到不断改进。经济引

---

① 同经济引力模型一样建立在互动假说模型基础之上的人口迁移模型还有"空间相互作用模型"，它是英国著名的数理地理学家 Wilson 等人建立的一种流量的空间分布模型。具体内容可以参见 Wilson 在 1970 年出版的专著《城市和区域建模中的熵》（*Entropy in Urban and Regional Modelling*）。

力模型比互动假说模型的进步之处在于引入了经济变量来解释人口迁移空间格局形成和演变的原因（李扬、刘慧，2010）。

六 斯托夫的中介机会模型

美国芝加哥大学社会学家斯托夫（Stouffer S. A. ）于 1940 年提出一个假定，即从出发地向目的地迁移的人口数，正比于目的地提供的就业、居住等机会，反比于目的地距离半径内出现的其他机会（Stouffer，1940）。其公式如下：

$$\delta P = \frac{K}{V} \tag{9-17}$$

式中，K 为目的地给迁出地人口提供的吸引机会（如工作），V 为目的地半径内出现的其他机会总和，δP 为从迁出地到迁入地的人口数。

它把人口迁移和距离与中介机会之间的相互影响联系起来，距离通过机会数得到了间接反映（李扬、刘慧，2010）。斯托夫模型中的介入机会的发现和选择很独特，其作用也非常大，但缺点在于中介机会的量化比较困难，而且只有在迁移者具有相同地位和动机时，中介机会的假说才真正有效。

而斯托夫于 1960 年在最经典的区域科学杂志 *Journal of Regional Science* 上发表了另一篇文章《中介机会与竞争迁移者》，其中他纳入了人口迁移流向的视角，正式提出了人口迁移的中介机会模型。该模型否认了互动假说模型中提出的"两地区间人口迁移规模受这两个地区之间的距离及这两个地区人口规模的影响"，而是认为两地区人口迁移规模与这两个地区之间的中介机会有关，其中与正的机会呈正比，与负的机会呈反比。在迁移过程中，中介机会会阻碍原来打算由地区 i 迁往地区 j 的人，中介机会越多，受其吸引而留下的人越多，从地区 i 迁往地区 j 的迁移者就越少。

$$M_{i \to j} = K \times \frac{M_{i.} \times M_{.j}}{(M_I)^a} \tag{9-18}$$

式中，$M_{i \to j}$ 表示从地区 i 迁移到地区 j 的迁移人口规模；

$M_{i.}$ 表示从地区 i 迁往到其他地区的迁移者之和；

$M_{.j}$ 表示从其他地区迁移到地区 j 的迁移者之和；

M_I 表示介于地区 i 和地区 j 的迁移人口总数，以地区 i 为圆心，以地区 i

和地区 j 之间的距离为半径画圆，凡此圆范围以内的地区的迁移人口之和为 M_1 ;

K 和 a 为常数。

$$M_{i \to j} = K \times \frac{M_i \times M._j}{(M_i M_0)^a} \qquad (9-19)$$

但是，中介机会变量模型完全用迁移规模来解释迁移量，在理论上还存在很多明显的缺陷。即使在斯托夫 1963 年修订发表的模型中，其迁移人口之 M_0 和 M_1 等因素也很难确定。

七 埃弗雷特·李的推拉力理论

自前面提到的莱文斯坦在 1885 年发表的那篇著名的《人口迁移规律》一文后，直至今日，尽管可达性和迁移的个体模式、劳动力市场不断演变，人民生活水平不断提高，但莱文斯坦在其文中陈述中的若干观点依然有效。莱文斯坦的文章激发人们就移民问题开展了更多研究，并对移民相关新主题产生了更大兴趣。此类主题之一便是尝试解释影响迁移决策的各项因素。在 20 世纪 60 年代，美国宾夕法尼亚大学的埃弗雷特·李（Everett S. Lee, 1966）在《人口学》（Demography）上发表了《迁移理论》（A Theory of Migration）[①] 一文，从迁移的影响因素、迁移规模、迁移方向和迁移者的特征四个方面阐释了人口迁移的推拉力理论。

迁移的影响因素。埃弗雷特·李认为迁移的影响因素包括四个方面：原居住地因素、迁入地因素、中间障碍因素和个人因素。原居住地和迁入地既有吸引人的因素也有阻碍人居住的因素，但是这些因素对不同个体有不同的效果。例如，好的教育条件对有学龄儿童的家长而言是吸引力，而对于没有学龄儿童的家庭来说则是排斥力，因为这意味着更多的税收会被投入教育设施中。同时，两个地区之间的距离、迁移成本等是影响人口迁移的中间障碍因素。此外，个人的性格、爱好、敏感程度、对其他地方的认知程度、与外界接触的情形都会影响其对迁入地和迁出地的评价，也会

---

① 截至笔者检索的 2014 年 6 月 11 日，该文被引用 2590 次，而同期英国地理学家莱文斯坦在 1855 年发表的关于人口迁移的开山之作《人口迁移规律》被引用 2655 次，由此可见该文的影响力。

影响他对中间阻碍因素的认识。

迁移规模。埃弗雷特·李认为迁移规模受多方面因素的影响，包括地区间的差异程度、中间障碍、经济因素等。首先，两地之间的差异情况及人群的差异情况会影响人口迁移规模——在一定地域范围内，如果迁出地与迁入地之间的差异程度越大，那么两地之间的迁移规模越大，但这是有一定范围的，如果差异程度大到使人难以适应时，就无法进行迁移。而且，迁入地与迁出地人群之间的差异也会影响迁移规模，当两地人群之间的同质性越强，迁移规模就越少，例如，种族、宗教、教育、收入等的差异情况。其次，克服中间障碍的难度会影响人口迁移规模，这包括两地之间的距离、迁移的成本等。当然，不同个体对克服中间障碍难度的判断有所不同。再次，经济发展水平会影响人口迁移规模，其最主要的是通过影响人们对迁出地和迁入地的评价而影响人口迁移规模。例如，经济萧条时期的人口迁移会少于经济繁荣时期的人口迁移。最后，一般情况下，随着时间的推移迁移规模会不断增加。随着时间的推移，区域间的差异程度会越来越大，人们之间的差异程度也会日益加大，迁移的中间障碍会减少，从而使迁移规模增加、迁移率提高。

迁移方向。埃弗雷特·李对人口迁移的方向也做出了判断。他认为，人口迁移有特定的流向，通常情况下，人口迁移会集中在几个特定的目的地。而且，他认为每一个迁移流向都伴有相反方向的迁移流。这主要是迁移人口的回迁及迁入地的原住人口向迁出地流入。一方面，目的地的拉力因素的减小或消失，迁移后对原居住地机会的重新认识，完成迁移的经济目标等原因，都会带来一些迁移人口返回原住地；另一方面，迁移可能是迁入地的居民认识到其他的机会，从而使他们向外地迁出。此外，埃弗雷特·李界定了"流向效率"概念，即主迁移流与反迁移流之比。当原居住地的排斥力决定人口迁移时，流向效率较高；当原居住地与迁入地的情况类似时，则流向效率较低；当中间阻碍较大时，流向效率较高。另外，流向效率还与经济情况有关。

迁移者特征。埃弗雷特·李认为迁移者具有选择性，这些特征导致其对中间障碍、迁入地及迁出地做出不同的判断，从而决定是否迁移。而且，迁移选择的过程与人的生命周期有关，人在不同的年龄阶段做出的判断不同，也就是说，迁移具有年龄选择性，迁移者的特征会介于迁出地和迁入地人口之间（例如，迁移者的受教育水平高于迁出地人口的受教育水平，而低于迁入地的受教育水平）。同时，迁移也具有选择性，迁移的中间障碍越大，被淘汰的弱者越多，则迁移的选择性越强。埃弗雷特·李根据迁移的原因将人口迁移分为正向人口迁移和负向人口迁移，对迁入地的拉力做出反应的人，其迁移是为利用迁入地的有利因素，成为正向选择；对迁出地的推力做出反应的人，其迁移是为躲避迁出地的不利因素，成为负向选择。

李氏还绘出一幅表示前三类因素之间关系的图形：在迁出地和迁入地布满了分别表示拉力、推力和无甚影响的"＋""－""0"符号，迁出地和迁入地之间则是形状犹如波涛的"中间障碍"（见图9－2）。李氏认为，迁出地、迁入地及中间障碍，对每一个流动人口而言，都有许多推力和拉力的因素存在其中。换言之，前三类因素与第四类因素也相关相连。李氏的贡献在于完善了迁移的解释框架，对推力和拉力做了更进一步的阐释。

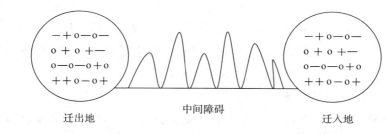

图9－2 人口迁移中迁入地因素、迁出地因素及中间障碍

资料来源：Lee, E. S. 1966：47－57。

埃弗雷特·李的推拉力理论在人口迁移中具有重要地位，覆盖了人口迁移理论的主要方面，而且全面阐释了推拉力理论。但是，该理论是建立在美国经验基础之上的，而且缺乏系统有力的实证资料证实，其适用性尚待进一步研究。同时，该理论未对迁出地和迁入地的推力和拉力进行明确的定义，因而在迁移的计划和研究中作用有限。

八 托达罗迁移模型

20世纪60年代末期，新古典经济学理论代表人物之一的美国纽约大学发展经济学教授托达罗（Michael Todaro）在美国经济学界的顶尖学术杂志《美国经济学评论》（*American Economic Review*）发表了题为《欠发达国家的劳动力迁移及城市失业》（A Model of Labor Migration and Urban Unemployment in

Less Developed Countries）的文章①，提出了其迁移模型的假设，后来在 20 世纪 70 年代末期他又根据莱文斯坦与埃弗雷特·李创建的模型，摸索出一个旨在分析发展中国家境内迁移的模型，并借此来解释大量城市人口失业现象。

托达罗模型假设如下：第一，迁移者的迁移决策主要是基于期望收入差额最大，并且，他们能够觉察到城乡各自的不同期望收入；第二，迁移者的目的是得到受过同等教育、同样技术熟练程度的城市工人的平均工资；第三，迁移者清楚地知道，迁移后马上就业的机会很小，很可能失业很长时间；第四，迁移者在城市的期望收入是城市平均工资乘以就业概率，而不是完全失业或打零工的收入。

将托达罗模型数理化后，其公式表示为：

$$V(o) = \int_{t=0}^{N} [P(t)Y_u(t) - Y_r(t)]e^{-n}d_t - C(o) \qquad (9-20)$$

$V(o)$ 是在一段时间内，城乡期望收入差额；Y_u 指迁移者在城市就业的平均收入，Y_r 指迁移者在农村的平均收入，n 表示迁移者计划在城市滞留时间的长短，r 表示迁移决心的折旧。因此，迁移与否取决于期望收入差额 $V(o)$ 的正负。其中，$C(o)$ 表示迁移成本，$P(t)$ 表示在 $(t-1, t)$ 这段时间里迁移者的就业概率。

该模型可概括如下：刺激迁移的主要因素是理性的经济考量；迁移决定取决于"预期"而非实际的城乡工资差距；在某一特定区域实现城镇就业的概率与城镇登记失业率呈负相关；且迁移率超过迁入地工作机会增长率不仅是可能的，而且有其合理性，并可能导致城市与农村地区生活条件的失衡（Todaro，1976）。

托达罗模型是在其他城乡人口迁移模型不能解释城乡人口迁移与城乡失业并存现象的条件下产生的。与其他城乡人口迁移模型不同，托达罗将一般只能用于项目评估的收益——成本分析法，独创性地运用在经济理论分析中，使二者得到了充分的结合。托达罗认为，迁移是一种基于收益—成本考虑的经济行为，因此，他将城市期望收入视为收益，将迁移的代价（失去的农村平均收入）视为成本。运用收益—成本分析法的基本思想来分析发展中国家的城乡人口迁移问题，使得其模型无论在研究方法上还是在

---

① 该文在学术界影响力巨大，截至本书修订的 2014 年 1 月 16 日该文被引用次数高达 3661 次。

结论上都有新颖和独到之处。托达罗的这一观点是与发展经济学在 20 世纪 60 年代中期以后的转变相一致的。从 60 年代中期开始，不仅经济增长，而且增加就业、消除贫困、缩小收入分配不均等都成为经济发展的目标。而要达到这些目标，就必须发展农业，改善农民生活状况和解决失业问题。但是同其他迁移模型一样，托达罗模型也不是完美无缺的。比如，托达罗模型假定迁入城市的迁移者，如果找不到工作，宁愿在城市里的传统工业部门做些临时性工作或完全闲置着。但实际上，由于城市失业率太高，有些在城市里总找不到工作的迁移者会感到失望，又会返回农村。此外，有些迁移者是临时性地到城市做工，一旦挣到一定数量的钱，他们就会返回农村，把这笔收入用于农业投资。

由前述的莱文斯坦、埃弗雷特·李和托达罗创建的模型通常具有普适性，可用于迁移研究的折中式分析，因为这些模型整合了迁移原因、后果和特性以及个体的人口学、经济学和社会学特征等因素。

九 扎林斯基人口流动转变假设模型

在本节前述的托达罗发表其关于人口迁移理论的重要论文的同期，美国宾夕法尼亚州立大学地理学教授扎林斯基（Wilbur Zelinsky）在美国地理学界著名的学术期刊《地理学评论》（*Geographical Review*）上发表了《流动转变假设》（The Hypothesis of the Mobility Transition）一文，提出了被其命名为"流动转变假设"的模型，并将其作为人口转变模型的补充。扎林斯基教授认为人口流动与社会经济发展条件相关，也与人口的出生率和死亡率存在密切联系。

扎林斯基教授指出，根据城市化水平、工业化水平和现代化尺度的不同，社会经历不同的发展阶段。该假设的基础是不同流动类型与社会整体发展过程之间的关系。扎林斯基教授沿用了 Walt Rostow 关于发展阶段的理论（Rostow, 1959），且他在模型中假设：国家在其进化发展过程中会经历五个主要阶段，前现代与传统社会、早期转型社会、后期转型社会、发达社会、未来超发达社会（Zelinsky, 1971）。然后，他建议，在上述所有五个主要阶段中，根据如下七个不同迁移流类型，都存在不同类型的微分迁移率：国际迁移流、境内迁移流、农村向城市迁移流、城市向城市迁移流、循环或日常流动、被循环吸收的潜在迁移，及被流通体系吸收的潜在循环。扎林斯基教授对人口迁移学的贡献主要在于预测迁移与发展之间的关系随时间推移而呈现的复杂性（Vignoli & Busso，2009）。在扎林斯基教授的模型中有一个因素至关重要：就是境内迁移行为的路径，该路径呈钟形分布，且在其发展的第三阶段（即后期转型社会）到达峰顶。该钟形路径亦由William Alonso 在其国家演进的五阶段理论中得以证实。

第五节 中国的人口迁移流动

人口迁移具有空间、时间和目的三个属性，根据三个属性的不同对迁移人口有不同的定义。在中国，由于户籍制度的存在，人们的地区移动或者空间移动常常被区分为人口迁移和人口流动两种。根据有无发生户籍的变动，将发生迁移和流动行为的人分别称为迁移人口和流动人口。人口迁移主要是指以改变居住地为目的，跨越一定地区（地界）的人口移动行为。人口迁移与城市化，历来是人口科学研究的重点内容。中国自 20 世纪 70 年代末实施改革开放以来，人口迁移与城市化空前活跃，这为中国人口学者开展人口迁移与城市化研究提供了得天独厚的现实基础，从而也推动了中国人口迁移与城市化的研究得以迅速发展。在调查数据及国内学术环境等方面受到局限的前提下，依然做出了一些成果。

就涉及流动人口概念的文献资料来看，一般认为流动人口是指临时离开户籍所在地，跨越一定辖区范围，前往他地，不时返回的人口（张庆五，1988）。以人户分离为流动人口的标志，强调了"人"与"户"的不统一。《2013 中国统计年鉴》中关于流动人口的界定是：流动人口是指人户分离人口中不包括市辖区内人户分离的人口，而人户分离人口是指居住地与户口登记地所在的乡（镇、街道）不一致且离开户口登记地半年以上的人口。根据人口调查中关于迁移人口口径的规定与流动人口界定的对比，中国迁移人口与流动人口差别不大，鉴于此，本书对中国语境之下的迁移人口与流动人口不做特别的区别，认为二者可以相互替代。

一 中国流动人口的特征

1. 流动人口规模快速增长

段成荣等（2008）在《人口研究》上发表了《改革开放以来我国流动人口变动的九大趋势》一文，其中指出，根据第三次全国人口普查数据估算，1982 年中国流动人口的数量仅为 657 万人，只占全国总人口的 0.66%。20 世纪 80 年代中期以后，中国的流动人口经历了一个迅速增长的过程，尤其是 1984 年国务院发布的《关于农民进入集镇落户问题的通知》，在一定程度上放松了对农村人口进入中小城镇的控制，并由此带来对整个人口流动控制的松动，随之，流动人口在规模上迅速增长。1987 年，全国的流动人口就猛增到 1810 万人。此后，流动人口的增长更是势不可当，人口流动的目的地也逐渐突破小城镇而进入大中城市。根据第四次全国人口普查数据估算，1990 年中国流动人口数量达到 2135 万人，占全国总人口的 1.89%。而仅仅 5 年之后，1995 年中国流动人口的数量几乎翻了两番，达到 7073 万人，占全国总人口的比例进一步提高到 5.86%。2000 年，中国流动人口数量超过 1 亿人。进入 21 世纪以后，流动人口继续保持快速增长的势头，2005 年，中国流动人口数量达到 1.47 亿人，2010 年流动人口已然超过 2 亿人（见图 9 - 3）。

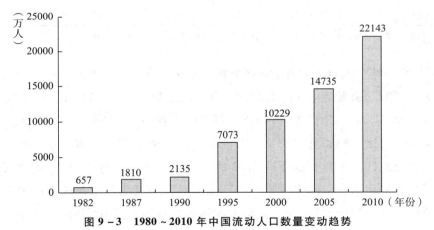

图 9 - 3 1980 ~ 2010 年中国流动人口数量变动趋势

资料来源：根据 1982 年第三次全国人口普查、1987 年全国 1% 人口抽样调查、1990 年第四次全国人口普查、1995 年全国 1% 人口抽样调查、2000 年第五次全国人口普查、2005 年全国 1% 人口抽样调查及 2010 年第六次全国人口普查数据计算。

由图 9 - 3 可以看到，在短短的 20 多年时间内，中国流动人口规模已然从 1982 年的仅仅 650 多万人增加到 2010 年的 2 亿多人。而今天我们面临的形形色色的流动人口问题，也都直接或间接源于流动人口的巨大规模及其快速增长。

2. "乡—城"人口流动仍旧为主流

近些年中国流动人口进一步向城镇集中，"乡—城"人口流动对城乡抚养比有很大影响。2010 年中国流动人口的分布以城市（65.3%）为主，其次是建制镇（21.3%），最后是乡村（13.4%）。与 2000 年流动人口的分布情况相比，流动人口向城市集中的趋势更加明显，集中于城市的流动人口比例增加了 5.9%，而分布于乡村的流动人口比例则下降了 8.0%，分布于建制镇的流动人口比例略有增加，增加比例为 2.1%（见表 9-6）。

表 9-6　2000 年和 2010 年中国流动人口城乡分布情况

单位：%

	2010 年			2000 年			增减变化		
	城市	镇	农村	城市	镇	农村	城市	镇	乡村
全国	65.3	21.3	13.4	59.4	19.2	21.4	5.9	2.1	-8.0
东部	70.7	16.8	12.4	60.8	19.7	19.5	9.9	-2.9	-7.0
中部	59.3	28.0	12.7	60.3	17.4	22.3	-1.0	10.6	-9.6
西部	55.1	28.7	16.1	51.9	22.6	25.6	3.3	6.2	-9.5
东北	71.6	14.5	13.9	67.2	11.6	21.2	4.4	2.9	-7.3

资料来源：根据《中国 2010 年人口普查资料》《中国 2000 年人口普查资料》计算。

"乡—城"人口流动对于缓解城镇老龄化程度、增加城乡人口抚养比有很大的影响。从老龄化程度来看，2010 年城镇地区 65 岁及以上老年人口比重为 7.80%，农村地区为 10.06%；而排除"乡—城"流动人口后，城镇地区老年人口比重增加至 8.82%，农村地区则降至 8.99%，即"乡—城"流动使城镇地区老龄化程度下降 1.02 个百分点，农村地区提高 1.07 个百分点。从抚养比来看，排除"乡—城"流动后，城镇地区少儿抚养比上升到 20.71%，即"乡—城"人口流动使城镇地区少儿抚养比下降 1.75 个百分点，农村地区上升 3.31 个百分点；"乡—城"人口流动使城镇地区老年抚养比下降 2.49 个百分点，农村地区上升 3.18 个百分点（见表 9-7）。

表 9-7　2010 年中国分城乡人口抚养比

单位：%

		常住	排除"乡—城"流动	"乡—城"流动作用
65 岁及以上老年人口比重	城镇	7.80	8.82	-1.02
	农村	10.06	8.99	1.07
少儿抚养比	城镇	18.96	20.71	-1.75
	农村	29.10	25.79	3.31

		常住	排除"乡—城"流动	"乡—城"流动作用
老年抚养比	城镇	15.74	18.23	-2.49
	农村	22.75	19.57	3.18

注：第六次全国人口普查长表数据 7-2 中将人口来源层级划分为"街道""镇的居委会""镇的村委会""乡"四个类别，结合人口普查对城乡的规定，我们将"街道""镇的居委会"合并为城镇，将"镇的村委会""乡"合并为农村，并以此为依据推算流动人口中"乡—城"流动人口规模。

资料来源：根据《中国 2010 年人口普查资料》《中国 2000 年人口普查资料》计算。

3. 户籍人口流动距离各省份差异明显

跨省迁移人口以及省内迁移，都对不完全城镇化有所贡献，但各省表现有所不同。跨省流入人口多的是广东、上海、北京、天津和浙江；跨省流出人口多的，如河南、四川、安徽、贵州、广西和重庆。前者可以调整区域内城镇体系或通过市民化稳固现在的城市化率，并且可以同时提高户籍非农化率；后者可以依靠回流拉升城镇化率，或进一步解决本地不完全城镇化，提高本地户籍非农化率。

受省户籍人口基数影响，四川仍是户籍流动人口最多的省份。从迁移距离来看，四川同样是常住流动人口较多、人口跨省流入比重较大的省份，但广东户籍人口流动以中程为主（61.1%），浙江则主要以近域流动为主（46.6%）。江苏、山东以及中部地区的山西，户籍人口流动以省内迁移为主，分别占到 78.0%、78.9% 和 84.3%。而安徽、江西、贵州、湖南、河南、四川这几个中西部地区的人口输出大省，户籍人口流动主要以跨省迁移为主，分别占到 60.1%、55.2%、51.2%、50.2%、48.5%、45.6%，但这些省份内人口流动的距离也有所不同。江西近程流动比重远高于中程流动，安徽、湖南、贵州与河南的近程与中程流动比重基本相等或近程流动比重略超过中程流动，而四川户籍流动人口的省内迁移近程流动小于中程流动，可能是相比于中部地区，西部地区的特大城市（成都）形成的城市群积聚形态导致跨市县迁移相对较多。

4. 远程流动比重高

中国近程流动比重减小，中西部地区中程流动与东部地区远程流动比重增加。陈丙欣、叶裕民（2013）指出按流动人口的迁移距离划分，中国人口流动可以分为近邻流动、中程流动和远程流动。近邻流动是指人口在县内或市内各乡、镇、区之间的流动；中程流动是指人口在省内跨县、跨市的流动；远程流动是指人口的省际流动（见表 9 - 8）。

表 9 - 8　2000～2010 年中国流动人口迁移距离变化情况

单位：%

	2010 年			2000 年			增减变化		
	近邻流动	中程流动	远程流动	近邻流动	中程流动	远程流动	近邻流动	中程流动	远程流动
全国	34.6	32.5	32.9	45.5	25.2	29.4	-10.9	7.3	3.5
东部	24.3	26.3	49.4	34.8	22.0	43.1	-10.5	4.3	6.3
中部	52.5	37.6	9.9	62.7	27.3	10.0	-10.2	10.3	-0.1
西部	40.6	41.3	18.1	49.6	31.0	19.4	-9.0	10.3	-1.3
东北	48.1	37.6	14.2	61.8	25.0	13.2	-13.7	12.6	1.0

资料来源：陈丙欣、叶裕民，2013，并根据《中国 2010 年人口普查资料》《中国 2000 年人口普查资料》计算。

从表 9 - 8 可以看出，2010 年，在中国超过 2 亿的流动人口中，近邻流动人口约占 34.6%，中程流动人口约占 32.5%，远程流动人口约占 32.9%，三种迁移距离流动人口数量差别不大。2000 年时三种流动距离人口所占比重分别为 45.5%、25.2%、29.4%，10 年间流动人口流动距离呈现近距离流动比例下降，中、远距离流动比例上升的趋势。

5. 流动时间长期化

流动时间长期化是人口流动的主要特征，随着时间的推移，流动人口处于流动的时间不断延长。从历次全国人口普查及抽样调查数据发现，在流入地居住 5 年以上流动人口的数量从 1987 年的 700 万增长到 2000 年的 3400 万人，2005 年进一步增长到 4600 万人，2010 年进一步增长到 7200 万。

在表 9 - 9 中我们可以看到的是，从流动时间的构成来看，流动时间较短的人口所占的比重提高，流动时间较长的比重反而下降，这似乎表明了"流动人口在流入地的居住时间在缩短"。其实这是每年新增流动人口规模不断增加带来的一种"流动时间缩短"的假象。在流动人口如此快速增长的背景下，每年都有大量"新增"流动人口加入流动人口的队伍中来，从而导致短时间（如 1 年以内）流动人口的比例提高，长时间（如 5 年以上）流动人口的比例下降（段成荣，2008）。

表 9 – 9　1987～2010 中国流动人口在流入地居住时间的构成

单位：%

居住时间	1987 年	2000 年	2005 年	2010 年
1 年以内	18.35	22.61	21.40	20.78
1～2 年	16.99	18.80	18.36	21.01
2～3 年	11.80	11.16	13.57	15.03
3～4 年	7.61	6.71	9.07	9.65
4～5 年	5.17	6.13	6.26	5.68
5 年以上	40.08	34.59	31.34	27.85
总计	100.00	100.00	100.00	100.00

注：其中 1987 年和 2000 年是指"在本地居住时间"，2005 年和 2010 年是指"离开户口登记地时间"。

资料来源：1987～2005 年数据转引自段成荣、杨舸、张斐、卢雪和，2008：6；2010 年数据根据第六次全国人口普查数据整理。

二　相关政策

人口的迁移流动受社会、经济发展等多方面政策的影响，具体而言，包括区域开发政策、市场化政策、城市化政策、农村发展改策、青年人口发展政策、居住证制度等几个方面（见图 9 – 4）。

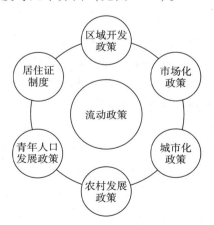

图 9 – 4　中国人口流动相关政策

1. 区域开发政策

（1）西部开发与东部振兴

始于 20 世纪 80 年代，中央政府制定的区域开发政策，重点在东部沿海地区实行对外开放政策，包括制度改革和财政政策、投资政策上的放宽，使其获得优先发展权。90年代邓小平的南方谈话，使沿海地区的市场经济改革方向坚定，促进了沿海地区的经济迅速崛起，促使大批来自中西部地区的劳动力向沿海地区集中，来自内地的大批廉价劳动力与沿海地区劳动密集型制造加工业结合，迸发出极大的生产力，创造出"经济奇迹"，最终打破了长期维持的地区均衡发展态势。

地区开发开放政策，极大地提高了全社会的劳动生产效率，从而带来了社会福利水平总体上升，也带来个人收入大幅度提高。然而与此同时，倾斜式发展政策使地区经济发展差距越来越大，人口由低收入的中西部地区向收入较高的东部地区大规模流动，加剧了人口地区分布的不均衡；人口向城市，尤其是向大城市不断流动，也使这些城市的人口压力不断上升。

因此政策进一步调整愈发必要了。中央政府意识到更均衡的地区发展有利于经济的持续发展，社会的稳定与繁荣。因此，从20世纪90年代后国家宏观区域发展政策支持重点开始由东部转向西、中部以及东北地区。2000年正式实施西部开发战略，在增加资金投入、改善投资环境、扩大对内对外开放、吸引人才与发展科教上，实行一系列优先发展政策。紧随其后，2003年开始实施"东北振兴"老工业基地建设，2005年确立中部地区崛起发展战略。区域发展政策呈现齐头并进态势，但支撑地区发展的政策效力大大减弱。基于现实的数据观察，我们可以看到在短时间内上述地区很难缩小与发达的东部地区的经济发展差距，人口由中西部地区向东部地区流动仍会持续下去，不过人口流动规模会随着东部地区的产业向内陆地区的转移而缩小，从这一点可以看出地区开发政策对于人口流动所带来的长期影响很大。

（2）"三线建设"

1964年8月，国家基本建设委员会召开一、二线搬迁会议，提出要大分散、小集中，少数国防尖端项目要"靠山、分散、隐蔽"（简称"山、散、洞"）。"三线建设"宣告拉开帷幕。"三线建设"是中国经济史上又一次大规模的工业迁移过程，其规模可与抗战时期的沿海工业内迁相提并论。1964～1980年，国家在三线地区共审批1100多个中大型建设项目，大批原先位于大城市的工厂与人才进入西部山区。更有"备战备荒为人民""好人好马上三线"等口号召人们前往三线地区。"文革"早期，三线地区也是大量知青的去处。但是1979年以后，随"三线建设"的调整，引发了中国大规模的人口回潮问题。

2. 市场化政策

在中国，市场改革正经历渐进过程，与生产资料、资金、外汇等市场的"双轨制"一起，大规模农村劳动力的流动构成了劳动力供给市场的"一轨"，推动了中国经济的增长和向市场经济的转轨。在向市场经济体制转型中，城市不再能实行"闭城"政策，各种要素、资源流动也逐步放开，并迅速向城市集中，在历史上实行的粮油计划供应，就业、就学政策约束放开后，其更多地通过市场化手段来实施。20世纪90年代以后，城市化水平大幅度提高，制造业的兴起，加之服务业的大力发展，以及非正规就业的出现，对技能与非技能劳力的需要，使城市就业容纳力有了明显的提升。

整个90年代的人口流动与逐步培育出的市场机制有着密切的关系。但是市场体制还并不完善，人口流动多是以农民为主体，他们的职业虽然有了转变，但身份不变，在城市化的各种体制障碍一时很难消除的背景下，大规模候鸟式的人口流动是个人与农户为适应形势而采取的一种调整策略（Goldstein，1978；Prothero & Chapman，2011）。因此，人口由农村向城市的流动是不彻底的。

从政策实施的效果可以看出，市场体制为提高生活质量和个人收入提供了基础条件，个人可以自主做出流动的选择，寻求发展机会。外出打工已成为农民收入保持增长的主要支柱。但是由于市场机制并不完善，出现了大量临时性的流动人口，个人与家庭分离，个人的满意度并不高，这也是造成社会不稳定的一个重要方面。而另一方面，若压制人口流动则可能造成更严重的社会不稳定。因此，必须以政策渐变方式调整结构偏差，党的十七大后对区域协调和城乡统筹发展政策提出，要进一步明确未来改革的方向与目标，期望从根本上打破城乡二元分割的局面，建立与健全城乡统一的就业市场，使人口流动在更大程度上享受到自由权，使城市与农村居民均能分享到工业化发展与经济发展的成果。

3. 城市化政策

城市化政策表现在城市在发展过程中能够充分享受到比农村更优惠的发展政策，这无疑保障了城市人的既得利益，城市居民享受着比农村居民更多的社会福利。体制上仍然把外来务工人员当作"外来人口""暂住人口"对待，并在就业、住房、教育、社会保障等方面设立障碍。虽然中小城市对外来人口的进入逐步放开，但是在大城市的外来人员被推向城市体制的边缘状态，教育、医疗和社保并非人人平等，"经济接纳与社会排斥"造成进城务工人员在经济收入上有所提高，但是社会地位并不高，社会歧视并没有从根本上消除。这种政策造成的结果是，收入差距的继续扩大，农村进城务工者的实际收入虽然高于在农村务农人员的收入水平，但平均收入仍低于城市居民的收入水平。同时，城乡个人收入差距在不断扩大。1980 年中国城乡居民收入比（城镇人均可支配收入与农村人均纯收入比）为 2.5∶1，到 2005 年为 3.22∶1，如果加入社会福利在内，城镇居民与农村居民的收入之间的差距会更大。

因此政策下一步调整应放在收入差距上，因为收入差是诱发农村人口大规模持续向城市流动的经济原因。在发展政策向城市倾斜的情况下，控制人口流入是十分困难的，过度城市化问题的出现使政府尝试改变人口向大城市流动，为中小城市提供更多的发展机会。为进一步实施城市的体制改革，十八大以来，中国政府从中国经济社会发展的现实出发，将城镇化作为解决农业、农村、农民问题的重要途径，解决城乡二元结构的重要通道，推动区域协调发展的有力支撑。2014 年，中共中央、国务院印发《国家新型城镇化规划（2014—2020 年）》提出，建立财政转移支付同农业转移人口市民化挂钩机制，政府融资将由贷款为主转向发债为主，培育地方主体税种，未来房产税、资源税与环境保护税将成为地方主体税种，要放宽准入，引入社会资本参与城镇化建设。为了确保在体制机制上走出一条可推广的新型城镇化道路，2014 年，国家发展改革委等 11 部委联合印发《关于开展国家新型城镇化综合试点工作的通知》，要求试点地区探索建立农业转移人口市民化成本分担机制，建立健全由政府、企业、个人共同参与的农业转移人口市民化成本分担机制，出台具体可操作的农业转移人口和其他常住人口落户标准，同时改革完善农村宅基地制度。

4. 农村发展政策

近半个世纪以来，中国的经济政策一直沿袭着向城市和工业倾斜的做法。但是在 20 世纪 80 年代农村家庭联产承包制实行后，劳动力开始从先前低效的集体农业劳动中解脱出来，进入当地乡镇企业就业，乡镇企业前后累计至少提供了 1 亿多个工作机会，1996 年 1.35 亿个，2005 年 1.42 亿个，农村工业化政策的突出贡献在于促进非农就业的增长上。

20 世纪 90 年代随着农村人口大量外流，农村相对于城市发展大大落后。国家出台一系列农村发展政策来帮助农村地区生产与农民生活质量的改善。从 2004 年开始，中央政府集中采取了包括取消农业特产税、农业税减免、粮食直接补贴、良种补贴、农机具购置补贴等一系列惠农支农政策。同时，新农村建设政策的出台，意在改善农村的生活环境，提高农村的生活水平与条件。

早期农村发展政策取得了空前的成功，使农村工业发展推进，带来了大量的非农就业机会，也极大地提高了当地农民非农产业收入，"离土不离乡"的农民可以继续在农忙季节返回，负担起家庭责任。后期农村发展政策着力在农民居住条件与生活质量的改善方面，应该说两项政策的目标都有助于缓解日趋扩大的城乡收入差距，对农民收入增长也有着一定的贡献。2004~2006 年农民的人均纯收入连续三年实现 6% 的增长，这也是自 1985 年以来所没有的现象。惠农政策对于减少农村人口外出务工和促进农民工返乡起到了一定的积极作用，这同时也有利于农村的长远发展与社会稳定。

目前农村发展仍然需要大量的投入，完善基础设施，提高农民的居住条件与生活质量，经常被看作减少农村人口持续外流的重要手段，但情况并不总是这样的。实际上，新农村建设政策是否能够最终减少农村人口外流，还有待于进一步观察。

5. 青年人口发展政策

青年作为国家的未来，理应受到重视，为此本小节着力于回顾与探讨中国青年人口的发展政策。新中国成立以来户籍制度等的建立、人口流动政策的发布等都对人口流动产生很大的影响。事实上，1968 年开始的知青下乡是正式针对青年人口流动的政策，随后，恢复高考政策、知青回城、国企的接班制度、20 世纪 80 年代的出国热、劳务输出以及人口的返乡创业和后来的国考热等制度都是直接关乎人口流动的人口发展政策。

知青下乡（20 世纪 60 年代末）：1968 年 12 月 22 日，《人民日报》发表《我们也有两只手，不在城里吃闲饭》，提出"知识青年到农村去，接受贫下中农的再教育，很有必要。要说服城里干部和其他人把自己初中、高中、大学毕业的子女，送到乡下去，来一个动员。各地农村的同志应当欢迎他们去。希望广大知识青年和脱离劳动的城镇居民，热烈响应毛主席这个伟大号召，到农业生产的第一线去"。自此号召一出，彼时的中国掀起了轰轰烈烈的知识青年上山下乡运动。至 1973 年 12 月 8 日，全国有 800 多万城镇青年上山下乡，总共涉及将近 1800 万的知识青年，这在人类历史上是空前绝后的。

恢复高考（1978 年）：1977 年国家领导人邓小平意识到，国家兴盛的关键在于人才，于是在 1978 年恢复高考。很多在"文化大革命"时期被迫放弃学业当了知青的"老三届"在 1977 年、1978 年恢复高考时考取大学，成为社会的栋梁，目前许多单位的技术部门都由他们主持工作。

知青回城："文化大革命"结束后，这场始于 20 世纪 50 年代初、结束于 70 年代末的上山下乡运动结束，大批知识青年返回城市。并且，知青职工子女顶替政策放宽，临近退休年龄的职工可办理退休手续并且可以由一子女顶替。大动荡、大迁徙，以及后来的大返城，使得这一代人的经历前所未有的复杂、曲折，许多人的生活具有大起大落和各种悲欢离合的情节，相互之间的命运、前途形成巨大落差。那些有幸赶上 77、78 届大学末班车的知青们后来成为社会的中坚，在各个领域里影响着中国改革的进程，而大多没能考上大学的回城返乡知青最终沉淀在社会的底层，承受着改革的阵痛。

接班制度：接班就是父母退休后，由其子女办理手续，进入父母原工作单位上班，顶替空下来的名额，但不一定要继续做父母原来的工作。这种方式既可解决职工子女的就业问题，又可解决单位的缺员问题。特别是在 20 世纪 70 年代末期，随着上山下乡制度的废除，社会上出现了大量待业青年，为了解决子女就业，接班之风愈演愈烈。随着用工制度的改革，到了 80 年代末期，接班制度逐步取消。

20 世纪 80 年代出现的出国热：1979 年十一届三中全会以后，中国开始了改革开放的步伐，制定了允许和支持出国留学的政策。在将近 20 年的时间里，出国留学也走过一个从起步、发展到逐步完善的过程。据粗略估计，在 1978 ~ 1992 年短短的 15 年中，我国的出国留学人员就达 16 万人之多。比 1872 ~ 1976 年这 100 余年间留学人员的总和还多 1 万人左右。1989 年以后，我国出国留学曾经有过短暂的低潮，但是邓小平同志表示："我们对外派遣留学生不只是一个、二个，而是要成千上万地派！"于是，政府继续坚持并进一步开放了留学政策。因此，20 世纪 90 年代以来，大学生出国留学逐步走过了由冷转热的过程。而这恰恰也是政策因素和社会经济发展因素双重作用的结果，也正好从某个侧面折射出了现代中国社会的变迁与发展的实然之状。当然了，对于出现不少出国留学生滞留国外不归，造成人才流失的情况，政府和学界理应对出国留学所取得的积极成果和所存在的问题进行经验性总结。

劳务输出：到20世纪50~60年代，新中国成立以后，我国的劳务输出有了新的发展。但这一时期的劳务输出大都是站在人道主义立场，以援助亚洲、非洲的发展中国家特别是社会主义国家如苏联、蒙古国、尼日利亚等的经济建设为主。我国对外派遣了大批技术人员以及工人和医务人员，基本上是无偿的或是优惠的，并不从经济利益的角度来考虑。因此说当时的对外经济技术援助也不是真正意义上的国际劳务输出，但为我国改革开放以来的对外劳务输出打下了良好的基础。

党的十一届三中全会后，伴随着改革开放、经济全球化和世界服务贸易的发展，我国劳务输出事业才得以从无到有、从小到大真正兴起并蓬勃发展起来。特别是20世纪90年代以来，在中央"走出去"战略的指引下，我国劳务输出事业取得了更快的发展，到目前已初具规模，成为我国开展对外服务贸易的一个重要组成部分和国际劳务市场上的一支重要力量。

普通劳务依然是外派劳务大军的主力，但在少数省份已有改观。最新的统计数字显示，从事制造业、建筑业和农林牧渔业的外派劳务人员仍然占据劳工大军的绝大多数，约为75%。其中，又以制造业工人最多，占外派劳务人员总数的40%左右，建筑业也是劳工较集中从事的行业，比重超过10%。与之形成巨大反差的是，科教文卫、设计咨询和IT服务业所占比重均不足1%。不过，在有些发达省份如上海市的海外高级劳务发展较快，软件工程师、高级厨师、医师等"三师"在海外劳务市场走俏，外派高级劳务量已超过全市每年外派劳务总量的30%。

返乡创业：2004年至今，中共中央、国务院连续七年发布以"三农"（农业、农村、农民）为主题的一号文件，强调了"三农"问题在国家经济、政治与社会发展中的核心地位。其中，稳定和促进农民就业，增加农民收入一直是政策的重点内容，而扶持农民创业，实现创业富民、创业带动就业的战略也逐渐被提上日程。

2004年的一号文件《中共中央国务院关于促进农民增加收入若干政策的意见》重点关注"农民"，提出了"要加强创业扶持和服务"，但主要是针对"新办的中小型农副产品加工企业"；2007年，国家开始逐渐重视对农民创业的扶持，并且在重点扶持对象和目标上出现了变化：2008年中央一号文件《中共中央国务院关于切实加强农业基础建设进一步促进农业发展农民增收的若干意见》指出"加快提高农民素质和创业能力，以创业带动就业，实现创业富民、创新强农"；2010 年的一号文件《中共中央国务院关于加大统筹城乡发展力度进一步夯实农业农村发展基础的若干意见》更是进一步提升了扶持返乡农民工创业的战略意义，明确指出要"完善促进创业带动就业的政策措施，将农民工返乡创业和农民就地就近创业纳入政策扶持范围"。

2008 年下半年，国际金融危机持续蔓延对于我国经济的影响日益加深，加工贸易等劳动密集型产业首当其冲，导致相当数量的农民工失业返乡。返乡农民工在家乡就业大致有三条出路：重新务农、就近务工和创业。

2008 年 12 月 20 日下发的《国务院办公厅关于切实做好当前农民工工作的通知》明确指出："按照国家有关规定，抓紧制定扶持农民工返乡创业的具体政策措施，引导掌握了一定技能、积累了一定资金的农民工创业，以创业带动就业。"随后举行的中央农村工作会议再次强调"积极支持农民工返乡创业"，并具体指出要"从贷款发放、税费减免、工商登记、信息咨询等方面予以支持"。

公务员招聘：中央国家机关从 1994 年以来，就组织公务员录用考试直接招聘公务人员，补充主任科员以下非领导职务公务员。只要具有相应条件即可报考。[①] 从 1995 年开始组织实施面向应届大学毕业生的录用考试。国家公务员考试录用已成为应届毕业生就业的一个重要渠道，并将继续得到发展。

6. 居住证制度

中国在流动人口服务与管理相关的政策制度安排上，一直在走一个逐步开放，并愈发关注民生、体现公平的路程，暂住证制度、遣送制度、居住证制度，这种制度的总体发展路径是力求使外来人口能够享受迁入地市民的一些待遇。这也与流动人口制度安排相关的政府及部门在价值理念、制度设计、技术方法等方面的进步有关，更体现了政府在公共服务的改革上逐步恢复宪法上的权利平等的态势。2006 年，中共中央国务院在《关于全面加强人口和计划生育工作统筹解决人口问题的决定》（中发〔2006〕22 号）中明确提出了"实行流动人口居住证制度"。尽管各地政府试行的居住证制度尚

---

① 报考公务员必须具备一定的资格条件，其中需要年满 18 周岁且在 35 周岁以下，这是青年人口进行社会流动的好机会。

没有统一的标准，也存在反复以及争议，但总体来看是对已然存在的二元社会进行人口的重新分类，其中又涉及公共资源分配的探索性调整。从现状来看，居住证制度也逐步被一些政府所接受，正成为城市社会管理和公共服务的基本制度，成为加强人口综合调控和管理的重要抓手。[①]（见表9－10）

表9－10　中国城市居住证的时间与空间演变

年份	地区及城市				
	华北	东北	华东	中南	西南
1989			厦门（三资企业入境人员居住证）	珠海（外商居住证）	
1992			上海（工作寄住证）		
1998			上海（工作寄住证）		
1999	北京（工作寄住证）				
2000			上海（引进人才工作证）		
2002			上海（人才居住证）	深圳（人才居住证）	
2003	北京（工作居住证）	沈阳（人才居住证）	南昌（人才居住证）	珠海（人才居住证）、深圳（海外留学人员居住证）、广东（人才居住证）	
2004	太原（人才居住证）	大连（人才居住证）	青岛、厦门、杭州3城市（人才居住证），上海（居住证）	长沙（人才居住证）、东莞（广东居住证）	
2005		长春（人才居住证）			成都（居住证）
2007				郑州（居住证）	

资料来源：根据搜集到的法规规章文件整理而得。

[①]　从总体情况来看，居住证在我国实施的前期形式主要是以引进人才为目的的"人才工作证"，强调申请者具有高学历并具备所在城市急需的专业能力及技术。为吸引人才，人才居住证或工作居住证福利待遇较高，一般来说和本市居民的福利待遇相当，但想要转为常住户口仍比较困难。目前，北京、福建等省市仍实行人才（工作）居住证。但上海市率先在全国将居住证的办理范围从"引进人才"调整为流动人口，并规定居住满一定年限及符合条件即可转为常住户口。这一措施将政府对流动人口的职能从管理为主转变为服务为先。此外，浙江、广东等省也逐步在全省实施居住证制度。

从表 9 – 10 可以看出，各地的居住证制度大致类似，并具有下述几个共同点。①基本上都根据居留时间长短划分临时居住证与一般居住证。②对地方急需的人才、投资创业者、具有专业技能或较高文化程度的流动人口给予政策倾斜。③根据地方实际附加了有固定住所、固定职业或缴纳社会保险达一定期限的条件。④一般居住证的"含金量"即附加的基本公共服务大致类同。⑤大都同时出台了落户当地的条件规定，其差异主要表现在落户条件的宽严度上。有些省区市已明确规定持有居住证达到一定年份即可转为本市户口，但大部分省区市的居住证持有者仍必须符合入户规定才可入户，而落户条件中大都强调了有稳定职业或固定职业。⑥一个基本的趋势是，上海、广东、浙江等经济发达地区的限制偏严，而河南（郑州）、贵州（贵阳）、甘肃（兰州）等中西部地区的入户门槛较低，甚至可以通过简单的投靠亲属的方式落户。

2014 年 7 月 30 日，国务院印发的《关于进一步推进户籍制度改革的意见》指出"针对城区人口 500 万以上的城市现行落户政策，建立完善积分落户制度"。目前上海、广州、深圳等城市开始实施积分落户制度。积分入户是一个创举，理念先进且为流动人口的落户提供了通道。

降低文化程度门槛，加强市民化后对人力资本的培养。从积分入户制度来看，评分机制中更加注重已有学历或技能，例如，广州市 2014 年积分入户指标中，本科以上学历得 60 分、大专或高职为 40 分、中技/中职或高中为 20 分、初中及以下没有分值。在城市发展过程中，不仅需要人才，高素质人力资本的培养更为关键，每个城市有责任、有义务将现有流动人口培养为未来的人才，从而以反哺的方式促进城市的发展。同时，相关政府部门应将相关评分值表进行调整与完善，降低学历等门槛，重视对未来人才的培育，为更多的流动人口打通市民化的通道。

积分入户与居住证结合，提供不同层次公共服务。积分入户在短时间内不能覆盖所有流动人口，但是相应的公共服务应该覆盖所有人口。在推行积分入户的同时，应结合居住证制度，为流动人口提供不同层次的公共服务（见表 9 – 11）。

表 9 – 11 中国典型城市/地区居住证制度的申办条件与福利待遇

时间	城市	申办条件	持证人享有的待遇
2003 年 6 月	北京	(1) 所学专业或岗位属于本市急需专业或岗位； (2) 符合规定条件的申报单位连续聘用满 6 个月以上； (3) 具有 2 年以上工作经历并取得学士（含）以上学位或具有中级（含）以上技术职称或相当资格、资质； (4) 在本市有固定住所； (5) 男性不超过 60 周岁，女性不超过 55 周岁	(1) 子女借读：子女在京入托、中小学就读，免收借读管理费； (2) 房产问题：可在本市行政区域内购买商品房，批准上市的已购公房和存量房，按有关规定购买经济适用住房； (3) 证照办理：按照公安部的有关规定，对符合条件的，可在本市办理因私出国商务手续，可申请办理驾驶证以及机动车注册登记手续； (4) 科技申报：可在本市创办企业，可以企业法定代表人身份申请认定高新技术成果转化项目和科技项目资助； (5) 参加评选：可列入本市人才培养计划，并可参加本市有关人才、专家奖励项目的评选； (6) 资格评定、考试和鉴定：可参加本市专业技术职务的任职资格评定（考试、执业（职业）资格考试、执业（职业）资格注册登记； (7) 社保医保：可参加本市基本养老保险、城镇职工基本医疗保险，并可按有关规定在本市缴存和使用住房公积金
2002 年 6 月	上海	具有本科以上学历或者特殊才能的国内外人员	(1) 子女就读：可申请子女义务教育和高中教育阶段就读及参加高考； (2) 社保医保：可参加本市基本养老保险和基本医保险并在本市缴存和使用住房公积金； (3) 可接受行政机关聘用； (4) 证照办理：可办理因私出国手续，兑换外汇，办理居留登记和签证等； (5) 资格评定、考试和鉴定：可参加任职资格评定和职业资格考试和登记、申报专利奖励； (6) 科技申报：可创办企业，从事科技活动申报科技奖励
2003 年 9 月	广东（州）	(1) 符合本市引进人才专业需求； (2) 具有本科及以上学历及有学士及以上学位和中级以上专业技术资格，或者具有技师资格及以上的特殊技能	(1) 可以注册工商营业执照，以技术入股或者投资等方式创办企业。 (2) 科技申报：可以参与科技项目招投标，申报科研课题，申报省有管理权限的部门审批，可以以短期聘用，可以以短期聘用、项目聘用等方式，接受 (3) 经有关省管理权限的部门审批，提供相应的服务；根据工作需要，可以以聘用方式担任国有企业行政机关聘用，从事相应的服务

续表

时间	城市	申办条件	持证人享有的待遇
2003年9月	广东（州）	（3）具有从事5年以上应聘职位或要求的本专业工作资历，掌握所要承担实施技术指导的知识和技能，并能正确实施本职工作，胜任本职工作； （4）遵守国家和本省的法律法规以及应聘单位依法制定的规章制度，没有犯罪记录。	业、高等院校、科研院所等单位和中介机构的领导职务；符合本省公开选拔领导干部资格条件的，可以报名参加公开选拔领导干部。 （4）资格评定、考试和鉴定：考试或本省专业技术职务的任职资格评定、考试或执业（职业）资格考试。 （5）子女就学：居住证正有效期在3年及以上的，可以在居住地申请子女入学（托）；幼儿教育、义务教育、普通高中教育阶段，由居住地所在市、县、区教育行政部门按近安排到具备相应接收条件的学校就读；中等职业教育，由居住地所在市、县、区行政部门按高中毕业生的原则就近安排，可以参加广东统一高考，育行政部门规定的境内人员到本省高校，省、市高校或者民办高校，报考本省部委属高校的，可以参加高考。 （6）社保医保：境内人员加入外国国籍的留学人员，接受行政机关招录，参照公务员管理的留学人员，可以参加本省机关其他单位事业单位聘用的，可参加企业基本养老保险，省缴存和使用住房公积金。 （7）科技申报：在本省实施其发明创造专利权利的，可以申报广东发明创造专利利大。 （8）证照办理：可以按照公安部门的有关规定，办理因私出国商务手续，省内可申请机动车驾驶证和行驶证，购置小型机动车入户，可乘坐各种民用交通工具，注册登记，并享受本省居民同等待遇。 （9）户籍获取：要求取得本省户籍的，应当按照国家和本省有关规定另行办理相关手续。
2002年3月	深圳	具备下列条件之一的专业技术岗位或管理岗位上的人才： （1）具有高级专业技术资格； （2）具有高级技师技术等级； （3）具有硕士研究生毕业以上学历；	（1）子女就读：未成年子女入幼儿园，中小学就读免缴借读费，并可以报考重点中学的高中部； （2）社保医保：可办理综合医疗保险； （3）房产问题：可申请租用市、区住宅用房部门开发的全成本价安居房或社会微利价安居房。

续表

时间	城市	申办条件	持证人享有的待遇
2005年2月	成都	(1) 就业的，半年以上综合保险证明、稳定就业证明或者投资、经商等相关证明材料； (2) 作为人才引进的，按照市政府批转市公安局《关于户口调整现行户口政策意见的通知》规定，提供学历证明、专业技术证明、能力业绩证明等相关材料	(1) 子女就读：子女可申请在本市接受义务教育，由居住地的教育行政管理部门按有关规定安排就读。 (2) 计划生育：可以免费享受国家规定的基本项目的计划生育服务。 (3) 卫生防疫：16周岁以下子女可以按规定享受本市计划免疫等服务。 (4) 证照办理：可以按照国家和本市有关规定，在本市申领机动车驾驶证、边境通行证，办理机动车注册登记手续等证照。 (5) 科技申报：在本市实施其科技成果转化的，可以按规定申请认定高新技术成果转化项目，参与科技项目招标评标，申报科技奖助或者规定可以按规定申领专利补助基金。 (6) 资格评定、考试和鉴定：可以按规定参加本市专业技术职称资格评定和各类职称的统一考试及相应的注册登记。 (7) 参加评选：可以参加本市劳动模范、"三八红旗手"等的评选，并享受相应待遇。 (8) 转办常住户口：符合一定条件的，可以申请转办本市常住户口，转办本市常住户口的具体条件，由市人民政府另行规定。 (9) 其他待遇：可以享受国家和本市规定的其他待遇。
2007年8月	郑州	本市市区范围内（不含上街区）暂时居住的人员，拟在暂住地暂住30日以上的	(1) 子女就读：子女上小学可以就近入学，子女就读幼儿园可获政府补贴； (2) 证照办理：持证半年以上的外地人员，可办理驾照和车辆上牌； (3) 房产问题：凭证居住郑州一年以上的外地人员，可在郑购房； (4) 卫生防疫：子女可以接受计划免疫接种； (5) 劳动就业：享受劳动就业等一系列优惠政策
2004年4月 （1989年9月）	厦门	(1) 柔性引进的对象原则上应是本市经济建设和社会发展所需的，属本市紧缺专	(1) 科技项目：可申办本科技型企业和研发机构，参与科技项目招标，申报科技项目、申请科技经费资助，申报科技奖励及其他评比奖励活动。

时间	城市	申办条件	持证人享有的待遇
2004年4月（1989年9月）	厦门	业的具有本科以上学历或中级以上职称的专业技术人才和管理人才； (2) 相关法律、法规规定暂时不得流动的人员除外	(2) 资格评定、考试和鉴定：按照《厦门市流动人员评审专业技术职务任职资格行暂行规定》，可在厦申报评审或确认专业技术职务的任职资格、执业（职业）资格考试、执业（职业）资格登记。 (3) 社保医保：可参加本市职工基本养老保险、工伤保险个人账户资金不转移，医疗保险个人账户资金一次性支付给本人。在本市工作期间发生工伤，由用人单位按工伤规定支付相应的待遇。个人及其原养老、医疗保险关系和养老、工伤保险已参加工伤的，可将其个人账户保险的，由用人单位按住房公积金规定提取住房公积金，个人可按规定提取住房公积金申请住房公积金贷款；居住证持满而不再续办的、离开本市时，可按规定办理住房公积金余额提取或转移手续。 (4) 证照办理：持有居住证满一年以上的人才，可在厦申请出国（境）、公务、商务活动和往港、澳旅游手续；可凭居住证件向市公安交通管理局申请办理机动车注册登记手续。 (5) 子女就读：符合计生规定的子女需在厦接受义务教育的，可凭父母的居住证在居住地教育行政主管部门安排到所片区内学校就读，学校不收取额外费用。 (6) 科技申报：未厦投资创办企业和高新技术成果转化的，自主研究开发和引进的科技成果作价入股的，根据国家、省、市的相关法律、法规和政策规定执行

资料来源：根据搜集到的法规规章文件整理而得。

知识卡片：从"闯关东"到"回山东"

闯关东（山海关以东辽宁、吉林、黑龙江三省，即今天的东北地区）、走西口、下南洋可以说是中国历史上三次规模宏大的人口迁移，其中闯关东以规模大、历时长而著称。央视大型连续剧《闯关东》的热映，再次引起了人们对闯关东这段历史的关注与回忆。从清朝起至新中国成立之前，山东人闯关东的历史绵延了300余年，这期间抗日战争的爆发也没能阻止人们闯关东的脚步。山东众多的人口在新中国成立前落后的生产方式下产生了巨大的人口压力，加上土地分配不均、洪涝干旱等自然灾害频繁发生，造成大批农民破产、逃荒，地广人稀、土地肥沃的东北地区对山东省迁出者产生了巨大拉力，而且两地区地理位置接近、隔海相望，便利的交通减少了迁移的中间障碍。推力、拉力及较小的中间障碍为山东人闯关东创造了良好的条件，这构成了新中国成立前山东人闯关东的主要因素。在抗日战争时期，尽管日本人封锁关东地区，但是山东人传统的闯关东也并没有因此而中断。1931年以后非强制性移民虽然大幅度减少，但是1932～1935年，据不完全统计山东总共有1722000人出关谋生。1936～1942年每年移入东北的迁移者至少也在32万人，特别是1939年后，更高达98万余人，比上一年多49万余人（夏明方，2000）。新中国成立后，中国为了有计划地改变工业布局，把沿海工业密集工厂内迁到西北、西南边疆省区，苏联援助的100多个项目中有一半安排在东北地区。这些工业的发展都需要大量的劳动力，因而国家组织了有计划的移民。其中，大量移民是从山东迁往东北工业基地的。同时，这段时间自发性移民也是很多的。尽管土地分配给了农民，但是自然灾害的发生，以及新中国成立后补偿性生育带来的人口高出生，还是使得山东人口压力过大。因而传统的闯关东还在继续着。

然而，改革开放以来，这种人口从山东北上闯关东的迁移方向开始发生逆转，很多早年迁往东北的山东人开始返迁山东，而且一些东北当地人也开始向山东迁移。改革开放以后东北移民的大量回迁成为山东省人口变动中一个引人注目的新特点。1987年1%人口抽样调查资料表明，1982年7月1日至1987年6月30日5年期间黑龙江省迁往山东省的人口为 13.85 万人，是山东省迁往黑龙江省的 2.29 倍，占黑龙江省迁往外省市人口总数的 30.76%，占外省市迁往山东省移民总数的 40.9%。根据 1990 年第四次全国人口普查，山东省省际人口迁移涉及除西藏外的 27 个省、自治区、直辖市，迁移的分布明显较为广泛。但在山东由省外迁入的人口中，由东北地区迁入的规模最大，占迁入人口总量的 36.92%。从迁入的省份来看，黑龙江省占首位，为 21.89%；其次为吉林省，占 10.72%；辽宁省占 4.31%。根据 1990 年第四次全国人口普查数据，按 1985 年 7 月 1 日常住地和现住地统计的迁移人数中，从山东迁移至东北的人数大约为 186728 人，而东北三省迁移至山东的人数为 216333 人，后者是前者的 1.16 倍。2000 年第五次全国人口普查，按照户口登记地和现住地进行的迁移人数统计中，山东迁往东北三省的人数为 215110 人，而东北三省迁往山东的人数为 363528 人，后者是前者的 1.69 倍。2005 年 1% 人口抽样调查中，按照户口登记地和现住地进行的迁移人数统计中，山东迁往东北的人数为 2395 人，而东北迁往山东的人数为 6977 人，可推算全部人口中，山东迁往东北的人数为 239500 人，东北迁往山东的人数为 697700 人，后者是前者的 2.91 倍。从中我们可以很明显地看出，东北到山东的净迁移人数在迅速增加，从 1990 年的 29605 人，到 2000 年的 148418 人，2005 年时迅速增加至 458200 人。

关于"闯关东"到"回山东"的人口迁移议题，感兴趣的读者可自行查阅更多相关的中英文学术文献。

第四部分

人口预测与人口政策

第十章 人口预测

人是社会经济领域中最活跃、最重要的因素。一个国家或地区乃至全世界人口的多少对其社会与经济的发展都非常重要，所以，很早以前，人们就密切关注人口的发展变化，预测未来的人口数量。比如，英国的人口学家马尔萨斯就最早利用微积分的方法预测人口。人口预测是对于特定地区未来时间人口的条件估计（Davis，1995），其是人口分析最为核心的内容之一。实际上，无论是生育研究、死亡研究还是迁移研究，大都是为人口预测和人口预测需要回答的主要问题服务的，人口预测方法和人口预测结果的科学性，或多或少有赖于上述基础研究工作的进展。人口预测方法的研究和探索是人口研究方法最活跃的领域（王广州，2010）。关于人口预测的英文与中文专著与文献都异常丰富，比如萨基（Sage）出版社 1985 年出版的 *Regional Population Projection Models*，施普林格（Springer）出版社 2013年出版的 *A Practitioner's Guide to State and Local Population Projections*，北京大学出版社 2011 年出版的《人口分析方法与应用》（第二版）的第十一章也详细阐释了一些经典与前沿的人口预测方法。本章首先对人口预测的基本内容与作用进行介绍，然后使用翔实的案例应用的方式例解趋势外推法与队列要素预测两类基本并常用的人口预测方法，最后介绍近些年来发展起来的一些前沿的人口预测模型（软件）。

第一节 人口预测的介绍

一 人口预测的含义

1. 人口预测的含义

人口预测，是指根据一个国家、一个地区现有人口状况及可以预测到的未来发展变化趋势，测算在未来某个时间点人口的状况。这里说的人口状况，首先是指人口的数量，其次是指人口的性别、年龄构成。在此基础上，结合更为复杂的模型（软件）还可以对这个国家或地区未来一定时间范围内人口的区域分布、婚姻状况、受教育程度、家庭结构等进行预测与相应的分析。

一方面，人口是反映国情、国力基本情况的重要指标，也是区域研究所必须考虑的重要因素之一，另外，分析一个国家或地区的人口与社会现状、制定相应的发展规划时首先要考虑的基本问题也是具有一定可靠性的人口预测数据。另一方面，人口是衡量城市化水平的决定性因素之一，所以人口预测就自然地成为制定和顺利实现社会经济各项战略设想的基础和出发点，也是制定正确合适的人口政策（人口政策的相关含义与阐释请见本书最后一章）的科学依据。

2. 人口预测的基本内容

进行人口预测，我们首先关心的是未来的人口总数。而预测人口总数，一般的方法即是"直接推算法"，即根据基年（Base Year）的人口总数直接推算未来的人口数；另一类是"分要素推算法"，即先分别预测影响人口总数的各项要素，比如人口出生数、人口死亡数，乃至人口迁移数，最后再结合起来推算未来的人口总数。此外，在很多时候，我们还需要掌握未来人口的性别、年龄结构信息，以及其他的比如家庭结构、受教育程度等信息，这些也都是影响人口预测的关键内容。

二 人口预测的作用

人口预测不仅是必要的，而且也是可能的。因为，事物发展变化总是有一定规律的，人口的出生率、死亡率等是在不断变化的，但这些变化是逐渐的，沿着一定方向的，而不是杂乱无章的，因而是可以认识和预见的。当然，任何时候进行的预测也只能是根据当时所掌握的情况和当时能预见的变化，不能也不应要求这种预测是一成不变的。随着新情况的出现、认识的不断深化，理应不断地修订原来的预测，使之更准确地反映其所需要体现的发展趋势。具体到其作用，可以从以下几个方面来阐释。

首先，从将人口作为消费者的视角来看，我们在制定国家或地区层面今后的经济发展计划和其他事业的发展计划时，必须考虑到未来一定时期将要消费这些产品、享用这些设施效益的人口数。否则，就缺乏一个客观的衡量标准。其次，从将人口作为生产劳动者的视角来看，我们在安排国家或地区层面未来各项生产和其他事业的发展计划时，也要考虑当时能够参加这些劳动的人数，即劳动力人口。最后，在当前，面对地球上一定的土地和有限的资源，为了研究是否有足够的资源来满足地球上人类日益增长的各种需要，实现持续发展的战略，应对三种因素进行充分估计，即人口增加的可能规模、人类各种消费的可能数量以及资源可供利用的价值。预测将取决于上述三者的生态学上的相互依赖程度。与此同时，人们为增加对消费品的追求，必然要使环境付出一定的代价，使环境污染问题加重。要取得最佳平衡状态，既不能降低人们的生活水平，又可以实现可持续发展的要求，就必须对人口发展进行预测，有效地控制人口增长。在这种情况下，就要求对预测所显示出来的未来发展趋势和可能出现的结果，不能消极等待、被动接受，而应积极采取措施，控制人口的数量。

第二节　趋势外推法

一　线性增长法

1. 线性增长预测方法

人口预测的算术级数法是，假定历年人口增长的绝对数相同，只要把上一年末的人口总数加本年度人口增加数，就等于下一年初的人口总数。其表达式为：

$$P_t = P_0 + bt \qquad\qquad (10-1)$$

式中，t 表示时间；P_t 为各年人口预测值；P_0 为预测起点人口数，即 $t=0$ 时人口数；b 为逐年人口增加数（即 t 变动一年的增加数）。

2. 线性增长预测的应用

例如，假设中国 1964 年人口数为 7 亿人，年自然增长率为 2.6%，即每年净增人口为 0.18 亿，则，

1990 年人口为：

$$7 + (0.18 \times 26) = 11.68（亿人）$$

2000 年人口为：

$$7 + (0.18 \times 36) = 13.48(亿人)$$

2010 年人口为：

$$7 + (0.18 \times 46) = 15.28(亿人)$$

从以上计算流程可知，用算术级数法预测人口，方法简单，计算方便。但由于影响人口增长变化的因素很多，因此不可能在一个比较长的时期内，每年的人口都按照一个绝对量增加。所以，线性增长预测方法预测短期的人口变化是可行的，而在预测较长时间的人口增长时则误差较大，不宜使用。

二 复利增长法

1. 复利增长预测方法

一般情况下，经过长期的观察，人们可以发现，一个地区、一个国家的人口数量是比较平衡地、均匀地增长，而且这个增长数量基本上和原有的人口数成比例，即可以按一个不变的自然增长率增加，对于这样增长的人口，我们可以用几何级数来预测未来各年的人口。此法一般采用下列公式计算：

$$P_t = P_0 \times (1 + k)^t \qquad (10-2)$$

P_0 为基年的人口总数；P_t 为预测年的人口总数；k 为每年的人口自然增长率；t 为年数。

2. 复利增长预测的应用

例如，假设中国 1964 年人口数为 7 亿人，每年的人口自然增长率为 2%，则，

1990 年人口为：

$$P_{26} = 7 \times (1 + 2\%)^{26} = 11.71(亿人)$$

2000 年人口为：

$$P_{36} = 7 \times (1 + 2\%)^{36} = 14.28(亿人)$$

2010 年人口为：

$$P_{46} = 7 \times (1 + 2\%)^{46} = 17.41(\text{亿人})$$

三 马尔萨斯人口模型

1. 马尔萨斯人口模型

马尔萨斯（T. J. Malthus）根据他那个时代欧洲百余年的人口统计资料，利用微积分的方法，于 1798 年成功地建立了人口指数增长模型。马尔萨斯人口模型，又称为指数增长预测。实际上，人口的增长变化是一个连续不断的过程。在一年当中，出生、死亡和迁移随时都在发生，不论将时间间隔划分得多细，后一时期的人数与前一时期的人数相比总是有所增减的。马尔萨斯做出如下假设：

（1）假设所考虑的人口发展过程是比较平稳的，即没有大规模的战争、瘟疫等使人口波动激烈的现象出现（这是根据人口发展的一般的、最常见的情况去建模，因而建立的数学模型适用于这种情况）；

（2）人口数量为时间的连续可微函数（由于人口的变化不可能是连续的，人口数量一般来说非常大，为了能用微积分解决这个问题，需要做出假设，就是将离散的问题做连续化处理，以便获得更多的解题方法）；

（3）人口增长率为与时间无关的常数，记作 r（这是由马尔萨斯研究了100 年来人口统计数据做出的，显然是一种近似）。

根据假设（3），人口增长率为与时间无关的常数，即任意时刻 t 均有：

$$\lim_{\Delta t \to 0} \frac{p(t + \Delta t) - p(t)}{\Delta t \times p(t)} = r \qquad (10 - 3)$$

再根据假设（2），人口数量为时间的连续可微函数，即可得 $p(t)$ 满足如下微分方程：

$$\frac{d_p}{d_t} = rx \qquad (10 - 4)$$

$$p(0) = x_0 \qquad (10 - 5)$$

这就是在我们的模型假设下人口发展所要满足的微分方程。有了初始条件的一阶线性常微分方程，便很容易求解，即如果将时间间隔无限缩小，而使时期数目 t 无限增多，就变成了以下的指数方程：

$$p(t) = p_0 \times e^{k_t} \qquad (10 - 6)$$

式中，e 是自然对数的底，其近似值为 2.7183。这个解表明人口将按指数规律增长，这就是世界著名的马尔萨斯人口模型。

2. 马尔萨斯人口模型在预测上的应用

例如，1973 年世界人口数为 38.6×10^8 人，其每年增长率为 2%，到 2010 年时，世界人口是多少？

我们可以看到，这里 $p_0 = 38.6 \times 10^8$，$k = 2\%$，那么，

1990 年：$t = 17$，$k_t = 0.34$

$$p_{17} = 38.6 \times 10^8 \times e^{0.34} = 38.6 \times 10^8 \times 1.405 = 54.2 \times 10^8 （人）$$

2000 年：$t = 27$，$k_t = 0.54$

$$p_{27} = 38.6 \times 10^8 \times e^{0.54} = 38.6 \times 10^8 \times 1.716 = 66.2 \times 10^8 （人）$$

2010 年：$t = 37$，$k_t = 0.74$

$$p_{37} = 38.6 \times 10^8 \times e^{0.74} = 38.6 \times 10^8 \times 2.096 = 80.9 \times 10^8 （人）$$

上述数学模型是在所给出的模型假设条件下得到的。如果人口的发展确实是按照这个假设条件在发展，那么这个模型应该是对的。用 19 世纪以前欧洲一些地区人口统计数据检验这个模型，得到了令人满意的结果。但是，人口的发展真的是按照这样的规律在发展吗？在马尔萨斯以前的 100 年里，人口发展基本上是按照这个规律发展的。那么，以后人口的发展是否还将按照这个规律发展，从这个模型本身用纯粹的数学方法就可分析出结论。

由数学模型

$$p(t) = p_0 \times e^{k_t} \tag{10 - 7}$$

考虑当 $t \to \infty$ 时，取上式的极限得到：

$$p(\infty) = \lim_{t \to \infty} p_0 \times e^{k_t} = \infty \tag{10 - 8}$$

这就是说，时间很久以后，人口将无限增加，以至于趋于无穷大，这显然是不可能的。通过简单的分析就能证明这个模型在 t 较大时是不适用的，同时事实也是这样的。

四　逻辑斯蒂人口增长模型

随着人口的增加，自然资源、环境条件等因素对人口增长开始起阻滞

作用，因而人口增长率不断下降。也就是说，人口不可能无限地按照上述的指数增长，而且上述马尔萨斯人口模型（指数增长公式）推算出的人口明显增长过快。基于以上考虑荷兰生物学家 Verhaust 对原人口发展模型进行了改造，于 1838 年提出了以昆虫数量为基础的"Logistic 人口增长模型"。这个模型假设增长率 r 是人口的函数，它随着 x 的增加而减少。最简单的假定是 r 是 x 的线性函数，其中 r 称为固有增长率，表示 $x \rightarrow 0$ 时的增长率。

Logistic 函数适用于无法进行因素预测的小区域人口预测，且预测期不宜过长。其方程形式为：

$$p_t = \frac{p_m}{(1 + e^{\alpha - \beta t})} \qquad (10-9)$$

这一函数也称为逻辑斯蒂（Logistic）曲线，Logistic 函数或 Logistic 曲线是一种常见的 S 形函数，它是皮埃尔·弗朗索瓦·韦吕勒于 1844 年或 1845 年在研究它与人口增长的关系时命名的。p_t 为第 t 年的人口规模；p_m 为人口极限规模；α、β 都为计算系数。逻辑斯蒂（Logistic）曲线的含义为，在人口发展的早期人口总量的增长速度虽快，但人数增加不多，以后人口增长速度不断放慢，每单位时间增加的人数也逐渐减少，最后人口规模接近最高值 p_m。

学者利用美国历史上的人口学数据做验证，发现该模型相比指数模型拟合效果要好很多，但是由于该模型建立在前述的环境所能容纳的最大人口数量 p_m 为定值的情况下，而对于实际情况来讲，p_m 的值是很难确定的，即使得以确定，p_m 的值也会随情况变化而变化。因此该模型虽然在理论层面很好，但其实用性也并不强。

五　年龄移算法

1. 年龄移算方法

人口发展的预测方法常用的有年龄移算法，亦称"年龄移算预测模型"，它是指以各个年龄组的实际人口数为基数，按照一定的存活率进行逐年递推来预测人口的方法。它是一种最基本的人口预测方法，也是一种被借鉴、应用较多的人口预测模型，大部分人口预测模型都是建立在年龄移算预测模型之上的。

年龄移算法的重要原理是将人口看作时间的函数。简单来说，这个原理就是将人口的年龄用时间来表示，过一年人就会长一岁。正是因为这个原理，年龄移算法可以把某一年度或者某一年龄组的人口数在其相应年龄组的死亡率水平条件下，通过转移到下一个年度或者下一个年龄组，而将下一个年度或者下一个年龄组的人口数测算出来，而且具有相当高的准确性。同时根据妇女生育水平来推测下一代新出生的人口数。

年龄移算法的主要优点在于，其移算原理严谨，方法简便易行，在人口预测研究上应用十分广泛。而且，年龄移算法不仅可以对总量人口进行预测，同时可以获得分性别、分年龄的人口数，信息更加明确。

具体计算中，对于一个封闭人口（不存在迁移的人口）而言，我们仅需要考虑的是自然变动（生育、死亡）对人口增长的影响。我们根据初始时期的分性别、分年龄的人口数，分性别、分年龄的存活率和妇女分年龄生育率数据进行预测。其计算公式如下所示：

$$p_x(t+1) = (1 - q_{x-1}) \times p_{x-1}(t) \qquad (10-10)$$

$$B(t) = \sum_{x=15}^{49} W_x(t) \times f_x \qquad (10-11)$$

$$p_0(t+1) = (1 - q_B) \times B(t) \qquad (10-12)$$

其中，$p_x(t+1)$ 为 $t+1$ 年年初 x 岁人口数；$p_{x-1}(t)$ 为 t 年年初 $x-1$ 岁人口数；q_{x-1} 为 $x-1$ 岁人口死亡概率；x 为确切年龄；$B(t)$ 为 t 年年内出生人数；$W_x(t)$ 为 t 年 x 岁育龄妇女人数；f_x 为 x 岁妇女生育率；$p_0(t+1)$ 为 $t+1$ 年年初 0 岁人口数；q_B 为当年出生婴儿的死亡概率。

这里需要特别指出的是，实际中，除了世界人口作为一个整体进行预测时是封闭人口，人口变动只受出生与死亡的影响外，其他情况下几乎没有封闭人口。当对我国总人口进行预测时可以近似地将其作为封闭人口，忽略国际迁移的影响。但是当对省、市甚至更小范围的人口进行预测时，我们很难忽略人口迁移的影响。

因而，我们在封闭人口年龄移算的基础上，需要将各年龄的净流入人口考虑进来。也就是说，

$$p_x(t+1) = (1 - q_{x-1}) \times p_{x-1}(t) + V_x(t+1) \qquad (10-13)$$

$$B(t) = \sum_{x=15}^{49} W_x(t) \times f_x \qquad (10-14)$$

$$p_0(t+1) = (1 - q_B) \times B(t) + (1 - q_B) \times V_0(t+1) \qquad (10-15)$$

其中，$V_x(t+1)$ 为 $t+1$ 年 x 岁净迁移人口数；$V_0(t+1)$ 为 $t+1$ 年净迁移出生婴儿数。

2. 年龄移算法的应用

（1）总体预测

育龄妇女是现在国家卫生和计划生育委员会中计生部门的主要服务对象，根据第六次全国人口普查公报资料显示，2010 年中国育龄妇女总量为 3.798 亿，庞大的育龄妇女群体意味着计生服务需求量巨大。考虑未来育龄妇女的变动趋势是计生服务提供需求的最重要的影响因素。我们以此为例，根据 2010 年第六次全国人口普查女性分年龄人口数，采用年龄移算法，预测 2011 ~ 2020 年育龄妇女的变动趋势。

在该预测中，我们假定分性别年龄死亡率稳定在 2010 年水平不变，考虑到目前中国人口的国际迁移率非常低，因此我们假定国际迁移为 0，即在封闭人口中利用年龄移算法进行预测，具体如下。

从 2010 年到 2020 年，即 2010 年 5 ~ 14 岁人口逐步进入育龄期，而 40 ~ 49 岁妇女逐步退出育龄期，不涉及 0 岁人口变动，即没有"出生"的影响，因而，在影响人口变动的三大要素中，除去出生、迁移后，引起育龄妇女变动的因素只有"死亡"因素。此处，我们假定分性别、分年龄死亡率保持 2010 年水平不变，2010 年 5 岁人口考虑死亡因素逐年变为 2011 年 6 岁人口、2012 年 7 岁人口……2020 年 15 岁人口，以此类推，即可以得出 2011 ~ 2020 年逐年的育龄妇女数。

首先需要注意的是，根据"六普"数据可以获得女性分年龄死亡率，根据生命表（见本书第七章的相应内容）中死亡率与死亡概率的转换可以求得死亡概率，从而得到女性分年龄存活率。其计算的公式为：

$$q_x = \frac{2m_x}{2 + m_x} \tag{10 - 16}$$

其中，0 岁死亡概率，$q_0 = \dfrac{m_0}{1 + 0.7m_0}$[①] $\tag{10 - 17}$

从而，某年某岁人口数的计算公式为：

---

① 该公式为经验公式，经验值为 0.7 ~ 0.9，但我们一般采用 0.7。

$$p_x(t+1) = (1 - q_{x-1}) \times p_{x-1}(t) \tag{10-18}$$

例如，2011 年 6 岁人口数 = 2010 年 5 岁人口数 × （1～5 岁死亡概率）

$$= 6743986 \times （1 - 0.00025）$$

$$= 6742300 （人）$$

详细结果如表 10 - 1 所示。

表 10 - 1　根据年龄移算法对中国 2011～2020 年育龄妇女规模的预测

单位：岁，万人

年龄	2010年	死亡概率	2011年	2012年	2013年	2014年	2015年	2016年	2017年	2018年	2019年	2020年
0	633											
1	708	0.00069										
2	711	0.00045	708									
3	698	0.00033	711	708								
4	697	0.00027	698	711	708							
5	674	0.00025	697	698	710	707						
6	677	0.00023	674	697	697	710	707					
7	614	0.00019	677	674	697	697	710	707				
8	624	0.00019	614	677	674	697	697	710	707			
9	652	0.00018	624	614	677	674	697	697	710	707		
10	662	0.00021	652	624	613	677	674	697	697	710	707	
11	641	0.00020	662	652	624	613	676	674	696	697	710	706
12	711	0.00020	641	662	652	624	613	676	674	696	697	709
13	706	0.00019	711	641	662	652	624	613	676	673	696	696
14	743	0.00019	706	711	641	662	652	624	613	676	673	696
15	850	0.00021	743	706	711	641	662	652	624	613	676	673
16	900	0.00021	850	743	706	711	641	662	651	623	613	676
17	1001	0.00022	899	850	743	706	710	641	662	651	623	613
18	1001	0.00023	1001	899	850	743	706	710	641	661	651	623
19	1046	0.00022	1001	1001	899	849	742	706	710	640	661	651
20	1383	0.00024	1046	1001	1001	899	849	742	705	710	640	661
21	1320	0.00025	1382	1046	1001	1001	899	849	742	705	710	640
22	1219	0.00026	1320	1382	1046	1000	1001	898	849	742	705	710
23	1282	0.00028	1219	1320	1382	1046	1000	1000	898	849	742	705
24	1137	0.00029	1282	1219	1319	1381	1045	1000	1000	898	848	741

年龄	2010年	死亡概率	2011年	2012年	2013年	2014年	2015年	2016年	2017年	2018年	2019年	2020年
25	996	0.00030	1136	1282	1219	1319	1381	1045	1000	1000	898	848
26	983	0.00029	996	1136	1281	1218	1318	1381	1045	999	999	897
27	968	0.00031	983	996	1136	1281	1218	1318	1380	1044	999	999
28	1105	0.00031	968	983	996	1136	1280	1218	1318	1380	1044	999
29	965	0.00034	1105	968	982	995	1135	1280	1217	1317	1379	1044
30	932	0.00036	965	1105	967	982	995	1135	1280	1217	1317	1379
31	972	0.00038	932	965	1104	967	982	995	1135	1279	1216	1316
32	957	0.00039	972	932	965	1104	967	981	994	1134	1279	1216
33	889	0.00040	956	972	932	964	1103	966	981	994	1134	1278
34	1011	0.00046	889	956	972	931	964	1103	966	981	994	1133
35	1037	0.00047	1011	889	956	971	931	963	1103	965	980	993
36	1122	0.00049	1036	1011	888	955	971	930	963	1102	965	980
37	1171	0.00052	1121	1036	1010	888	955	970	930	963	1101	964
38	1207	0.00054	1170	1121	1036	1010	887	954	970	929	962	1101
39	1227	0.00058	1206	1170	1120	1035	1009	887	954	969	929	961
40	1340	0.00065	1227	1206	1169	1120	1035	1009	886	953	969	928
41	1223	0.00066	1340	1227	1205	1169	1119	1034	1008	886	953	968
42	1325	0.00073	1222	1340	1226	1205	1168	1118	1033	1007	885	952
43	1050	0.00074	1324	1222	1339	1225	1204	1167	1118	1033	1007	885
44	1176	0.00080	1049	1324	1222	1338	1224	1203	1166	1117	1032	1006
45	1171	0.00085	1175	1049	1323	1221	1336	1223	1202	1165	1116	1031
46	1149	0.00086	1170	1175	1048	1322	1220	1335	1222	1201	1164	1115
47	1317	0.00090	1148	1170	1174	1047	1321	1218	1334	1221	1200	1163
48	985	0.00100	1316	1148	1169	1173	1046	1320	1217	1333	1220	1199
49	560	0.00103	984	1316	1147	1168	1172	1045	1318	1216	1332	1219
15～49	37978	—	38143	37865	37243	36720	36196	35659	35221	34499	33942	33268

注：在本预测中，死亡概率根据死亡率进行推算；假定2011年到2020年，0～49岁分年龄死亡概率不变，均按照2010年分年龄死亡概率计算。

资料来源：根据国家统计局2010年第六次全国人口普查汇总数据预测。

（2）分城乡预测

考虑到中国的城乡差异，很多预测中需要进行城乡结构预测。我们仍旧以前面为例对未来城乡育龄妇女人口变动趋势进行预测。

第一种情况是不考虑城镇化率变动的影响。那么，未考虑城镇化率时，对城镇人口、乡村人口的预测实质是假定城镇化率稳定在2010年的水平保持不变，而城镇化率对城镇人口的影响，即为城镇化率增加带来的城镇人口的增加。

城镇化率带来的 $t+1$ 年城镇人口增加量 = t 年全国人口数 × （ $t+1$ 年城镇化率 − t 年城镇化率）；考虑城镇化率后 $t+1$ 年城镇人口数 = 未考虑城镇化率时 $t+1$ 年城镇人口数 + 城镇化率带来的 $t+1$ 年城镇人口增加量；城镇化率带来的 $t+1$ 年乡村人口减少量 = 城镇化率带来的 $t+1$ 年城镇人口增加量；考虑城镇化率后 $t+1$ 年乡村人口数 = 未考虑城镇化时 $t+1$ 年乡村人口数 − 城镇化率带来的 $t+1$ 年城镇人口增加量。

中国国家统计局发布的《2010年第六次全国人口普查主要数据公报（第1号）》指出，2010年中国城镇化率为49.68%。原国家人口计生委发布的流动人口专项报告——《中国流动人口发展报告2012》中，指出中国农村劳动力向城镇转移的步伐未来逐步趋于平稳，2020年中国城镇化率将达到60%左右，城镇化率也将会进入平稳发展阶段。据此，在本预测中，我们可以采用原国家人口计生委《中国流动人口发展报告2012》对城镇化率的预测，即2020年城镇化率将达到60%，并假定城镇化率呈线性均匀变化，即每年增长1.032%，其计算公式为：（60% − 49.68%）÷10 = 1.032%。采用前文线性增长预测方法预测2011~2012年城镇化率（见表10−2），预测结果如表10−3所示。

表10 − 2　中国未来城镇化率的预测值

单位：%

年份	2010	2011	2012	2013	2014	2015	2016	2017	2018	2019	2020
城镇化率	49.7	50.7	51.7	52.8	53.8	54.8	55.9	56.9	57.9	59.0	60.0

表10 − 3　根据年龄移算法对中国2011~2020年分城乡育龄妇女规模的预测

单位：万人

年份	未考虑城镇化率的影响			城镇化率预测值	城镇化率引起的人口增加数	考虑城镇化率的影响	
	全国	城镇	乡村			城镇	乡村
2010	380	206	174	0.4968		206	174
2011	381	206	175	0.5071	4	210	171

年份	未考虑城镇化率的影响			城镇化率预测值	城镇化率引起的人口增加数	考虑城镇化率的影响	
	全国	城镇	乡村			城镇	乡村
2012	378	204	174	0.5174	8	212	166
2013	372	201	172	0.5278	12	212	160
2014	367	198	169	0.5381	15	213	154
2015	362	195	167	0.5484	19	213	148
2016	356	192	165	0.5587	22	214	143
2017	352	190	163	0.569	25	215	137
2018	345	185	160	0.5794	28	214	131
2019	339	182	157	0.5897	32	213	126
2020	333	178	155	0.6	34	212	121

资料来源：根据国家统计局2010年第六次全国人口普查汇总数据预测。

预测人口的方法很多，目前最常用的是自然增长率法和年龄移算法。但是，我们可以看到这两种方法受人口政策、社会经济发展水平、文化教育和医疗卫生条件的影响严重。而较小范围的区域里人口机械变动较大，同时随着社会经济情况和医疗卫生条件的变化，人们的生育观念、各年龄段的死亡率势必也会发生变化（李振福，2003），所以这两种方法的预测结果与实际情况往往有一定的差距。

第三节 队列要素预测法

一 队列要素预测

1. 分要素预测的逻辑

前面我们讲到，人口变动分为自然变动（出生与死亡）与机械变动（迁入与迁出），出生、死亡、迁入与迁出四项要素构成人口平衡方程（Demographic Balancing or Accounting Equation）。[1]

---

[1] 也称为基本人口学方程（Basic Demographic Equation），表示某地人口规模因为人口出生、死亡与迁移而发生变化。

$$人口变动 = 出生 - 死亡 + 迁入 - 迁出$$

倘若用 P_0 为期初人口数，P_1 为期末人口数，B 表示期内出生人口数、D 表示期内死亡人口数、I 表示期内迁入人口数、E 表示期内迁出人口数，根据人口平衡共识，我们可以得到：

$$P_1 = P_0 + (B - D) + (I - E) \qquad\qquad (10-19)$$

根据此基本方程，我们可以通过某地在某时期的出生人口数、死亡人口数、迁入和迁出人口数以及期初的人口数来预期期末人口数。这就是队列要素预测，即根据期初人口数、已知预测期间的出生人口数、死亡人口数、迁入和迁出人口数，利用人口平衡方程来预测期末人口数。同时，从该方程的构成我们可以看到，根据队列要素预测法进行预测，需要掌握出生人口数、死亡人口数、迁入人口数、迁出人口数，以及预测期初的人口数。

例如，已知某地区 2000 年初人口为 80 万人，预计年内出生人口数 1.5 万人，死亡人口数 0.5 万人，迁入人口数 0.8 万人，迁出人口数 0.6 万人，那么该地区 2000 年末人口数大约为多少？即：

$$P_1 = 80 + 1.5 - 0.5 + 0.8 - 0.6 = 81.2（万人）$$

从上面的例子中我们可以发现在已知各要素的前提下利用队列要素进行预测非常简单，但是现实中，出生、死亡、迁入与迁出的人口数却不易得之，而是需要我们进行相应的预测才能得到。接下来，我们即分析如何对各要素进行预测。

2. 队列要素预测的实施

从理论层面来讲，队列要素预测实际上是分要素预测与年龄移算法的结合，具体来说，是按照对未来生育、死亡和迁移的预测，对不同性别、年龄别划分的队列所组成的基年人口进行推算。基年人口中各年龄队列按照分年龄死亡率推算下一年他们进入下一个年龄组的人口数。其中，0 岁（或 0~4 岁）人口根据生育率预测得到，其他年龄人口根据死亡概率进行预测，并预测分年龄、分性别净迁入人口。

利用队列要素预测法进行预测的主要步骤包括：

首先，将基年的各年龄性别人口数按照其存活率移算到下一年；其次，将各年龄性别的净迁入人口按照其存活率计算后加到对应年龄性别人口；

最后，按照生育率及分年龄育龄妇女人数计算出这一年的出生人口，将其推算至下一年的 0 岁（或 0~4 岁）人口。

如此，按照上述的三个步骤我们就可以进行完一年的人口预测，以此类推直至预测到我们期望的预测时期末为止（见图 10-1）。

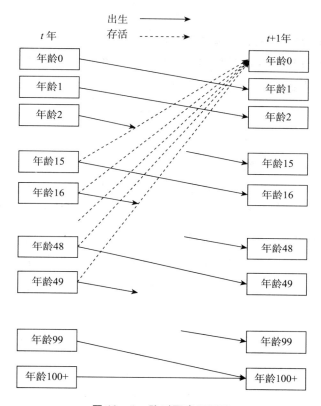

图 10-1 队列要素预测法

资料来源：国家统计局人口与就业统计司，2010：91。

二 出生人口数的预测

1. 出生人口数预测

在本书前文所述的年龄移算法的例子中，我们进行的是对育龄妇女规模的预测，并没有涉及 0 岁人口，但是在总人口的预测中这部分人口是不可忽略的。那么，对于 0 岁人口的预测，第一步是预测出生人口，在出生人口预测基础上，考虑到 0 岁人口死亡概率后就可以得到预测时点的 0 岁人口数。

（1）出生人口的预测

在本书前述的第六章"生育分析"中已经讲到，各年龄育龄妇女生育子女数之和即为该时期出生人数：

$$B = \sum_{f=15}^{49} W_x \times f_x \qquad (10-20)$$

其中，W_x 是 x 岁育龄妇女人数，f_x 为 x 岁妇女生育率。

在不知道分年龄生育率只知道一般生育率的情况下，我们可以根据下列公式求出生人数：

$$B = W_{15-49} GFR \qquad (10-21)$$

其中 GFR 是一般生育率。

（2）0 岁人口的预测

考虑到人口死亡概率，预测起点到预测时点之间的出生人口并非都能存活到预期时点，因此我们使用期内出生人口数乘以婴儿存活率就可以得到 0 岁人口数：

预测时点的 0 岁人口 = 预测时点前一年内出生人数 ×（1 − 新生儿死亡概率）（10 − 22）

例如，某地区 2000 年出生人口数为 6000 人，当年新生儿死亡概率为 0.0562，那么，

2001 年初 0 岁人口 = 6000 ×（1 − 0.0562）= 5663（人）

2. 生育率预测

从前面出生人口的预测中可以看出，我们需要使用育龄妇女人数和生育率水平，而育龄妇女人口数则可以利用本书前面章节所讲到的年龄移算法根据期初的人口数进行预测，可见，出生人数预测中最关键的就是对生育率的预测。

（1）生育水平与生育模式

生育率预测一般包括生育水平和生育模式两方面。其中，生育水平一般是用总和生育率表示，生育模式主要是生育率的年龄模式，用分年龄生育率表示。在本书前述第六章"生育分析"中已经讲到，总和生育率即分年龄生育率之和。对此，在生育率的预测中，我们一方面需要对未来总和生育率进行预测，另一方面，在总和生育率的基础上需要选择不同的生育率模型来预测分年龄生育率。这样，根据分年龄育龄妇女数及对应的分年

龄生育率，即可预测出生人口数。

考虑到生育率受多种影响因素的影响，社会、经济、思想观念、生育政策，甚至战争灾难等都会对其产生影响。因此，在实际预测中我们通常采用高、中、低方案来进行预测，如此将复杂问题简单化。也就是说，如果处于生育率转变时期，我们可以假定未来生育率有保持当前水平、保持下降趋势、出现反弹三种方案（即中、低、高三方案）；如果是已经处于较低水平，则可以分为保持当前水平或逐步回升的趋势。当然，也可以用不同影响因素（社会、经济、政策等）与总和生育率进行回归，以分析它们之间的关系，并根据影响因素的变动趋势判断生育水平的未来发展趋势。

在生育水平确定的前提下，对于生育模式的确定常用的方法包括标准生育模式法、模型生育表法和布拉斯相关生育模型法三种，具体阐述如下。

（2）标准生育模式法

标准生育模式法，即假定未来生育模式保持某一固定模式不变，我们可按照这一生育模式进行分析。也就是说，未来预测年份中分年龄生育率占总和生育率的比例保持不变。然后根据现有各年龄妇女人口数和分年龄存活率，利用年龄移算法即可得到预测期的分年龄妇女人口数。在此基础上，通过预测期分年龄妇女人口数和标准生育率就可以推算出预测期的出生人口数。

例如，我们以 2010 年的生育模式为标准生育模式，假定 2015 年总和生育率为 1.8，2020 年总和生育率为 2.2，对 2015 年和 2020 年的生育模式进行分解（见表 10－4）。

表 10－4 采用标准生育模式法对生育率的预测

单位：‰

		15～19岁	20～24岁	25～29岁	30～34岁	35～39岁	40～44岁	45～49岁	总和生育率
2010 年	生育率	5.93	69.47	84.08	45.84	18.71	7.51	4.68	1181
	生育模式	0.0251	0.2941	0.3559	0.1941	0.0792	0.0318	0.0198	—
2015 年	生育率	9.04	105.87	128.14	69.86	28.51	11.45	7.13	1800
2020 年	生育率	11.05	129.40	156.61	85.38	34.85	13.99	8.72	2200

注：计算生育模式时，由于表中是 5 岁组分年龄生育率，因而需要先将总和生育率除以 5 作为分母，例如，15～19 岁生育率占综合生育率的比重为：5.93÷（1181÷5）＝0.0251。

资料来源：2010 年生育率数据来自国务院人口普查办公室、国家统计局人口和就业统计司编，2012，《中国 2010 年人口普查资料》，中国统计出版社。

（3）模型生育表法

模型生育表与模型生命表类似，是根据生育水平高低、平均生育年龄等资料来绘制，根据模型生育表中的生育模式可以将总和生育率进行分解并得到分年龄生育率。联合国社会经济事务部的人口司曾绘制过不同区域的模型生育表，随着生育率的下降及生育时间的推迟，越来越多国家的生育水平下降到更替水平以下，2004 年时联合国按照生育水平的高低而不是区域构造了模型生育表（见表 10 - 5 和表 10 - 6）。在使用时，我们可以根据生育水平和平均生育年龄选择或者通过内插法得到一套生育率的年龄模式。

表 10 - 5 中高生育率国家的模型生育表 （*TFR* > 2.1）

模型	分年龄组所占比例（%）							总和生产	平均生育年龄(岁)
	15 ~ 19 岁	20 ~ 24 岁	25 ~ 29 岁	30 ~ 34 岁	35 ~ 39 岁	40 ~ 44 岁	45 ~ 49 岁		
早育	20	40	25	10	4	1	0	100	24.3
中育	12	31	31	16	8	2	0	100	26.5
晚育	4	22	40	22	10	2	0	100	28.3

资料来源：United Nations. 2006：124，转引自国家统计局人口与就业统计司，2012：97。

表 10 - 6 低生育率国家的模型生育表 （*TFR* ≤ 2.1）

模型	分年龄组所占比例（%）							总和	平均生育年龄(岁)
	15 ~ 19 岁	20 ~ 24 岁	25 ~ 29 岁	30 ~ 34 岁	35 ~ 39 岁	40 ~ 44 岁	45 ~ 49 岁		
1	2.2	22.9	43.2	26.2	5.2	0.2	0	100	28
2	1.5	17.5	40.4	31.4	8.7	0.6	0	100	29
3	1.0	13.2	36.3	35.3	13.0	1.3	0	100	30
4	0.6	9.8	31.6	37.6	17.9	2.5	0	100	31
5	0.4	7.2	26.7	38.1	23.0	4.5	0.1	100	32

资料来源：United Nations. 2006：124，转引自国家统计局人口与就业统计司，2012：97。

（4）布拉斯相关生育模型法

英国人口学家布拉斯（Brass）发现，两套分年龄生育率通过某种转换后，两者之间存在近似的线性关系。其累计生育率与总和生育率 TFR 的比值服从 Gompertz 分布，即：

$$\frac{F_x}{TFR} = e^{Ae^{Bx}} \tag{10-23}$$

对上式进行两次对数转换后（称为 η 转换），可以得到：

$$\eta(F_x) = \ln\left(-\ln\left(\frac{F_x}{TFR}\right)\right) \qquad (10-24)$$

那么，两套不同的 F_x 的 η 转换，$\eta(F_x)$ 和 $\eta(F_x^*)$ 存在线性关系，即：

$$\eta(F_x) = \alpha + \beta\eta(F_x^*) \qquad (10-25)$$

再进行转换后可以得到：

$$F_x^* = TFR \times e^{-e^{\alpha+\beta\eta(F_x)}} \qquad (10-26)$$

那么，分年龄生育率为：

$$nf_x^* = \frac{F_x^* - F_{x-n}^*}{n} \qquad (10-27)$$

据此，在给出一套 f_x（分年龄生育率）的条件下，我们可以计算出一套新的分年龄生育率 nf_x^*。但是，需要对 α 和 β 进行确定，它们是生育模式的两个参数。其中，α 代表的是生育率的峰值位置（分年龄生育率峰值的早晚），β 代表的是生育率的离散程度（分年龄生育率曲线的宽窄）。当 $\alpha = 0$ 时，随着 β 的增加，分年龄生育率曲线由宽变窄；当 $\beta = 1$ 时，随着 α 的增加，分年龄生育率曲线的峰值将由左向右移动。对于 α 和 β 值的确定读者可以参考 Brass 1979 年的 "The Relational Gompertz Model of Fertility by Age of Woman" 与 "The Use of the Gompertz Relational Model to Estimate Fertility" 这两篇重要文献及其他相关书目。

三 死亡人口的预测

在队列要素预测法中，对于死亡人口的预测实际上就是对死亡率的预测。同本节前述的生育率的预测一样，死亡率的预测包括死亡水平（平均预期寿命）和死亡模式（分年龄死亡率）的预测这样两部分内容。

1. 平均预期寿命的预测

平均预期寿命实际上并不表示人口的真实寿命，它代表的是某一时期人口的总死亡水平，是分年龄死亡率的综合反映。因此，对死亡率进行预测时，预测者首先要了解未来人口的平均预期寿命是多少。而对于平均预期寿命的预测，寇尔（Coale, A. J.）和德曼（Demeny, P.）在编制区域模型生命表时，根据所掌握的全世界 192 张原始生命表，编制了平均预期寿命变化的规模表（见表 10－7）。

表 10－7 平均预期寿命的变化规律

单位：岁

平均预期寿命	每 5 年寿命提高的平均值		每 1 年寿命提高的平均值	
	男	女	男	女
52.5 以下	2.50	2.50	0.50	0.50
52.5～55.0	2.30	2.50	0.46	0.50
55.0～57.5	2.20	2.40	0.44	0.48
57.5～60.0	2.05	2.30	0.41	0.46
60.0～62.5	1.90	2.20	0.38	0.44
62.5～65.0	1.75	2.10	0.35	0.42
65.0～67.5	1.20	2.00	0.24	0.40
67.5～70.0	0.75	1.80	0.15	0.36
70.0～72.5	0.45	1.40	0.09	0.28
72.5～75.0	0.20	1.00	0.04	0.20
75.0～77.5	—	0.70	—	0.14
77.5～80.0	—	0.20	—	0.04

资料来源：查瑞传，1991。

根据表 10－7 对平均预期寿命进行预测有很多不便之处。例如，已知某地区 1990 年男性平均预期寿命为 66.25 岁，那么 1990～1995 年和 1995～2000 年的间隔都是 5 年，按照表 10－7 的规律，后 5 年和前 5 年平均预期寿命提高的幅度都是相等的，而实际上后 5 年平均寿命的提高幅度应该小于前 5 年。为了避免这一问题，我们假定表 10－7 中平均预期寿命每一区间的中值对应于寿命提高的平均值，采用等距节点的牛顿插值公式，得到下面的迭代模型。

男性每隔 5 年的迭代公式为：

$$e^m(t+5) = e^m(t) + F_5^m[e(t)] \tag{10－28}$$

女性每隔 5 年的迭代公式为：

$$e^f(t+5) = e^f(t) + F_5^f[e(t)] \qquad (10-29)$$

男性每隔 1 年的迭代公式为：

$$e^m(t+1) = e^m(t) + F_1^m[e(t)] \qquad (10-30)$$

女性每隔 1 年的迭代公式为：

$$e^f(t+1) = e^m(t) + F_1^m[e(t)] \qquad (10-31)$$

其中，$e^m(t)$ 和 $e^f(t)$ 为 t 年男性和女性的 0 岁平均预期寿命。等式左边的 $e(t+5)$ 和 $e(t+1)$ 分别是 5 年后和 1 年后的平均预期寿命。$F[e(t)]$ 为平均预期寿命的增长函数，它等于：

$$F_5^m(x) = 1.75 - 0.22 \times (x-63.75) + 0.008 \times (x-63.75) \times (x-66.25)$$
$$+ 0.0005333 \times (x-63.75) \times (x-66.25) \times (x-68.75)$$
$$- 0.00016 \times (x-63.75) \times (x-66.25) \times (x-68.75) \times (x-71.25)$$

$$F_5^f(x) = 2.00 - 0.08 \times (x-66.25) - 0.016 \times (x-66.25) \times (x-68.75)$$
$$+ 0.00213 \times (x-66.25) \times (x-68.75) \times (x-71.25)$$
$$- 0.00011 \times (x-66.25) \times (x-68.75) \times (x-71.25) \times (x-73.75)$$
$$- 0.0000256 \times (x-66.25) \times (x-68.75) \times (x-71.25) \times (x-73.75) \times (x-76.25)$$

$$F_1^m(x) = 0.35 - 0.044 \times (x-63.75) + 0.0016 \times (x-63.75) \times (x-66.25)$$
$$+ 0.00011 \times (x-63.75) \times (x-66.25) \times (x-68.75)$$
$$- 0.000032 \times (x-63.75) \times (x-66.25) \times (x-68.75) \times (x-71.25)$$

$$F_1^f(x) = 0.40 - 0.016 \times (x-66.25) - 0.0032 \times (x-66.25) \times (x-68.75)$$
$$+ 0.00043 \times (x-66.25) \times (x-68.75) \times (x-71.25)$$
$$- 0.000021 \times (x-66.25) \times (x-68.75) \times (x-71.25) \times (x-73.75)$$
$$- 0.000005 \times (x-66.25) \times (x-68.75) \times (x-71.25) \times (x-73.75) \times (x-76.25)$$

那么，如果已知某地 1990 年男性平均预期寿命为 68 岁，1995 年、2000 年的平均预期寿命可以从下面的计算中得到。

$$F_5^m(68) = 1.75 - 0.22 \times 4.25 + 0.008 \times 7.4375 - 0.00053 \times$$
$$(-5.578) - 0.00016 \times 18.1289 = 0.87456(岁)$$

1995 年男性预期寿命为：

$$e^m(1990+5) = e^m(1990) + F_5^m(68.00) = 68 + 0.87456 = 68.87456(岁)$$
$$F_5^m(68.87) = 1.75 - 0.22 \times 5.12 + 0.008 \times 13.4144 + 0.00053 \times 1.61$$

$$+ 0.00016 \times 3.8318 = 0.73238(岁)$$

2000 年男性预期寿命为：

$$e^m(1995 + 5) = e^m(1995) + F_5^m(68.87) = 68.87 + 0.73238 = 69.60238(岁)$$

2. 死亡率的预测

（1）模型生命表法

模型生命表法，是指利用国内外现有的模型生命表，在其中找出与被测地区死亡率模式相近的未来各年的分年龄死亡率。具体而言，可以分为以下几个步骤。

第一步，选定恰当的模型生命表。目前国际上有六种常见的模型生命表：联合国模型生命表、寇尔－德曼区域模型生命表、莱德曼模型生命表、布拉斯逻辑斯蒂模型生命表、区域模型生命表、联合国发展中国家模型生命表等。预测者可以根据各种模型生命表的特点和将要被预测地区的实际情况，合理地选择某一种类型的生命表。截至目前，在中国使用最多的是区域模型生命表和联合国发展中国家模型生命表。

第二步，选择死亡模式。各种模型生命表中通常将人口死亡模式分为几种不同的类型，在使用时，预测者需要将模型生命表中各类死亡模式与被预测地区实际死亡模式进行比较，找出与实际死亡模式最接近的一种生命表死亡模式，从而把这种生命表死亡模式作为所选定地区的死亡模式。

第三步，对未来各年的平均预期寿命进行预测。

第四步，选取或预测未来各年的分年龄死亡率。根据前面确定的某种生命表死亡模式和各年的平均预期寿命，选择与未来各年平均预期寿命相同的相应的各年分年龄死亡率。由于模型生命表中相邻的各生命表的预期寿命具有一定的间隔，因此，预测出的平均预期寿命很难与模型生命表中的某一平均预期寿命完全一致，这样通常用相邻表内插的形式得到处于二者之间的生命表，或者利用现有的一些模型生命表计算机软件，可以直接得到所需要的任何预期寿命下的生命表。

（2）布拉斯逻辑斯蒂转换法（Brass－Logit 转换）

布拉斯逻辑斯蒂转换法与布拉斯相关生育模型法类似。英国人口学家布拉斯经过多次试验发现，将 1 到 x 岁的存活概率 l_x 经过 Logistic 变换，两种不同生命表上的存活概率 lx 之间存在一种近似的线性关系，即：

$$\lambda(l_x^*) = \alpha + \beta\lambda(l_x) \tag{10-32}$$

α 和 β 是两个系数，l_x 和 l_x^* 为两个不同生命表的存活概率，Logistic 变换为：

$$\lambda(l_x) = logit(1 - l_x) = 0.5\ln\left(\frac{1 - l_x}{l_x}\right) \tag{10-33}$$

从而推出：

$$l_x^* = \frac{1}{1 + e^{2\alpha + \beta\ln\left(\frac{1-l}{l}\right)}} \tag{10-34}$$

在 α 和 β 确定后，对应于显示的存活概率就可以求出未来某年的存活概率，这就是布拉斯逻辑斯蒂转换法。此处的 α 和 β 分别代表死亡水平和死亡模式。如果 β 不变，α 不断变化则会产生形状类似而死亡水平不同的 l_x；但是当 α 不变而 β 不断变化，死亡水平和死亡模式都会发生变化。至于 α 和 β 的确定则可以参考相关的资料。

四 迁移预测

与前文提及的生育和死亡相比，迁移受到的影响因素最多，而且迁移的变动最大。在一些发达国家以及人口较少的国家，人口迁移已经成为人口变化的主要动力。在中国一些大城市也是这种情况，例如北京、上海、广州等城市，人口流入亦成为其人口增长的主要动力。同时，迁移的变化不稳定且波动剧烈，因此对迁移人口的预测相对较难。为此，在人口预测中，一般情况下更多的是通过净迁移量进行预测。

在队列要素预测中，对净迁移量的预测包括总量和分性别、分年龄的净迁移量预测。一般情况下，可以结合预测地区净迁移量的历史趋势并结合经济变动、就业岗位变动等关键因素对其进行预测分析。在净迁移总量预测的基础上，通过年龄性别的比例分布将其分解为各年龄性别净迁移人口。在很多预测中，预测者往往假定迁移的分年龄性别模式保持预测初始时间的模式不变。对于净迁移量较小的地区，对净迁移人口的预测可以不用将其分解为分年龄、分性别的净迁移人口，而是直接将总量加入预测的总人口中。

五 应用队列要素法预测的实例

1. 方法介绍

在对人口的分析中，人口总量是重要的分析基础，同时人口的性别与年龄结构也是一个重要的分析维度，其与就业、教育、医疗、养老等各方面相互关联，因而在实践中对未来人口的预测，性别与年龄结构的预测是非常重要的。对此，本节的实例中我们分性别、分年龄别对四川省未来人口进行预测，得到未来人口总量的同时可以得到未来四川省人口的性别年龄结构。[①]

具体而言，我们在此采用"队列要素预测法"，即根据预测初始时期的分性别、分年龄的人口数，按照存活概率水平（存活概率 = 1 - 死亡概率）进入下一个时点的对应年龄人口，然后加上该年龄净流动人口便可以得到该年龄的总人口。需要指出的是，预测各时点的新生儿数据则是根据上一个时点的育龄妇女数与分年龄的生育率得出，在此基础上考虑存活概率和净流动人口就可以得到预测时点的新生儿数量。

2. 预测参数的设定

（1）生育率的预测：Gompertz 生育模型

在生育率的预测中，我们需要考虑生育的两个维度：生育数量、生育时间，也即生育水平和生育模式。生育水平即生育孩子的个数，生育模式即生育孩子的年龄。随着妇女劳动参与的提高、生育数量的减少，我国妇女的生育时间推迟，生育的年龄分布较稳定，因而在本实例的预测中我们假定四川省妇女生育模式稳定。

在假定生育模式不变动的前提下（即按照预测初始年份 2010 年分年龄生育率水平），我们对未来四川省综合生育率进行不同方案的假定，使用 Brass 相关 Gompertz 生育模型，预测未来各时期的分年龄生育率，从而预测未来各时期的出生人数，并将出生人口数按照给定的出生性别比模式拆分为男性人口数与女性人口数。

对于生育率的方案预测，四川省 2010 年人口普查的总和生育率偏低，$TFR = 1.075$，为此，我们根据四川省原计生委调整的生育数据，2010 年

---

① 之所以以四川省为例，是因为笔者利用课题调研的机会获取了当地政府提供的基础数据。

$TFR=1.38$，2011 年常住人口 $TFR=1.58$，2012 年 $TFR=1.65$。假定 2015 年 TFR 回升到 1.7，2020 年 TFR 提高到 1.8，随后保持 1.8 的水平到 2030 年。

同时，我们需要考虑出生子女的性别，即对出生性别比进行假定。第六次全国人口普查显示，2010 年四川省出生性别比为 112，我们假定四川省 2015 年出生性别比降至 110，2020 年降至 108，2025 年和 2030 年为 106，从而降至正常值范围内。

（2）死亡率/存活率的预测：Brass-Logit 转换

在死亡水平的预测中，我们需要考虑两个方面，即死亡水平和死亡模式。所谓死亡水平，即人口的死亡概率，而死亡模式则是不同年龄人口死亡率的差异或分布。目前，死亡已经从传染性疾病向退行性疾病转换[①]，死亡模式基本稳定，因而本实例中我们假定四川省人口死亡模式不变，在预测中仅对死亡水平进行假定。

因而，在对常住人口自然变动的预测中，尽管我们无法相对准确地对分年龄的死亡率进行预测，但是可以对未来 0 岁预期寿命进行预测，然后利用 Brass-Logit 转换，选定标准生命表并以此为基础，在给定的死亡水平下（假设死亡模式不变，即 $\beta=1$），构建不同生命表，预测不同年份的分性别、分年龄存活率。

本实例中，对于预期寿命的变动，我们假定未来 20 年四川省男性、女性平均预期寿命均按 2000～2010 年的增长速度变动。由于生育水平更容易受生育意愿、人口政策等因素影响，因而我们分高、中、低三种方案对生育水平进行预测（这里是按照较高的参数）。

对于预期寿命的预测[②]，通过研究近些年四川省人口平均预期寿命的变化得知，从 1982 年到 1990 年的 8 年间，四川省人口预期寿命增加了近 4 岁，从 1990 年到 2000 年 10 年间，预期寿命增加了 3 岁多，从 2000 年到 2010 年 10 年间，预期寿命增长了 3.02 岁，其中男性预期寿命增长幅度低于女性。另外，对比世界各国情况，2012 年亚洲最高纪录是日本，预期寿命男

---

① 退行性疾病是一种受害组织或器官的功能或结构逐步恶化的疾病，可以是因人体的老化，可以是因生活方式的选择，如运动或饮食习惯等。

② 联合国推荐期望寿命的经验数据，即平均期望寿命达到 67.5～70.0 岁时男性每 5 年增长 0.75 岁，女性每 5 年增长 1.8 岁，到 70～72.5 岁时男女相应分别增长 0.45 岁和 1.4 岁，到 72.5～75.0 岁时男女相应分别增长 0.2 岁和 1.0 岁，其增长率明显偏低。

性为 80 岁、女性为 86 岁。因此，我们预计四川省人口平均预期寿命将以每 10 年男性增长 2.5 岁、女性增长 3 岁的速度增长，到 2030 年达到男 77.25 岁、女 83.59 岁（见表 10 – 8）。

表 10 – 8　四川省预期寿命预测参数

单位：岁

年份		0 岁人口平均预期寿命			增长幅度		
	年份	合计	男	女	合计	男	女
人口普查实际预期寿命	1982	64.59	63.44	65.56			
	1990	68.58	67.15	69.96	3.99	3.71	4.40
	2000	71.73	69.73	73.90	3.16	2.58	3.94
	2010	74.75	72.25	77.59	3.02	2.52	3.69
未来 20 年预测预期寿命	2015		73.50	79.09		1.25	1.50
	2020		74.75	80.59		1.25	1.50
	2025		76.00	82.09		1.25	1.50
	2030		77.25	83.59		1.25	1.50

3. 自然变动预测结果

（1）户籍人口缓慢增加

通过以上方法，我们以 2010 年第六次全国人口普查四川省人口数据为基础，测算结果如表 10 – 9 和表 10 – 10。2020 年四川省户籍人口大约为 9276 万人，2030 年四川户籍人口达到 9329 万人，2010～2030 年四川省户籍总人口仍然在缓慢增加。然而，劳动力资源总数则逐渐减少，2010 年 15～64 岁的劳动力资源数量为 6549 万人，占全部户籍人口的 73.7%，2020 年劳动力资源数量下降到 6393 万人，2030 年下降到 6243 万人，劳动力资源占全部户籍人口比重也分别下降到 68.9% 和 66.9%。

表 10 – 9　四川省人口规模自然变动预测

单位：岁，人

年龄	2010 年	2020 年	2030 年
0～4	4553173	5076682	3868070
5～9	4532766	5280868	4272876

年龄	2010 年	2020 年	2030 年
10～14	5306231	4520152	5050285
15～19	6858643	4517054	5267911
20～24	7930546	5281554	4504736
25～29	5726845	6816390	4496356
30～34	5895366	7875027	5253945
35～39	9142045	5681175	6776302
40～44	8716963	5836269	7817116
45～49	6472040	9011972	5621774
50～54	4385725	8526611	5742327
55～59	5934648	6248946	8781273
60～64	4423547	4138753	8167505
65～69	3365232	5384904	5805498
70～74	2456006	3729903	3631755
75～79	1616040	2493985	4265412
80～84	976599	1444130	2416239
85＋	559993	893493	1549566
合计	88852408	92757868	93288946
劳动力资源	65486368	63933751	62429245

（2）2030 年以前常住人口总量将出现拐点

从表 10－10 可见，2020 年四川省常住总人口为 8242 万人，2030 年常住人口规模下降到 8181 万人，这说明受低生育率和人口流动的影响，四川省常住人口总量拐点将在 2030 年以前出现。常住人口劳动力资源比重也持续降低，2020 年和 2030 年分别为 66.9% 和 64.5%，均低于同期户籍人口劳动力资源水平。

表 10－10　四川省常住人口规模预测

单位：岁，人

年龄	2010 年	2020 年	2030 年
0～4	4277055	4734244	3666803
5～9	4277626	4802579	4005757

年龄	2010 年	2020 年	2030 年
10～14	5092442	4211039	4680592
15～19	6213182	4194821	4747173
20～24	6360027	4882774	4072814
25～29	4514128	5938394	3985150
30～34	4874122	6126281	4704782
35～39	8077512	4304270	5766234
40～44	7819390	4664393	5950987
45～49	5934098	7846838	4160486
50～54	4142765	7587997	4535566
55～59	5725272	5697542	7620398
60～64	4304402	3888397	7251590
65～69	3295231	5184422	5285865
70～74	2408632	3623550	3408703
75～79	1588550	2438668	4105160
80～84	962223	1414727	2346491
85＋	550871	878014	1516386
合计	80417528	82418952	81810936
劳动力资源	57964898	55131708	52795179

第四节　部分人口预测软件引介

一　CPPS 软件

1. 简介

人口预测软件的开发与应用，对普及人口预测研究成果、推广人口分析工具具有重要意义。中国人口预测系统（CPPS）是中国国内较早的人口预测软件，其是在原国家人口与计划生育委员会的推动下，2002 年由原中国人口与发展研究中心王广州研究员研发设计的，被广泛地应用于中国人口与计划生育、区域发展规划等领域的教学与科研，为研究未来中国人口及相关问题提供了便捷的分析工具。CPPS 是在早先的 DOS 版本基础上，充分兼顾 DOS 版的延续性和现代主流计算机操作系统的发展而开发的新一代人口预测系统，其开发和研制一方面是为适应中国的人口与计划生育预测和规划的迫切需要，另一方面是为推动中国人口与计划生育决策科学化发挥辅助作用（王广州，2002）。CPPS 中文 Windows 版操作过程简单、方便，界面直观、友好；具有可以相互组合使用也可以相对独立使用的功能模块；可提供不同数据格式的兼容和相互转换，不仅考虑与其他数据源的配合，而且可以独立进行数据管理。①

2. 软件基本运行

CPPS 软件是以菜单驱动和快捷方式相结合的人机对话方式运行。从总体上看，CPPS 软件主菜单包括文件操作、数据管理、人口分析、数据图形显示和帮助文件（见图 10 - 2）。

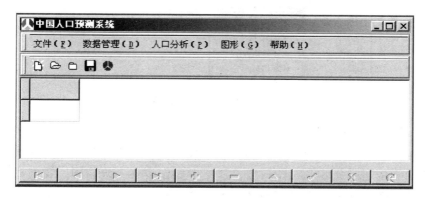

图 10 - 2 CPPS 系统基本结构

数据准备是数据管理的重要组成部分，其目的是对人口预测所需要的基础数据进行准备。CPPS 进行人口基础数据准备过程是原始数据录入、存储过程。CPPS 所需要的基础数据均为绝对数，如年龄别生育率、年龄别死亡率等。在数据录入时直接录入其绝对数值，如 1990 年全国 24 岁育龄妇女年龄别生育率为 238.44‰，即 0.23844，在基础数据录入时直接录入绝对数

① 现在网络上不易找到 CPPS 的下载源，需要的读者可以自行联系中国社科院人口与劳动经济研究所王广州研究员。

0.23844 即可。CPPS 可以直接读取 DBF（FoxPro）或 DB（Paradox）格式的数据表文件，而不需要进行数据转换。如果读入的数据为数据库/表文件，应确保字段变量的数据类型为数值型或浮点型。在读入的数据中如果有数据缺失或调查中数值空缺，在进行人口预测时，应填上数值，如 0 或非常小的数值 0.00000001 等，目的是保证数据逻辑的正确，如年龄别死亡率理论上不可能为零（王广州，2002）。

除了可以通过其他数据库软件准备数据外，CPPS 还提供多种数据准备的方法，最简单的为人口预测分析准备数据的方法是通过数据准备菜单来实现的。CPPS 提供人口预测数据准备方法，即数据准备向导。CPPS 提供单区域人口预测数据准备向导和分城乡人口预测数据准备向导（见图 10 - 3）。

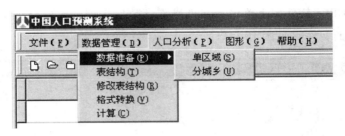

图 10 - 3　CPPS 数据准备菜单

3. CPPS 人口预测

CPPS 的人口预测包括单区域人口预测和分城乡人口预测。无论是单区域人口预测还是分城乡人口预测，其基本操作步骤大致相同。我们以单区域人口预测为例说明人口预测的基本操作过程。第一步：打开数据表；第二步：选择预测方式（单区域人口预测）；第三步：读入基础数据并设定预测参数（人口预测参数主要包括总和生育率、出生人口平均预期寿命、性别比和生育模式等）；第四步，显示预测结果；第五步，存储预测结果（王广州，2002）。关于 CPPS 预测时最重要的预测参数设定，以及其他具体预测的相关知识及软件的应用等问题，读者可以自行阅读《中国人口预测软件培训手册（CPPS）》等相关书目。

二　从 PADIS 到 PADIS-INT 软件系统

人口宏观管理与决策信息系统（简称"PADIS"）项目一期工程是原国

家人口与计划生育委员会在"十一五"期间承担的经国家发改委批准的国家电子政务重点建设项目，该项目于2006年10月启动建设，经过3年努力，于2009年12月通过国家验收。PADIS项目遵循国家电子政务建设的统一部署，依托国家电子政务网络平台，利用原国家人口计生部门的组织体系和信息网络优势，系统地整合了各级人口计生部门的信息资源，收集和整理了统计、公安、人力资源和社会保障、民政、卫生等部委人口与发展的部分相关信息资源；制定了包括统计指标、信息编码、业务流程、信息采集、信息交换等方面的技术标准和相关的管理规范；实现了人口计生系统国家层面与试点省以及信息直报点之间的互联互通；建立了育龄妇女个案信息、计划生育家庭奖励扶助（救助）信息、人口快速调查和动态监测、人口计生事业统计和人口决策支持等五个数据库与数据仓库；建设了人口和计划生育业务执行、人口信息采集、人口信息服务、人口决策支持四个应用系统；建设和完善了相关的安全保障系统和运行维护系统，构建了人口信息化的基本框架。[①]

PADIS-INT是在联合国人口司的指导下，在人口宏观管理与决策信息系统（PADIS）的基础上，由中国人口与发展研究中心和神州数码信息系统有限公司合作研发的国际化人口预测软件，是PADIS的国际版（见图10-4）。该软件具备七大优点：一是功能强大，将超长期与短期预测相结合，可以回推评估100年，预测未来400年，并可按高、中、低3种方案，同时进行8个国家（或区域、种族）的预测，目前在国际上尚无先例；二是准确率高，以联合国人口预测结果为参照，主要结果误差率小于1%；三是方便快捷，基于网络，任何浏览器、世界任何地方均可实时使用；四是可视化效果好，多种图形展示，对比清晰醒目；五是体现国际化方向，采用联合国6种工作语言，便于全球推广；六是输入简单，输出结果丰富，能有效支持经济社会发展决策；七是技术先进，可把人口预测技术与现代信息技术有机结合（张刚，2011）。

---

① 更多介绍，读者可参阅PADIS-INT专门网站：http://www.padis-int.org/。

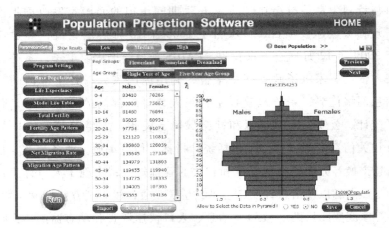

图 10 - 4   PADIS-INT 预测模型界面

资料来源：摘自中国人口与发展研究中心编著《PADIS-INT 用户手册》，第 14 页。

三   人口 – 发展 – 环境（PDE）分析系统

1. PDE 系统介绍

奥地利国际应用系统研究所（IIASA）开发的人口预测软件，即人口 – 发展 – 环境分析模型（Population-Development-Environment Analysis，PDE），其是对多状态生命表和队列构成预测方法的一个扩展，它把人口按照年龄和性别、受教育程度等分为不同的状态（Lutz & Goujon，2001）（见图 10 – 5）。在 20 世纪 70 年代，多状态方法被运用于研究 17 个 IIASA 国家的人口迁移和分布模式的多地区人口预测项目（Rogers，1985）。在中国成为 IIASA 的成员国后，PDE 也被应用于中国的人口预测研究（蒋耒文、任强，2005）。

对于多区域预测而言，多状态被认为是地理单位，而不同状态之间的流动为迁移流。近年来，IIASA 学者已经运用多状态方法来预测分城乡（Cao & Lutz，2004）、分教育水平（Lutz & Goujon，1998，2001）的二维人口预测。在这些预测中，除了地区间人口迁移的地理单位外，不同教育水平也被定义为一种状态，不同状态之间的转换具有一定的教育转换率，这是因为教育趋势可以在年轻的年龄组获得，然后沿着队列向后自然移动。对于教育水平的预测是多状态模型的突出优点，这使得传统的人口预测可以拓展到人力资本研究的领域。

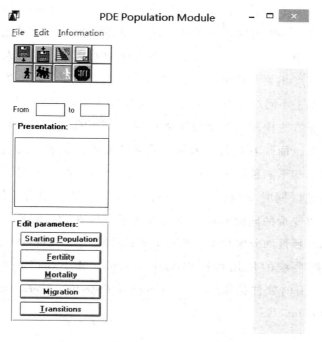

图 10 - 5 PDE 预测模型界面

2. PDE 应用

利用 PDE 模型预测人口和城市化发展对数据的要求较高。从人口学角度来讲，城市化是一个由两因素决定的动态过程：①城市与农村人口各自的自然增长过程；②农村和城市之间的迁移过程。自然增长和城市净迁入是城市化预测的主要构成部分，所以，PDE 模型在预测时既需要生育数据，也需要人口迁移的相关数据。而且，PDE 模型在沿着出生队列做预测时，要同时考虑人口的净迁移和教育状态，所以预测时需要预测地区生育、死亡和迁移模式，更重要的是迁移模型要按照年龄、性别和受教育程度分类（陈功等，2006）。

因此，使用这种方法，我们可以明确地检验净迁移和城市人口增长之间的关系，考察迁移对不同受教育程度的影响。特别是能够更好地从年龄和性别层面上理解城市和乡村人口的分布和构成。因为从农村到城市的迁移人口与城市人口的年龄和性别构成不同，年龄和性别模式对地区变化、自然增长率和迁移率比较敏感（Rogers，1984）。

通过地区城市化水平预测，PDE 模型可以提供以下未来城市和农村人口发展的信息：①人口的自然增长和城市净迁移在不同地区城市发展中的作用；②城市净迁入人口对城市人口年龄结构的影响，因为人口年龄构成和经济增长高度相关，影响着经济发展、环境质量和公共卫生；③与城市人口受教育水平不同的城市净迁入人口对城乡人口教育构成的影响。然而，在使用多状态方法预测大城市地区人口时，现在的多状态模型作为多地区人口预测工具也面临着挑战。因为它是多状态的，例如，通过不同的教育水平预测时，却不能预测不同地区的。多区域方法的一个显著特点就是能够对所有的地区同时预测，换句话说，多区域系统是作为整体来预测的。每个地区人口变量的同时预测，不仅确保了其内在的一致性，而且有可能考虑更多的区域性的分生育率、死亡率和迁移模式（Eichperger，1984）。关于 PDE 分析系统的使用可以参阅由 Dippolt, M., Goujon A., 和 Wils, A. 1998 年主编的软件指南——*A Population Projection Model with Interaction States User's Manual*。

知识卡片：权威人口预测数据：联合国《世界人口前景》系列

人口预测数据资料无疑是各个国家或地区用来评估人口形势、制定属地社会经济政策最为重要的依据，截至目前，被学界和政界最为认可的世界范围（包括各个国家或地区）的人口预测数据是联合国提供的预测数据。不仅整个联合国系统都利用联合国人口司公布的人口信息作为其工作的基础和审议全球性问题的依据，而且很多国际组织以及世界各国的政府部门和各种大大小小的非政府组织也采用联合国人口司发布的人口数据制定发展目标、评估政策选择等。联合国人口司公布的人口数据的重要性和影响力不言而喻（蔡泳，2012）。

而在联合国系统负责编制和发布世界人口官方估算，预测、收集和整理世界各国最新的人口信息以及与之相关的经济、社会信息，对当前的世界人口形势进行全面的评估，并由此对世界人口和各个国家的未来发展趋势做出详细的预测的部门正是其经济与社会事务部下属的人口司（the Population Division of the Department of Economic and Social Affairs of the United Nations Secretariat），人口司每隔两年以《世界人口前景》

（*World Population Prospects*）修订本的形式公布其最新的分析和预测结果，迄今为止《世界人口前景》已经进行了 23 次修订和更新。

联合国人口司最近一次公布的人口预测结果是 2013 年 6 月 13 日发布的《世界人口前景 2012 修订本》。当天联合国人口司在网上（http：//esa. un. org/wpp/）公布了对世界人口的最新分析和预测数据，同时也通过各大媒体向世界发布了题为《世界人口将在 2050 年达到 96 亿，其中新增人口主要来自发展中国家，尤其是非洲》（World Population to Reach 9. 6 Billion by 2050 with Most Growth in Developing Regions, Especially Africa）的新闻稿。这次新闻公布再一次引发了公众对世界人口未来的关注和讨论。根据这次发布的预测数据，印度将在 2028 年超过中国成为世界第一人口大国，彼时两个国家的人口都将在 14.5 亿左右，并且自那以后，印度人口将会持续增长几十年直至达到 16 亿，然后在 2100 年时回落到 15 亿；而中国人口大概在 2030 年开始下降，2100 年时可能下降到 11 亿。在生育率层面，特别指出的是，现在世界范围内有约 48% 的人口生活在"低生育率"国家（生育率已经下降到远低于维持人口自身再生产的更替水平，即平均每个妇女生育 2.1 个孩子），这些国家包括除冰岛之外的所有欧洲国家，亚洲的 19 个国家，美洲的 17 个国家，非洲的 2 个国家，大洋洲的 1 个国家，其中低生育水平最严重的几个国家有中国、美国、巴西、俄罗斯、日本以及越南。同时，此次预测数据还强调了以中国为代表的几个东亚国家已经持续低生育水平多年，因此其面临的人口老龄化正在加速与加深。

关于《世界人口前景 2012 修订本》的更多内容请访问联合国人口司的专门网站：http：//esa. un. org/wpp/Documentation/publications. htm。

第十一章　人口政策

由本书前面部分可以知道，人口经由生育、死亡、迁移从而在其规模、结构与分布上产生变化。但这些变化并不是随机发生的，许多国家或地区的政府会通过法律或是规章制度来对本地的生育率、死亡率以及迁移率进行调整，比如美国政府会动态调整其移民政策，从而对人口迁移产生直接影响。因此，在本书的结尾部分进行人口政策的探讨是合乎人口学书籍的行文逻辑的。对于人口政策而言，学界一般认为人口政策是政府通过一种慎重的制度或是计划的安排，从而对人口改变产生直接或者间接的影响（Demeny，2003：752），而上述的制度或者计划的安排一般会基于一个国家或者地区的社会福祉的提升而采取立法、行政计划或是其他政府行动来改变或调整人口的趋势（Eldridge，1968；381）。至于本章的内容安排，首先，是对人口政策在广义和狭义视角下的含义进行理论阐释；其次，立足于中国语境，聚焦于其中的热点，即对人口生育政策进行讨论；再次，对即将超过中国成为世界第一人口大国的印度的生育政策进行讨论；最后，对中国的计划生育政策从历史发展、功过评价等视角进行分析。

第一节　人口政策

一　人口政策的含义

1. 人口政策含义

人口政策是一个国家或地区用来影响和干预人口运动过程以及人口因素发展变化的法规、条例和措施的总和。其是一个国家社会经济政策体系中的重要组成部分，在人口再生产、经济发展、社会进步、资源合理利用、生态环境良性循环中起着重要作用。人口政策不是单一的，而是涵盖人口运动全过程的一个政策体系。要制定富有成效的人口政策，需要在人口原理、人口经济、人口社会学、人口地理、人口生态学和社会人口预测等领域开展研究活动（瓦连捷伊，1980）。只有研究了一系列社会科学和自然科学边缘的一般原理、基础理论和应用问题，才可能制定一个国家或地区真正有效的人口政策。毕竟政策的功能，其价值不在于总结过去，而在于改造现存的社会系统，能动地塑造未来。

由于认定标识不同，人口政策也有几种不同类型。以人口运动的不同过程为依托，以人口政策影响和干预人口过程范围的大小为标识，我们一般可以将人口政策分为广义和狭义两种类型。广义人口政策不是直接把人口过程作为自己的客体，而是把决定社会主要生产力、社会生产主体的人、人口的生产和再生产的全部生活条件与劳动条件作为自己的客体，即影响和干预人口运动全过程的政策，其既影响和干预人口自然变动过程，也影响和干预人口迁移变动过程和人口社会变动过程。狭义人口政策则是指一个国家或地区从社会的、经济的、政治的、资源的、生态环境的综合战略利益出发，同时考虑到大多数群众的接受程度，制定的影响和干预人口自身生产和再生产过程的人口政策，其结果是直接制约和影响着人口自然变动过程的数量和质量。换句话说，其直接作用的客体是出生率、死亡率、结婚率、离婚率、迁移和人口分布等过程本身。相对应的，狭义人口政策就包括生育政策、死亡政策、优生政策和婚姻家庭政策等（于学军、解振明，2000）。

2. 人口生育政策

在狭义人口政策范畴内，人口生育政策是其主导或核心政策，也是学者们常讨论的政策，这样的政策即国家或地区对其人口的生育行为所采取的政府态度。这种态度，或者鼓励生育，以促进人口增长，或者限制生育，以减缓人口增长。在限制生育中，政府还要规定具体的限制要求，这种要求，往往与我们所追求的人口总目标相联系（冯立天，2000；马小红、孙超，2011）。比如，1980 年 9 月 25 日，党中央就发表了《关于控制我国人口增长问题致全体共产党员共青团员的公开信》（以下简称《公开信》），《公开信》指出，"为了争取在本世纪（20 世纪）末把我国人口总数控制在 12 亿以内，国务院已经向全国人民发出号召，提倡一对夫妇只生育一个孩子"（马小红、孙超，2011）；1991年 5 月 14 日，党中央、国务院根据实际生育控制能力与政策间的差距，实事求是地做出了《关于加强计划生育工作严格控制人口增长的决定》，1991～2000 年人口计划控制目标定在年均自然增长率为 12.50‰以内，即总人口 2000 年末控制在 13 亿人以内（国家计划生育委员会，1992）。中国是世界第一人口大国，人口问题关系经济社会发展全局。新中国成立特别是改革开放以来，中国人口转变的加速推进成为经济社会发展的重要基础，其中以降低生育率为主旨的人口政策的有效实施起到了关键作用（田雪原，2009）。2011 年 10 月底，世界人口跨越了 70 亿人的里程碑；而同年 4 月底，中国政府发布了 2010 年人口普查的数据公报，其显示中国人口在 2010年底达到 13.4 亿，仍然占世界人口近 1/5。

二　其他国家人口政策概览

从 1974 年的布加勒斯特世界人口大会到 1984 年的墨西哥城国际人口大会，再到 1994 年的开罗人口与发展大会的 20 年间，人们以不同方式表达了对人口问题的关注，其间有近 50 个发展中国家明确制定了人口政策，有些单独发布，有些则作为长期发展规划中的一部分。具体内容包括：明确强调人口与发展之间的关系；修改宪法；建立高级机构以制定相应的政策或协调有关的规划；加大对计划生育部门的投入；大量提供计划生育服务和避孕药具方面的信息；对实行计划生育和小家庭的夫妇给予优惠政策；制定一系列提高妇女地位及影响生育模式的措施（于学军、郭维明，2000）。世界各国政府对进一步加强计划生育政策和法规至少提出了四个不同的理由，其中包括：①为实现国家社会经济发展的目标要减慢人口增长的速度；②有利于产妇和儿童健康；③是个人和家庭的基本人权；④会提供公平合理的卫生服务。

国际社会通常将低于更替水平的生育率称为低生育率，而将低于 1.5 的生育率称为很低生育率，将低于 1.3 的生育率称为超低生育率（Kohler，Billari & Ortega，2002；Caldwell & Schindlmayr，2003）。低生育率现象正在全球蔓延，越来越多的发展中国家也加入了很低生育率国家甚至是超低生育水平国家的行列（United Nations，2011）。人口学者认为，总和生育率低于1.5并持续多年，会对未来的人口数量与结构产生重大的影响，并且在短时间内难以恢复到更替水平（Lutz，Skirbekk & Tesa，2006；McDonald，2006），而超低生育水平产生的人口后果更为严重。因此有了"低生育陷阱"的说法：生育率一旦下降到一定水平（$TFR = 1.5$）以下，就会不断下降，很难甚至不可能逆转（Lutz，2005）。

三 印度的人口政策

毋庸置疑，作为世界重要经济共同体"金砖五国"中的中国和印度是全球经济增长最快的两个发展中国家，并且这相邻的两个人口大国的国情有诸多相似之处。因此，学者指出印度在经济发展过程中出现的种种人口问题对中国有所警示和启示（申秋红，2014；唐鹏琪，2005）。这也是本书在介绍其他国家人口政策时以印度为例的重要原因。

实际上，根据印度人口普查结果显示，2011年印度人口总数为12.1亿人，几乎相当于美国、印尼、巴西、孟加拉国和日本五国的人口之总和，是仅次于中国的世界第二人口大国。印度和中国的人口占世界总人口的比例接近37%（其中印度占世界总人口的比例为17.5%，中国占世界总人口的比例为19.4%）。而据印度国家人口委员会技术小组对印度未来人口增长的预测，未来印度人口持续增长的趋势将无法逆转。经测定，2021年印度人口将递增至13.4亿人，到2026年，将达到14亿人。使用PADIS-INT预测，到2045年印度人口将超过中国，成为全球人口最多的国家（申秋红，2014）。

在人口控制方面，印度比中国早得多。1952年印度政府首创并开始实施人口控制计划，为计划生育拨专款，为育龄妇女提供避孕药具和服务。从1952年到1999年，印度在计划生育方面的拨款累计达1670亿卢比（王晓丹，2003）。但政府并未提出明确的人口控制目标，也没有采取强有力的措施推进和落实人口控制计划；另外，有不同政见的党派和政客从中作梗，印度人口仍在较快增长（见图11-1，表11-1）。

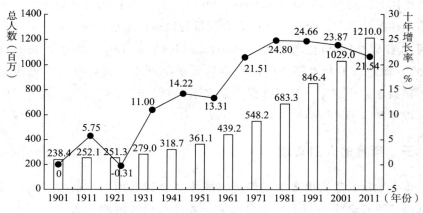

图 11 - 1　印度总人口和十年增长率

资料来源:《金砖国家联合统计手册 (2012)》。

表 11 - 1　1952～2000 年印度人口生育政策演变的历史

阶段及时期	主要政策内容
1. 1952～1982 年:从"家庭计划工程"到"家庭幸福工程"	◇　1952 年,印度计划委员会就提出应该实施"家庭计划工程",强调降低人口出生率以适应经济发展的需要,并为计划生育拨专款,为育龄妇女提供避孕药具和服务。从 1952 年到 1999 年,印度在计划生育方面的拨款累计达 1670 亿卢比。但政府并未提出明确的人口控制目标,也没有采取强有力的措施推进和落实人口控制计划;另外,有不同政见的党派和政客从中作梗,印度人口仍在较快增长。 ◇　1956 年中央和各邦成立了计划生育委员会,增加对计划生育的专项拨款。 ◇　1976 年,中央政府出台新的计划生育政策,严厉控制人口增长。并在 1977 年具体制定了实施"家庭福利计划"的政策细则。其间,在总理英迪拉·甘地的直接授意下,国会修改了宪法,授予政府以更大的权力实施计划生育。通过在各地建立绝育营,开展强制性的绝育运动,并且官员亲自上阵督促,印度绝育人数从 1974～1975 年度的 130 万人骤然升至 1976～1977 年度的 810 万人,但在 1977 年 1 月提前举行的大选中,英迪拉·甘地因政见及推行强制性人口控制计划而遭受惨败。 ◇　印度人民党上台后,废弃了英迪拉·甘地的强制性节育计划,实行以自愿和政策鼓励为导向的新的人口政策——"家庭幸福工程",中央政府和地方政府不能强令推行。这一措施受到了印度绝大多数民众的支持和赞赏,但印度计划生育普及率大大降低。 ◇　1980 年,英迪拉·甘地重新执政,但是国大党已不敢轻易触及人口控制政策。1981 年人口普查表明,印度人口继续以 2.2% 的速度增长

阶段及时期	主要政策内容
2. 1983～2000 年：从"国家健康政策"到《卡鲁纳卡兰报告》	◇ 1983 年，国大党计划委员会提出"国家健康政策"，强调家庭规模小型化，提出到 2000 年印度人口总生育率应稳定在更替水平。 ◇ 1991 年，国家发展委员会任命卡鲁纳卡兰先生为人口委员会主席。该委员会提出《卡鲁纳卡兰报告》。 ◇ 《卡鲁纳卡兰报告》提出，国家人口政策的制定要从经济发展、人口增长和环境保护的长期、整体观念出发，人口政策应该为各项计划的制定以及监督机制的建立提出政策和指导原则。报告还特别强调，国家人口政策应该由政府制定，议会批准。 ◇ 1993 年，以斯瓦米纳特博士为组长的专家组成立，目的在于制定一份有关国家人口政策的草案报告，1994 年草案报告完成，提交议会成员审阅，并征求中央和各邦政府机构的意见。 ◇ 1997 年，在印度独立 50 周年纪念会上，当时的总理古吉拉尔宣称即将发布国家人口政策。 ◇ 1997 年 11 月，内阁批准了国家人口政策草案，并提交议会。然而，由于当时政局混乱，人民院被解散，草案未能在议会讨论。 ◇ 1998 年，经过进一步的咨询磋商，人口委员会完成了另一份国家人口政策草案，并于 1999 年 3 月提交给内阁。内阁批请部长工作组对草案进行审查。工作组在广泛征求了学术界人士、公共健康专业人士、人口统计学家、社会科学家以及妇女代表的意见之后，对草案做了进一步修改，便形成了 2000 年印度国家人口政策的最终文本。
3. 2000 年至今：2000 年印度国家人口政策	◇ 2000 年，印度总理瓦杰帕伊提出国家人口政策。 ◇ 2000 年印度国家人口政策的目标分三个阶段来实现。近期目标是：致力于医疗卫生基础设施的建设，大力培养医务人员，满足人民的避孕需求，提供综合的生殖与儿童医疗健康服务；中期目标是：通过各部门的共同努力，使总生育率到 2010 年降至 2.1；长期目标是：到 2045 年，实现稳定人口，以实现经济、社会的持续发展和环境的保护。

资料来源：王晓丹，2003：56～59；申秋红，2014：24～31；唐鹏琪，2005：26～29。

2000 年印度国家人口政策的出台和实施，是印度历史上第一个控制生育的纲要性文件，它大大改变了印度的人口状况，根据这一文件，印度政府控制人口增长的目标是 2010 年人口增长率降至 1.1%～1.2%，人口总量为 11.07 亿人，与不实施人口政策相比，少生 5530 万人。为调动民众自觉实行计划生育的积极性，印度政府出台了若干奖励和优惠政策，例如，在住房、农地灌溉、福利保健等方面给予优先照顾，对晚生、稀生的妇女进行现金奖励，做绝育手术的男子可以办理持枪执照等。对于不实行计划生育的情况也出台了惩罚措施，但因不具强制性，故其作用极为有限。

这一政策并没有上升为法律条文，且对夫妇生育孩子的数量没有做出具体而明确的规定。为了指导和监督国家人口政策的实施，印度政府组建了国家人口委员会，到 2005 年又重新组合。重组后的国家人口委员会的主席继续由印度总理担任。至此，印度人口控制工作向前迈出了艰难的一步，但这一政策还有待进一步落实。

印度的人口政策值得我们认真研究和思考，它反映了印度政府在未来人口问题上所做的努力和决心，提出了印度人口政策的目标、任务和具体实施细则，详细说明了实现这些目标、任务的途径和手段，并以具体的、有针对性的数据做保障。目前这些政策已经实施并将继续贯彻执行，这有利于缓解印度的人口危机，为印度人口问题的解决做了必要的铺垫。印度人口问题及其政策暗含着一个深刻的普遍性道理：只有社会稳定，只有通过经济、政治、文化等的全面发展，处理好人口资源环境与经济社会的关系，切实保障和改善民生，才能最终解决人口问题，促进社会全面协调可持续发展（申秋红，2014）。

第二节　中国的计划生育政策

一　中国计划生育政策的历史演变

中国真正全面推行旨在限制生育的计划生育政策（其后演变为各省区市的计划生育条例）的时期，是 20 世纪后 30 年。全国城乡自 1970 年普遍实行计划生育以来，至今已有 40 多年的历史（见表 11 - 2）。生育政策的作用大小、强弱与方向，始终在影响此间生育率变动的诸多因素中占主导地位。过去的一切虽成历史，但以史为鉴，研究生育政策差异与相应生育率变化轨迹，对总结经验、吸取教训、解放思想、实事求是，进一步抓紧抓好 21 世纪计划生育工作具有重要意义（冯立天，2000）。

表 11-2 1949～2010 年中国人口生育政策演变的历史

阶段及时期	主要政策内容
1.1949～1953 年：放任人口增长时期	◇ 新中国是在半殖民地半封建社会基础上建立起来的，封建社会"多子多福"的传统观念影响深远。政府对生育及人口增长采取了放任自流的态度，并出台了限制避孕和人口流产的政策，鼓励人们生育。 ◇ 1950 年 4 月 20 日，国家卫生部和军委卫生部联合发布了《机关部队妇女干部打胎限制的办法》，规定"为保障母体安全和下一代生命，禁止非法打胎"。 ◇ 1952 年上述规定的基础上，卫生部制定了一个面向全民的《限制节育及人工流产暂行办法》，将适用于机关部队妇女干部的规定在全国推广。 ◇ 1953 年，卫生部又以"与国家政策不符"为理由，通告海关禁止进口避孕用具和药物。这些政策都强化了人们多生多育的观念和行为。
2.1954～1969 年：计划生育政策波动时期 2.1 1954～1957 年，政策转变酝酿； 2.2 1958～1959 年，上层思想反复； 2.3 1960～1966 年，确定限制生育政策并开展工作； 2.4 1966～1969 年，丧失政策实施外境	◇ 1953 年全国人口普查，出生率上升到 37.0‰，死亡率下降到 14.0‰，自然增长率创下 23.0‰的新高。这表明，在短短的 3 年国民经济恢复时期，我国人口再生产类型就完成了由高出生、高死亡、低增长向高出生、低死亡、高增长的转变，随后迎来第一次生育高潮。这种情况引起了党和政府的关注，毛泽东同志在党的八大三次会议（扩大）的讲话中，提出我国第一问题"三年试点，三年推广，四年普遍实行"的设想，展露出新中国人口政策的雏形。 ◇ 鼓励生育的政策在 1953 年首先发生了急剧转变。从中央领导到学术界都提出一些节制生育的观点。远高于预期的人口数与当时我国有限的资源与落后的综合国力形成对比，震动了政府决策人。 ◇ 1955 年 3 月，中央在卫生部党组关于节制生育问题的报告上指示："节制生育是关系广大人民生活的一项重大政策（修正草案）"，提倡有计划地生育子女"。 ◇ 1956 年初，中央公布了《1956 年到 1967 年全国农业发展纲要》，分析了人口增长过快与经济社会发展的矛盾。但是，1957 年反右斗争一起，将适当控制人口数量，提高人口质量，该主张受到毛泽东等同志的赞扬，劳动力越多，积累越多，发展越快"——人口越多越好的 ◇ 1957 年 7 月 5 日，《人民日报》发表了马寅初的《新人口论》，该主张作为马尔萨斯人口论被批判，进而形成了"人口越多，越好 "的"禁区"。 ◇ 1958 年开始的"大跃进"及随后出现的大饥荒，改变了中国人口转变的方向。"人多可以办大事""人多力量大"的想法在一些主要领导人心目中再次占据主要地位。随着反限制人口增长的经济学家马寅初先生在全国被批判，节制人口增长的政策，使我国人口和节制生育的思想得以搁置。1962 年 12 月，中共中央和国务院发出了《关于认真提倡计划生育的指示》，要求各级党委和政府把这一工作重新列入议事日程。 ◇ "大跃进"失败的反思和三年困难时期结束后的现实，使控制人口增长的压力，"大跃进"的浮夸做法使得当时的一些领导人对人口形势产生了乐观情绪，"人多力量大"的想法在一些主要领导主要地位

阶段及时期	主要政策内容
	◇ "文化大革命"初期，虽然党和政府并没有放弃控制人口过快增长的方针，仍在实行限制人口增殖的生育政策，但社会环境处于无政府状态，一些计划生育机构名存实亡，有的甚至被"革命委员会"给取消了，节制生育的实际工作停顿了，人口又处于盲目发展的状态。 ◇ "文化大革命"的动乱局面经济消坡、人口增长。1969年全国总人口突破8亿大关，使得人口经济本已尖锐的矛盾更加突出。这种失迫使党和国家领导人在全国民经济恢复后不重申控制人口的重要性。
3. 1970~1980年：计划生育政策推广时期 （1970~1980年初秋的"晚、稀、少"的人口增长率的政策逐步形成和全面推进阶段）	◇ 进入20世纪70年代，全国人口突破8亿人。面对严峻的人口形势，国家开始加大人口控制力度，生育政策也逐步明朗起来。1971年7月，国务院批转《关于做好计划生育工作的报告》，把控制人口增长的指标首次纳入国民经济发展计划，除人口稀少的少数民族地区和其他地区，都要加强对这项工作的领导，深入开展宣传教育，使晚婚和计划生育变成城乡群众的自觉行为。 ◇ 1973年，第一次全国人口计划生育工作汇报会议正式提出了"晚、稀、少"政策，并在全国进行了推广。1973年，人口发展第一次列入国家国民经济和社会发展五年计划和年度计划，1974年，在中共中央转发河北省《关于召开全省计划生育工作会议的情况报告》中，肯定了按"晚、稀、少"要求结概利生育的政策。 ◇ 1978年6月，国务院计划生育领导小组会议进一步明确了"晚、稀、少"的新要求，并将"国家提倡和推行计划生育"写入宪法。 ◇ "最好一个，最多两个"的内涵，提出"提倡一对夫妇生育一个孩子"。至此，一对夫妇只生一个孩子的政策已呼之欲出。 ◇ 1979年12月，国务院计划生育领导小组办公室在成都召开工作会议，会议还提出了一对夫妇最好生育一个子女……这是我国目前人口发展中的一个战略性要求。
4. 1980~1991年：计划生育政策完善时期 4.1 1980年秋至1984年春，"晚、稀、少"政策调整为"独生子女"紧缩政策，并全面推行； 4.2 1984年春至1991年，为计划生育政策调整阶段	◇ "晚、稀、少"的政策推行后非常有成效，但是，由于人口增长惯性的存在，必须实现12亿的目标，对夫妇只生一个孩子的"独生子女"政策。同时由于实行家庭联产承包责任制后农民生活较以前有了较大幅度的提高，他们的生育欲望有所提高，这时的人口也开始进入育龄婚龄，因此这一时期的人口出生率，自然增长率，总和增长率都有所反弹，在这种背景下，全国开始转变计划生育的一胎化政策，也就是"独生子女"政策。 ◇ 1980年3~5月，中央连续召开5次人口座谈会。与会者认为，中国人口太多了，应当尽快将生育率降下来，实行一对夫妇生育一个孩子的政策，并对生一个孩子可能遇到的问题及如何解决进行了讨论。座谈会向中央书记处提交的报告体现了上述基本精神，这奠定了20世纪80年代以来我国生育政策的基调。 ◇ 1980年9月25日，党中央发表了《关于控制我国人口增长问题致全体共产党员共青团员的公开信》（以下简称《公

续表

阶段及时期	主要政策内容
4.1980～1991年：计划生育政策完善时期	开信》。《公开信》指出，"为了争取在本世纪末把我国人口总数控制在12亿以内，国务院已经向全国人民发出号召，提倡一对夫妇只生育一个孩子"。
4.1 1980年至1984年春，"晚、稀、少"政策调整为"独生子女"紧缩政策，并全面推行；	◇由于实行的"一孩"政策与广大群众的生育意愿严重冲突，使中国的计划生育工作成为"天下第一难"。在实施"一孩"政策中，为达到人口控制目标，国家采取了许多行政、经济等强迫手段，产生了很多负面效应。 ◇为了缩小生育与生育意愿的差距，文件要求进一步完善当前计划生育工作的具体政策，1984年4月13日，中央转发了《关于计划生育情况的汇报》的七号文件，文件要求进一步完善当前计划生育工作的具体政策，主要是：①在农村继续有控制地把口子开得稍大一些，按照规定的条件，经过批准，可以生二胎；②坚决制止大口子，即严禁生二胎和多胎；③严禁徇私舞弊，对在生育问题上搞不正之风的干部要坚决予以处分，即所谓的"开小口子、堵大口子"。
4.2 1984年春至1991年，为计划生育地方政策的调整阶段	◇1988年3月，中央政治局召开常委会专门会议，讨论并原则同意国家计生委的《计划生育工作汇报提纲》。会议规定了现行计划生育人口政策的具体内容：提倡晚婚晚育，少生优生，提倡一对夫妇只生育一个孩子；国家干部和职工、城镇居民除特殊情况经过批准外，一对夫妇只生一胎，农村某些群众确有实际困难，包括独女户，要求生二胎的，经过批准间隔几年以后可生二胎；不论哪种情况都不能生三胎；少数民族地区也要提倡计划生育，具体要求和做法可由有关省、自治区根据当地实际情况制定。
5.1991～2013年：计划生育多样化时期（1991年春至2013年春为计划生育地方政策多样化，形成了差异化的地方计划生育条例，形成了多样化的生育政策）	◇1991年5月14日，中共中央国务院根据实际生育控制能力与政策间的差距，实事求是地做出了《关于加强计划生育工作严格控制人口增长的决定》，将1991～2000年人口计划控制在年平均自然增长率为12.50‰以内，即总人口2000年末控制在13亿人以内。 ◇2001年12月29日，第九届全国人大常委会规定法律化，将原有的政策性法律化，"国家稳定现行生育政策，鼓励公民晚婚晚育，提倡一对夫妻生一个子女；符合法律、法规规定条件的，可以要求安排生育第二个子女。具体办法由省、自治区、直辖市人民代表大会或者其常务委员会规定。" ◇根据社会发展水平，城乡结构和地域民族特征，各省、区、市制定了地方计划生育条例，形成了现行的生育政策格局。基本实行现行的生育政策，各省、区、市规定可以生育第二个孩子是女孩时，有19个省、区、市的农村，基本实行现行的生育政策格局。概括起来为：①城镇地区北京、天津、上海、重庆、江苏、四川等6省、市规定生育一个孩子；②除上述6省、市外，有5省、区规定可以生两个孩子；③有29省、区、市规定夫妻同为独生子女的，可以生育两个孩子，再婚、同隔几年可以再生育一个孩子是女孩时，可以生育两个孩子，简称一孩半政策；③有29省、区、市规定夫妇一方为独生子女一方为农村居民可以生育两个孩子；④各省条例还对少数民族、残疾、再婚、归侨、特殊职业等各种情况做出具体规定。其中有7个省还规定农村夫妇一方为独生子女的同隔几年可以生育两个或更多的孩子。

续表

阶段及时期	主要政策内容
6. 2013～2015 年：启动并实施单独二孩二孩政策阶段	◇ 2013 年 11 月 12 日，中国共产党第十八届中央委员会第三次全体会议通过《中共中央关于全面深化改革若干重大问题的决定》，在第十二部分推进社会事业改革创新中提到："坚持计划生育的基本国策，启动实施一方是独生子女的夫妇可生育两个孩子的政策，逐步调整完善生育政策，促进人口长期均衡发展。" ◇ 各省市陆续启动"单独二孩"政策。
7. 2015 年 12 月至今：启动并实施全面两孩政策阶段	◇ 2015 年 12 月 31 日，中共中央国务院《关于实施全面两孩政策改革完善计划生育服务管理的决定》印发。 ◇ 2017 年 1 月，国务院正式印发《国家人口发展规划（2016～2030 年）》，并在其"总体思路——实施人口均衡发展国家战略"的主要目标中明确提出："总和生育率逐步提升并稳定在适度水平，2020 年全国总人口达到 14.2 亿人左右，2030 年达到 14.5 亿人左右。"

资料来源：整理自冯立天，2000：23～34；马小红、孙超，2011：46～52；田雪原，2009。

二 中国计划生育政策的成就与不足

1. 计划生育政策的成就

新中国成立以来,特别是改革开放以来,中国取得了人口有效控制和经济快速发展两大奇迹。经过 30 多年的努力,人口和计划生育工作取得了一定的成就,在社会生产力尚不发达的情况下,中国用一代人的时间,使人口再生产类型实现了发达国家用四代人的时间才完成的历史性转变,即从"高出生、低死亡、高增长"向"低出生、低死亡、低增长"的转变。人口过快增长的势头得到有效遏制,群众的生育观念发生明显改变,中国人口的出生率和自然增长率都得到大幅度的下降[①],总和生育率从 1970 年的 5.8 降至 2016 年的 1.8 左右(宋健,2017),低于更替水平,比其他发展中的人口大国提前半个多世纪跨入低生育水平国家的行列[②]。从计划生育政策实施产生的效果评估来看,一方面,从纵向的维度来说,其实施使中国净增 1 亿人口的时间从 20 世纪 60 年代的 5 年延长到目前的 10 年左右,中国是唯一在 20 世纪达到更替水平、实现人口再生产类型转变的发展中人口大国,预计将比其他发展中国家提前半个世纪达到人口零增长(见表 11 - 3)。

表 11 - 3 新中国成立以来中国人口每净增 1 亿人所用时间

人口(亿人)	年份	所用时间(年)
5.4	1949	—

---

① 全国少生 4 亿多人,拆除了"人口爆炸"的引线,使中国 13 亿人口日推迟 4 年,成功改变了中国人口发展的轨迹。从人口发展的形势来看,计划生育政策在当时的历史条件下,符合社会发展的需要,在实施一定期间内,确实对社会发展产生了积极的效果。新中国成立后,由于生活水平的提高和医疗条件的改善,人口死亡率急剧下降,人口增长速度迅速回升,到 20 世纪 70 年代初全面推行计划生育时,全国总人口已达 8.3 亿人,20 年增长了53.2%,年平均增长速度约 2.1%。

② 无法否认,低生育水平已成为中国人口的基本国情之一。联合国人口司估计中国 2010 年总和生育率为 1.64,与中国原国家人口计生委的估计(1.6~1.8)十分相近。近期生育意愿与生育行为的研究都发现,目前的年轻人都倾向于少生与晚生,中国的生育率并没有到达谷底,还有进一步下降的空间(郑真真,2012)。由于中国生育率下降的性质与影响机制与西方国家不同,有学者认为中国离极低生育率为时不远了(陈卫,2015)。由此看来,全国生育水平还将保持着下降的势头,很有可能迈入超低生育水平国家行列。

续表

人口（亿人）	年份	所用时间（年）
6.5	1957	8
7.5	1966	9
8.5	1971	5
9.5	1977	6
10.4	1984	7
11.4	1990	6
12.5	1998	8
13.5	2011	13

资料来源：原国家人口和计划生育委员会编《人口与计划生育常用数据手册》。

另一方面，在国际横向的比较范畴内，我们可以看到，相比于世界其他国家，尤其是诸多人口基数较大的发展中国家，中国妇女总和生育率（TFR）在1993年就已经达到更替水平，而在2010年的第六次全国人口普查后，总和生育率已经降到了约1.8（该数据为较为准确的修正数据），由于中国已进入世界低生育水平国家的行列，人口发展当然呈现更为缓和平衡的态势（见表11-4）。

表11-4　总和生育率达到更替水平时间的国际比较

国别	年份	总和生育率
世界	2040	2.06
中国	1993	2.10
美国	1970~1975	2.02
巴西	2005~2010	2.07
印度	2025~2030	2.02
印尼	2010~2015	2.10
阿根廷	2015~2020	2.10
孟加拉国	2030~2035	2.04
巴基斯坦	2045~2050	2.06
墨西哥	2015~2020	2.04

资料来源：中国数据来自《中国统计年鉴1993》；其他国家数据来自联合国预测中方案数据。

同时，改革开放 30 多年来，中国保持了较高的经济增长速度，经济平均每年以 9.6% 的速度增长，这被誉为世界经济增长的奇迹。2010 年中国 GDP 换算为美元超过 5.8 万亿美元，占世界经济的份额从 1978 年的 1.8% 提高到 2010 年的 9.3%，中国跃居为世界第二大经济体。人口和计划生育工作取得的显著成就，有力地促进了经济社会的发展，有效地缓解了资源环境的压力，人民生活水平显著改善，综合国力明显增强。探询中国经济高速增长的原因一直是中国政府与学界关注的焦点，中国是一个人口大国，人口转变可能是理解中国经济运行的一个非常有用的工具（汪伟，2010）。研究发现人口变量的变化能够解释人均 GDP 增长率的绝大部分变化，也能很好地解释储蓄率的变化。相关理论与经验分析表明，中国的人口政策很可能是储蓄率和人均收入增长率上升的一个重要原因（汪伟，2010）。

生育率下降导致人口抚养比下降 1/3，随着中国生育率迅速下降，新增人口不断减少，平均寿命不断延长，中国人口年龄结构呈现"两头小、中间大"的格局，劳动年龄人口保持了持续增长。1990 年全国劳动年龄人口总量为 7.55 亿人，2000 年上升到 8.6 亿人，2011 年劳动年龄人口占总人口的比重达 74%。这种人口年龄结构极有利于储蓄率的提高、社会财富的积累和劳动力成本的降低，也有利于促进资本的积累和投资的扩大，由此为中国经济增长和社会发展提供了 40 年左右的人口抚养比较低、劳动年龄人口充裕、储蓄率较高的深度"人口红利"期[①]（见图 11 - 2）。

中国的人口自然增长率从 1987 年的 16.68‰下降到 2011 年的 4.79‰，

[①] 人口抚养比用于从人口角度反映人口与经济发展的基本关系，以考察人口年龄构成对人口经济活动的影响。人口再生产类型转变使人口年龄结构变化依次形成从高少儿、低老年型的高人口抚养比，到低少儿、低老年型的低人口抚养比，再到低少儿、高老年型的高人口抚养比的三个不同阶段。在第二阶段，劳动年龄人口比重高，人口抚养负担轻，人口生产性强，社会储蓄率高，有利于经济增长。在低生育国家，随着生育率的下降和人口再生产类型的转变，出现庞大的劳动年龄人口及相对较少的老年人和儿童，这一人口年龄结构最富生产性，此时人口抚养负担较轻的时期通常称为人口红利期，人口年龄结构对经济增长的这种潜在贡献也就是人口红利（《国家人口发展战略研究报告》，2007）。此时政府实施有利的经济社会政策，提高施政水平，对卫生、教育等进行合适的投资，就能发挥劳动年龄人口众多的优势，实现较高比例的劳动就业，促进储蓄积累，推动经济增长和社会转型。

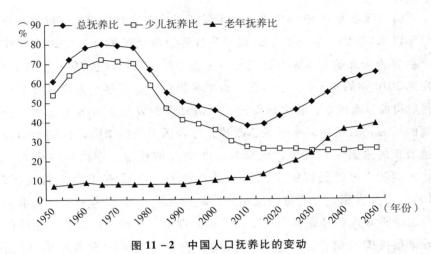

图 11 - 2 中国人口抚养比的变动

资料来源：联合国秘书处经济和社会事务部人口司编《世界人口前景〈2004 年修订本〉》。

同时，人均 GDP 由 1987 年的 1112 元增长到 2011 年的 35000 元，随着人口增长率的不断下降，人均 GDP 逐步增长。在经济落后国家，国民收入增长被更快的人口增长所抵消，使人均收入退回到维持生存的水平上，人口增长和国民收入增长处于低水平的均衡状态；当国民收入增长速度超过人口增长速度，人均收入相应增加，直到国民收入增长下降到人口增长为止，此时人口增长和国民收入增长达到新的高水平的均衡状态。在这两种状态之间存在"低水平均衡陷阱"。一般情况下，只有进行大规模的资本投资，使投资和产出的增长超过人口增长，才能冲出"低水平均衡陷阱"。而中国以人口再生产类型的迅速转变，摆脱了"低水平均衡陷阱"，推动了经济增长，这种发展模式成为发展中国家的成功典范。

新增人口数量的减少为卫生、教育投资的增加创造了有利条件。从 20 世纪 50 年代到 2010 年，中国婴儿死亡率由 200‰下降到 13.1‰；孕产妇死亡率由 1990 年的 0.95‰下降到 2010 年 0.30‰。中国人口平均预期寿命由 40 岁左右提高到 74.8 岁，达到中等发达国家水平（国家统计局，2012）。中国人口的营养健康水平、生活质量也明显上升。

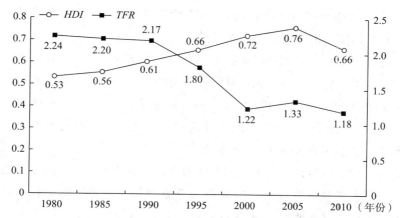

图 11 - 3 1980 ~ 2007 年中国总和生育率（*TFR*）与人类发展指数（*HDI*）的关系
资料来源：基于国家统计局相关数据计算而得。

从 1980 年至 2007 年总和生育率（TFR）与人类发展指数（HDI）[①] 的
变化趋势（见图 11 - 3）中可以看出，在 1995 年以前，随着总和生育率的
下降，人类发展指数不断提高，而 1995 年之后，人类发展指数与总和生育
率没有明显的相关关系，令 *HDI* 为 *Y*，*TFR* 为 *X*，进行回归分析，得到：
$Y = 1.49 - 0.42X$。在 HDI 的三个指数中，粗略看来，生育水平下降有利于
人均 GDP 的提升，但对预期寿命的影响不大；出生减少，有助于社会和家
庭增加教育投入，也有利于教育水平的提高。

全国初步实现普及九年义务教育和基本扫除青壮年文盲的目标，2005
年 15 岁以上人口平均受教育年限达 8.5 年，高于发展中国家平均水平。
15 ~ 59 岁人口平均受教育年限已达世界平均水平，受过高等教育的人数迅
速增长。改革开放以来，中国人力资本存量翻了一番，这成为中国吸引外
资、承接世界产业转移的重要因素，对经济增长的贡献达 24%。中国人类

[①] 人类发展指数（Human Development Index，简称 HDI）是由联合国开发计划署（UNDP）出
版的《1990 年人类发展报告》首次提出的，其主旨是想通过若干指标换算为综合指数值来
测度发展中国家摆脱贫困状态的程度，取代单纯依靠收入指标衡量发展与福利水平的方法。
HDI 指数提出后，成为衡量世界各国或地区人类社会发展程度的统一尺度，它是由平均预
期寿命、成人识字率和按购买力平价计算的人均国内生产总值三个构成指标分别换算成指
数，然后计算算术平均值而得出的，可以作为人口发展的考察指标之一。2010 年后，联合
国对 HDI 的指标体系做了进一步改进：用"25 岁以上人口平均受教育年限"和"学龄儿
童预期受教育年限"取代了之前的"成人识字率"和"毛入学率"来测算教育指数，用
"人均 GNI"代替了"人均 GDP"来测算收入指数。

发展指数从 1975 年的 0.523 提高到 2011 年的 0.687，为在未来跨进中等人类发展水平国家的前列奠定了坚实基础。

实行计划生育基本国策以来，由于生育水平下降，少生了 4 亿人，过剩劳动力减少了 1 亿人左右，人口对资源环境的压力及人居、生态环境恶化程度减轻了 20% 以上，减缓了人均资源减少的速度。在过去的 30 年中，少消耗粮食 1710 亿公斤，少占有耕地播种面积 5.7 亿亩，少消耗水资源 1867.5 亿立方米，少占用建成区面积 99 亿平方米，少占用生态空间 5.7 亿公顷，少排放废水 153 亿吨，提高了生态空间的单位面积生产力，减轻了生态赤字压力。人口发展对自然资源的需求跨入总量增加、增量下降的新阶段，增强了国家可持续发展能力（见表 11-5）。

表 11-5 计划生育对可持续发展的贡献

指标	2002 年实际	如果不实行计划生育政策	相差（%）
A	B	C	D =（B-C）÷B×100%
人均耕地（亩）	1.52	1.16	23.68
人均粮食占有量（公斤）	353.3	269.5	23.72
人均森林面积（公顷）	0.12	0.09	25.00
人均草地面积（公顷）	0.31	0.24	22.58
人均地表水资源占有量（立方米）	2062.7	1573.3	23.73
人均煤资源占有量（吨）	780.2	595.1	23.72

注：假定不实行计划生育政策时，资源环境总量仍能维持在目前的水平。
资料来源：据原国家人口计生委相关数据统计而得。

2. 计划生育政策的不足

实现中国经济社会又好又快发展所面临的所有重大问题，无不与人口数量、素质、结构、分布密切相关。虽然当前中国人口发展态势总体较好，但同时也面临着不容回避的矛盾和问题。

首先是出生性别比问题。张二力（2005）以"五普"数据为基础，分析全国"地市"的出生性别比、婴儿死亡性别比与生育政策的关系，结果表明实行"第 1 个孩子为女孩，间隔几年允许生第 2 个孩子"生育政策的人口比例越高的地区，出生性别比和婴儿死亡性别比失常越严重；实行较为宽松生育政策的地区出生性别比和婴儿死亡性别比比较接近正常。实行较为宽松的生育政策有利于解决目前出生性别比严重失常和女婴死亡严重偏高的问题。原国家人口计生委主任张维庆承认出生性别比偏高与计划生育政策之间具有因果联系。

杨菊华（2009）构建了"胎次－激化双重效应"理论模型，认为生育政策与出生性别比的失衡存在直接和间接的双重关系。生育政策的刚性制约与一孩半生育政策赋予胎次和激化效应特殊的含义有：①一孩政策地区低胎的出生性别比偏高、一孩半政策地区二胎及以上胎次的出生性别比极度失衡，显现"激化效应"；②政策的多样性使部分低位女胎与男胎一样受欢迎，使一孩半政策及二孩政策地区低胎的出生性别比趋于正常，产生"胎次效应"。可见，生育政策越强，低位和高位女胎都越不受重视，均会遭遇人工流产；相反，在相对宽松的生育政策环境下，低位女胎所受的歧视程度相对减弱。

而性别比升高会致使未来婚姻市场上男性远多于女性，可能会加剧拐卖妇女、儿童和性犯罪等行为，引发社会秩序混乱，成为影响社会稳定与和谐的严重隐患，近年来出现的"越南新娘"等跨国婚姻亦可能与性别比失调相关。在某些偏好男孩的文化里，新一代的高性别比将会降低结婚的数量。实际上，中国政府已经充分认识到出生人口性别比升高的负面影响，并出台了《关于禁止非医学需要的胎儿性别鉴定和选择性别的人工终止妊娠的规定》，部分地区将出生人口性别比纳入目标管理考核；并且原国家人口计生委为进一步贯彻党的十六大精神，认真落实 2003 年中央人口资源环境工作座谈会的精神，全面实现党中央、国务院《关于加强人口与计划生育工作稳定低生育水平的决定》的工作目标，努力促进出生人口性别比的平衡，于 2003 年在当时婚育新风进万家活动不断深入发展的形势下，启动"关爱女孩行动"，[①] 并在 10 年后的 2013 年由现国家卫计委推出"圆梦女

---

① 开展"关爱女孩行动"的目的是：①以宣传"男女平等、生男生女顺其自然、生男生女一样好"的新型生育观念为主要内容，引导群众逐步转变"重男轻女""传宗接代"的旧生育观念；②要积极倡导男女平等，反对歧视妇女和女孩的社会偏见，鼓励女孩自立、自尊、自强，努力学习成才；③在关爱女孩行动中，要充分发挥各级人口学校宣传阵地的作用，组织群众系统学习人口和计划生育的法律法规，增强群众的法治观念，知晓生殖健康的基本科学知识，增强育龄妇女生殖健康自我保健意识；④各级计划生育部门要主动与有关部门协调，制定并实施有利于生育女儿户的社会经济政策和部门法规，探索建立相应的社会保障制度，形成全社会共同关爱女孩成长的良好社会环境和舆论氛围；⑤开展关爱女孩行动要进一步落实"三为主"，做到避孕为主，严禁非医学需要的选择性别的引产，保证母婴健康，防止女婴非正常死亡，综合治理出生人口性别比升高问题，采取有效措施，降低出生人口性别比和女婴死亡率。

孩"志愿行动，旨在进一步引导全社会关注女孩生存环境，倡导社会性别平等，促进出生人口性别结构平衡。

其次是对家庭养老的影响。在中国人口政策的影响下，独生子女数量增加，由此形成因"岌岌可危"的倒金字塔形结构和可能蕴含巨大养老风险而为世人所瞩目的特殊家庭形式，即"四二一"结构家庭①（宋健，2013）。随着中国人口的快速老龄化和家庭养老功能的弱化，大量独生子女家庭将导致社会性养老困境（周长洪，2009）。当然，"四二一"结构家庭隐含更多的潜在风险，这早在中国的独生子女政策设计之初就已被预估。1980年《中共中央关于控制中国人口增长问题致全体共产党员共青团员的公开信》（以下简称《公开信》）中明确提到，"一对夫妇只生育一个孩子，将来会出现一些新的问题：例如人口的平均年龄老化，劳动力老化，劳动力不足，男性数目会多过女性，一对青年夫妇供养的老人会增加……到四十年后，一些家庭可能会出现老人身边缺人照顾的问题"。《公开信》中提到的人口老龄化、劳动力老龄化、劳动力短缺、出生性别比失衡等宏观人口问题已经或隐或显地陆续出现；在中微观层面，普遍进入而立之年的第一代独生子女、渐入老境的第一代独生子女父母及其家庭，正面临着以生活照料资源匮乏为特征的养老风险。

独生子女家庭的养老模式发生了转变。一是独生子女面临死亡伤残的风险，二是独生子女死亡伤残促使家庭养老模式转变。学者将1990年和2010年全国人口普查妇女按队列拼接，以此估计实行计划生育政策以来累计"失独"家庭的规模达到100.3万户（王广州，2013），其预测结果也显示死亡独生子女母亲数量在2038年以前会持续增长，2038年以后开始下降，峰值规模在110万左右，那么，死亡独生子女父母人数估计应该在220万以内（王广州、郭志刚、郭震威，2008）。如此庞大的人群面临着无人养老的困境，计划生育政策有一定的责任，因此计生部门2007年在全国开始建立独生子女伤残死亡家庭扶助制度，但与真正解决大量"失独"家庭面临的实际问题还有很大差距。

---

① "四二一"结构家庭并非社会学意义上严格的家庭户概念，而是一种家庭代际关系，通过两个三人核心家庭中独生子女间的婚配关系彼此连接，再借助第三代的诞生，形成一个包括第一代独生子女父母、第一代独生子女夫妇和第二代独生子女共七个人、两代独生子女、三个独生子女家庭的集合体。

最后，计划生育政策的部分措施会影响特定人口的生殖健康水平。通过计划生育促进生殖健康是国际社会的通常做法，传统的计划生育工作曾经在某种程度上影响了生殖健康水平的提升，宣传的盲点导致了节育手术和避孕药的滥用。原国家计生委科技司 1989 年 11 月 8 日印发的《节育并发症管理办法（试行）》《节育并发症鉴定办法（试行）》和卫生部 1989 年 7 月 15 日发布的《女性节育手术并发症诊断标准》中列举的术时及近期并发症就包括脏器损伤、出血与血肿、感染、人流不全、人流失败、羊水栓塞、气体栓塞和药物腐蚀伤八种情况，远期并发症包括节育器异位、节育器断裂或变形、慢性盆腔炎、盆腔瘀血症、宫颈管或宫腔粘连、肠粘连、大网膜综合征、节育手术后膜部发生切口疝、慢性炎性包块或腹壁瘘管等，刮宫取胎术后引起腹壁子宫内膜异位，人流加绝育术后引起的以输卵管残端为中心的盆腔子宫内膜异位症及输卵管结扎术后发生宫外孕以及因治疗节育手术并发症所引起的各种并发症。广播等大众媒体不断渲染无痛人流等广告，可能会使群众忽视人工流产等节育手术的并发症，使流产数量呈上升趋势（徐剑，2010）。

3. 计划生育政策的应然走向

面对人口发展呈现前所未有的复杂局面，中国调控人口工作应遵循以下思路：优先投资于人的全面发展，稳定低生育水平、提高人口素质、改善人口结构、引导人口合理分布、保障人口安全，促进人口大国向人力资本强国转变，改进计划生育工作的思路和方法，推动人口与经济、社会、资源、环境协调和可持续发展。

第一，优先投资于人的全面发展。所谓人的全面发展，即在确保人与自然、人与社会、人与人的关系和谐的状态下，使最大多数人的人性需要终其一生都能得到自由表达、公正对待、充分保障和全面实现的过程，其实质是生命潜能的充分开发。对中国来说，"人的全面发展"意味着需要全面提升国民素质，充分开发人力潜能。人的全面发展是社会文明进步的要求，是经济发展的目的。

人的全面发展的内涵是广泛的，包括人的多种层次需要的满足，按照马斯洛需要层次理论，人们由生理需要到自我实现需要有五个层次，其中有对物质的需要满足，也有对精神的需要满足，只有这些需求都得到满足，才能说达到了人的全面发展。而人的全面发展体现在人的素质的全面发展和人的价值的全面实现上，包括人的健康发展、人的道德发展、人的智能发展、人的审美发展、人的价值发展。

人是经济活动的参与者和最终受益者，经济活动的根本性质是为人的发展服务的。人的需求和发展是可持续发展的核心内容，满足人的需求，增进人类福利，促进人的全面发展是可持续发展的中心目标，人的全面发展是人类本身可持续发展的终极结果。社会的发展是为了人的发展，人的全面发展构成经济社会发展的主体内容。因此，人的全面发展是最重要的发展，对人的全面发展的投资是最关键的投资。

第二，保障人口安全。人口安全的提出，是全球化条件下提高国家综合实力和竞争力，保障国家安全的必然要求，是非传统安全观和人类安全观的发展和充实，是生存安全和发展安全的基础和保障。人口安全是指在一定时期、一定区域和一定经济社会发展条件下，人口发展及其相关领域各种风险因素得到相对控制，避免或化解可能出现危机的状态。人口安全是国家安全的重要基石。

判断人口安全有两个标准，一是人口发展安全原则。从群体角度看，只要人口数量、素质、结构、分布各要素之间以及相关经济、社会、资源、环境要素之间产生矛盾冲突并难以协调，就可以认为人口处于不安全状态。二是人的全面发展原则。从个体角度看，只要人的发展权利、能力、机会、生活质量，尤其是思想道德素质、科学文化素质和身心健康素质存在相对突出的矛盾，并可能引发群体性或全局性重大问题，就可以认为人口处于不安全状态。

人口安全是绝对安全和相对安全的统一，内部安全和外部安全的统一，整体安全和局部安全的统一，长期安全和短期安全的统一。一方面，人口安全容易受到经济、文化、社会、资源、环境、科技、信息等领域内"不稳定因素"的影响，存在多方面的安全隐患；另一方面，人口体系自身的不完善不仅对人口安全产生影响，同时还对经济、社会、文化等其他相关体系的国家安全起阻碍作用。

人口不安全问题日趋多元化、复杂化，既来自人口系统中人口数量、人口素质、人口结构和人口分布与人口流动的互动，又来自人口系统与经济系统、社会系统、环境系统和资源系统之间的互动，各因素交叉重叠。

由人口自身发展的惯性规律决定，人口不安全因素从潜在到显现有一个逐渐积累的过程，如不能及时化解，将导致延续几十年乃至更长时期的严重后果。人口安全问题有牵一发而动全身的效应，局部危机如不及时得到控制将会导致全局危机，甚至会引发具有灾难性后果的经济社会安全问题。

保障人口安全，需要从历史和发展的角度看待和处理，对人口发展进行利弊权衡，高度重视各项政策选择带来的风险，随时研究、预测并及时控制相关因素，积极干预可能出现的负面效应，使人口安全风险最小化。

对于中国来说，13亿乃至未来15亿人口的发展是个庞大的系统。系统越庞大，转变越深刻，转变过程中的风险也就越大。保障中国的人口安全，既要坚持稳定低生育水平，又要坚持统筹解决人口数量、素质、结构、分布等问题。

第三，促进人口大国向人力资本强国转变。人力资本是指凝聚在劳动者身上的知识、技能及其表现出的能力。根据罗斯托的经济发展理论，投资收益率高、报酬递增特性使人力资本成为经济社会发展的决定性力量。人力资本积累是提高要素生产效率、转变经济增长方式的先决条件。在经济全球化和知识经济时代，国力的强弱、经济发展后劲的大小，越来越取决于劳动者素质的提高和人力资本的积累。

人力资本短缺对中国经济社会发展的制约作用越来越明显。中国已进入工业化中期阶段，这就要求经济发展模式由重物质投入转向重人力资本投入，形成最大的发展资本；经济发展重心由依靠人力资源转向依靠人力资本，形成最大的竞争优势，提供经济发展的不竭源泉。也就是说，生产力的发展要实现主要由依靠劳动力的数量向依靠劳动力的质量转变，以提高人口素质和优先发展教育为重点着力建设人力资本强国。通过提高人口素质，将人力资源的潜在优势转化为人力资本的竞争优势，激发劳动、知识、技术、管理和资本的活力。

大力提高人口素质已经成为影响中国未来发展的十分紧迫而又重要的战略性任务。促进人口大国向人力资本强国转变，加快产业结构调整，促进就业和再就业，增强国家综合竞争能力，实现人口与经济、社会、资源、环境的协调和可持续发展，迫切需要通过优先投资于人的全面发展，在继续稳定低生育水平的同时，实现人口素质的大幅度提高。

中国应当抓住难得的劳动年龄人口丰富、人口抚养比低、储蓄率高的

"人口红利"的有利时机，将人力资源作为第一资源，把扩大就业放在更加突出的位置，实施多元化就业战略，使可就业人口更具生产性，将潜在"人口红利"转化为现实"人口红利"，激活经济增长的动力。同时，大力调整产业结构，加快城乡一体化进程，建立统一、开放、竞争、有序的人才和劳动力市场，通过将人口分布与生产力布局有机结合实现劳动力的充分就业，以充分开发和利用中国最丰富的劳动力资源。

未来 20 年，将是实现中国从人口大国向人力资本强国转变的关键时期。世界正在经历深刻的人口年龄结构的转型，将为经济快速发展提供约 50 年的"人口红利"期。中国正处在经济迅速扩张阶段，人力资本的有效需求增长迅速。通过人力资本积累提高中国劳动生产率的时机已经成熟，人与资本的结合已经成为可能。关键是要树立人力资源是第一资源的理念，把大力提高人口素质、优先开发人力资源作为人口发展战略的关键环节，着力加以推动，将巨大的人口压力转化为人力资源优势，实现人力资源大国向人力资本强国的跨越。

第四，改进计划生育工作的思路方法。具有中国特色的调控人口的实践即统筹解决人口问题的实践——中国的人口发展和计划生育工作，随着计划经济向市场经济的转型，在不断提升思路、丰富内涵、探寻途径。在探索统筹解决人口问题的思路、内涵和途径的过程中，全国各地先后总结提出了"三不变""三为主""三结合""两个转变""优质服务""以人为本""稳定低生育水平""统筹解决人口问题"等新的理念和经验。

面对经济社会的发展形势以及人口发展呈现的前所未有的复杂局面，计划生育工作的思路方法也需要进行转变，即需要由以单纯控制人口数量为主向在稳定低生育水平的基础上统筹解决人口问题转变；工作目标由强调国家利益向兼顾国家利益与个人利益转变；工作方式由以行政制约为主向依法管理、利益导向、优质服务和综合施治转变；工作对象由已婚育龄妇女向以已婚育龄妇女为主的全体人群转变；工作标准由注重完成人口计划向注重提高群众满意度转变。这需要致力于促进群众广泛参与、党群干群关系改善、改革发展大局稳定，最终使计划生育事业真正造福于民，为中国经济社会发展创造一个良好的人口环境。

第五，促进人口与经济、社会、资源、环境协调和可持续发展。在人类社会发展的进程中，人口与经济、社会、资源、环境各要素间相互依赖日益加强，相互联系日益紧密，局部的人口问题也极易扩散成为全局性的问题。人口作为社会基本构成要素和生态系统主要因素，不仅需要关注其数量、素质、结构、分布等自身发展规律，而且需要深刻认识和把握人口与经济、社会、资源、环境间的内在关系和变化规律。

人口过剩、资源危机和环境污染是当代世界的三大社会问题。工业文明以牺牲环境和消耗资源为代价，对自然界进行恶性掠夺，远远超过自然资源再生和自然环境可承受能力，最后必将导致人的生存危机，其本质是发展能力不足的危机。目前中国生态环境总体恶化的趋势没有得到根本扭转，维系中华民族未来可持续发展的重要生态屏障仍然十分脆弱。这就需要全人类提高自觉地去认识和把握自然规律的能力，适度开发利用资源，倡导资源消耗少、环境污染小、可循环利用率大的绿色消费理念，实现消费的均衡发展和人的生活质量全面提升，保护人类生存的支撑系统，进而推动人类的文明进步。

对于中国来讲，尤为迫切和重要的是克服单纯追求 GDP 的发展思路，要坚持以人为本，实现科学发展。从操作上，就是要塑造亲生态人口行为模式，充分挖掘人力资源优势，转变过分依赖自然资源的经济发展方式；走节约、集约、循环的发展道路，倡导可持续的生产生活方式。以人口承载力研究为基础，科学界定人口主体功能分区，鼓励向人口稳定区、人口聚集区流动，引导人口限制区和人口收缩区的人口逐步有序转移。降低人类活动对生命保障系统的压力，促进人口与自然界的和谐相处，实现人口与经济、社会、资源、环境的协调发展和可持续发展。

三 中国人口生育政策的再审视

对于中国人口生育政策的再讨论，有一个最重要的视角，那就是对于《中华人民共和国人口和计划生育法》（以下简称《人口和计划生育法》）的合理性与合法性的视角。2013 年 3 月 17 日，国家卫生和计划生育委员会正式挂牌，这一新组建的机构由原国家人口和计划生育委员会的计划生育管理和服务的职能及原卫生部的所有职能合并而成。而在这一新机构得以成立的背景之下，学者认为其将给人口与计划生育工作带来怎样的影响，中国的计划生育将何去何从等一系列问题已经浮出水面，亟待学界及政策界认真研究，并积极予以回应（陈友华，2013）。本书作为对此的响应，尝试从合理性与合法性的角度对一定程度上使得"人口计生工作进入依法管理、依法行政阶段"的《人口与计划生育法》本身进行讨论（张维庆，2007），亦对其长久以来在中国本土的困局予以解构，这也是笔者在这方面研讨的一个首次尝试，希望能抛砖引玉，吸引更多的人口学者、法律学者、社会公共政策学者参与讨论，从而将相关问题的研究引向深入。

1. 《人口与计划生育法》的发展概览

计划生育工作走过了30多年的曲折历程，对中国"控制人口数量，提高人口素质"发挥了重要作用。在30多年的制度变迁中，计划生育工作在一定范畴内顺应了社会文明发展的必然要求，逐渐由政策指令的模式发展成为法律规范的模式。

具体说来，早年的计划生育工作的开展是以政策体系为依据的，推动力都来自中央的政策性文件（杨发祥，2003）。经历了漫长的计划生育政策萌芽阶段和广义计划生育阶段（包蕾萍，2009a），在对当时人口发展情况的宏观把握基础上，国务院于1980年9月的第五届全国人民代表大会第三次会议上正式宣布调整计划生育政策。不久，中共中央发表了《关于控制中国人口增长问题致全体共产党员共青团员的公开信》，号召党员、团员带头执行新的计划生育政策，即独生子女政策（冯立天、马瀛通、冷眸，1999）。这是一种单纯的自上而下的指令，其背后的思维方式是一种战略性思维。这种指令性的政策在资源匮乏的大环境下，能够实现集中力量完成关键目标的目的。由公共权力去推动政策落实，通过开动宣传机器和动用行政组织，使其传播快捷而深入，凭借当时群众对制定政策者的拥护和对政策本身的一种热情，使政策发挥了其应有的作用。

随着社会的不断进步，实现有法可依，建立健全社会主义法律体系，自然地演变为社会主义法治建设的应有之义。作为社会管理的重要部分，作为政府管理的组成部门，计划生育工作应拥有属于职权范围内的一部专门的法律来调整计划生育工作。① 中国计划生育法治化的进程是通过自上而下的"政府主导型"推进方式进行的（舒国滢，2006），其可以相应地划分为三个阶段。

---

① 法学理论中一般认为是法律给予计划生育工作合法的地位，使行政部门可以获得授权来管理这项事务，是法律划定职权范围，行政权力同样要受到这部专门法律的调整。

第一阶段是宪法原则性规定阶段。中国 1978 年颁布的《中华人民共和国宪法》第 53 条第 3 款规定了"国家提倡和推行计划生育"。这是中国第一次在国家法律规范中明确写入了计划生育政策。1982 年颁布的宪法更是有两条涉及了计划生育政策,即第 25 条"国家推行计划生育,使人口的增长同经济和社会发展计划相适应"和第 49 条"夫妻双方有实行计划生育的义务"。宪法是国家根本大法,在其第一章总纲及第二章公民的基本权利和义务中均对计划生育予以明确规范,赋予了计划生育政策合法性,起到了对计划生育政策的确认与宣示的功能(湛中乐、苏宇,2009)。但这样的规定,仍是局限于原则性抽象规定的层面,并不具有实际的可操作性。

第二阶段是省、自治区、直辖市地方计划生育立法实践阶段。由于中国幅员辽阔,各地区的人口发展实际状况差异很大,因此制定全国性法规还存在很大的难度,很难照顾到不同地区的实际情况。在此背景下,1980年出台的《广东省计划生育条例》则成为全国首个专门、系统地规定计划生育工作的地方性法规。随后,其他各省、自治区、直辖市也都先后制定了本地区的计划生育条例或办法。这样,各地的地方计划生育条例的陆续制定和完善,使基层计划生育管理有章可循,填补了中国尤其是地方计划生育立法的空白。但是上述这些法规,仍是采用典型的"管理论"方式,带着以法治理的工具性色彩为行政权力的运作提供了支持,并未承认公民的生育权(湛中乐、苏宇,2010)。

第三个阶段则是《人口与计划生育法》的出台。1997 年党的第十五次全国代表大会明确提出"依法治国,建设社会主义法治国家"的治国方略。1999 年"依法治国"入宪,使其成为一项不可动摇的宪法原则和制度,标志着中国坚定不移地走上了法治之路。在这之后的 10 年时间中,中国掀起了一个立法的高潮。

在这样的立法高潮中,综观调整人口与计划生育工作的运律规范,可以发现这项基本国策虽然由宪法加以明确,但其条文过于笼统抽象,欠缺实际可操作性。各个地方分别制定的地方性法规与规章,在调整各地方的计划生育工作中发挥了积极的作用,但都存在欠缺统一性的问题,无法有效从总体上协调解决全国性的人口问题,无法实现行政立法的社会导向性作用,且不利于维护中国法制的统一性。此外,已有地方性法规和规章更多的是从"公权力"的角度出发,并未对公民的生育权予以明确肯定与保护。此时，《人口与计划生育法》于 2002 年出台并实施，这部法律改变了计划生育领域没有一部能在全国范围内适用的基本法律的现状。该法不仅规定了计生指标、计生奖惩措施、计生工作者的权限等内容，具有一定的可操作性，而且承认了公民生育的权利以及由生育而衍生出的一系列权利，并规定了相应的救济措施，此法在计划生育法体系的形成历程中具有里程碑式的意义。

2. 《人口与计划生育法》的"合理性"之辩

优良的生态环境、健康的食物链决定着人类的生存繁衍与健康发展；人类的优化需要找到合适的"生态位"，方能实现"安所遂生"的理想（穆光宗，2014）。《中庸》曰："致中和，天地位焉，万物育焉"，著名学者潘光旦先生曾解释为："位者，安其所也；育者，遂其生也。"人口与环境的关系合适者就是"位育顺应"，不合适者则是"位育失当"。潘光旦先生认为："民族的根本问题，具体言之，是一个人口的位育问题。人口问题的解决系乎量的控制与质的控制。量的控制，一面固恃经济环境的改进，一面尤赖生育的适当的节制……"（潘光旦等，1997）

而与潘光旦先生的理路一致，《人口与计划生育法》正是来源于计划经济时期的计划生育政策，是对过去错误的人口发展方式的一种"弥补性措施"，是希冀于法律方式介入，以促进生育的控制，如此看来，这对于当时中国以及未来中国的人口发展有着一定的积极作用，其合理性不容否定。当然，合理性是历史的并具体的，这意味着法的"合理性"是对某些地区某一时期具有"合理性"的东西，不一定对其他地区和其他历史阶段也具有"合理性"。中国处于并长期处于社会主义初级阶段，因此衡量中国法律制度"合理"与否的根本标准只能是看它能否为广大群众所接受，是否能对中国社会的迅速发展起促进作用，是否与中国现行的其他制度乃至于整个政治、经济体制相协调。这意味着，在当前中国，我们对法的"合理性"的含义要强调的侧重点不是它的"先进性""逻辑性"，而是它的"适用性""有效性"（严存生，2005）。

但是，人口发展也呈现更为缓和平衡的态势，这说明计划生育政策确实发挥了重要的积极作用。从文明社会的发展来看，随着市场经济体制的不断发展、社会主义法治文明的不断深化，计划经济时期的政策已经越来越不能满足社会发展的现实需要。政策与法律的矛盾，归根到底是"权"

与"法"之争，是"人治"与"法治"的对立（严存生，2002）。政策是决策层的意志体现，这种意志不论出自哪一个行政管理机关，都不能成为司法裁判机关解决行政主体与行政相对人纠纷的依据，否则那就是当事人依照自己制定的法律进行裁判，有违于基本的法律正义（郭润生、刘东生，1999）。法律是人民群众的意志体现，而政策只有通过人民代表大会严格的审核程序才能上升为法律，代表享有表决权的人民群众的意志，反映广大人民群众的呼声。这不应仅仅是通过一定的立法程序就给政策披上了法律的外衣，而应在立法过程中将法的公平、正义、权利等理念融入原本政策的内容中得以实现政策实质性的法治化。①

法治化是计划生育法的目标，而将计划生育立法，只是实现了计划生育的法制化，即从法的层面承认它的正当性，赋予了计划生育政策以国家强制力，并且对计划生育具体实施予以了规范。这在计划生育法治化的历程中，可谓是一大进步。过去的计生政策表现为号召性的原则性的指令，主要以宣传动员的方式在群众中开展。因为其缺乏具体执行办法，在具体操作中可谓"乱象横生"：一些地方，计生干部光靠摆事实、讲道理、做工作，费尽了口舌，群众生育观念仍难以转变，计生工作收效甚微；一些地方，计生干部滥用职务职权，漠视群众权利，方法简单粗暴，激化了社会矛盾，产生了不良影响；一些地方，甚至出现了为躲避计生管理的"超生游击队"，这些流动人口给社会综合治理带来了很多的问题。这些现象产生的主要原因就是计划生育执行缺乏必要的法律支撑。计划生育工作的进一步发展迫切需要具体的法律来加以规范。对计划生育执行程序、计生干部职权范围、人民群众相关权利等内容都应予以规定，才能使计划生育有的放矢地开展。

3.《人口与计划生育法》的"合法性"之争

计划生育政策自执行以来，备受质疑，甚至在《人口与计划生育法》得以颁布之后，学界对其是否符合法的价值问题也是争议不断。在中文中，

---

① 现代法治是与民主密切相关的，它是贯彻法律至上，严格依法办事的治国原则和方式。法制从静态的意义上是指法律制度；从动态的意义上是指立法、执法、司法、守法、对法律实施监督等各个环节构成的一个系统。法治和法制是有区别的。法治强调了法的至上地位和价值取向，并和民主有着天然的联系，而这些在法制中无从体现。法制是法治的前提和基础，但法治不是法制的必然。

合法性有多种用法，就对象而言归纳起来有两种：其一是针对个人的行为而言，指的是合乎法律的规定；其二是针对某种公共权力或政治秩序而言，指的是它的正当性、权威性和实际有效性。前者的合法性之"法"指狭义的法，即实在法，特别是国家制定的法；后者的"法"指广义的法，即除了狭义的法外，还包括事物的法则、原理（郑敬高、田野，2007）。《人口与计划生育法》由国家公权力赋予其法的权威，具备了"控制人口数量，提高人口质量"的公共权力，旨在维护国家正常人口发展秩序，因此属于合法性归纳的第二个对象。这里的合法性之"法"是指广义的法。

梳理来看，首先，这部"法"与法的"权利"价值是有所差异的。公民的生育权是一项基本的人权，是与生俱来的。繁衍后代是人类生存延续的必然要求，也是人类发展的必然规律。它是先于国家和法律发生的权利。作为人的基本权利，生育权与其他由宪法、法律赋予的如选举权、结社权等政治权利并不尽相同，它是在任何时候都不应被剥夺的。而先于《人口与计划生育法》的《中华人民共和国妇女权益保障法》在1992年得以出台，它一度使妇女享有的"生育权"上升为最终决定权，妇女有决定生育和不生育的权利。10年之后的2002年，《人口与计划生育法》颁布施行，其中规定："公民有生育的权利"，这就使得男性的生育权成为争议的焦点。现在法学界，特别是民法中还是认为生育权主要是属于女方的，是女方对自己身体的处分。如果男方要求以自己的生育权被侵害而向女方索要赔偿，法院是不支持的。以上两部法律虽然对人的生育权都有所规定，但只是将生育权利放在家庭中男、女两性的角度去考虑其正当性。如果，有一种力量凌驾于家庭之上，能够干涉个人的生育自由，左右家庭"生与不生"的决定，那么这样的力量是否符合法的价值呢？这个问题的答案正是法学界对这部法律是否"合法"的争议所在。

其次，笔者认为《人口与计划生育法》与法的"秩序"价值有所冲突。纵观《人口与计划生育法》，我们可以看到这整部法律仅有47条的内容，而且其中很多的内容都是将权力下放，通过授权地方性法规的方式来规定的。通过梳理，笔者发现，自《人口与计划生育法》得到颁布之后的10年时间内，中国的各个省、自治区、直辖市都陆续修订了原有的地方性的计划生育条例，对相应的内容予以了规制。我们可以看到，这些内容具有一定的地方性色彩，在管理过程中也是各自为政。然而，不容忽视的是，随着中国社会经济的发展，人口流动的数量和频率正在增加和提高，那么，很大数量的流动人口就势必会涉及跨省流动，如此而来，两个省份对于计生管理的规定不尽相同，就定会给社会管理上带来很大的困惑，也会给社会秩序造成消极的影响。笔者曾在四川进行过相关访谈，其中就了解到有些群众将户口迁到周边社会抚养费征收相对低的省份生育二胎。另外，对于计划生育执法仅是在执法的内容上有所体现，对于执法的程序并没有相应的规定。它不像刑法与刑诉法、民法与民诉法那样的实体法和程序法成对出现，又不似行政法中有诸如行政强制法、行政处罚法一系列程序性法律支撑。如此，就必然出现并已经出现计生工作人员在执行实践中难以把握分寸，从而造成滥执行或者不作为的情况频发。从法理的角度，这说明，《人口与计划生育法》并没有形成一个全面的系统的法体系，也没有形成健康的有序的法秩序。

最后，笔者认为《人口与计划生育法》是与法的"平等"价值不完全相符的。因为这部法律广泛将权力下放，通过授权地方性法规的方式产生了差异性的地方性计生条例，而这些条例的不同，就必然并已经造成不同的地方对于计划生育实施的宽严度的不同。比如不同省份对于民族、病残儿童、残疾军人、农村双女户等特殊人群制定了不同的二孩规定，如此，就使同一国家不同地区的人拥有不同的生育权利。那么，一个人如果在一个省份符合该区域的生育政策，顺理成章地生下孩子，但是她在另一个省份就可能因为生了这个孩子，而要面临家庭缴纳社会抚养费，家庭成员接受党纪处分、开除公职等处罚措施。再如，根据不同的人群收入情况征收不同额度的社会抚养费这一差异化制度安排，不仅体现不出社会抚养费的惩罚性目的，还会助长一部分所谓的"富豪阶层"家庭宁愿花钱买指标的心理。如笔者工作所在的经济发达省份江苏，就发生了轰动全国的张艺谋导演超生事件，虽然最终该事件发生所在地的无锡市人口和计划生育委员会以征收748万元的社会抚养费而了结了此事，但此事并未得到真正意义上的"了结"，其造成的争议性社会影响是显而易见的。显然，造成这些困局现实的上述规定是和"法律面前人人平等"的原则相违背的。

4. 《人口与计划生育法》的困局破解

基于前述的"辩"与"争"，我们可以看到，《人口与计划生育法》是中国社会发展的阶段性产物，从长远来看它是与客观事物的发展规律相违背的，但从阶段性的视角来看，它具有一定的积极作用。笔者认为，未来就《人口与计划生育法》而言，政府理应采取趋利避害的态度，既要利用它调控管理的目的来实现国家和区域层面的人口的良性发展，又要随着时间的推移不断地去还原它"法"的本质。在法治化的初期，可以以"政府主导型"为主，此时期法治建设不是从社会生活中自发演进出来的，而是自上而下依靠人为力量推进的，如此就很容易存在某种主观设计与客观生活相脱节的情况，因此在这时期要充分利用现有的权威资源，为法治化的顺利进行开辟道路，同时，还要逐步培育社会力量；而随着法治化进程的深入，政府应充分提升人民群众在法治化进程中的主人翁地位，逐步转向"社会演进性"的法治模式，并在此过程中对人民群众的实践创造予以完全的尊重。

目前，中国计划生育立法采取了"稳定现行生育政策"的做法。所谓"稳定"并不意味着对生育政策予以僵化的固定，使之丧失调整和发展的空间。事物是发展变化的，生育政策同样不可能一成不变。生育政策作为国家对社会问题进行调节的一种方式，是以经济、社会、文化等现实生活的具体情况为基础而制定的，而经济、社会、文化等现实生活处于不断的发展变化中，生育政策也须随之进行相应的调整，否则，就只能使其稳定性不复存在。进一步而言，"稳定"本质上强调的是作为一个整体的生育政策应当在内部各方面之间的关系上以及与外部相关方面的关系上做到协调稳固，保证整体实施环境的和谐和政策所涉利益之间的平衡。这种和谐与平衡正有赖于政策和作为其基础的经济、社会、文化条件之间的动态并进（湛中乐、谢珂珺，2011）。人口学界基于诸多实证研究已经达成一个共识，认为生育政策调整的时间最好是在生育水平进入过低区域之前，即生育还没有完全失去"弹性"的时候，这样，生育政策调整才会更有效。否则会像东亚和一些西方国家，生育率长期处于过低水平，各种政策的刺激都收效甚微（王桂新，2012）。

具体看来，破局之道在于，一方面，在国家的宏观层面上，我们应完善生育方面的管理服务法律，进一步尊重人的生育权利和生殖健康，实现国家一盘棋，收回计生方面地方性立法权限，实现计生国家统一立法；另一方面，在地方的微观层面上，需要提升地方计生工作人员的管理服务能力，提高其严格依法办事的水平，加强区域之间的计生工作交流合作，完善地方性的计生服务基层设施建设，以此促进对人民群众的生殖健康服务的工作开展。这两方面的工作，一个从宏观的立法层面，一个从具体的工作层面，这有助于实现人口计生工作方式由以行政制约为主向依法管理、利益导向、优质服务和综合施治转变，并且立足于现有系统资源将工作对象由已婚育龄妇女向以已婚育龄妇女为主的全体人群转变，最终使计划生育事业真正造福于民，为国家经济社会发展创造一个良好的人口环境。当然，更为重要的是，在对人口形势进行动态评估的持续工作中，如果发现人口形势发生根本性变化，即人口的发展不再依靠法治的力量，而是依靠文明水平的提高、现代生育观念的普及等多元化权力和利益的复合推动来影响的公民的自觉行为，那么此时，国家对于公民的生育权就理应予以完全的尊重，相应地，这部法律也将退出历史的舞台。

知识卡片：《中共中央关于控制我国人口增长问题致全体共产党员共青团员的公开信》节选

（中共中央　一九八〇年九月二十五日）

全国的共产党员、共青团员同志们：

为了争取在本世纪末把我国人口总数控制在十二亿以内，国务院已经向全国人民发出号召，提倡一对夫妇只生育一个孩子……

…………

解决这一问题的最有效的办法，就是实现国务院的号召，每对夫妇只生育一个孩子。

对每家每户来说，增加了人口，在他们不能干活以前，就会多用钱，多用粮，影响家庭生活的改善，这笔账一算就清楚。当他们能够干活以后，一方面对社会作出贡献，另一方面也要消费社会上生产的物资。对国家来说……国家还需要增加教育经费、设备投资和社会公用事业经费等。请想一想，从这些方面省下钱来发展经济和文化教育事业，将会起多么大的作用！

…………

那么，一对夫妇只生育一个孩子的号召能不能实现呢？只要大家齐心努力，达到这个目的是有可能的……事实证明，我们的人民是通情达理、顾全大局的，既能够体谅国家的困难，也能够为子孙后代着想。

　　有些同志担心，一对夫妇只生育一个孩子，将来会出现一些新的问题：例如人口的平均年龄老化，劳动力不足，男性数目会多过女性，一对青年夫妇供养的老人会增加。上述这些问题，有些是出于误解，有些是可以解决的。

　　人口"老化"的现象在本世纪不会出现，因为目前全国人口约有一半在二十一岁以下，六十五岁以上的老年人不到百分之五。老化现象最快也得在四十年以后才会出现。我们完全可以提前采取措施，防止这种现象发生。

　　现在我国约有五亿劳动力，预计二十年后还要增加到六亿，就是到二十一世纪初，每年还会增加一千多万个劳动力。到三十年以后，目前特别紧张的人口增长问题就可以缓和，也就可以采取不同的人口政策了。因此，劳动力不足的问题可以不必担心。

　　解放以后，我国历年人口统计都证明，男女性别的比例大体上差不多，男孩稍为多一点。提倡一对夫妇只生育一个孩子以来，有关部门在一些地区对头胎生育的孩子的性别比例作了调查，结果也是男孩比女孩稍为多一点。女孩长大一样劳动，有些专业劳动可以干得很好，更会做家务劳动，还可以让丈夫住在女方家里。新中国的人民，特别是青年一代，一定要克服重男轻女的旧思想，如果只生了一个女孩，同样要把她抚养好。

　　实行一对夫妇只生育一个孩子，到四十年后，一些家庭可能会出现老人身边缺人照顾的问题。这个问题许多国家都有，我们要注意想办法解决。将来生产发展了，人民生活改善了，社会福利和社会保险一定会不断增加和改善，可以逐步做到老有所养，使老年人的生活有保障。尊敬老人、爱护老人、供养老人，使他们过好晚年，是子女应该担负的责任，也是我们社会的优良传统。我国人民一定要发扬这个优良的社会风气。那种不供养父母甚至虐待父母的行为，应当受到批评，触犯法律的还要受到制裁。

　　…………

　　计划生育涉及到家家户户的切身利益，一定要把思想工作放在首位，坚持耐心细致的说服教育。某些群众确实有符合政策规定的实际困难，可以同意他们生育两个孩子，但是不能生三个孩子。对于少数民族，按照政策规定，也可以放宽一些。节育措施要以避孕为主，方法由群众自愿选择。

实现一对夫妇只生育一个孩子，是一场移风易俗的大事。中央要求全体共产党员、共青团员特别是各级干部，一定要关心国家前途，对人民的利益负责，对子孙后代的幸福负责，透彻了解这件大事的意义和必要性，以身作则……以便正确地实现国务院的号召，促进社会主义四个现代化的实现。

全文请参见新华网：http://news. xinhuanet. com/ziliao/2005 - 02/04/content_2547034. htm。

附　录

附录1　人口学核心专业词汇中英文对照

Abortion　流产

Abortion by curettage　刮宫流产

Abortion by dilatation and evacuation　扩宫排空流产

Abortion by vacuum aspiration　真空抽吸流产

Abortion rate　流产率

Abortions by medical procedures　药物引流

Abridged life table　简略生命表

Absorption　融入

Abstinence　节欲

Acceptance rate　接受率

Acculturation　文化适应

Activities of daily living, ADL　日常生活自理能力

Acute disease　急性病

Adolescent sterility　青春期不孕

Age at marriage　结婚年龄

Age at the birth of the last child　生最后一个子女时的年龄

Age composition　年龄构成

Age different between spouses　夫妻年龄差

Age heaping　年龄堆积

Age misreporting　年龄申报误差

Age parity specific fertility rate　年龄—孩次别生育率

Age progression ratio　年龄递进比率

Age specific death rate　年龄别死亡率

Age specific fertility rate　年龄别生育率

Age specific first marriage occurrence / exposure rate　年龄别初婚发生/风险率

Age specific first marriage probability　年龄别初婚概率

Age specific growth rate　年龄别增长率

Age specific marital fertility rate　年龄别已婚生育率

Age-specific divorce rate　年龄别离婚率

Age-specific marriage rate　年龄别结婚率

Amenorrhea　闭经

Ancillary migration　随迁

Annual death probabilities　单岁组死亡概率

Annulment of marriage　婚姻无效

Anovulatory cycle　无卵周期

Appliance methods　药具法

Applied demography　应用人口学

Area of destination　迁入地

Area of origin　迁出地

Assimilation　同化

Associate single decrement life table　相关
单递减生命表

Associated cause of death　从属死因

At risk / vulnerable population　风险人口

Attempted suicide　未遂自杀

Attrition　消减

Average age　平均年龄

Average age at childbearing　平均生育
年龄

Average age at first marriage　平均初婚
年龄

Average age at marriage　平均结婚年龄

Average birth interval　平均生育间隔

Average family size　平均家庭规模

Average life expectancy　平均期望寿命

Average marital duration of childbearing　平
均婚后生育年数

Average parity　平均胎次

Baby boom period　婴儿潮时期

Baby bust period　婴儿荒时期

Bachelor　未婚男子

Basal body temperature method　基础体
温法

Base date　基准日期

Birth at term　足月婴儿

Birth control methods　生育控制法

Birth interval　生育间隔

Birth interval specific fertility rate　生育间
隔年数别生育率

Birth order　出生次序

Birth rate　出生率

Birth time　生育时间

Births　出生

Births control　节制生育

Bongaarts fertility model　邦戈茨生育模型

Brass relational fertility model　布拉斯相关
生育模型

Breast feeding　哺乳

Broken marriage　婚姻破裂

Calendar year　日历年份

Candidates to marriageable　婚姻候补者

Carrying capacity　承载力

Case fatality rate　每次生病的致命率

Characteristic equation of stable population
稳定人口特征方程

Child bearing　生育

Child bearing period　育龄期

Child born out of wedlock　私生子

Childhood mortality rate　儿童死亡率

Child-woman ratio　儿童妇女比

Chronic disease　慢性病

Civil marriage　民事婚姻

Closed population　封闭人口

Coale fertility index　寇尔生育指数

Coexistence　共处

Cohabitation　同居

Cohort　队列

Cohort analysis　队列分析

Cohort effect　队列效应

Cohort infant death rate　队列婴儿死亡率

Cohort life table analysis　队列生命表分析

Cohort-component method　同批人要素法

Coitus　性交

Coitus interruptus　体外射精

Collective migration　集体迁移

Colony　殖民

Common-law marriage　同居婚姻

Commuting　经常往返

Companionate marriage　伴侣式婚姻

Comparative index of general fertility　一般生育比较指数

Complete life table　完全生命表

Completed/lifetime fertility　终身生育率

Component method　要素法

Conception delay　受孕推迟期

Confinement　分娩

Confinement order　分娩次序

Congenital malformations　先天畸形

Conjugal status　婚姻状况

Conjugal union　姻缘结合

Consanguineous marriage　血亲婚姻

Consensual marriage　自愿婚姻

Consummation of marriage　完婚

Continuous rate　续用率

Contraceptive failure　避孕失败

Contraceptive failure rate　避孕失败率

Contraceptive methods　避孕方法

Contraceptive prevalence rate　节育率（避孕率）

Contributory cause of death　辅助死因

Criminal abortion　违法流产

Cross-sectional study　横截面研究

Crude birth rate　粗出生率

Crude death rate　粗死亡率

Crude divorce rate　粗离婚率

Crude emigration rate　粗迁出率

Crude first marriage rate　粗初婚率

Crude immigration rate　粗迁入率

Crude marriage rate　粗结婚率

Crude net migration rate　粗净迁移率

Cumulative fertility　累积生育率

Customary marriage　习俗婚姻

De facto separation　事实分居

Death probability　死亡概率

Death rate of the stationary population　静止人口死亡率

Debility　衰弱

Decree of divorce　离婚判决书

Decree of nullity　婚姻无效

De facto population　现住人口

Definition of demography　人口学定义

De jure population　常住人口

Demographic dividend　人口红利

Demographic model　人口模型

Demographic processes　人口进程

Demographic transition theory　人口转变理论

Demography　人口学

Desertion　分居

Determination model　确定性模型

Different fertility　差别生育率

Direct standardization　直接标准化方法

Disability rate　致残率

Displaced person　难民

Displacement population/population transfer　人口转移

Dissolution of marriage 婚姻解体

Dissolved marriage 婚姻解体

Divorce 离婚

Divorce rate 离婚率

Divorced person 离婚者

Dizygotic/biovular twins 异卵双胞胎

Dominant stream 主流

Duration of gestation 怀孕期

Duration of marriage 已婚年数

Duration-specific divorce rate 分已婚年数
离婚率

Dynamic model 动态模型

Dynamic population model 动态人口模型

Early foetal mortality 早期胎儿死亡率

Early neo-natal mortality 早期新生儿死
亡率

Effective fertility 有效生育率

Effectiveness of migration stream 迁移流
效率

Embryo 胚胎

Endemic 地方病

Endogamy 内婚制

Endogenous mortality 内源性死亡率

Entry permit 入境许可证

Epidemic disease 流行病

Error bias 误差

Error of closure 吻合误差

Estimates of the population 人口估算

Evacuation 疏散

Event of decrement 递减事件

Ever-marriage survivors 尚存已婚人数

Ever-married 曾婚者

Exact age 确切年龄

Excess mortality 过高的死亡率

Exogamy 族际婚

Exogenous mortality 外源性死亡率

Expectation of life 预期寿命

Expectation of unmarried life 预期未婚
年数

Exposure to the risk of conception 受孕
风险

Expulsion 驱逐

External migration 涉外迁移

Family demography 家庭人口学

Family life cycle 家庭生命周期

Family limitation 家庭限制

Family planning 计划生育

Family planning program 计划生育方案

Family status life table 家庭状况生命表

Fecund 生殖旺盛

Fecundability 自然生殖能力

Fecundity 生育能力

Female fertility rate 妇女生育率

Female nuptiality 女性结婚率

Fertility 生育

Fertility rate 生育率

Fertility regulation 生育调节

Fertility/reproductive history 生育史

Fertilization 受孕

Fetus/foetus 胎儿

First marriage rate 初婚率

First pregnancy interval 初孕间隔

Floating population 流动人口

Foetal mortality 胎儿死亡率

Force of death 死亡力

Forced migration 强制迁移

Forward survival ratio method　前向尚存比法

Free migration　自由迁移

Free union　自由结合

Full-term birth　足月婴儿

Full-term delivery　足月分娩

Fusion　融合

General fertility rate　一般生育率

General fertility rate within marriage　婚内一般生育率

General first marriage rate　一般初婚率

General marriage rate　一般结婚率

Gestation　怀孕

Global health　全球健康

Gompertz relational fertility model　冈泊茨相关生育模型

Gross migration rate　粗总迁移率

Gross nuptiality table　粗结婚率表

Gross reproduction rate　粗再生产率

Group migration　成群迁移

Health expectancy　健康预期寿命

Health statistics　卫生统计

Heterogamy　异类婚

Homicide　他杀

Homogamy　同类婚

Human ecological theory　人类生态学理论

Human longevity　人类寿命

Hutterite population　哈特莱特人口

Hypothesis of a pandemic of disability　病残流行假说

Hypothetical cohort　假设队列

Hypothetical cohort method　假设队列方法

Hysterotomy　子宫切开术流产

Illegal abortion　非法流产

Illegitimate birth　非法出生

Illegitimate birth rate　非法出生率

Illegitimate General fertility rate　非婚一般生育率

Immature　发育不完全

Immediate cause of death　直接死因

Incapacity/disability　残疾

Incidence of disease　发病率

Index of induced abortion　人工流产指数

Index of migration intensity　迁移强度指数

Index of net velocity　净周转指数

Index of postpartum infevtility　产后不孕指数

Indirect estimation　间接估计

Indirect standardization　间接标准化

Indissolubility of marriage　永续性婚姻

Induced abortion　人工流产

Infant mortality　婴儿死亡

Infant mortality rate　婴儿死亡率

Infertility　不育

Infirmity　虚弱

Initial state　初始状态

Instantaneous death rate　瞬时死亡率

Intent to marry　结婚意图

Intentional abortion　意愿流产

Intercensal survival method　普查间存活比法

Intercensal estimates　普查间的估算

Intergration　整合

Intermediate fetal mortality　中期胎儿死亡率

Internal migration　国内迁移

International migration　国际迁移

Interpolation　插值法

Inter-pregnancy interval　怀孕间隔

Interval between marriage and the first birth　结婚到第一次生育的间隔

Interval between successive births　两次相邻生育之间的间隔

Interval obstacles　中间障碍

Intra-uterine mortality　子宫内死亡率

Intrinsic birth rate　内在出生率

Intrinsic death rate　内在死亡率

Intrinsic rate of natural increase　内在自然增长率

Joint cause of death　并发病因死亡

Judicial separation　法定分居

Labor force　劳动力

Late foetal mortality　临产胎儿死亡率

Legal abortion　合法流产

Legal separation　合法分居

Legitimate birth　合法出生

Legitimate birth rate　合法出生率

Legitimate fertility rate　合法生育率

Lexis diagram　列克西斯图

Life expectancy　预期寿命

Life table　生命表

Life table function　生命表函数

Lifespan　生命全距

Life-time abortion rate　终身流产率

Live birth　活产

Live-born children　活婴

Local move　区域流动

Logistic population　逻辑斯蒂人口

Longevity　长寿

Longitudinal migration analysis　纵向迁移分析

Long-form questionnaire　长问卷

Lying-in period　产褥期（坐月子）

Ma Yinchu new population theory　马寅初新人口论

Macro simulation　宏观模拟

Male nuptiality　男性结婚率

Malthusianism　马尔萨斯主义

Malthusian checks　马尔萨斯抑制

Malthus theory　马尔萨斯理论

Manifest　货单（迁移统计时使用的术语）

Marital fertility rate　已婚生育率

Marital status　婚姻状况

Marriage boom　结婚高峰

Marriage certificate　结婚证

Marriage custom　婚姻习俗

Marriage dissolution probability　婚姻解体的概率

Marriage duration-specific fertility rate　分已婚年数生育率

Marriage law　婚姻法

Marriage license　结婚许可证

Marriage market　婚姻市场

Marriage rate　结婚率

Marriage squeeze　婚姻挤压

Marriageable population　适婚人口

Mate selection　配偶选择

Maternal mortality/death rate　产妇死亡率

Matrix method of projection　矩阵预测法

Mean age at first marriage　初婚平均年龄

Mean age at marriage　平均结婚年龄

Mean age of mother 母亲的平均年龄

Mean interval between divorce and remarriage 离婚和再婚之间的平均间隔

Mean interval between successive generation 平均世代间隔

Mean interval between widowhood and remarriage 丧偶和再婚之间的平均间隔

Mean length of a generation 平均代际长度

Mean length of generation 平均世代间隔

Mean length of life 平均生存年数

Mean number of children ever born per woman 每个妇女平均生育子女数

Median 中位数

Median age at first marriage 初婚年龄中位数

Menarche 初潮

Menstrual cycle 月经周期

Menstruation 行经

Method of demographic analysis 人口分析法

Method of extinct generation 世代消失法

Method of period analysis 时期分析法

Micro simulation 微观模拟

Migrate worker 农民工

Migration preference index 迁移偏好指数

Migration stream 迁移流

Migration turnover 迁移流动量

Minimum age at marriage 最低结婚年龄

Miscarriage 小产

Modal age 年龄众数

Modal age at first marriage 初婚年龄众数

Model stable population table 模型稳定人口表

Model table 模拟表

Monogamous 一夫一妻制

Monozygotic/uniovular/identical twins 同卵双胞胎

Morbid status 疾病状态

Morbidity 疾病

Morbidity rate/ratio 疾病率/比

Mortality cause elimination life table 去死因生命表

Mortality in utero 子宫内死亡率

Motivation 动机

Multigravida 经产孕妇

Multiple birth 多胞胎

Multiple cause of death 多种死因

Multiple decrement life table 多递减生命表

Multiple increment decrement life table 多增 - 减生命表

Myer's index 迈耶斯指数

Natality 出生率

Natural fertility 自然生育率

Neo-Malthusianism 新马尔萨斯主义

Neonatal mortality rate 新生儿死亡率（0～28 天）

Net inter-pregnancy interval 净怀孕间隔

Net nuptiality table 净结婚表

Net reproduction rate 净再生产率

Never-married 从未结婚者

Newly married couple 新婚夫妇

Nidation 着床（指受精卵植入子宫内膜）

Non renewable event 不可重复事件

Non-appliance methods 非药具法

Nonsusceptible period 不可受孕时期

Non-viable 不能在子宫外生存

Normal age at death 正常死亡年龄

Nosography 病情学

Nosology 疾病分类学

Notifiable disease 法定传染病

Nulligravida 未孕妇

Nuptiality rate 结婚率

Nuptiality table 结婚表

Occurrence / exposure rate 发生/风险率

Open pregnancy interval 开放怀孕间隔

Optimum population 适度人口

Oral contraceptives 口服避孕药

Order of marriage 婚次

Order-specific fertility rate 分孩次生育率

Overpopulation 人口过剩

Overall fertility rate 全面生育率

Ovulation 排卵

Ovum 卵子

Pandemic 大范围流行病

Parity progressive ratio 胎次递进比

Parity-specific fertility probability 分胎次生育概率

Parity-specific fertility rate 分胎次生育率

Passenger list 乘客名单（迁移统计时可使用的数据）

Perinatal mortality 围产期死亡率

Perinatal mortality rate 围产期死亡率

Period abstinence 定期禁欲

Period analysis 时期分析

Period infant mortality 婴儿期死亡率

Period of gestation 怀孕期

Period total fertility fate 时期总和生育率

Permanent disability 完全残疾

Permanent population 常住人口

Planned/responsible parenthood 计划生育

Plural birth 多胞胎

Polyandrous 一妻多夫制

Polygamous 多配偶制

Polygynous/ polygyny 一夫多妻制

Population and environment 人口与环境

Population balancing equation 人口平衡方程

Population census 人口普查

Population density 人口密度

Population dynamics 人口变动

Population explosion 人口爆炸

Population forecast 人口预测

Population forecast error 人口预测误差

Population heterogeneity 人口异质性

Population momentum 人口惯性

Population projection 人口预测

Population replacement level 人口更替水平

Population survey 人口调查

Positive check 积极抑制

Post – census estimation 普查后估算

Post-infantile child death rate 婴儿期后的儿童死亡率

Postneonatal mortality 新生儿后期死亡率

Post-partum amenorrhea 产后闭经

Post-partum sterility 产后不孕

Potential user 潜在使用者

Pregnancy 怀孕

Pregnancy amenorrhea 怀孕闭经

Pregnancy interval 怀孕间隔

Premature baby 早产婴儿

Premature birth　早产

Premature confinement　早产

Premature delivery　早产

Prematurity　早熟

Prevalence of disease　疾病流行

Preventive check　预防性抑制

Primary sterility　原发性不育

Primigravida　初孕妇

Probabilistic model　概率模型

Probabilistic population forecast　概率人口预测

Probability of single survival　尚存未婚概率

Probability of survival　存活概率

Product of conception　受孕体

Proportion death of children everborn　曾生子女死亡比例

Proportion of new acceptors　新受体比例

Proportion surviving of children everborn　曾生子女存活比例

Proportion never married　从未结婚者比例

Proportion remaining single　尚未结婚者比例

Puberty　青春期

Publication of banns　结婚预告

Puerperium　产褥期（坐月子）

Pull factor　拉力因素

Push factor　推力因素

Quasi-stable population　准稳定人口

Quinquennial death probability　5 岁组死亡概率

Quota system　定额分配制

Ratio of births to marriage　出生结婚比

Redistribution of population　人口再分布

Reference time　参照时间

Refugee　难民

Regional model life table　区域模型生命表

Relative frequency of remarriage　再婚的相对频数

Religious marriage　宗教婚姻

Remarriage　再婚

Remarriage rate　再婚率

Repatriation　遣返

Repeat migration　重复迁移

Replacement rate　更替率

Reproduction　再生产

Reproductive period　育龄期

Repudiated　遗弃

Residential mobility　居住地流动

Residual method　余数法

Retirement migration　退休迁移

Return migrants　回迁者

Reverse survival ratio method　反向尚存比法

Rhythm method　节奏法

Safe period　安全期

Sampling error　抽样误差

Second demographic transition　第二次人口转变

Secondary cause of death　次要死因

Secondary migration　次要迁移

Secondary sterility　继发性不育

Segregation　隔离

Senescence　衰老

Senility　衰老

Separation　分居

Separation factor　分离系数

Serial migration　连续迁移

Sex ratio at birth　出生性别比

Sexual intercourse　性交

Simulation　模拟

Single　单身

Single birth　单胞胎

Single cause of death　单一死因

Single decrement life table　单递减生命表

Spermatozoon/sperm　精子

Spinster　未婚女子

Spontaneous abortion　自发流产

Spontaneous migration　自发迁移

Stable population　稳定人口

Stage migration　分阶段迁移

Standard population　标准人口

Standardized birth rate　标准化出生率

Static model　静态模型

Stationary population　静止人口

Step migration　逐步迁移

Sterile period　不孕期

Sterility　不孕

Sterilization　绝育

Stillbirth　死产（死婴）

Stochastic model　随机模型

Sub-fecundity　低生育能力

Survival function　存活函数

Survival ratio method　存活比法

Survival ratio　存活率

Survivorship function　存活函数

Survivorship schedule of non-migration　非迁移者尚存表

Table death rate　死亡率表

Target population　目标人口

Tempo adjusted total fertility rate　去进度效应总和生育率

Temporary union　暂时结合

Termination/drop-out rate　停用率

Therapeutic abortion　医疗性流产

Total age specific fertility rate　总和年龄别生育率

Total birth rate　总和出生率

Total divorce rate　总和离婚率

Total fertility rate　总和生育率

Total first marriage rate　总和初婚率

Total marital fertility rate　总和已婚生育率

Total migration rate　总和迁移率

Total natural fecundity　总和自然生殖力

Total natural fertility rate　总和自然生育率

Total number of years lived　总生存年数

Twins　双胞胎

Undercount/under report/omission　漏报

Underpopulation　人口不足

Underlying cause of death　基础死因

United Nations Age-Sex Accuracy Index　联合国综合指数

Urbanization　城市化

Uterus　子宫

Valid marriage　有效婚姻

Vasectomy　输精管切除术

Viable　可在子宫外生存

Visa　签证

Vital registration　生命登记

Vital statistics　生命统计

Volume of migration　迁移总量

Voluntary migration　自愿迁移

Whipple's Index　惠普尔指数

Widow　寡妇

Widowed person　丧偶者

Widower　鳏夫

Withdrawal（＝Coitus interruptus）　性交中断法

Womb　子宫

Zero population growth　人口零增长

Zygote　受精卵

附录2　现代人口学学科部分经典著作索引

2.1　梁在，2012，《西方人文社科前沿述评：人口学》（第一版），中国人民大学出版社。

2.2　宋健、巫锡炜，2012，《中国人口问题与人口学发展：21世纪初十年的回眸与展望》，社会科学文献出版社。

2.3　邬沧萍，2006，《人口学学科体系研究》，中国人民大学出版社。

2.4　曾毅、张震、顾大男等，2011，《人口分析方法与应用》（第二版），北京大学出版社。

2.5　查瑞传，2004，《数理人口学》，中国人民大学出版社。

2.6　Alho，J.，& Spencer，B. D. 2005. *Statistical Demography and Forecasting.* New York：Springer.

2.7　Axinn，W. G.，& Pearce，L. D. 2006. *Mixed Method Data Collection Strategies*（New Perspectives on Anthropological and Social Demography）. Cambridge：Cambridge University Press.

2.8　Basu，A. M.，& Aaby，P. eds. 1998. *The Methods and Uses of Anthropological Demography.* London：Oxford University Press.

2.9　Billari，F. C.，& Prskawetz，A. eds. 2003. *Agent-based Computational Demography：Using Simulation to Improve Our Understanding of Demographic Behaviour.* New York：Springer.

2.10　Biswas，S. 1989. *Stochastic Processes in Demography and Applications.* New York：Wiley，John & Sons.

2.11　Bowen，I. 2011. *Economics and Demography.* New York：Routledge.

2.12　Courgeau，D.，& Lelièvre，E. 1992. *Event History Analysis in Demography.* Oxford：Clarendon Press.

2.13　Donald，T. R. 2003. *Demographic Methods and Concepts.* New York：Oxford University Press.

2.14　Engelhardt，H.，Kohler，H. P.，& Prskawetz，A. 2009. *Causal Analysis in Population Studies：Concepts，Methods，Applications.* Netherlands：Springer.

2.15　Gupta，P. D. 1993. *Standardization and Decomposition of Rates：A User's manual.* US Department of Commerce，Economics and Statistics Administration，Bureau of the Census.

2.16　Hinde，A. 2014. *Demographic Methods.* New York：Routledge.

2.17　Hoque，N. 2014. *Emerging Techniques in Applied Demography.* New York：Springer.

2. 18　Hoque, N. , McGehee, M. A. , & Bradshaw, B. S. 2013. *Applied Demography and Public Health.* New York: Springer.

2. 19　Imhoff, E. ed. 1995. *Household Demography and Household Modeling.* New York: Springer.

2. 20　Keyfitz, N. , Caswell, H. , & Caswell, H. 2005. *Applied Mathematical Demography.* New York: Springer.

2. 21　Killewo, J. , Heggenhougen, K. , & Quah, S. R. eds. 2010. *Epidemiology and Demography in Public Health.* San Diego: Elsevier Academic Press.

2. 22　Malthus, T. R. 2013. *An Essay on the Principle of Population.* New York: Cosimo, Inc.

2. 23　Newbold, K. B. 2013. *Population Geography: Tools and Issues.* Lanham: Rowman & Littlefield.

2. 24　Newell, C. 1990. *Methods and Models in Demography.* New York: Guilford Press.

2. 25　Petit, V. 2013. *Counting Populations, Understanding Societies: towards an Interpretative Demography.* New York: Springer.

2. 26　Pol, L. G. , & Thomas, R. K. 1997. *Demography for Business Decision making.* Westport: Greenwood Publishing Group.

2. 27　Pollard, J. H. 1973. *Mathematical Models for the Growth of Human Populations.* Cambridge: Cambridge University Press.

2. 28　Powers, D. A. , & Xie, Y. 2008. *Statistical Methods for Categorical Data Analysis.* Bingley: Emerald Group Publishing.

2. 29　Pressat, R. , & Wilson, C. 1985. *The Dictionary of Demography.* New York: Blackwell.

2. 30　Riley, N. E. , McCarthy, J. , & McCarthy, J. F. 2003. *Demography in the Age of the Postmodern.* Cambridge: Cambridge University Press.

2. 31　Rives, N. W. , & Serow, W. J. eds. 1984. *Introduction to Applied Demography: Data Sources and Estimation Techniques.* Newburry Park: Sage.

2. 32　Samuel, P. , Heuveline, P. , & Guillot, M. 2001. *Demography: Measuring and Modeling Population Processes.* New York: Wiley, John & Sons.

2. 33　Schoen, R. ed. 2007. *Dynamic Population Models.* New York: Springer.

2. 34　Shryock, H. S. , Siegel, J. S. , & Larmon, E. A. 2004. *The Methods and Materials of Demography (Second Edition).* San Diego: Elsevier Academic Press.

2. 35　Siegel, J. S. 2002. *Applied Demography: Applications to Business, Government, Law*

and Public Policy. Mechanicsburg: Stackpole Books.

2. 36　Siegel, J. S. , & Olshansky, S. J. 2011. *The Demography and Epidemiology of Human Health and Aging.* New York: Springer.

2. 37　Willigan, J. D. , & Lynch, K. A. 1982. *Sources and Methods of Historical Demography.* Academic Press Inc.

2. 38　Wunsch, G. , Mouchart, M. , & Duchêne, J. eds. 2010. *The Life Table: Modelling Survival and Death.* New York: Springer.

2. 39　Yang, Y. , & Land, K. C. 2013. *Age-period-cohort Analysis: New Models, Methods, and Empirical Applications.* New York: CRC Press.

附录3 全球主要人口（学）研究机构

联合国系统/UN System

1. 联合国人口司（United Nations Population Division）

网址：http://www.un.org/en/development/desa/population/

2. 联合国人口基金（United Nations Population Fund）

网址：http://www.unfpa.org/public/

3. 世界卫生组织（World Health Organization）

网址：http://www.who.int/en/

美国/United States

4. 兰德人口研究中心（RAND Population Research Center）

网址：http://www.rand.org/labor/population.html

5. 美国古特马赫研究院（Guttmacher Institute）

网址：http://www.gutmacher.org/

6. 美国人口咨询局（Population Reference Bureau）

网址：http://www.prb.org/

7. 美国人口理事会（Population Council）

网址：http://www.popcouncil.org/

8. 国际人口行动组织（Population Action International）

网址：http://populationaction.org/

9. 美国城市研究院（Urban Institute）

网址：http://www.urban.org/

10. 哈佛大学人口与发展研究中心（Harvard Center for Population and Development Studies）

网址：http://www.hsph.harvard.edu/population-development/

11. 约翰霍普金斯大学人口中心（Population Center@ Johns Hopkins University）

网址：http://web.jhu.edu/popcenter

12. 斯坦福大学莫瑞森人口与资源研究所（Morrison Institute for Population and Resource Studies@ Stanford University）

网址：http://hsblogs.stanford.edu/morrison/

13. 普林斯顿大学人口研究办公室（Office of Population Research@ Princeton University）

网址：http://opr.princeton.edu/

14. 加州大学伯克利分校人口学系（The Department of Demography@ University of California, Berkeley）

网址：http://www. demog. berkeley. edu/

15. 芝加哥大学人口研究中心（Population Research Center@ University of Chicago）

网址：http://popcenter. uchicago. edu/

16. 密歇根大学人口研究中心（Population Studies Center@ University of Michigan）

网址：http://www. psc. isr. umich. edu/

17. 明尼苏达大学人口中心（Population Center@ University of Minnesota）

网址：https://www. pop. umn. edu/index. php

18. 北卡罗来纳大学教堂山分校卡罗来纳人口中心（The Carolina Population Center@ University of North Carolina-Chapel Hill）

网址：http://www. cpc. unc. edu/

19. 宾夕法尼亚大学人口研究中心（Population Studies Center@ University of Pennsylvania）

网址：http://www. pop. upenn. edu/

20. 布朗大学人口研究和训练中心（Population Studies and Training Center@ Brown University）

网址：http://www. brown. edu/academics/population-studies/

21. 康奈尔大学马利奥·艾瑙迪国际研究中心人口与发展项目（Population and Development Program@ Mario Einaudi Center for International Studies, Cornell University）

网址：http://einaudi. cornell. edu/pdp

22. 加州大学洛杉矶分校加州人口研究中心（California Center for Population Research @ UCLA）

网址：http://www. ccpr. ucla. edu/

23. 博林格林州立大学家庭与人口研究中心（Center for Family and Demographic Studies@ Bowling Green State University）

网址：http://www. bgsu. edu/arts-and-sciences/center-for-family-demograp hic-research. html

24. 纽约移民研究中心（Center for Migration Studies@ New York）

网址：http://www. cmsny. org/

25. 夏威夷大学东西方中心人口项目（East-West Center Program on Population@ University of Hawaii）

网址：http://www. eastwestcenter. org/

26. 佛罗里达州立大学人口学与人口健康中心（Center for Demography and Population

Health@ Florida State University)

网址：http://popcenter.fsu.edu/

27. 乔治敦大学人口与健康中心 (Georgetown Center for Population and Health @ Georgetown University)

网址：http://cph.georgetown.edu/

28. 俄亥俄州立大学人口研究所 (Institute for Population Research@ Ohio State University)

网址：http://ipr.osu.edu/

29. 宾夕法尼亚州立大学人口研究所 (Population Research Institute @ Pennsylvania State University)

网址：http://www.pop.psu.edu/

30. 纽约州立大学奥尔巴尼分校社会与人口分析中心 (Center for Social and Demographic Analysis@ SUNY Albany)

网址：http://csda.albany.edu/

31. 艾克隆大学生物科学与社会研究所 (Institute of Bioscience and Social Research@ University of Akron)

网址：http://www.uakron.edu/ibsr/

32. 科罗拉多大学波尔得分校人口老龄化中心 (Population Aging Center@ University of Colorado-Boulder)

网址：http://www.colorado.edu/IBS/PAC/

33. 夏威夷大学全球健康与人口中心 (Global Health and Population Studies@ University of Hawaii)

网址：http://www.hawaii.edu/publichealth/ghps/

34. 马里兰大学人口研究中心 (Population Research Center@ University of Maryland)

网址：http://www.popcenter.umd.edu/

35. 南加州大学人口动力学研究小组 (Population Dynamics@ University of Southern California)

网址：https://www.usc.edu/schools/price/research/popdynamics/home.html

36. 德克萨斯大学奥斯丁分校人口研究中心 (Population Research Center@ University of Texas-Austin)

网址：http://www.utexas.edu/cola/centers/prc/

37. 华盛顿大学人口学与生态学研究中心 (Center for Studies in Demography and Ecology@ University of Washington)

网址：https://csde. washington. edu/

38. 威斯康星大学麦迪逊分校人口学与生态学中心 （Center for Demography and Ecology@ University of Wisconsin-Madison）

网址：http://www. ssc. wisc. edu/cde/

39. 犹他州立大学人口学研究室 （The Population Research Laboratory@ Dept. of Sociology, Social Work, & Anthropology, Utah State University）

网址：http://sociology. usu. edu/populationresearchlab. aspx

40. 西华盛顿大学人口学研究室 （Demographic Research Laboratory@ Western Washington University）

网址：http://www. wwu. edu/soc/

41. 波特兰州立大学人口研究中心 （Population Research Center@ Portland State University）

网址：http://www. pdx. edu/prc/

加拿大/Canada

42. 蒙特利尔大学人口学系 （Département de démographie@ Université de Montréal）

网址：http://demo. umontreal. ca

43. 麦吉尔大学人口动态研究中心 （Center on Population Dynamics@ McGill University）

网址：http://www. mcgill. ca/popcentre/

44. 阿尔伯塔大学人口学研究室 （Population Research Laboratory, Department of Sociology@ the University of Alberta）

网址：http://www. prl. ualberta. ca/

45. 西安大略大学人口研究中心 （Population Studies Centre@ University of Western Ontario）

网址：http://sociology. uwo. ca/

46. 维多利亚大学人口研究小组 （The Population Research Group@ University of Victoria）

网址：http://www. uvic. ca/socialsciences/sociology/

欧洲/Europe

47. 法国国立人口研究所 （Institute National d'études Démographiques < INED >, Paris）

网址：http://www. ined. fr/

48. 奥地利科学院维也纳人口学研究所 （Vienna Institute of Demography@ Austrian Academy of Sciences）

网址：http://www. oeaw. ac. at/vid/

49. 德国马普人口研究所（Max Planck Institute for Demographic Research，Rostock，Germany）

网址：http：//www. demogr. mpg. de/en/

50. 荷兰跨学科人口学研究所（Netherlands Interdisciplinary Demographic Institute ＜NI-DI＞）

网址：http：//www. nidi. nl/nl

51. 荷兰格罗宁根大学人口研究中心（The Population Research Centre@ University of Groningen）

网址：http：//www. rug. nl/research/ursi/prc/

52. 英国牛津大学人口研究中心（Center for Population Research@ Oxford University）

网址：http：//www. spi. ox. ac. uk/oxpop/home. html

53. 英国剑桥大学人口与社会结构历史研究组（The Cambridge Group for the History of Population and Social Structure@ Cambridge University）

网址：http：//www. geog. cam. ac. uk/research/centres/campop/

54. 英国伦敦经济学院人口研究中心（Population Studies@ London School of Economics）

网址：http：//www. lse. ac. uk/socialPolicy/researchcentresandgroups/populationAtLSE/Introduction. aspx

55. 英国伦敦卫生与热带病学院人口健康系（Department of Population Health@ London School of Hygiene and Tropical Medicine）

网址：http：//www. lshtm. ac. uk/eph/dph/index. html

56. 英国伦敦大学教育所追踪研究中心（Centre for Longitudinal Studies，Institute of Education @ University of London）

网址：http：//www. cls. ioe. ac. uk/

57. 英国南安普顿大学社会统计与人口学系（Department of Social Statistics and Demography@ University of Southampton）

网址：http：//www. southampton. ac. uk/demography

58. 瑞典斯德哥尔摩大学人口学研究组（Demography Unit@ Stockholm University）

网址：http：//www. suda. su. se/

59. 瑞典隆德大学经济人口学中心（Centre for Economic Demography@ Lund University）

网址：http：//www. ed. lu. se/

60. 芬兰赫尔辛基大学社会学系人口研究组（Population Research Unit，Department of Sociology @ University of Helsinki）

网址：http：//www. helsinki. fi/sociology/

61. 捷克布拉格查理大学人口学与地理人口学系（Department of Demography and Geo-demography @ Charles University）

网址：http：//www. natur. cuni. cz/geography

亚洲与澳大利亚/Asia and Australia

62. 澳大利亚国立大学人口与社会研究所（The Australian Demographic and Social Research Institute@ Australian National University）

网址：http：//adsri. anu. edu. au/

63. 日本国立人口与社会保障研究所（National Institute of Population and Social Security Research, Japan）

网址：http：//www. ipss. go. jp/

64. 泰国朱拉隆功大学人口研究学院（College of Population Studies@ Chulalongkorn University, Thailand）

网址：http：//www. cps. chula. ac. th/en/

65. 泰国玛希隆大学人口与社会研究所（Institute for Population and Social Research@ Mahidol University）

网址：http：//www. ipsr. mahidol. ac. th/ipsr/

66. 印度国际人口科学研究院＜孟买＞（International Institute for Population Sciences, Mumbai, India）

网址：http：//www. iipsindia. org/

67. 巴基斯坦人口与健康研究中心（Center for Health and Population Studies, Pakistan）

网址：http：//www. chps. edu. pk/

68. 孟加拉国达卡大学人口科学系（Department of Population Sciences @ University of Dhaka, Bangladesh）

网址：http：//www. dpsdu. edu. bd/

69. 中国北京大学人口研究所（Institute of Population Research@ Peking University, Beijing, China）

网址：http：//ipr. pku. edu. cn

70. 中国人民大学人口与发展研究中心（Population Development Studies Center@ Renmin University of China, Beijing, China）

网址：http：//pdsc. ruc. edu. cn

71. 中国复旦大学人口研究所（Institute of Population Research@ Fudan University,

Shanghai, China)

网址：www. ssdpp. fudan. edu

72. 中国华东师范大学人口研究所 （Population Research Institute@ East China Normal University, Shanghai, China)

网址：http://www. pri. ecnu. edu. cn/

73. 中国西安交通大学人口与发展研究所 （Institute for Population and Development Studies@ Xi'an Jiaotong University, Xi' an, China)

网址：http://ipds. xjtu. edu. cn

74. 中国南开大学人口与发展研究所 （Institute for Population and Development Studies @ Nankai University, Tianjin, China)

网址：http://economics. nankai. edu. cn

75. 中国浙江大学人口与发展研究所 （Institute for Population and Development Studies @ Zhejiang University, Hangzhou, China)

网址：http://www. cawd. zju. edu. cn

76. 中国中山大学人口研究所 （Population Research Institute@ SunYat-sen University, Guangzhou, China)

网址：http://ssa. sysu. edu. cn/

77. 中国西南财经大学人口研究所 （Institute of Population Research@ Southwestern U-niversity of Finance and Economics, Chengdu, China)

网址：http://xbzx. swufe. edu. cn/

78. 中国厦门大学人口与生态研究所 （Institute for Demography and Ecology@ Xiamen University, Xiamen, China)

网址：http://spa. xmu. edu. cn/web/department/population

拉丁美洲/Latin America

79. 哥斯达黎加大学中美洲人口研究中心 （Centro Centroamericano de Población 〈CCP〉@ Universidad de Costa Rica in San José, Costa Rica)

网址：http://ccp. ucr. ac. cr/index. shtml

80. 巴西米纳斯吉拉斯州联邦大学区域规划与发展研究中心 （Centro de Desenvolvim-ento e Planejamento Regional 〈CEDEPLAR〉@ Universidade Federal de Minas Gerais, Brazil)

网址：http://web. cedeplar. ufmg. br/cedeplar/site/

81. 巴西历史人口研究中心 （Núcleo de Estudos em História Demográfica 〈NEHD〉@ Brazil)

网址：http://historia_demografica. tripod. com/

82. 阿根廷人口研究中心（Argentina-Centro de Estudios de Población＜CENEP＞）

网址：http：∥www. cenep. org. ar/

83. 智利拉丁美洲与加勒比海地区人口学中心（Centro Latinoamericano de Demografía〈CELADE〉@ Santiago，Chile）

网址：http：∥www. eclac. cl/Celade/ingles/CE_CEL00i. htm

84. 墨西哥学院（El Colegio de México）

网址：http：∥www. colmex. mx/centros/ceddu

85. 墨西哥国立自治大学拉丁美洲人口活动研究项目（Program Latinoamericano de Actividades en Población@ Universidad Nacional Autónoma de México〈PROLAP〉）

网址：http：∥www. un. org/popin/regional/latam/argentina/prolap/

非洲/Africa

86. 肯尼亚非洲人口与健康研究中心（African Population and Health Research Center@ Kenya）

网址：http：∥aphrc. org/

87. 乌干达马凯雷雷大学统计与应用经济学院（School of Statistics & Applied Economics@ Makerere University，Uganda）

网址：http：∥bams. mak. ac. ug/

88. 加纳大学地理与资源开发系（Department of Geography & Resource Development@ University of Ghana）

网址：http：∥www. ug. edu. gh/index1. php？ linkid＝612

89. 赞比亚大学人口学系（The Department of Population Studies @ University of Zambia）

网址：http：∥www. unza. zm/unzadps/

90. 南非开普敦大学精算研究中心（The Center for Actuarial Research@ University of Cape Town）

网址：www. Commerce. uct. ac. za/organizations/Demography

附录4　国际主要人口科学学术共同体（学会）

1. 国际人口科学研究联盟 International Union for the Scientific Study of Population（IUSSP）

网址：http://www. iussp. org/

2. 美国人口学会 Population Association of America（PAA）

网址：http://www. populationassociation. org/

3. 美国南方人口学会 The Southern Demographic Association（SDA）

网址：http://sda-demography. org/

4. 欧洲人口研究学会 European Association for Population Studies（EAPS）

网址：http://www. eaps. nl

5. 加拿大人口学会 Canadian Population Society（CPS）

网址：http://www. canpopsoc. ca/

6. 英国人口研究学会 British Society for Population Studies（BSPS）

网址：http://www. lse. ac. uk/socialPolicy/BSPS/

7. 亚洲人口学会 Asian Population Association（APA）

网址：http://www. asianpa. org/

8. 澳大利亚人口学会 Australian Population Association（APA）

网址：http://www. apa. org. au/

9. 非洲人口研究联盟 Union for African Population Studies（UAPS）

网址：http://uaps. org/

10. 墨西哥人口学会 Sociedad Mexicana Demografia（SOMEDE）

网址：http://www. somede. org/

附录5 人口学学科领域的主要学术研究期刊

英文学术期刊

【国际的期刊主要来源于国际知名新闻出版集团汤森路透集团（Thomson Reuters）于 1973 年创建的 SSCI（社会科学引文索引）数据库，其中截至 2014 年 6 月在人口学（Demography）领域的期刊有 26 本】

期刊名单如下：

1. 《亚太移民杂志》*ASIAN AND PACIFIC MIGRATION JOURNAL*

期刊说明：季刊（Quarterly ISSN：0117 – 1968）

本刊由位于菲律宾马尼拉的斯卡拉布里尼移民研究中心（Scalabrini Migration Center）主办并负责出版。

投稿地址：http://www. smc. org. ph/index. php

2. 《亚洲人口研究》*ASIAN POPULATION STUDIES*

期刊说明：一年三期（Tri-annual ISSN：1744 – 1730）

本刊由新加坡国立大学亚洲研究所（the Asia Research Institute of the National University of Singapore）主办，由英国泰勒 – 弗朗西斯出版集团（Taylor & Francis Group）负责出版。

投稿地址：http://www. tandfonline. com/toc/raps20/current#. U6G8bbHhMes

3. 《生物人口学与社会生物学》*BIODEMOGRAPHY AND SOCIALBIOLOGY*

期刊说明：半年刊（Semiannual ISSN：1948 – 5565）

本刊由美国雪城大学老龄化研究所（Aging Studies Institute@ Syracuse University）及美国科罗拉多大学波尔得分校行为科学研究所（Institute of Behavioral Science@ University of Colorado-Boulder）主导的生物人口学与社会生物学学会（http://www. biodemog. org/）主办，由英国泰勒 – 弗朗西斯出版集团（Taylor & Francis Group）负责出版。

投稿地址：http://www. tandfonline. com/loi/hsbi20#. U6HAwLHhMet

4. 《加拿大人口研究》*CANADIAN STUDIES IN POPULATION*

期刊说明：半年刊（Semiannual ISSN：0380 – 1489）

本刊是加拿大人口学会会刊（the flagship journal of Canadian Population Society），编辑室设在加拿大阿尔伯塔大学社会学系人口学研究室（Population Research Laboratory, Department of Sociology@ University of Alberta）。

投稿地址：http://www. canpopsoc. ca/publications/journal/manuscript-submission/

5. 《人口统计学研究》 *DEMOGRAPHIC RESEARCH*

期刊说明：在线出版（Weekly ISSN：1435－9871）

本刊是由位于德国罗斯托克的马普人口研究所（Max Planck Institute for Demographic Research in Rostock，Germany）主办并出版。

投稿地址：http://www. demographic-research. org/

6. 《人口学》 *DEMOGRAPHY*

期刊说明：季刊（Quarterly ISSN：0070－3370）

本刊是美国人口学会会刊（the official journal of the Population Association of America ＜PAA＞），由施普林格（Springer）科学与商业媒体集团出版。

投稿地址：http://link. springer. com/journal/13524

7. 《欧洲移民与法律杂志》 *EUROPEAN JOURNAL OF MIGRATION AND LAW*

期刊说明：季刊（Quarterly ISSN：1388－364X）

本刊由荷兰奈梅亨大学移民法中心（the Centre for Migration Law of the University of Nijmegen）与总部位于布鲁塞尔的移民政策小组（the Brussels-based Migration Policy Group）共同创刊，并由荷兰布里尔学术出版社（Brill Academic Publishers）出版。

投稿地址：http://www. brill. com/european-journal-migration-and-law

8. 《欧洲人口学刊》 *EUROPEAN JOURNAL OF POPULATION-REVUE EUROPEENNE DE DEMOGRAPHIE*

期刊说明：季刊（Quarterly ISSN：0168－6577）

本刊是欧洲人口研究学会（the European Association for Population Studies ＜EAPS＞）会刊，由施普林格（Springer）科学与商业媒体集团出版。

投稿地址：http://link. springer. com/journal/10680

9. 《国际移民》 *INTERNATIONAL MIGRATION*

期刊说明：双月刊（Bimonthly ISSN：0020－7985）

本刊由位于瑞士日内瓦的国际移民组织（International Organization for Migration ＜IOM＞）主办，由约翰威立国际出版公司（John Wiley & Sons，Inc. ）负责出版。

投稿地址：http://onlinelibrary. wiley. com/journal/10. 1111/%28ISSN%291468－2435

10. 《国际移民评论》 *INTERNATIONAL MIGRATION REVIEW*

期刊说明：季刊（Quarterly ISSN：0197－9183）

本刊由美国纽约移民研究中心（The Center for Migration Studies of New York ＜CMS＞）主办，由约翰威立国际出版公司（John Wiley & Sons，Inc. ）负责出版。

投稿地址：http://onlinelibrary. wiley. com/journal/10. 1111/%28ISSN%291747－7379

11. 《性与生殖健康国际展望》 *INTERNATIONAL PERSPECTIVES ON SEXUAL AND*

REPRODUCTIVE HEALTH

期刊说明：季刊（Quarterly ISSN：1944 – 0391）

本刊由总部设在纽约的全球性与生殖健康著名智囊团古特马赫研究院（Guttmacher Institute，http：//www. gutmacher. org）主办并出版。

投稿地址：http：//mc. manuscriptcentral. com/ipsrh

12.《生物社会科学杂志》*JOURNAL OF BIOSOCIAL SCIENCE*

期刊说明：双月刊（Bimonthly ISSN：0021 – 9320）

本刊由英国剑桥大学考古学及人类学系（Department of Archaeology & Anthropology, Division of Biological Anthropology, University of Cambridge）主办，并由剑桥大学出版社负责出版。

投稿地址：http：//journals. cambridge. org/action/displayJournal？ jid = JBS

13.《种族与移民研究杂志》*JOURNAL OF ETHNIC AND MIGRATION STUDIES*

期刊说明：月刊（Monthly ISSN：1369 – 183X）

本刊由英国萨塞克斯大学移民研究中心（Sussex Centre for Migration Research, University of Sussex, UK）主办，并由英国泰勒 – 弗朗西斯出版集团（Taylor & Francis Group）负责出版。

投稿地址：http：//www. tandfonline. com/doi/abs/10. 1080/1369183080236 4924

14.《人口经济学杂志》*JOURNAL OF POPULATION ECONOMICS*

期刊说明：季刊（Quarterly ISSN：0933 – 1433）

本刊是欧洲人口经济学会（The European Society for Population Economics）会刊，由施普林格（Springer）科学与商业媒体集团出版。

投稿地址：http：//www. springer. com/economics/population/journal/148

15.《难民研究杂志》*JOURNAL O FREFUGEE STUDIES*

期刊说明：季刊（Quarterly ISSN：0951 – 6328）

本刊由英国牛津大学难民研究中心（the Refugee Studies Centre, University of Oxford）主办，并由牛津大学出版社负责出版。

投稿地址：http：//jrs. oxfordjournals. org/

16.《数理人口研究》*MATHEMATICAL POPULATION STUDIES*

期刊说明：季刊（Quarterly ISSN：0889 – 8480）

本刊由法国国立人口研究中心（INED）和法国社会科学高等研究院（EHESS）主办，并由英国泰勒 – 弗朗西斯出版集团（Taylor & Francis Group）负责出版。

投稿地址：http：//www. tandfonline. com/toc/gmps20/current#. U6KHO7HhMes

17. 《人口学论文》*PAPELES DE POBLACION*

期刊说明：季刊（Quarterly ISSN：1405－7425）

本刊由位于墨西哥托卢卡市（Toluca）的墨西哥州立自治大学（Univ Autonoma Estado Mexico）主办并出版，出版语言为西班牙语。

投稿地址：Univ Autonoma Estado Mexico，Ciudad Universitaria，Toluca，Mexico，CP 50100

18. 《性与生殖健康展望》*PERSPECTIVES ON SEXUAL AND REPRODUCTIVE HEALTH*

期刊说明：季刊（Quarterly ISSN：1538－6341）

本刊由总部设在纽约的全球性与生殖健康著名智囊团古特马赫研究院（Guttmacher Institute，http://www.gutmacher.org）主办，并由约翰威立国际出版公司（John Wiley & Sons，Inc.）负责出版。

投稿地址：http://onlinelibrary.wiley.com/journal/10.1111/%28ISSN%291931－2393

19. 《人口》*POPULATION*

期刊说明：双月刊（Bimonthly ISSN：0032－4663）

本刊由法国国立人口研究中心（INED）主办并采用英语和法语出版。

投稿地址：http://www.ined.fr/en/resources_documentation/publications/population/

20. 《人口与发展评论》*POPULATION AND DEVELOPMENT REVIEW*

期刊说明：季刊（Quarterly ISSN：0098－7921）

本刊由洛克菲勒三世于1952年创办的人口理事会（The Population Council，http://www.popcouncil.org/）主办，并由约翰威立国际出版公司（John Wiley & Sons，Inc.）负责出版。

投稿地址：http://onlinelibrary.wiley.com/journal/10.1111/%28ISSN%291728－4457

21. 《人口与环境》*POPULATION AND ENVIRONMENT*

期刊说明：季刊（Quarterly ISSN：0199－0039）

本刊由施普林格（Springer）科学与商业媒体集团主办并出版。

投稿地址：http://www.springer.com/social+sciences/population+studies/journal/11111

22. 《人口通报》*POPULATION BULLETIN*

期刊说明：半年刊（Semiannual ISSN：0032－468X）

本刊由美国华盛顿非营利研究机构人口咨询局（Population Reference Bureau）主办并出版。

投稿地址：http://www.prb.org/

23. 《人口研究与政策评论》*POPULATION RESEARCH AND POLICY REVIEW*

期刊说明：双月刊（Bimonthly ISSN：0167－5923）

本刊由美国南方人口学会（The Southern Demographic Association ＜ SDA ＞）主办，并由施普林格（Springer）科学与商业媒体集团出版。

投稿地址：http：//www. springer. com/social + sciences/population + studies/journal/11113

24.《人口空间与居所》*POPULATION SPACE AND PLACE*

期刊说明：双月刊（Bimonthly ISSN：1544 – 8452）

本刊由约翰威立国际出版公司（John Wiley & Sons, Inc. ）主办并出版。

投稿地址：http：//onlinelibrary. wiley. com/journal/10. 1002/% 28ISSN% 291544 – 8452

25.《人口研究》*POPULATION STUDIES-A JOURNAL OF DEMOGRAPHY*

期刊说明：一年三期（Tri-annual ISSN：0032 – 4728）

本刊由英国伦敦经济学院人口调查委员会（Population Investigation Committee, London School of Economics）主办，并由英国泰勒 – 弗朗西斯出版集团（Taylor & Francis Group）下属劳特利奇（Routledge）出版社负责出版。

投稿地址：http：//mc. manuscriptcentral. com/rpst

26.《计划生育研究》*STUDIES IN FAMILY PLANNING*

期刊说明：季刊（Quarterly ISSN：0039 – 3665）

本刊由洛克菲勒三世于 1952 年创办的人口理事会（The Population Council, http：//www. popcouncil. org/）主办，并由约翰威立国际出版公司（John Wiley & Sons, Inc. ）负责出版。

投稿地址：http：//onlinelibrary. wiley. com/journal/10. 1111/% 28ISSN% 291728 – 4465

中文学术期刊

【国内的中文期刊主要来源于南京大学中国社会科学研究评价中心出版的中文社会科学引文索引（CSSCI，2014 ~ 2015 年）来源期刊目录，其中截至 2014 年 6 月在人口学（Demography）领域的期刊有 5 本。另笔者在此添加了两本虽不是 CSSCI 期刊，但在人口学界有一定影响力的期刊，即《南方人口》与《人口与社会》】

期刊名单如下：

1.《中国人口科学》*CHINESE JOURNAL OF POPULATION SCIENCE*

期刊说明：双月刊（国内统一刊号：CN11 – 1043/C）

本刊创刊于 1987 年，由中国社会科学院人口与劳动经济研究所主办。刊登内容包括：人口理论与政策研究、人口统计、人口与经济、人力资本与劳动经济、社会保障研究、人口与社会、国际人口比较、人口与生态环境、少数民族人口及计划生育理论与实践等。

投稿地址：http：//www. zgrkkx. com/

2. 《人口研究》*POPULATION RESEARCH*

期刊说明：双月刊（国内统一刊号：CN11 – 1489/C）

本刊创刊于 1977 年，由中国人民大学人口与发展研究中心（教育部百所人文社科重点研究基地、原人口研究所）主办。刊登内容包括：人口与发展论坛、人口与社会、人口调查与分析、老龄问题研究、人口流迁、人口资源环境、社会医学、学术争鸣、人口与计划生育研究等。

投稿地址：http://rkyj. ruc. edu. cn/CN/volumn/home. shtml

3. 《人口学刊》*POPULATION JOURNAL*

期刊说明：双月刊（国内统一刊号：CN22 – 1017/C）

本刊创刊于 1979 年，由吉林大学与吉林省人口学会共同主办。刊登内容包括：综合研究、人口理论、人口政策、人口迁移、人口城市化、人口老龄化、少数民族人口、人口统计与分析、人口与发展、人口与资源环境、人口与社会保障、劳动就业与人力资源开发、计划生育理论与实践等。

投稿地址：http://rkxk. cbpt. cnki. net

4. 《人口与经济》*POPULATION AND ECONOMICS*

期刊说明：双月刊（国内统一刊号：CN11 – 1115/F）

本刊创刊于 1980 年，由首都经济贸易大学劳动经济学院主办。刊登内容包括：人口经济学研究、人口与社会、人口城市化与流动人口、老年问题研究等。此外，本期刊关注相关联学科的研究进展，设有同人口学相近的人力资源开发与就业、社会保障研究等栏目。

投稿地址：http://rkyjj. cueb. edu. cn/

5. 《人口与发展》*POPULATION AND DEVELOPMENT*

期刊说明：双月刊（国内统一刊号：CN11 – 1115/F）

本刊创刊于 1994 年，由北京大学人口研究所主办。刊登内容包括：人口和发展领域（经济、社会、环境、资源、健康、管理、劳动、教育、老龄、统计、计划生育等方面）的学术研究论文、研究的方法介绍和评述、调查研究报告以及上述范围的研究综述、会议综述和学术动态等。

投稿地址：rkyfz@ pku. edu. cn/

6. 《南方人口》*SOUTH CHINA POPULATION*

期刊说明：双月刊（国内统一刊号：CN44 – 1114/C）

本刊创刊于 1986 年，由中山大学人口研究所主办。刊登内容包括：社会学与人类学中与人口学相关的内容，如人口迁移流动、死亡、生育、人口结构、人口分布、人口素质等方面。

投稿地址：southpopulation@ 163. com

7. 《人口与社会》*POPULATION AND SOCIETY*

期刊说明：季刊（国内统一刊号：CN32 – 1851/C）

本刊创刊于 1985 年，由南京邮电大学主办。刊登内容包括：人口与社会热点话题专家谈、人口统计与预测、人口老龄化、人口流动与迁移、生育政策与意愿研究、人口与生态资源环境、人力资源开发与管理、乡村治理与建设、城市社会管理、社会工作理论与实践、社会保障、家庭变迁、家庭伦理与婚姻法、代际研究、女性研究等。

投稿地址：http://njrq. cbpt. cnki. net/

参考文献

阿尔弗雷·索维，1983，《人口通论：增长经济学》，查瑞传、邬沧萍等译，商务印书馆。

包蕾萍，2009a，《中国计划生育政策 50 年评估及未来方向》，《社会科学》第 6 期。

包蕾萍，2009b，《中国生育政策 60 年回顾：评估与调整方向》，《中国的立场　现代化与社会主义：上海市社会科学界第七届学术年会文集（2009 年度）青年学者文集》。

边燕杰、刘勇利，2005，《社会分层，住房产权与居住质量》，《社会学研究》第 3 期。

蔡昉，2007，《中国流动人口问题》，社会科学文献出版社。

蔡昉，2008，《刘易斯转折点：中国经济发展新阶段》，社会科学文献出版社。

蔡昉，2010，《人口转变，人口红利与刘易斯转折点》，《经济研究》第 45 期。

蔡泳，2012，《联合国预测：中国快速走向老龄化》，《国际经济评论》第 1 期。

陈斌开、徐帆、谭力，2012，《人口结构转变与中国住房需求：1999～2025——基于人口普查数据的微观实证研究》，《金融研究》第 1 期。

陈丙欣、叶裕民，2013，《中国流动人口的主要特征及对中国城市化的影响》，《城市问题》第 3 期。

陈功、曹桂英、刘玉博、庞丽华、张蕾、任强、郑晓瑛，2006，《北京市未来人口发展趋势预测——利用多状态模型对未来人口，人力资本和城市化水平的预测分析》，《市场与人口分析》第 4 期。

陈婉清，2009，《美国 2010 年人口普查方法介绍》，《统计研究》第 26 期。

陈卫、黄小燕，2005，《人口转变理论述评》，《中国人口科学》第 5 期。

陈卫、李敏，2010，《亚洲出生性别比失衡对人口转变理论的扩展》，《南京社会科学》第 8 期。

陈卫、史梅，2002a，《伊斯特林模型的实证分析》，《中国人口科学》第 2 期。

陈卫、史梅，2002b，《中国妇女生育率影响因素再研究》，《中国人口科学》第 2 期。

陈卫、杨胜慧，2010，《第六次人口普查的经验与启示》，《人口研究》第 34 期。

陈希孺，2002，《数理统计学简史》，湖南教育出版社。

陈友华，2006，《人口红利与人口负债：数量界定，经验观察与理论思考》，《人口研究》第 29 期。

陈友华，2013，《机构改革背景下的中国计划生育新去向》，《南京人口管理干部学院学报》第 2 期。

陈友华、米勒·乌尔里希，2001，《人口性别年龄结构分析方法及其在德国的应用》，《人口研究》第 25 期。

楚军红，2000，《我国农村生育率与出生性别比关系探讨》，《市场与人口分析》第 6 期。

崔红艳、徐岚、李睿，2013，《对 2010 年人口普查数据准确性的估计》，《人口研究》第 37 期。

邓艾，2006，《西部地区民族人口城市化差异实证分析》，《民族研究》第 2 期。

丁月牙，2005，《少数民族教育平等问题及政府的教育政策选择》，《民族教育研究》第 16 期。

段成荣，1998，《人口迁移研究：原理和方法》，重庆出版社。

段成荣、梁宏，2002，《中国人口地区分布现状及其历史变迁》，《市场与人口分析》第 8 期。

段成荣、梁宏、伍小兰，2002，《近二十年来我国人口迁移和流动调查综论》，《市场与人口分析》第 1 期。

段成荣、孙玉晶，2006，《我国流动人口统计口径的历史变动》，《人口研究》第 4 期。

段成荣、杨舸、张斐、卢雪和，2008，《改革开放以来我国流动人口变动的九大趋势》，《人口研究》第 6 期。

段成荣、周福林，2005，《我国留守儿童状况研究》，《人口研究》第 29 期。

（南朝宋）范晔，1965，《后汉书》（第 12 册），中华书局。

风笑天、张青松，2002，《二十年城乡居民生育意愿变迁研究》，《市场与人口分析》第 8 期。

冯海燕、张昕、李光永、穆乃君、陈瑾，2007，《北京市水资源承载力系统动力学模拟》，《中国农业大学学报》第 11 期。

冯立天，2000，《中国人口政策的过去，现在与未来》，《人口研究》第 4 期。

冯立天、马瀛通、冷眸，1999，《50 年来中国生育政策演变之历史轨迹》，《人口与经济》第 2 期。

高凌，1995，《我国人口出生性别比的特征及其影响因素》，《中国社会科学》第 1 期。

高胜恩、翟胜明，2000，《70 年代以来美国国内人口迁移态势与成因分析》，《人口学刊》第 1 期。

顾宝昌、罗伊，1996，《中国大陆、中国台湾省和韩国出生婴儿性别比失调的分析》，《中国人口科学》第 20 期。

郭琳、车士义，2008，《新疆维吾尔自治区 2000 年年龄堆积现象的分析》，《西北人口》第 29 期。

郭润生、刘东生，1999，《论行政执法中法律与政策的关系》，《法商研究》第 2 期。

郭石明，2004，《基于学科的大学组织管理》，《中国高教研究》第 6 期。

郭未，2014a，《中国少数民族人口发展分析：2000～2010》，《人口学刊》第 36 期。

郭未，2014b，《中国未婚青年首次性行为时的避孕选择——基于赫克曼选择模型的分析》，《学海》第 1 期。

郭未、安素霞，2013，《流入地生育政策对流动妇女生育行为的影响分析》，《贵州社会科学》第 12 期。

郭未、孙远君、李冰，2014，《合理性与合法性之间的冲突：〈人口与计划生育法〉面临的困局及破解》，《社会主义研究》第 3 期。

郭未、王灏晨，2013，《联合国综合指数的修正与检验——基于"六普"数据的考察》，《中国人口科学》第 4 期。

郭未、张刚、杨胜慧，2013，《中国老年人口的自理预期寿命变动——二元结构下的城乡差异分析》，《人口与发展》第 1 期。

国家计划生育委员会，1992，《计划生育文献汇编（1981—1991）》，中国民主法制出版社。

国家统计局，2012，http://www.stats.gov.cn/tjsj/tjgb/rkpcgb/qgrkpcgb/201209/t20120921_30330.html。

国家统计局、国务院第六次全国人口普查领导小组办公室，2010，《第六次全国人口普查方案》。

国家统计局编，2013，《中国统计年鉴 2013》，中国统计出版社。

国务院新闻办公室，2014，《中华人民共和国户口登记条例》，http://www.scio.gov.cn/xwfbh/xwbfbh/xczb/xgzc/Document/1376884/1376884.htm。

国务院人口普查办公室、国家统计局人口和社会科技统计司编，2002，《中国 2000 年人口普查资料》，中国统计出版社。

国务院人口普查办公室、国家统计局人口和就业统计司编，2012，《中国 2010 年人口普查资料》，中国统计出版社。

国家统计局人口与就业统计司编，2012，《人口和就业统计分析技术》，中国统计出版社。

国家统计局编，1993，《中国统计年鉴 1993》，中国统计出版社。

国务院学位委员会，1997，《授予博士、硕士学位和培养研究生的学科、专业目录名称及代码表》。

胡焕庸，1935，《中国人口之分布——附统计表与密度图》，《地理学报》第 2 期。

胡焕庸，1983，《论中国人口之分布：人口地理文集》，华东师范大学出版社。

胡焕庸，1990，《中国人口的分布、区划和展望》，《地理学报》第 45 期。

（晋）皇甫谧，1997，《帝王世纪·历代垦田户口数》，辽宁教育出版社。

黄砺、王佑辉，2012，《我国建设用地人口密度和经济密度的区域差异及收敛性分析》，《南方人口》第 26 期。

黄荣清，1987，《关于 Brass 的 Logit 体系的探讨》，《人口研究》第 6 期。

黄荣清，1993，《中国百位以上人口的民族在人口普查时年龄身边的准确性》，《中国人口科学》第 5 期。

黄荣清，1995，《中国各民族人口的增长、分析与预测》，北京经济学院出版社。

黄荣清，2009，《地域分析方法》，中国人事出版社。

黄润龙，2005，《我国空巢老人家庭状态》，《人口与经济》第 2 期。

黄中、钱亚畅，2004，《城乡划分标准的变迁》，《中国统计》第 2 期。

姜涛，1998，《历史与人口——中国传统人口结构研究》，人民出版社。

蒋未文、任强，2005，《中国人口、家庭户与住房需求预测研究》，《市场与人口分析》第 2 期。

蒋庆琅，1984，《生命表及其应用》，上海翻译出版公司。

蒋正华，1984，《人口分析与规划》，陕西科学技术出版社。

蒋正华，1987，《中国人口动态参数的识别》，《中国人口科学》第 5 期。

李兵、杜鹏，2006，《老龄社会学理论：研究现状和政策意义》，《人口研究》第 5 期。

李建民，2000a，《后人口转变论》，《人口研究》第 4 期。

李建新，2000b，《世界人口格局中的中国人口转变及其特点》，《人口学刊》第 5 期。

李竞能，2004，《现代西方人口理论》，复旦大学出版社。

李梦花，1993，《中国人口迁移的流向》，载常崇煊编著《中国生育节育抽样调查北京国际研讨会论文集》，中国人口出版社。

李若建，1990，《1949—1987 年广东省的人口再分布》，《南方人口》第 2 期。

李若建，1991，《当代中国人口转变的时空分析》，《人口学刊》第 3 期。

李世红，1996，《中国民族人口学的开拓者——记我国民族人口学家张天路教授》，《南方人口》第 3 期。

李树茁，2008，《生育政策、男孩偏好与女孩生存：公共政策的取向与选择》，《人口与发展》第 14 期。

李通屏、郭继远，2007，《中国人口转变与人口政策的演变》，《市场与人口分析》第 1 期。

李扬、刘慧，2010，《人口迁移空间格局模拟研究进展与展望》，《地理科学进展》第 10 期。

李永胜，2002，《人口统计学》，西南财经大学出版社。

李涌平，1993，《婴儿性别比以及婴儿性别比和一些社会经济变量的关系普查的结果和反映现实》，《人口与经济》第 4 期。

李振福，2003，《长春市城市人口的 Logistic 模型预测》，《吉林师范大学学报》（自然科学版）第 1 期。

梁在，2012，《人口学》，中国人民大学出版社。

刘传江、郑凌云，2002，《现代化进程中的人口转变：一个广义视野的考察》，《南方人口》第 4 期。

刘鸿雁、柳玉芝，1996，《独生子女及其未来婚姻结构》，《中国人口科学》第 3 期。

刘静、李竞能，1985，《人口理论教程》，中国人民大学出版社。

刘坤亮，2004，《加强学科解释性功能：中国人口学振兴的"内因"需求》，《人口研究》第 24 期。

刘爽，2006，《对中国生育"男孩偏好"社会动因的再思考》，《人口研究》第 30 期。

刘爽，2010，《对中国人口转变的再思考》，《人口研究》第 34 期。

刘爽、卫银霞、任慧，2012，《从一次人口转变到二次人口转变——现代人口转变及其启示》，《人口研究》第 1 期。

刘铮、邬沧萍、查瑞传编，1981，《人口统计学》，中国人民大学出版社。

刘铮、邬沧萍、李宗正，1986，《人口学辞典》，人民出版社。

卢忠，1992，《中国人口经济密度区域差异及分析》，《人口与经济》第 2 期。

陆军、宋筱平、陆叔云，2004，《关于学科、学科建设等相关概念的讨论》，《清华大学教育研究》第 6 期。

罗淳，1997，《论中国少数民族人口的生育政策》，《民族研究》第 2 期。

罗源昆、王大伟、刘洁、苏杨，2013，《大城市的人口只能主要靠行政手段调控吗？——基于区域人口承载力研究》，《人口与经济》第 1 期。

马小红、孙超，2011，《中国人口生育政策 60 年》，《北京社会科学》第 2 期。

马正亮，1996，《论新时期党的民族人口政策与民族关系》，《中国少数民族人口》第 1 期。

穆光宗，2014，《重新认识人口增长的性质和价值》，《学海》第 1 期。

聂惠哲，2000，《〈周礼〉中有关人口档案的思想》，《中国档案》第 12 期。

潘公昭，1947，《今日的印度》，中国科学图书仪器公司。

潘光旦、潘乃穆、张海煮，1997，《寻求中国人位育之道：潘光旦文选》，国际文化出版公司。

乔晓春，1992，《第四次全国人口普查人口性别年龄结构的初步检验》，《中国人口科学》第 5 期。

屈坚定、杜亚平，2007，《性别选择性人工流产对出生性别比影响强度的定量研究》，《中国人口科学》第 2 期。

任强、郑晓瑛、曹桂英，2005，《近 20 年来中国人口死亡的性别差异研究》，《中国人口科学》第 1 期。

世界卫生组织，2013，http://www.chinadc.cn/n272442/n272530/n272772/19989.html。

申秋红，2014，《印度人口发展状况与人口政策》，《人口学刊》第 1 期。

沈可、王丰、蔡泳，2012，《国际人口政策转向对中国的启示》，《国际经济评论》第 1 期。

沈小凤，2012，《几类人口预测模型的改进及实证分析》，硕士学位论文，中央民族大学。

舒国滢，2006，《法理学导论》，北京大学出版社。

水延凯、汪立华，2014，《社会调查教程》，中国人民大学出版社。

（西汉）司马迁，1982，《史记·秦始皇本记》（卷 6，修订 2 版），中华书局。

宋新明，2003，《流行病学转变——人口变化的流行病学理论的形成和发展》，《人口研究》第 6 期。

孙百才、祁进玉，2006，《民族地区教育发展和教育平等》，《民族教育研究》第 5 期。

孙绵涛、朱晓黎，2007，《关于学科本质的再认识》，《教育研究》第 12 期。

孙中伟、刘飞、胡双喜，2013，《教育不平等与外来工工资的民族差异——兼论少数民族外来工教育获得的"三重弱势"》，《南方人口》第 1 期。

汤梦君，2013，《中国生育政策的选择：基于东亚，东南亚地区的经验》，《人口研究》第 6 期。

唐杰、杨胜慧，2012，《北京新城流动人口结构及流动机制分析》，《城市发展研究》第 12 期。

唐鹏琪，2005，《浅析印度经济增长的动力》，《南亚研究季刊》第 2 期。

田雪原主编，2004，《人口学》，浙江人民出版社。

田雪原，2009，《新中国人口政策回顾与展望》，《人民日报》12 月 4 日，第 7 版。

田雪原，2010，《新中国 60 年人口政策回顾与展望》，《学习论坛》第 2 期。

童玉芬，2010，《北京市水资源人口承载力的动态模拟与分析》，《中国人口资源与环境》第 20 期。

瓦连捷伊，1980，《人口学体系》，侯文译，中国人民大学出版社。

汪伟，2010，《计划生育政策的储蓄与增长效应：理论与中国的经验分析》，《经济研究》第 10 期。

王德、叶晖，2004，《1990 年以后的中国人口迁移研究综述》，《人口学刊》第 1 期。

王光明，1995，《云南少数民族生育政策的制度与实施》，《中国少数民族人口》第 1 期。

王广州，2002，《中国人口预测软件培训手册（CPPS）》，中国人口信息研究中心（现中国人口与发展研究中心）。

王广州，2004，《对第五次人口普查年龄结构数据的评估与调整》，《人口与经济》第 5 期。

王广州，2013，《独生子女死亡总量及变化趋势研究》，《中国人口科学》第 1 期。

王广州、郭志刚、郭震威，2008，《对伤残死亡独生子女母亲人数的初步测算》，《中国人口科学》第 1 期。

王桂新，2012，《生育率下降与计划生育政策的作用——对我国实行计划生育政策的认识与思考》，《南京社会科学》第 10 期。

王洪春、王金营，1994，《河北省第四次人口普查数据质量分析——年龄准确性检验》，《人口学刊》第 2 期。

王溥，1949，《唐会要·籍帐》（卷 85），商务印书馆。

王先进、刘芳，2006，《基于重力模型的交通对人口迁移影响分析》，《综合运输》第 1 期。

王晓丹，2003，《印度国家人口政策》，《当代亚太》第 2 期。

王勇，2006，《Logistic 人口模型的求解问题》，《哈尔滨商业大学学报》（自然科学版）第 5 期。

王柱国，2009，《教育优惠政策与少数民族的平等保障》，《甘肃政法学院学报》第 1 期。

韦艳、梁义成，2008，《韩国出生性别比失衡的公共治理及对中国的启示》，《人口学刊》第 6 期。

邬沧萍，2002，《人口学在 21 世纪是一门方兴未艾的朝阳科学》，《人口研究》第 26 期。

邬沧萍主编，2006，《人口学学科体系研究》，中国人民大学出版社。

邬沧萍、谢楠，2011，《1980—2010：中国人口政策三十年回顾与展望》，《甘肃社会科学》第 1 期。

巫锡炜、甘雪芹，2013，《中国人口普查年龄数据准确性检验：总和修正惠普尔指数的应用》，《人口研究》第 1 期。

吴业苗、黄润龙，2007，《乡村生育中男性偏好的社会学解释》，《人口学刊》第 1 期。

夏明方，2000，《抗战时期中国的灾荒与人口迁移》，《抗日战争研究》第 5 期。

徐剑，2010，《中国人口政策效果分析》，博士学位论文，吉林大学。

宣勇，2002，《基于学科的大学管理模式选择》，《中国高教研究》第 4 期。

宣勇、张金福，2007，《学科制：现代大学基层学术组织制度的创新》，《教育研究》第 28 期。

严存生，2005，《法的合法性问题研究》，《法律科学》第 3 期。

严存生，2002，《法的合理性研究》，《法制与社会发展》第 4 期。

杨发祥，2003，《当代中国计划生育史研究》，博士学位论文，浙江大学。

杨菊华、Susan E. Short.，2007，《中国的婚居模式与生育行为》，《人口研究》第 2 期。

姚新武，1992，《中国人口转变历程的深入探讨》，《人口研究》第 6 期。

姚兴云、付少平，2009，《韩国人口政策及其对中国农村人口政策的启示》，

《西北人口》第 2 期。

易成栋，2007，《中国农村家庭住房状况的省际差异分析》，《农村经济》第 12 期。

于新民、董世和，1994，《云南省第四次人口普查性别年龄准确性检验》，《云南教育学院学报》第 5 期。

于学军，2001，《再论"中国进入后人口转变时期"》，《中国人口科学》第 3 期。

于学军、郭维明，2000，《国外人口政策法规概观》，《人口学刊》第 2 期。

于学军、解振明，2000，《中国人口发展评论：回顾与展望》，人民出版社。

查瑞传、乔晓春，1993，《新疆维吾尔族人口年龄堆积原因的初步分析》，《中国人口科学》第 1 期。

查瑞传主编，1991，《人口普查资料分析技术》，中国人口出版社。

曾毅，1992，《人口分析方法及应用》，北京大学出版社。

曾毅、张震、顾大男、郑真真编著，2011，《人口分析方法与应用》，北京大学出版社。

曾毅编著，1993，《人口分析方法与应用》，北京大学出版社。

翟振武，1992，《人口数据分析方法及其应用》，中国外文出版社。

翟振武，2000，《20 世纪 50 年代中国人口政策的回顾与再评价》，《中国人口科学》第 1 期。

翟振武、刘爽、段成荣，1993，《常用人口统计公式手册》，中国人口出版社。

翟振武、刘爽、宋健、段成荣、陆杰华，2003，《中国的人口学研究与人才培养》，《人口研究》第 27 期。

翟振武、路磊、罗茂初、曲海波，1989，《现代人口分析技术》，中国人民大学出版社。

湛中乐、苏宇，2009，《中国计划生育、人口发展与人权保护》，《人口与发展》第 5 期。

湛中乐、苏宇，2010，《计划生育制度变革与法治化》，《清华法学》第 2 期。

湛中乐、谢珂珺，2011，《〈人口与计划生育法〉第十八条解读》，《人口与发展》第 3 期。

张纯元，1996，《市场人口学》，北京大学出版社。

张纯元、陈胜利主编，2004，《生育文化学》，中国人口出版社。

张纯元、李竞能，1983，《人口经济学》，北京大学出版社。

张刚，2011，《中国在人口预测技术上取得重要突破》，《人口与计划生育》第 5 期。

张敏如，1982，《中国人口思想简史》，中国人民大学出版社。

张庆五，1988，《关于人口迁移与流动人口概念问题》，《人口研究》第 3 期。

张善余，1999，《人口地理学概论》，华东师范大学出版社。

张善余、曾明星，2005，《少数民族人口分布变动与人口迁移形势——2000 年第五次人口普查数据分析》，《民族研究》第 1 期。

张天路，1989，《民族人口学》，中国人口出版社。

张天路，1997，《中国民族人口学的新进展》，《中央民族大学学报》（哲学社会科学版）第 2 期。

张天路、黄荣清、顾鉴塘，1993，《中国少数民族社区人口研究》，中国人口出版社。

张维庆，2007，《十六大以来人口和计划生育工作的重大进展》，《求是》第 20 期。

张晓青，2001，《国际人口迁移理论述评》，《人口学刊》第 3 期。

张晓青、王雅丽、任嘉敏，2014，《1990—2013 年国际人口迁移特征、机制及影响研究》，《人口与发展》第 4 期。

张宇、王冰，2012，《观念改变世界——"世界价值观调查"研究评介》，《华中科技大学学报》（社会科学版）第 4 期。

赵梦晗、杨凡，2013，《六普数据中婴儿死亡率及儿童死亡概率的质疑与评估》，《人口研究》第 5 期。

赵时亮，2001，《中国的后人口转变及其特殊性》，《人口研究》第 3 期。

郑敬高、田野，2007，《从"国家意志"到"行政法治"——在法律与政策关系上的泛法律观》，《中国地质大学学报》（社会科学版）第 5 期。

周书灿，2004，《先秦人口史研究中若干理论和方法问题的思考》，《湘潭大学学报》（哲学社会科学版）第 5 期。

朱国宏，2001，《关于"后人口转变"》，《中国人口科学》第 3 期。

祝卓，1991，《人口地理学》，中国人民大学出版社。

Alesan, A., Malgosa, A., and Simo, C. 1999. "Looking into the Demography of an Iron Age Population in the Western Mediterranean. I. Mortality." *American Journal of Physical Anthropology* 110 (3): 285 – 301.

Alonso, W. 1980. "Five Bell Shapes in Development." *Papers in Regional Science* 45 (1): 5 – 16.

Anand, S., Sen. A. 1994. *Human Development Index: Methodology and Measurement* (No. HDOCPA – 1994 – 02). Human Development Report Office (HDRO), United Nations Development Programme (UNDP).

Barkow, J. H., Burley, N. 1980. "Human Fertility, Evolutionary Biology, and the Demographic Transition." *Ethology and Sociobiology* 1 (2): 163 – 180.

Becker, G. S. 2009. *A Treatise on the Family*. Harvard University Press.

Becker, G. S., Lewis, H. G. 1974. "Interaction between Quantity and Quality of Children." *In Economics of the Family: Marriage, Children, and Human Capital*. UMI. pp. 81 – 90.

Becker, G. S., Murphy, K. M., and Tamura. R. 1994. "Human Capital, Fertility, and Economic Growth." *In Human Capital: A Theoretical and Empirical Analysis with Special Reference to Education (3rd Edition)*. The University of Chicago Press.

Becker, G. S. 1960. "An Economic Analysis of Fertility." *In Demographic and Economic Change in Developed Countries*. Columbia University Press.

Becker, G. S. 1976. *The Economic Approach to Human Behavior*. University of Chicago Press.

Becker, G. S. 2009. *Human Capital: A Theoretical and Empirical Analysis, with Special Reference to Education*. University of Chicago Press.

Bellhouse, D. R. 2011. "A New Look at Halley's Life Table." *Journal of the Royal Statistical Society: Series A (Statistics in Society)* 174 (3): 823 – 832.

Bengtson, V. L., Burgess. E. O., Parrott. T. M. 1997. "Theory, Explanation, and a Third Generation of Theoretical Development in Social Gerontology." *The Journals of Gerontology Series B: Psychological Sciences and Social Sciences* 52 (2), S72 – S88.

Birren, J. E. , Bengtson. V. L. 1988. *Emergent Theories of Aging.* Springer Publishing Co.

Blacker, C. P. 1947. "Stages in Population Growth. " *The Eugenics Review* 39 (3): 88 – 101.

Bloom, D. E. , Williamson. J. G. 1998. "Demographic Transitions and Economic Miracles in Emerging Asia. " *The World Bank Economic Review* 12 (3): 419 – 455.

Bogue, D. J. 1969. "Principles of Demography. " In *Principles of Demography*, edited by John Wiley and Sons.

Bongaarts, J. 1978. "A Framework for Analyzing the Proximate Determinants of Fertility. " *Population and Development Review* 4 (1): 105 – 132.

Boserup, E. 1965. *The Conditions of Agricultural Growth: The Economics of Agriculture under Population Pressure.* London & New York: Faber.

Brass, W. 1971. "On the Scale of Mortality. " In Brass, W. ed. *Biological Aspects of Demography*, pp. 69 – 110. London: Taylor and Francis.

Brass, W. 1979. "The Relational Gompertz Model of Fertility by Age of Woman. " in Regional Workshop on Techniques of Analysis of World Fertility Survey Data: Report and Selected Papers. s. l. , pp. 346 – 380, United Nations.

Brass, W. 1981. "The Use of the Gompertz Relational Model to Estimate Fertility. " in International Population Conference, Manila: solicited papers, vol. 3. Liege, pp. 345 – 362, Ordina Editions.

Bryan, T. 2004. "Basic Sources of Statistics. " In *The Methods and Materials of Demography* (2nd ed.), edited by Jacob. S. S. and David. A. S. , pp. 9 – 41. San Diego, CA: Elsevier Academic.

Burgess, R. 2002. *Modernization and Son Preference in People Republic of China.* Manila: ADB.

Caldwell, J. C. 1982. "The Wealth Flows Theory of Fertility Decline. " In *Determinants of Fertility Trends: Theories Re-examined edited by* Hohn C. , Mackensen R. , pp. 169 – 188. Liege, Belgium, Ordina Editions.

Caldwell, J. C. , Caldwell, B. K. , Caldwell, P. , McDonald, P. F. , and Schindlmayr, T. 2006. *Demographic Transition Theory*. Dordrecht: Springer.

Caldwell, J. C. , Schindlmayr, T. 2003. "Explanations of the Fertility Crisis in Modern Societies: A Search for Commonalities." *Population studies* 57 (3): 241 – 263.

Caldwell, J. C. 1996. "Demography and Social Science." *Population Studies* 50 (3): 305 – 333.

Canudas R. V. 2003. *Decomposition Methods in Demography*. Amsterdam: Rozenberg Publishers.

Cao, G. Y. , Lutz, W. 2001. *The Future Population of China: Prospects to 2045 by Place of Residence and by Level of Education*. Asian Metacentre.

Cao, G. Y. , Lutz, W. 2004. "China's Future Urban and Rural Population by Level of Education." *The End of World Population Growth in the 21st Century: New Challenges for Human Capital Formation and Sustainable Development*, p. 265.

Chen, T. 1947. "Sex, Age, Size of Family, and Density of Population." *American Journal of Sociology* 52 (s1): 17 – 24.

Chesnais, J. C. 1990. *La Démographie*. Paris: PUF.

Coale, A. J. , Hoover, E. M. 1958. *Population Growth and Economic Development in Low-income Countries: A Case Study of India*. Princeton: Princeton University Press.

Coale, A. J. , Demeny, P. 1966. *Regional Model Life Tables and Stable Populations*. Princeton: Princeton Univ. Press.

Cully, M. 2012. "More than Additions to Population: the Economic and Fiscal Impact of Immigration." *Australian Economic Review* 45 (3): 344 – 349.

Davis, K. , Blake, J. 1956. "Social Structure and Fertility: An Analytic Framework." *Economic Development and Cultural Change*: 211 – 235.

Demeny, P. 2003. "Population Policy." In Demeny, P. McNicoll, G. eds. , *Encyclopedia of Population*, pp. 752 – 763. New York: Macmillan Reference USA.

DeWaard, J. 2013. "Compositional and Temporal Dynamics of International Migration in the EU/EFTA: A New Metric for Assessing Countries' Immigration and Integration Policies." *International Migration Review* 47 (2):

249 – 295.

Dippolt, M. , Goujon A. , and Wils, A. 1998. *A Population Projection Model with Interaction States User's Manual.* Laxenburg: IIASA.

Duncan, O. D. 1984. *Notes on Social Measurement: Historical and Critical.* Russell Sage Foundation.

Easterlin, R. A. , Crimmins, E. M. 1985. *The Fertility Revolution: A Supply-demand Analysis.* University of Chicago Press.

Eldridge, H. T. 1968. "Population Policies. " In David L. S. eds. , *International Encyclopedia of the Social Sciences*, pp. 380 – 388. New York: Macmillan-Company.

Ewbank, D. C. 1981. *Age Misreporting and Age-Selective Under Enumeration: Sources, Patterns, and Consequences for Demographic Analysis.* Washington: National Academy Press, Committee on Population and Demography, Report No. 4.

Fossett, M. 2005. *Urban and Spatial Demography.* US: Springer.

Freeman, M. A. , Weed, J. A. 2003. "Vital Statistics. " In *Encyclopedia of Population*, edoted by Paul D. , Geoffrey M. pp. 960 – 962. New York: Macmillian Reference USA.

Goldstein, S. 1978. *Circulation in the Context of Total Mobility in Southeast Asia.* Honolulu: East-West Population Institute, East-West Center.

Greenwood, M. J. 1969. "An Analysis of the Determinants of Geographic Labor Mobility in the United States. " *The Review of Economics and Statistics* 51 (2): 189 – 194.

Guillard, A. 1855. *Éléments de Statistique Humaine, ou Démographie Comparée.* Nabu Press.

Gupta, P. D. 1978. "A General Method of Decomposing a Difference between Two Rates into Several Components. " *Demography* 151: 99 – 112.

Halley, E. 1693. "An Estimate of the Degrees of Mortality of Mankind, Drawn from Curious Tables of the Births and Funerals at the City of Breslaw, with an Attempt to Ascertain the Price of Annuities upon Lives. " *Philosophical Transactions of the Royal Society of London* (17): 596 – 610 and 654 – 656.

Hauser, P. M. , Duncan, O. D. 1959. *The Study of Population: An Inventory and Appraisal.* The University of Chicago Press.

Higa, N. , Ho, V. , Shima, W. and Lee, H. 1992. *EASWESPOP - Fertility Estimate Programs User's Manual.* Honolulu: the East-West Center.

Hildebrand, G. H. , Mace, A. 1950. "The Employment Multiplier in an Expanding Industrial Market: Los Angeles County, 1940 – 1947. " *The Review of Economics and Statistics* 32 (3): 241 – 249.

Hugo, G. 1986. *Australias Changing Population: Trends and Implications.* Melbourne: Oxford University Press.

Kau, J. B. , Sirmans, C. F. 1979. "Urban Land Value Functions and the Price Elasticity of Demand for Housing. " *Journal of Urban Economics* 6 (1): 112 – 121.

Kirk, D. 1996. "Demographic Transition Theory. " *Population Studies* 50 (3): 361 – 387.

Kohler, H. P. , Billari, F. C. , and Ortega, J. A. 2002. "The Emergence of Lowest-low Fertility in Europe during the 1990s. " *Population and Development Review* 28 (4): 641 – 680.

Kotz S. , Read C. B. , Banks D. L. , eds. 1988. *Encyclopedia of Statistical Sciences.* New York: Wiley & Sons.

Landry, A. 1934. *La révolution démographique.* Paris: Librairie.

Laplace, P. S. 1781. "Mémoire sur les Probabilités. " *Mémoires de l' Académie Royale des Sciences de Paris* 1778: 227 – 332.

Laplace, P. S. 1786. "Sur les Naissances, les Mariages et les Morts, à Paris. " *Memories de L' Academie Royale des Sciences Annee*: 693 – 702.

Lee, E. S. 1966. "A Theory of Migration. " *Demography* 3 (1): 47 – 57.

Leete, R. 1987. "The Post-demographic Transition in East and South East Asia: Similarities and Contrasts with Europe. " *Population Studies* 41: 18 – 206.

Leibenstein, H. 1975. "The Economic Theory of Fertility Decline. " *The Quarterly Journal of Economics* 91: 349 – 350.

Lowry, I. S. 1966. *Migration and Metropolitan Growth: Two Analytical Models.* San Francisco: Chandler Publishing Company.

Lurz, W. , Goujon, A. 2001. "The World's Changing Human Capital Stock:

Multi-State Population Projections by Educational Attainment. " *Population and Development Review* 27 (2): 323 – 339.

Lutz, W. , Goujon, A. , and Doblhammer-Reiter, G. 1998. "Demographic Dimensions in Forecasting: Adding Education to Age and Sex. " *Population and Development Review*: 42 – 58.

Lutz, W. , Skirbekk, V. , and Testa, M. R. 2006. "The Low-fertility Trap Hypothesis: Forces that May Lead to Further Postponement and Fewer Births in Europe. " *Vienna Yearbook of Population Research*: 167 – 192.

Lutz, W. , Skirbekk, V. 2005. "Policies Addressing the Tempo Effect in Low Fertility Countries. " *Population and Development Review* 31 (4): 699 – 720.

McDonald, P. 2006. "Low Fertility and the State: The Efficacy of Policy. " *Population and Development Review* 32 (3): 485 – 510.

Milanovic, B. 2012. "Global Inequality: from Class to Location, from Proletarians to Migrants. " *Global Policy* 3 (2): 125 – 134.

Neil, G. , Bennett, E. D. 1983. *Sex Selection of Children*. New York: Academic Press.

Newell, C. 1990. *Methods and Models in Demography*. Guilford Press.

Notestein, F. W. 1945. "Population: the Long View. " In Schultz TW, ed. *Food for the World*, pp. 36 – 57, Chicago, Illinois, University of Chicago Press.

Notestein, F. W. 1953. *Economic Problems of Population Change*, pp. 13 – 31. London: Oxford University Press.

OECD. 2013. *International Migration Outlook* 2013, Paris: OECD Publishing.

Olshansky, S. J. , Ault, A. B. 1986. "The Fourth Stage of the Epidemiologic Transition: the Age of Delayed Degenerative Diseases. " *The Milbank Quarterly*: 355 – 391.

Omran, A. R. 1971. "The Epidemiologic Transition: a Theory of the Epidemiology of Population Change. " *The Milbank Memorial Fund Quarterly*: 509 – 538.

Petit, V. 2013. *Counting Populations, Understanding Societies: towards a Interpretative Demography*. Springer.

Pierce, H. O. 1991. "La Función de Gompertz-Makeham en la Descripción y

Proyección de Fenómenos Demográficos. " *Estudios Demográficos y Urbanos* : 485 – 520.

Poston, D. L. , Jr, Bouvier, L. F. 2010. *Population and Society*: *An Introduction to Demography*. Cambridge University Press.

Poston, D. L. , Jr. 2006. "John Graunt. " In *The Cambridge Dictionary of Sociology*, edited by Bryan T. Cambridge: Cambridge University Press.

Preston, S. H. 1976. *Mortality Patterns in National Populations. With Special Reference to Recorded Causes of Death*. New York: Academic Press.

Preston, S. H. 1993. "The Contours of Demography: Estimates and Projections. " *Demography* 30 (4): 593 – 606.

Prothero, R. M. , Chapman, M. eds. 2011. *Circulation in Third World Countries*. Routledge.

Quetelet, A. , Smits, E. 1832. *Recherches sur la Reproduction et la Mortalité de l'homme aux Différens Ages*: *et sur la Population de la Belgique*. Hauman.

Quetelet, A. 1827. *Recherches sur la Population*, *les Naissances*, *les Décès*, *les Prisons*, *les Dépôts de Mendicité*, *etc.*, *dans le Royaume des Pays-Bas*. Tarlier.

Rao, K. V. 1980. "A Note on Reles Method of Estimating Fertility. " *Health and Population*: *Perspectives and Issues* 3 (3): 204 – 14.

Ravenstein, E. G. 1885. "The Laws of Migration. " *Journal of the Statistical Society of London* 48 (2): 167 – 235.

Reher, D. S. 2004. "The Demographic Transition Revisited as a Global Process. " *Population*, *Space and Place* 10 (1): 19 – 41.

Rele, J. R. 1967. *Fertility Analysis through Extension of Stable Population Concepts*. Berkeley: Institute of International Studies, University of California. Republished in 1977 by the Greenwood Press, Connecticut, as Population Monograph Series, No. 2.

Riley, N. E. , McCarthy, J. F. 2003. *Demography in the Age of the Postmodern* (Vol. 2) . Cambridge University Press.

Rogers, A. 1985. *Regional Population Projection Models*. SAGE Publications, Inc.

Rostow, W. W. 1959. " *The Stages of Economic Growth*. " *The Economic History*

Review 12（1）：1 – 16.

Rowland，D. T. 2003. *Demographic Methods and Concepts.* Oxford：Oxford University Press.

Schweber，L. 2006. *Disciplining Statistics：Demography and Vital Statistics in France and England*，1830 – 1885. Duke University Press.

Skinner，G. W. 1997. "Family System and Demographic Processes." In *Anthropological Demography：Toward a New Synthesis*，edited by D. I. Kertzer and T. Fricke，pp. 53 – 95. University of Chicago Press.

Smith，S. K.，Tayman，J.，and Swanson，D. A. 2013. *A Practitioner's Guide to State and Local Population Projections.* Springer Netherlands.

Spoorenberg，T. 2008. "Quality of Age Reporting：Extension and Application of the Modified Whipple's index." *Population（English edition）*62（4）：729 – 741.

Stouffer，S. A. 1940. "Intervening Opportunities：a Theory Relating Mobility and Distance." *American sociological review* 5（6）：845 – 867.

Stouffer，S. A. 1960. "Intervening opportunities and competing migrants." *Journal of Regional Science* 2（1）：1 – 26.

Swanson，D.，Siegel，J. S. eds. 2004. *The Methods and Materials of Demography.* Elsevier Academic Press.

Tobler，W. 1995. "Migration：Ravenstein，Thornthwaite，and beyond." *Urban Geography* 16（4）：327 – 343.

Todaro，M. P. 1969. "A Model of Labor Migration and Urban Unemployment in Less Developed Countries." *The American Economic Review* 59（1）：138 – 148.

Todaro，M. P. 1976. *Internal Migration in Developing Countries.* Geneva：International Labour Office.

Ueda，K. 1983. "Recent Trends of Mortality in Asian Countries." *Southeast Asian Medical Information Center Publications*，SEAM-IC Publication No. 34.

United Nations. 2011. *World Population Prospects（The 2010 Revision）Highlights and Advance Tables.* http：// esa. un. org/ wpp/ documentation/ pdf/.

United Nations. 2013. "Department of Economic and Social Affairs，Population Division（2013）." *World Population Prospects：The 2012 Revision*，Press

Release, June 13.

United Nations. 2013. "Department of Economic and Social Affairs, Population Division 2013." *International Migration Report* 2013.

Urzúa, R. 2000. "International Migration, Social Science, and Public Policy." *International Social Science Journal* 52 (165): 421 –429.

Vaupel, J. W. , Canudas-Romo, V. 2002. "Decomposing Demographic Change into Direct vs. Compositional Components." *Demographic Research* 7 (1): 1 –14.

Vignoli, J. R. , Busso, G. 2009. *Migración Interna y Desarrollo en América Latina entre 1980 y 2005: un Estudio Comparativo con Perspectiva Regional Basada en Siete Países* (Vol. 102). United Nations Publications.

Wilson, A. G. 1970. *Entropy in Urban and Regional Modelling*. Pion Ltd.

Working group on Population Growth and Economic Development, Coordinated by Preston, Lee, and Greece. 1986. *Population Growth and Economic Development: Policy Questions*. Washington D. C. : National Academy Press.

Xie, Y. 2000. "Demography: Past, Present, and Future." *Journal of the American Statistical Association* 95 (450): 670 –673.

Xie, Y. 2007. "Otis Dudley Duncan's Legacy: The Demographic Approach to Quantitative Reasoning in Social Science." *Research in Social Stratification and Mobility* 25 (2): 141 –156.

Yang, G. , Hu, J. , Rao, K. Q. , Ma, J. , Rao, C. , Lopez, A. D. 2005. "Mortality Registration and Surveillance in China: History, Current Situation and Challenges." *Popul Health Metr* 3 (3): 1 –9.

Zelinsky, W. 1971. "The Hypothesis of the Mobility Transition." *Geographical review* 61 (2): 219 –249.

Zipf, G. K. 1946. "The P1 P2/D Hypothesis: On the Intercity Movement of Persons." *American Sociological Review* 11 (6): 677 –686.

后　记

　　抑或是第一次写书的激动与不易，抑或是人口学这门学科本身颇具争议的传奇身世与曲折发展，在本书前言的唠叨之语后，我还要在本书的最后以"后记"的形式再行唠叨。

　　几年前，南京大学社会学学院在策划南京大学紫金社会学教材系列时，周晓虹教授与成伯清教授将我纳入写作队伍并嘱托我独立编著其中的《人口学概论》一书（正式出版时改名为"人口学"），犹记得，当时的我是诚惶诚恐，也惊喜万分。"恐"的是，人口学虽然是一个"小学科"，但她其实有着"大视野"，也正因为如此，世界范围内著名的人口学家众多，他们无论是在理论建树还是在方法体系构建方面都是卓越的，而作为学界晚辈的我来书写这门学科第一门课程（因此本书的英文名称除了可以是封面所书写的 Introduction to Demography，还可名为 Demography: A First Course）的教材，真担心自己是在班门弄斧，甚至会出错而贻笑大方；"喜"的是，自离开北大到南大任教刚刚两年，我就得到这样一个宝贵机会，这可以促使我再次系统阅读国内外的人口学经典著作与文献，并能够将学术阅读笔记与图书出版完美结合起来以练就自己的行文逻辑与学术写作能力。当然，谈及本书的写作动因，除了上述的"恐""喜"之外，还因为我从中国人口学学科发源地之一的北京大学来到了中国社会学的重镇——南京大学社会学院，虽然人口学与社会学、遗传学、生态学、地理学、历史学、经济学等学科频频互动，但是其与社会学有着比与其他学科更为密切的联系：人口学为社会学提供了更广泛的定量研究方法体系，社会学为人口学数据的分析结果提供了更好的理论分析框架，二者相辅相成、共同促进。但遗憾的是国内社会学界与人口学界一直缺少对话交流，作为在社会学学院工作的年轻的人口学学者，我在本书的写作中遵循社会学导向下的人口学教材写作范式，比如尽量在社会学所能提供的框架理念下，用人口学技术体系计算而得的数据结果分析和理解复杂人类世界。

而超越学术层面来谈及本书写作的社会意义，那就更为丰富了。我们知道，自 20 世纪六七十年代全球性人口问题引起学界、媒体乃至大众的关注后，中国的人口问题就一直是世界关注的焦点，而同期可及的人口数据也愈来愈丰富。我们可以发现在中国，自 20 世纪 80 年代以来，无论之前的传统媒体还是现在的新兴媒体都非常关注探究人口变动（Population Dynamics）本身（比如人口规模、结构、分布等议题）及其引发的各种社会问题（比如青少年生殖健康服务可及性、老龄社会保障、房地产市场规范与调控等议题）。然而遗憾的是，由于大众甚至一些专业领域的从业人员对于基本的人口学知识的不了解，我们时不时会读到一些有失科学性的材料。比如，人口学课程里，老师常常会举到的例子：曾有媒体以"'职业枯竭'——中关村知识分子平均寿命只有 53 岁"为题报道了一则新闻，并骇人听闻地指出"中关村知识分子的平均寿命比北京市平均寿命低了近 20 岁"，然而事实是什么呢？当年中国人民大学社会与人口学院主导的一份科学调查数据结果显示，"中关村知识分子的预期寿命超过 70 岁"。这一则哗众取宠并骇人听闻的报道的出现，并没有真实反映出知识分子群体的"职业枯竭"，反倒是显出某些新闻媒体从业人员"人口学与社会学专业知识匮乏"的窘境。当然，在掌握了专业的人口学知识后，我们就更能够由表及里地去深入认识人口现象和人口发展及其衍生问题的本质，比如在社保领域，我们可以运用正确的人口理论、人口学分析方法去真正理解和解释中国城乡、性别间的人口预期寿命与健康预期寿命，城乡人口老龄化水平倒挂等现象的本质，如此才可以有效地着力于未来城乡、性别差异化的系统养老保险制度的构建。而我们还需要意识到人口学的专业知识有更广泛的意义，如美国科学院院士谢宇所言，"几乎所有社会科学学科与大多数自然科学学科都直接或间接地研究与人类相关的问题，而人口学的基本概念（比如生育率、死亡率、迁移率等）和分析方法（比如生命表分析技术）也可应用于其他生物（比如昆虫、动物、植物等）和非生物（比如企业、汽车等），因而可以说，人口学为其他相关学科对人类、动物和非生物的科学研究奠定了经验基础"。

正是上述的人口学本身无限的魅力与其在中国学界受到的不应有的

"冷落"，敦促着我"贸然"接受南京大学社会学院的托付而执笔完成此书。无论是"恐"还是"喜"，无论是"乐"还是"悲"，今天，本书几经修改，算是尘埃落定，可以交给出版社出版面世并接受学界和其他读者的检验了。在此，我要对南京大学社会学院周晓虹教授、成伯清教授、陈友华教授、吴愈晓教授、刘林平教授、徐愫副教授、沈晖副教授、朱安新副教授等学院领导及同仁，北京大学郑晓瑛教授、穆光宗教授、陈功教授、乔晓春教授、胡玉坤副教授，加拿大维多利亚大学吴正教授等恩师，复旦大学任远教授，西安交通大学姜全保教授，江苏省社会科学院毕素华研究员，美国约翰·霍普金斯大学 Amy Ong Tsui 教授，法国国立人口研究所 Isabelle Attane 研究员，加拿大维多利亚大学周敏副教授，澳大利亚新南威尔士大学李秉勤副教授，肯尼亚非洲人口与健康研究中心执行主任 Alex C. Ezeh 教授，孟加拉国达卡大学 Mohammad Mainul Islam 教授，华中科技大学果臻副教授等学界前辈与友人在我的人口学学术历程中给予的支持与鼓励表示最衷心的感谢！要对社会科学文献出版负责此书的编辑及南京大学人口学专业硕士研究生金海萍细致的校对工作表示真挚的谢意！最后，我还要特别感谢我的亲人们对我一直的理解与关爱，正是你们无私的爱支撑着我一次次逾越生活中不经意间的挫折并能以持续饱满的热情努力于自己钟爱的教学与科研事业！

郭　未

2018 年 4 月 2 日星期一

于悉尼新南威尔士大学社会政策研究中心

图书在版编目（CIP）数据

人口学 / 郭未著. -- 北京：社会科学文献出版社，
2018.5（2023.8 重印）
紫金社会学教程
ISBN 978 - 7 - 5201 - 2188 - 0

Ⅰ.①人…　Ⅱ.①郭…　Ⅲ.①人口学 - 教材　Ⅳ.
①C92

中国版本图书馆 CIP 数据核字（2018）第 016564 号

紫金社会学教程
人口学

著　　者 / 郭　未

出 版 人 / 冀祥德
项目统筹 / 谢蕊芬
责任编辑 / 佟英磊　杨鑫磊　孙智敏
责任印制 / 王京美

出　　版 / 社会科学文献出版社·群学出版分社（010）59367002
　　　　　　地址：北京市北三环中路甲 29 号院华龙大厦　邮编：100029
　　　　　　网址：www. ssap. com. cn
发　　行 / 社会科学文献出版社（010）59367028
印　　装 / 唐山玺诚印务有限公司

规　　格 / 开本：787mm × 1092mm　1/16
　　　　　　印张：30.75　字数：495 千字
版　　次 / 2018 年 5 月第 1 版　2023 年 8 月第 5 次印刷
书　　号 / ISBN 978 - 7 - 5201 - 2188 - 0
定　　价 / 69.00 元

读者服务电话：4008918866